高职高专旅游管理专业系列规划教材

An Overview
of Source Countries (Regions)

客源国（地区）概况

（第2版）

熊国铭◎主　编
姜　坤◎副主编

电子工业出版社
Publishing House of Electronics Industry
北京·BEIJING

内容简介

本书主要介绍世界旅游业和我国海外旅游客源市场的基本格局与前景，以及我国主要旅游客源国和港澳台客源地区的基本情况。全书共 6 章，以 2015 年来华旅游人数排名次序为标准，同时综合考虑影响力情况，共选取亚洲和太平洋地区、欧洲、中东及非洲、美洲等地区的 41 个旅游客源国及我国的港澳台地区，主要介绍它们的自然地理、历史人文、经济发展、政治状况、文化传统、民俗风情、旅游资源与旅游业等。本书条理清晰，重点突出，通俗易懂，并且注重理论与实践相结合，方便学生按图索骥，学以致用，具有较强的实用性。本书为高职高专旅游管理专业系列规划教材之一，既可作为高职高专旅游管理、导游、酒店管理和旅游英语专业的教材，也可作为从事旅游管理工作者的参考读物。

未经许可，不得以任何方式复制或抄袭本书之部分或全部内容。
版权所有，侵权必究。

图书在版编目（CIP）数据

客源国（地区）概况 / 熊国铭主编. —2 版. —北京：电子工业出版社，2016.8
高职高专旅游管理专业系列规划教材
ISBN 978-7-121-29340-5

Ⅰ. ①客… Ⅱ. ①熊… Ⅲ. ①旅游客源—中国—高等职业教育—教材 Ⅳ. ①F592.6

中国版本图书馆 CIP 数据核字（2016）第 156142 号

策划编辑：姜淑晶
责任编辑：李慧君　　文字编辑：杨振英
印　　刷：北京虎彩文化传播有限公司
装　　订：北京虎彩文化传播有限公司
出版发行：电子工业出版社
　　　　　北京市海淀区万寿路 173 信箱　邮编　100036
开　　本：787×1 092　1/16　印张：15.75　字数：370 千字
版　　次：2008 年 10 月第 1 版
　　　　　2016 年 8 月第 2 版
印　　次：2024 年 8 月第 13 次印刷
定　　价：39.00 元

凡所购买电子工业出版社图书有缺损问题，请向购买书店调换。若书店售缺，请与本社发行部联系，联系及邮购电话：（010）88254888，88258888。
质量投诉请发邮件至 zlts@phei.com.cn，盗版侵权举报请发邮件至 dbqq@phei.com.cn。
本书咨询联系方式：（010）88254199，sjb@phei.com.cn。

前　言

随着我国旅游业的快速发展及入境旅游人数的增多，作为正在从事和即将从事旅游业的人员来说，必须了解、熟悉和掌握我国主要旅游客源国家（地区）的相关情况，特别是要熟悉、掌握主要旅游客源国家和地区的自然地理、历史人文、经济发展、政治状况、文化传统、民俗风情、旅游资源与旅游业等方面的内容，这样才能了解客人、尊重客人，针对特点开展服务，有效提高服务质量，促进我国旅游业更好更快的发展。

为了适应新时期我国市场经济对旅游类专业人才的需求，我们在总结多年来旅游管理专业理论与实践教学经验的基础上，以学生为主体，以市场为导向，以提高学生实践能力为目标，反复探讨，与时俱进，去芜存菁，于2009年出版了本教材，并于2016年进行了修订。

本教材内容丰富，知识性强，具有以下主要特点：

1. 科学性。本书作者既有多年在旅游院校从事旅游专业教学工作的经验，又有丰富的旅游企业涉外工作经验，拥有广博的理论材料，以及丰富的实践感受，保证了本书内容的准确性和科学性。

2. 实用性。本书针对高职高专学生的特点，理论知识本着"实用、够用"的原则，不做过度的延伸，尽量缩短理论与实践的距离，并注意突出趣味性。客源国（地区）基本按照六大旅游区的顺序进行介绍，读者可以非常方便地按图索骥、随用随查。

3. 针对性。本书内容紧扣我国主要旅游客源国（地区）的实际进行介绍，突出重点，详略得当。同时，考虑了高职高专教学的实际，内容编排上均为摘要性的介绍与讲解，易于进行教学。

本书为高职高专旅游管理专业系列规划教材之一，既可作为高职高专旅游管理、导游和酒店管理专业的教材，同时也是从事旅游管理工作者的理想自学读物。

本书的再版修订，由浙江工商职业技术学院的熊国铭任主编，姜坤任副主编，负责拟定修订计划、相关要求并提出具体意见，并参与具体篇章的修订。其他参与修订的人员有丁春文（浙江工商职业技术学院）、陈乡（浙江工商职业技术学院）、傅远柏（宁波城市职业技术学院）。各章修订的分工如下：第1章由丁春文修订，第2章由熊国铭和姜坤修订，第3章由熊国铭修订，第4章由姜坤修订，第5章由陈乡修订，第6章由傅远柏修订。全书由熊国铭总纂修改、终审定稿。

在本书的编写过程中，我们拜读了国内外许多专家和学者的专著，参考了新华网、中国旅游网和百度百科等网络资源，并借鉴了其中部分内容，在此谨表谢意！但由于编者时间和水平所限，书中难免会有错误和不妥之处，敬请专家和读者不吝指正，以便再版时修订完善。

编　者

2016 年 5 月

目 录

第1章 世界旅游业和中国大陆的客源市场 ·········· 1
   1.1 世界旅游业 ·········· 1
   1.2 世界旅游区 ·········· 5
   1.3 世界旅游客源市场 ·········· 9
   1.4 中国大陆的旅游客源市场 ·········· 11
   本章小结 ·········· 16
   复习思考题 ·········· 16

第2章 亚洲和太平洋地区主要客源国 ·········· 17
   2.1 日本 ·········· 17
   2.2 韩国与朝鲜 ·········· 27
   2.3 蒙古国、哈萨克斯坦、吉尔吉斯斯坦 ·········· 36
   2.4 新加坡、马来西亚、泰国 ·········· 46
   2.5 菲律宾、印度尼西亚、越南 ·········· 59
   2.6 印度、巴基斯坦、尼泊尔、斯里兰卡 ·········· 71
   2.7 澳大利亚、新西兰 ·········· 86
   本章小结 ·········· 96
   复习思考题 ·········· 96

第3章 欧洲地区主要客源国 ·········· 97
   3.1 英国 ·········· 97
   3.2 德国 ·········· 105
   3.3 法国 ·········· 112
   3.4 意大利 ·········· 120
   3.5 俄罗斯 ·········· 126
   3.6 西班牙、葡萄牙 ·········· 134
   3.7 比利时、荷兰、奥地利、瑞士 ·········· 142
   3.8 瑞典、丹麦、挪威、芬兰 ·········· 155
   本章小结 ·········· 168
   复习思考题 ·········· 169

第4章　中东及非洲地区主要客源国 ··· 170
4.1　沙特阿拉伯 ··· 170
4.2　以色列 ··· 175
4.3　埃及 ··· 179
4.4　南非 ··· 184
本章小结 ··· 188
复习思考题 ··· 189

第5章　美洲地区主要客源国 ··· 190
5.1　美国 ··· 190
5.2　加拿大 ··· 199
5.3　墨西哥 ··· 205
5.4　巴西 ··· 212
本章小结 ··· 218
复习思考题 ··· 219

第6章　中国港澳台客源地区 ··· 220
6.1　香港 ··· 220
6.2　澳门 ··· 229
6.3　台湾 ··· 235
本章小结 ··· 244
复习思考题 ··· 245

参考文献 ··· 246

第 1 章
世界旅游业和中国大陆的客源市场

引 言

自第二次世界大战以后，随着全球经济的发展和人们生活水平的提高，旅游已经成为人们休闲度假的主要选择方式之一，旅游业日益成为世界上最重要的产业之一。旅游业的发展不仅给各国提供了大量的就业机会，而且还为它们带来丰厚的外汇收入。因此，旅游业日益受到各国政府的重视。

中国自改革开放以来，旅游业实现了超常的发展。目前，国内游、入境游、出境游三大市场齐头并进。特别是随着中国海外客源市场的不断扩大，入境游市场长盛不衰。了解世界旅游业的发展和中国大陆的客源市场概况，是旅游从业人员必备的基本知识。

本章学习目标

- 了解世界旅游业的兴起及其基本特点。
- 掌握世界旅游市场的主要分区、格局和发展前景。
- 了解中国大陆的客源市场的历史发展与现状。
- 掌握中国大陆的客源市场的发展前景。

1.1 世界旅游业

1.1.1 世界旅游业的兴起

旅游，作为一种人类活动，它的历史可以上溯到公元前 8 世纪，在中国则可以追溯到更早的历史时期。不过早期的旅游活动多是与商业、探险和宗教活动相联系的，旅游活动也仅仅限于极少数人进行，旅游内容及方式都比较单调。而今天，旅游已成为全球性的群众活动，旅游内容也变得更为丰富多彩。旅游方式由过去的徒步、骑马和泛舟，变为乘坐汽车、火车、轮船和飞机。可以预见，随着条件的变化和社会的前进，旅游活动肯定会得到进一步的发展。

1. 闲暇、游憩和旅游

闲暇（Leisure）是指人们扣除谋生活动时间、睡眠时间、个人和家庭事务活动时间之外剩余的时间。换句话说，闲暇是指个人不受其他条件限制，完全根据自己的意愿去利用或消磨的时间。

游憩（Recreation）一般是指人们在闲暇时间所进行的各种活动，游憩可以助人恢复体力和精力，它包含的范围极其广泛，从在家看电视到外出度假都属于游憩。

旅游（Tourism）是在闲暇时间所从事的活动的一部分，它是在一定的社会经济条件下产生的一种社会经济现象，是人类物质文化生活的一个部分。旅游的一个显著特点是要离开居住或工作的地方，短暂地到一个目的地进行活动，同时，旅游目的地要提供各种旅游接待设施以满足其需要。

2. 旅游业的兴起与发展

（1）外国旅游活动受宗教、贸易及"地理大发现"的推动。

公元前8世纪，古希腊和其后的罗马帝国的兴起，使各个城邦国之间公务、贸易、考察等活动频繁，促进了人们的旅行活动。

七八世纪，阿拉伯帝国盛行到圣地——麦加的朝觐活动，也对旅游活动起了很大的促进作用。13世纪以后，由于贸易的发展，旅游活动更加频繁起来。

到了十五六世纪，在欧洲，由于资本主义的萌芽，开始了对外扩张和寻找香料、黄金的"大航海"活动，科学考察和探险旅游极为盛行。"地理大发现"极大地扩大了人们的视野，增加了人们对世界的认识，对旅游活动的发展产生了重大影响。

（2）中国旅游活动以帝王巡游、文人漫游和宗教云游为主。

中国更是有着悠久的旅游历史和传统。无论是帝王将相的巡游、狩猎，还是诗人学者的浪漫旅行，和尚、道士的化缘云游，在中国古代都较为多见。这些均可视为古代旅游的形式。

中国自古就有"读万卷书，行万里路"的格言，反映了中国古人探索未知世界、超越自身周围环境限制的精神追求。西汉伟大的历史学家司马迁，游遍南北，行程万里，纵观山川形势，考察风光，访问古迹，撰写成名垂青史的《史记》。在中国的古代文学中，游记文学占有相当重要的地位。

3. 大众旅游的发展

（1）近代旅游的发展。

从托马斯·库克组织集体包价旅游开始至第二次世界大战结束，这段时期是近代旅游的发展阶段。

1841年，英国人托马斯·库克（Thomas Cook）于7月5日组织了一个540人的旅游团从莱斯特到拉夫巴勒参加禁酒大会，每人收取票费1先令。这是世界上第一次团体包价旅游。由于社会劳动生产率提高，社会财富增加，交通工具得到改善，旅游活动发展十分迅速。团体旅游和为游客办理旅游代理业务的旅行社的兴起和发展，使旅游变得更方便轻松，真正成为一种愉快的享受，吸引了大量的游客。

团体旅游和旅行社的出现和发展又使旅游价格因规模的扩大而便宜了，更多的人能参加到旅游者的行列中去。目前，以观光娱乐、消遣休闲为主要目的的旅游取代了古代的旅游，旅游真正具有了现在我们所理解的含义。

1908年，斯塔特勒在美国纽约的布法罗建造了第一座商业饭店。此后饭店逐渐发展成一种行业，它既是近代旅游业发展的产物，又反过来促进了旅游业的发展。

（2）大众旅游的产生与发展

第二次世界大战后，交通条件的极大改善，飞机和汽车的普及，使人们出游更加方便快捷，缩短了旅行的时间距离，旅游业获得了空前的发展，旅游成了一种大众性的消费活动，甚至成了人们日常生活中不可缺少的部分。

20世纪中叶以来，现代旅游在世界范围内迅速兴起，旅游人数不断增加，旅游产业规模持续扩大，旅游经济地位显著提升，旅游活动日益成为各国人民交流文化、增进友谊、扩大交往的重要渠道，对人类生活和社会进步产生越来越广泛的影响。

1.1.2 世界旅游业的特点

回顾世界旅游业的发展过程，可以肯定，旅游业已成为当代世界经济中不可缺少的组成部分，是世界经济中一个新兴的具有强大生命力的产业。今天，旅游业已经超越石油工业成为世界第一大产业，而且当前还在迅猛发展。

1. 已成为世界上规模最大的产业之一

自第二次世界大战以来，旅游活动在全球各地都取得了巨大的成就。旅游活动规模之大不仅使其成为全世界关注的社会现象，而且也为旅游业的发展带来了前所未有的商机。特别是从20世纪60年代开始，旅游业已成为世界上发展势头最为强劲并且持久不衰的产业，被誉为20世纪的"经济巨人"，在世界经济中扮演着越来越重要的角色。

世界旅游组织（UNWTO）发布的《2015全球旅游报告》（*UNWTO Tourism Highlights 2015 Edition*）显示，2014年全球国际游客到访量达到11.33亿人次，国际旅游花费达12 450亿美元。旅游业已成为当今世界上发展前景广阔、规模最大的产业之一。

2. 发展潜力巨大，保持较快增长趋势

由于第二次世界大战后旅游活动的日益普及和其正成为人们生活的必要组成部分，自20世纪50年代起，全世界旅游活动的发展持续不衰。据世界旅游组织的预测，到2020年，全球国际旅游人数将达14亿人次；到2030年，这一数据则将攀升至18亿人次。报告特别提出，作为旅游目的地，新兴经济体国家的入境旅游人数增长率将达到4.4%，为发达国家的两倍；到2020年，新兴经济体国家的入境旅游人数将超越发达国家；到2030年，预计全球旅游人数的57%将选择赴新兴经济体国家旅游。而在1980年，70%的出境游客首选旅游目的地为发达国家。

旅游业不仅具有增长趋势的持续性，而且，其发展的潜能仍远远没有充分释放。以国际旅游需求为例，目前，即便是在大多数西方工业化国家中，每年能够出国旅游的人数在该国总人口中所占的比例仍未达到最高水平。例如，在出境旅游比较流行的英国，每年出国旅游的人数也仅为全国人口的约1/3。在世界头号发达国家的美国，每年出国旅游人数仅为其国内旅游人数的1/100。若将美国出国旅游人数同其全国人口数相比较，则所占的比例

无疑会更低。一旦这些潜能释放出来，旅游业这种增长持续性的趋势会更加明显。

3．由国内旅游向国际旅游发展

旅游活动的形式主要有三种，一种是国内旅游，一种是出国旅游，还有一种是外国人入境旅游。三种旅游，后两种统称国际旅游。世界旅游业的发展，一般是在工业发达国家内的各地展开，国内旅游活动已不能满足本国人民的需求，随之出现了出国旅游和接纳外国人入境旅游的活动。这种由国内旅游逐步发展到国际旅游的模式，首先在发达国家，如一些欧洲国家、美国、日本等出现。到了20世纪60年代后，国际旅游业得到了迅速发展。如欧洲地区，由于交通方便，各国距离较近，旅游设施条件较好，国际旅游接待人数一直占全世界国际旅游总人数的70%左右，而欧洲各国之间的国际旅游人数则占欧洲接待国际旅游总人数的80%以上。此外像日本、澳大利亚、美国、加拿大等国家，国际旅游也获得高速发展。国内旅游与国际旅游互相促进，彼此结合，形成了今日这种强大的旅游洪流和市场体系。

4．由基本层次向提高层次发展

旅游活动可分三个层次，一是基本层次，二是提高层次，三是专门层次。所谓基本层次，指旅游者所具有的一般观光需求。旅游是既旅又游，旅是旅行，游是游览观景。所以观览或观赏，是旅游者的第一需要，基本需求。所谓提高层次，主要指娱乐性的艺术欣赏活动。人们参加旅游活动，不仅是观光，而且还要有娱乐内容、有物品可购，使观光和娱乐、购物紧密结合起来。其中娱乐和购物又是建立在观光基础上的，因此属提高层次。所谓专门层次是更高的一级旅游层次，如朝觐旅游、会议旅游、商务旅游、疗养旅游、狩猎旅游、登山旅游等，都是以专门旅游形式出现的。以上三个层次，逐级提高，反映了旅游业的发展规律。这一规律的基本内涵是：从基本的观光游览型转化为高级的娱乐购物型和专门型。这种转化，无疑对现代旅游业提出了更高的要求，并将引起旅游业的一系列变化。休假娱乐型和专门型旅游，更适合旅游者的爱好和兴趣，所以它很受游客的欢迎。如欧洲地中海沿岸国家利用日光、海滩开展的海滨度假旅游；夏威夷、百慕大等海岛开展的海上冲浪、游艇和休养等旅游；美国加利福尼亚州和日本东京开辟的迪士尼游乐园，以及各地开展的品尝风味旅游、新婚旅游、体育旅游、疗养旅游等。

5．由团体旅游向个体旅游发展

从旅游市场来看，在现代旅游事业发起阶段，一般是以团体旅游为主要形式，分散的个体旅游为次要形式。这是由于团体旅游手续简单，容易掌握，收益较大。以后随着旅游活动的大规模开发，团体旅游形式逐步为一些个体旅游、家庭旅游、结伴旅游等所替代。因为这种旅游可以随心所欲地选择风景观赏点，调整和改变旅行生活方式，既灵活自在，又不受团体行动的约束。所以这类旅游很快在旅游活动比较发达、国际交通方便、私人占有小汽车较多的西欧、北美发展起来。即使是团体旅游，也改变了过去那种单一的集体统一行动的形式，实行多样化的灵活办法。如集体出发、就地分散，或就地集中、游后分散等，把团体旅游与个体旅游两种活动形式和两种市场结合起来，以适应旅游者的个人需求。

1.2 世界旅游区

人们常常以旅游客源市场产生的地理区域或行政区域这类地理因素为标准，对整体旅游市场进行划分。就全球而言，世界旅游区可以根据洲别，划分为六大区，分别是亚洲旅游区、大洋洲旅游区、欧洲旅游区、非洲旅游区、北美洲旅游区、南美洲旅游区。

1.2.1 亚洲旅游区

亚洲是"亚细亚洲"的简称。"亚细亚洲"一词来源于古代西亚等地人说的闪米特语，亚细亚的意思是指东方日出的地方。亚洲位于东半球的东北部，东濒太平洋，南临印度洋，北濒北冰洋，西达大西洋的属海地中海和黑海。在各洲中，亚洲所跨纬度最广，具有从赤道带到北极带几乎所有的气候带和自然带。亚洲所跨经度亦最广，东西时差达 11 小时。亚洲面积 4 400 万平方公里（包括岛屿），约占世界陆地总面积的 29.4%，是世界上最大的一个洲。

亚洲的种族、民族构成非常复杂，尤其以南亚为甚。黄种人（又称蒙古利亚人种）为主体种族，约占全洲人口的 60%。其余为白种人、棕色人及人种的混合类型。全洲大小民族、种族共有约 1 000 个，约占世界民族、种族总数的一半。根据语言近似的程度，亚洲的居民分属汉藏语系、南亚语系、阿尔泰语系、朝鲜语和日本语、马来—波利尼西亚语系、达罗毗荼语系、闪米特—含米特语系、印欧语系等。

亚洲地跨寒、温、热三带，其气候基本特征是大陆性气候强烈，季风性气候典型，气候类型复杂。亚洲的大陆海岸线绵长而曲折，海岸线长 69 900 千米，是世界上海岸线最长的一个洲。亚洲地形总的特点是地表起伏很大，崇山峻岭汇集中部，山地、高原和丘陵约占全洲面积的 3/4。

亚洲矿产资源丰富，种类繁多，富集区多。石油、锡、菱镁矿、铁等的储量均居各洲首位，锡矿储量约占世界锡矿总储量的 60%以上。亚洲的森林面积约占世界森林总面积的 13%。可利用的水力资源也极丰富。亚洲沿海渔场面积约占世界沿海渔场总面积的 40%，著名的渔场主要分布在大陆东部沿海，有中国的舟山群岛、台湾岛和西沙群岛渔场，以及北海道、九州等渔场。

亚洲是世界文明古国中国、印度、巴比伦的所在地，又是佛教、伊斯兰教和基督教的发祥地，对世界文化的发展有着重大的影响。在古代，亚洲人民就创造了灿烂的文化。有素称发达的农业和手工业，有许多科学发明创造，对世界经济的发展做出了伟大的贡献。16 世纪以后，西方殖民主义和帝国主义相继侵入，许多国家和地区先后沦为殖民地和半殖民地，经济遭到了严重摧残，民族经济发展缓慢，致使许多国家和地区长期处于贫困落后的状态。目前，亚洲除日本外，大多数国家为发展中国家。

亚洲在地理上习惯分为东亚、东南亚、南亚、西亚、中亚和北亚。

1.2.2 大洋洲旅游区

大洋洲又称为澳洲，是澳大利亚洲的简称。"澳大利亚"一词来源于西班牙文，意思是

"南方的陆地"。人们在南半球发现这块大陆时，以为这是一块一直通到南极洲的陆地，便取名"澳大利亚"。后来才知道，澳大利亚和南极洲之间还隔着辽阔的海洋。

大洋洲是指太平洋三大岛群，即波利尼西亚、密克罗尼西亚和美拉尼西亚岛群，以及澳大利亚、新西兰和新几内亚岛，共1万多个岛屿。大洋洲陆地总面积约897万平方公里，约占世界陆地总面积的6%，是世界上面积最小的一个洲。大洋洲居民约占世界总人口的0.5%，是除南极洲外世界上人口最少的一个洲。城市人口占总人口的65%以上，是各洲中城市人口比重最大的一个洲。70%以上的居民是欧洲移民的后裔；当地居民约占总人口的20%，主要是美拉尼西亚人、密克罗尼西亚人、巴布亚人、波利尼西亚人；印度人约占总人口的1%；此外还有混血种人、华裔、华侨及日本人等。绝大部分居民信基督教，少数信天主教，印度人多信印度教。绝大部分居民通用英语，太平洋三大岛群上的当地居民分别使用美拉尼西亚语、密克罗尼西亚语和波利尼西亚语。

大洋洲大陆海岸线长约19 000千米，岛屿面积约为133万平方公里。地形分为大陆和岛屿两部分。大洋洲大部分处在南、北回归线之间，绝大部分地区属热带和亚热带，除澳大利亚的内陆地区属大陆性气候外，其余地区属海洋性气候。

大洋洲镍的储量约4 600万吨，居各洲首位。各岛上的鸟粪资源也很丰富。大洋洲的森林面积约7 600万公顷，占世界森林面积的2%。

大洋洲经济以农矿业为主，盛产供出口的椰子、甘蔗、菠萝、天然橡胶等。大多数国家和地区的粮食生产不能自给。畜牧业发达，以养羊为主。绵羊头数占世界总数的20%左右，羊毛产量占世界总量的40%左右。工业以采矿、农畜产品加工为主。

大洋洲在地理区域上，可以分为澳大利亚、新西兰、新几内亚、美拉尼西亚、密克罗尼西亚和波利尼西亚。

1.2.3 欧洲旅游区

欧洲全称为"欧罗巴洲"。古代的闪米特人将西方日落处叫"欧罗巴"。以后在传播过程中略有发展，他们逐步把居住地的东部地区叫"亚细亚"、西部地区叫"欧罗巴"。欧、亚两洲以乌拉尔山脉、乌拉尔河、里海、高加索山脉、黑海、博斯普鲁斯海峡和达达尼尔海峡作为其分界线。

欧洲位于东半球的西北部，北临北冰洋，西濒大西洋，南濒大西洋的属海地中海和黑海。欧洲面积1 016万平方公里（包括岛屿），约占世界陆地总面积的6.8%，仅大于大洋洲，是世界第六大洲。

欧洲是人口密度最大的一个洲。城市人口约占全洲人口的64%，在各洲中次于大洋洲和北美洲，居第三位。欧洲绝大部分居民是白种人（欧罗巴人种），居民分属印欧语系（约占95%）、乌拉尔语系。居民多信天主教、基督教新教和东正教等。

欧洲大陆是亚欧大陆伸入大西洋中的一个大半岛，其面积占亚欧大陆的1/5。大陆海岸线长37 900千米，是世界上海岸线最曲折复杂的一个洲。多半岛、岛屿、港湾和深入大陆的内海。欧洲地形总的特点是冰川地形分布较广，高山峻岭汇集南部。海拔200米以上的高原、丘陵和山地约占全洲面积的40%，海拔200米以下的平原约占全洲面积的60%。全洲平均海拔300米，是平均海拔最低的一个洲。

欧洲大部分地区地处北温带，气候温和湿润。西部大西洋沿岸夏季凉爽，冬季温和，多雨雾，是典型的海洋性温带阔叶林气候。东部因远离海洋，属大陆性温带阔叶林气候。东欧平原北部属温带针叶林气候。北冰洋沿岸地区冬季严寒，夏季凉爽而短促，属寒带苔原气候。南部地中海沿岸地区冬暖多雨，夏热干燥，属亚热带地中海式气候。

欧洲的矿产资源中煤、石油、铁的储量比较丰富。欧洲的森林面积约占全洲总面积的39%，占世界总面积的23%。西部沿海为世界著名渔场，主要有挪威海、北海、巴伦支海、波罗的海、比斯开湾等渔场。

欧洲是资本主义经济发展最早的一个洲，工业生产水平和农业机械化程度均较高，生产总值在世界各洲中居首位，其中工业生产总值占的比重很大。大多数国家粮食自给不足。西欧工业发展程度较高的国家主要为德国、法国、英国，其次为比利时、荷兰和瑞士等。

欧洲在地理上习惯分为南欧、西欧、中欧、北欧和东欧五个地区。

1.2.4　非洲旅游区

非洲是"阿非利加洲"的简称，希腊文"阿非利加"是阳光灼热的意思。赤道横贯非洲的中部，非洲3/4的土地受到太阳的垂直照射，年平均气温在摄氏20度以上的热带占全洲的95%，其中有一半以上地区终年炎热。

非洲位于东半球的西南部，地跨赤道南北，西北部的部分地区伸入西半球。东濒印度洋，西临大西洋，北隔地中海和直布罗陀海峡与欧洲相望，东北隅以狭长的红海与苏伊士运河紧邻亚洲。

非洲总面积约3 020万平方公里（包括附近岛屿），约占世界陆地总面积的20.2%，仅次于亚洲，为世界第二大洲。非洲拥有8亿多人口，占世界人口总数的13.5%，仅次于亚洲。非洲人口的出生率、死亡率和增长率均居世界各洲的前列，人口分布极不平衡。非洲是世界上民族成分最复杂的地区，大多数民族属于黑种人（约占全洲人口的2/3），其余属白种人和黄种人。

一般认为非洲语言总数在800种以上，分属苏丹语系、班图语系、闪米特—含米特语系、马来—波利尼西亚语系。北部居民多信奉伊斯兰教，其他地区居民多信奉原始宗教、基督教新教和天主教。

非洲的历史悠久，文化独特。非洲是以高原为主的热带干燥大陆，自然景观以赤道为中轴呈南北对称分布，资源丰富，有"世界自然资源博物馆"之称。15世纪以后，长期遭受西方殖民主义掠夺。非洲是世界上经济发展水平最低的洲，现有53个国家（此外，还包括英属印度洋领域、法属南部领地，以及西撒哈拉、留尼汪、圣赫勒拿、加那利群岛、亚速尔群岛、马德拉群岛等地区），大多数国家经济落后。

在地理上，习惯将非洲划分为北非、东非、西非、中非和南非五个地区。

1.2.5　美洲旅游区

美洲是南美洲和北美洲的合称，也是"亚美利加洲"的简称，又称新大陆。从1492年开始，意大利航海家哥伦布三次西航。他到达了现在美洲的巴哈马群岛，自己以为到了印度，就把自己发现的岛屿称为西印度群岛，并把那里的土著居民叫印第安，意即印度人。"亚美利加"是由一位探险者的名字演变而来的。德国地理学家华尔西穆勒在他的著作中以亚美利加的名字称这块大陆为亚美利加洲，并一直沿用到今天。

1. 北美洲

北美洲位于西半球的北部，东濒大西洋，西临太平洋，北濒北冰洋，南以巴拿马运河为界同南美洲分开。北美洲人口分布很不平衡，绝大部分人口分布在东南部地区。居民主要为英、法等欧洲国家移民的后裔。其次是黑人、印第安人、混血种人，还有少数的格陵兰人、波多黎各人、犹太人、日本人和华侨。主要信基督教和天主教，通用英语和西班牙语。

北美洲大陆北宽南窄，略呈倒置梯形。西部的北段和北部、东部海岸比较曲折，多岛屿和海湾。岛屿多分布在北部和南部，总面积大约为400万平方公里，为岛屿面积最大的洲。北美洲大陆部分地形可分为三个明显不同的南北纵列带：东部山地和高原、中部平原、西部山地和高原。

北美洲地跨热带、温带、寒带，气候复杂多样。北美洲矿物资源丰富，主要有石油、天然气、煤、硫黄、铁、铜、镍、铀、铅、锌等。森林资源主要分布在西部山地，盛产黄杉、红杉、巨杉、铁杉等，南部出产红木等优质木材。加勒比海、纽芬兰附近海域是世界著名渔场。

北美洲是世界工业发达的地区之一，农业生产的专门化、商品化和机械化程度很高，采矿业规模较大。北美洲中部平原是世界著名的农业区之一，农作物以玉米、小麦、稻子、棉花、大豆、烟草为主，大豆、玉米、小麦产量在世界农业中占重要地位。中美和西印度群岛诸国主要产甘蔗、香蕉、咖啡、可可等热带作物。

北美洲在地理区域上可分为东部地区、中部地区、西部地区、阿拉斯加、加拿大北极群岛、格陵兰岛、墨西哥、中美洲和西印度群岛九区。

2. 南美洲

南美洲位于西半球的南部。东临大西洋，西濒太平洋，北濒加勒比海，南隔德雷克海峡与南极洲相望，北以巴拿马运河为界同北美洲分开。南美洲的人口分布不平衡，西北部和东部沿海一带人口较稠密。居民中白人最多，约占一半，其次是印欧混血人和印第安人，黑人最少。绝大部分居民信天主教，少数信基督教。印第安人用印第安语，巴西的官方语言为葡萄牙语，法属圭亚那的官方语言为法语，圭亚那的官方语言为英语，苏里南的官方语言为荷兰语，其他国家均以西班牙语为国语。

南美洲大陆地形分为三个南北向纵列带：西部为狭长的安第斯山，东部为波状起伏的高原，中部为广阔平坦的平原低地。南美洲大部分地区属热带雨林和热带草原气候。

南美洲矿产资源丰富，目前已知，现代工业中所需的20多种最重要的矿物原料南美洲绝大部分都有。此外，南美洲还有丰富的森林资源。秘鲁沿海、巴西沿海为南美洲两大渔场。

南美洲各国经济发展水平和经济实力相差悬殊。巴西和阿根廷为经济最为发达的国家，加之委内瑞拉、哥伦比亚、智利和秘鲁，六国国内生产总值占全洲的90%以上。各国现代化经济都高度集中在少数大城市或沿海地区，山区和边远地区经济落后。

1.3 世界旅游客源市场

1.3.1 世界旅游客源市场格局

根据相关统计数据，国际旅游支出占前15位的国家的支出额占世界总量的60%以上。在这15个国家中，美国、德国、英国和日本长期位居前4位，法国、意大利、加拿大、荷兰、比利时、奥地利、瑞典、瑞士8个国家也一直在列，而最后几位的排名则经常变化。尤其是最近几年，有4大新兴国家中国、俄罗斯、印度和波兰，外加亚太地区的蓬勃发展，已经在逐渐地改变着世界的旅游市场。国际旅游客源的地区分布格局基本上是欧洲约占50%，美洲、东亚和太平洋地区各占20%左右，其余为数很小的客源份额则由非洲、中东和南亚地区分享。

1.3.2 世界旅游客源市场的发展前景

1. 东亚太地区旅游业迅速增长，国际旅游市场格局将不断发生变化

长期以来，全球旅游业一直以欧洲和美洲为中心，不仅区域内的旅游成为时尚，也吸引了其他地区的大量游客。但到20世纪90年代，东亚太地区旅游业开始崛起。到2002年游客接待量首次超过美洲，跃居世界第2位。其中，中国旅游业的迅速发展为世界所瞩目。2014年，中国入境旅游市场保持平稳发展态势，全年接待入境游客12 849.83万人次，全年接待入境过夜游客5 562.20万人次，市场规模总量位居世界第四，仅次于法国、美国和西班牙。根据世界旅游组织公布的"2015年全球旅游报告"，中国是全球第一大旅游客源市场，消费居世界榜首，2014年，中国游客海外花费同比增加27%，达1650亿美元。另据世界旅游组织预测，到2020年中国将成为世界排名第一的旅游接待国。

世界旅游业六大区，即欧洲、美洲、东亚及太平洋地区、非洲、南亚以及中东中，欧洲和北美是现代国际旅游业的两大传统市场，亚洲、非洲、拉丁美洲和大洋洲等地区一批新兴市场的崛起，则使国际旅游业在世界各个地区的市场份额出现了新的分配组合。全球经济重心的东移，使亚太地区成为未来国际旅游业的"亮点"。世界旅游市场将由过去传统的"北美到西欧，欧洲到美洲"两大主流逐渐转移到欧洲、东亚及太平洋和美洲三足鼎立的市场格局。

2. 世界旅游客源市场逐渐呈现细分化趋势，追求更为灵活多变的旅游方式

随着旅游者收入水平和需求层次的提高，以及旅游者出国旅游次数的增加，人们已不再满足于城市观光游览这种传统的旅游方式，而趋于追求能够满足其特殊需求且富于刺激性的旅游方式。现代旅游市场出现了市场细分化趋势，每一种细分市场都具有其独特之处，能够满足某一类型旅游者的特殊需求。旅游组织者将注重从更深层次来开发人们的旅游需求，根据人们的年龄、职业、爱好等不同情况组织各具特色的旅游产品来面向不同的细分市场。特殊旅游、专题旅游也更加盛行。除了传统的观光旅游、度假旅游和商务旅游外，目前比较盛行的旅游方式有：宗教旅游，探险旅游，考古旅游，修学旅游，蜜月旅游，购物旅游，奖励旅游，民族风俗旅游，等等。每一种旅游方式又可以进一步细分。随着国际游客对特殊旅游需求的增加，人们期待着更多、更为丰富多彩的专题旅游路线的不断推出。

在追求个性化的浪潮下，旅游者不再青睐于旅行社固定包价的旅游方式。散客旅游和家庭旅游在旅游者人数中所占比例将逐渐增加。散客旅游盛行的原因，在于它比包价旅游更为自由随意，可以随时按照个人兴趣来调整旅游计划。随着世界各地旅游设施的建立健全，世界性预订服务网络的普及完善，散客旅游也变得越来越方便，目前世界上散客旅游人数已超过包价旅游人数。非包价式的家庭旅游兴起的主要原因在于私人交通工具的普及化。人们可以利用私人拥有的现代交通工具阖家出游，尽享天伦之乐。目前家庭旅游还主要集中于中短距离和区域内。旅行社在组织团体包价旅游过程中也改变了过去单纯集中统一的做法，而采取能满足游客个性需求的灵活多变的组团方式。同时，小包价、个人委托代办服务也占有越来越重要的市场份额。

3. 世界旅游客源市场从观光型旅游为主向度假型旅游为主转变

根据对日本出国游客的调查，近年来日本每年出国游客中有 2/3 是重复出国。而美、英、德、法等国重复出国游客所占的比例更高。由于每年出国旅游已成为一种生活定式，越来越多的游客已不满足于在各个旅游点之间长途跋涉、疲于奔命的旅游方式。旅游目的也从传统的开阔眼界、增长见识向通过旅游使身心得到放松和休息、陶冶生活情趣等转变。在未来的市场发展中，观光型旅游并不会完全失去市场，但在传统的旅游客源国家中度假旅游将更为盛行，将会逐步取代观光旅游成为国际旅游的主体。世界上的旅游度假胜地如地中海地区、加勒比海地区仍将是国际旅游者集中的地区。在东亚、太平洋地区、夏威夷及具有丰富海滩资源的泰国、印度尼西亚将会是旅游者热衷于选择的目标。而主要吸引商务和购物客人的城市型旅游地如香港、新加坡、台湾将会在度假旅游浪潮中失去一部分市场。中国的国际旅游客源以观光型为主，但中国具有丰富的山水风光和海滩资源，为了适应未来世界旅游市场发展趋势，就必须改变中国旅游产品的单一结构，开发度假旅游资源，以吸引国际客源的主流。

4. 国际旅游客源国"银色市场"不断扩大

银色市场指老年人客源市场。按照世界现行标准，如果一个国家的老年人人口比例超过总人口比例的 7%，那么这个国家即为老年型国家。西方主要客源国大都进入老年型国家，其中英国、德国、瑞士等国老年人比例已超过总人口的 14%。目前老年人占人口总数的比例仍在增加，银色市场有不断扩大的趋势。现代的老年人是一个有钱、有闲、健康活跃的阶层。老年人市场具有几大优势：首先，和其他年龄组相比，老年人更为富裕，支付能力更强；其次，老年人有充裕的闲暇时间，不必因时间的限制而缩短旅程；最后，老年人在退休前后仍然身体健康，思想活跃，出游欲望强烈。很多人认为只有退休以后才有时间和精力来享受生活，开始人生的第二个春天。目前银色市场已成为各旅游接待国极为重视、积极开拓的市场。老年人对异国的古老传统文化表现出比年轻人更多的兴趣，长期以来到中国旅游的外国游客中，50岁以上的游客占到30%左右。研究老年人的需求习惯和特点，开发适合老年人的旅游产品，对中国旅游市场的营销来讲具有更为突出的意义。

5. 对旅游安全更为重视

世界局势的根本缓和，使世界免于爆发全球性的毁灭战争。但在世界上，局部战争和冲突仍时有发生。民族冲突、宗教冲突、国际恐怖主义将随时对国际旅游业的发展形成局部威胁。在具备闲暇时间和支付能力的条件下，唯一能使旅游者放弃旅游计划的因素就是对安全的顾虑。旅游者考虑的安全因素主要有局部战争和冲突、恐怖主义活动、旅游目的地政局不稳定、传染性疾病流行、恶性交通事故的发生、社会治安状况恶化等。旅游者只有对各方面的安全因素确定无疑后才会启程。因此各旅游接待国都愈加重视安全因素对市场营销的影响，力求从每一个环节把好安全关。对一些不可预测的不安全因素则为游客预先代办旅游保险。这样做一方面可以减轻游客的后顾之忧，另一方面一旦事故发生，也可以将其对市场的冲击力减到最低程度。

6. 区域旅游仍将盛行，世界旅游客源市场"合作—竞争"的新态势进一步增强

据世界旅游组织（WTO）统计，1989年区域旅游者占全世界旅游者总数的2/3。20世纪90年代以来这种趋势仍未改变。对大部分国家来说，邻近市场仍将是本国旅游客源的主体市场。区域旅游盛行不衰的原因是多方面的。首先，邻近国家之间政治、经济、文化联系更为紧密。欧洲客源占世界客源的60%，由于欧洲各国间政治、经济和文化紧密相连，语言相通，相互往来手续简便，因此欧洲国际客源中的80%在区域内流动。其次，区域旅游时间短，花费少。进行长距离洲际旅游总要受到一定的时间限制，而短期的区域旅游则可利用节假日，甚至周末就可进行。洲际旅游要支付昂贵的国际交通费用，其平均花费要比区域旅游平均花费高出一倍以上。这就加强了区域旅游的替代性。同是海滨度假，欧洲人就会选择地中海沿岸国家而不去加勒比海地区。当然，随着世界旅游业的发展，跨区域旅游的绝对数量也会相应增加。世界航空业的发展也将给未来洲际旅游的扩展创造条件。以不变价格计算，每公里的交通费用将会逐年降低。随着交通工具的革命性发展，未来的旅游将不仅局限于地球范围，宇宙间旅游时代将会到来。这些因素都会促进区域以外的旅游迅猛发展。但区域旅游由于其"地利、人和"的优势，总是会以更高的速度增长，在可以预见的将来，区域旅游仍将是世界旅游业的发展主流。

受旅游资源和价格竞争等因素的影响，一个国家或地区难以单独成为对游客具有长期吸引力的旅游目的地，同时，未来国际范围内的竞争将会进一步激烈，尤其是如何最大限度地满足特定细分市场需求产品和旅游相关服务质量方面的竞争将会更加明显和激烈。为了共同的利益，必须树立大旅游和大区域思想，加强同周边地区和行业的合作，形成一种既竞争又合作的新态势。

1.4 中国大陆的旅游客源市场

1.4.1 中国大陆的旅游客源市场发展历史

客源是旅游业发展的关键。客源充足，就会促进旅游地的建设，推动旅游业的发展。

反之，就会限制旅游业的发展。就中国的国际客源市场的变化来说，在1963年以前，国际客源主要是苏联和东欧等国家的旅游者。但自1963年以后，由于国际政治环境和国家关系的变化，来自苏联和东欧国家的旅游者锐减，而来自欧洲和美国的旅游者有明显增加。1972年中日两国建交后，随着两国经济文化交往逐步扩大，来华的日本旅游者人数不断增加，现已成为中国主要的国际客源市场。与此同时，来自亚洲、欧洲、美洲、大洋洲国家和地区的旅游者也有较大幅度的增加。由于中国国际交往的增加、旅游宣传的加强，中国国际客源市场不断扩大，现已接待了来自世界180多个国家和地区的国际旅游者。

1.4.2 中国大陆的旅游客源市场现状

中国大陆的客源市场可以划分为近程市场和远程市场两大部分。近程市场主要包括中国港澳台地区、日本、韩国、俄罗斯、东盟各国、澳大利亚及中东国家。远程市场则主要包括北美和西欧国家。

1. 近程市场

（1）中国港澳台市场。港澳台市场一直是中国大陆旅游业最大的客源市场。

香港、澳门、台湾本来就是中国的组成部分，因此，在地理上同大陆相邻；在文化传统上与大陆同根同源；在血缘关系上，港澳台地区的众多人士都同大陆有着十分密切的血缘关系或者亲情关系；在经济上，港澳台地区都较发达，港台更有亚洲经济"小龙"之称。特别是随着大陆改革开放的持续深入，港澳台地区工商实业界人士大量来大陆投资，更使得这三地与大陆之间的人员往来日趋频繁；在政治上，香港和澳门已经回归祖国，大陆与台湾的关系也不断缓和。所有这一切都决定了港澳台地区今后仍是大陆旅游业稳定的客源市场。

（2）日本市场。日本是中国重要的入境客源国家之一。自中国实行改革开放以来，无论是在来华旅游人次方面，还是在来华旅游消费总额方面，日本游客在来华旅游的外国人市场中都名列前茅，日本在很多年份中都是中国最大的外国人来华客源市场。在30个主要客源国旅华市场中，日本市场占20%左右。

日本是中国一衣带水的邻邦，有地理交通之便；在经济上，日本是世界上仅次于美国的第二经济大国；在文化上，中国长达5 000年的古老文明深深地影响着日本文化，两国之间的文化交往有着悠久的历史渊源，很多日本人都对中国文化有着很深刻的了解；在旅游市场规模上，日本每年都有超过几千万人次出国旅游。这些都决定了日本是中国旅游业重要客源国的基础。

（3）韩国市场。韩国是中国另外一个重要的入境客源国家。韩国自1991年正式与中国建立外交关系后，很快就发展成为中国旅游业重要的国际客源市场，在某些年份，入境人数高居第一位。

韩国是亚洲经济实力较强的国家，是亚洲经济的"四小龙"之一。韩国与中国旅行距离很近，且交通方便，途中耗费时间不长；由于历史上的原因，同中国在文化上比较接近；中韩两国经济协作与贸易往来发展迅猛，因而，来中国旅游的韩国人数不断创出新高。

（4）俄罗斯市场。俄罗斯是中国旅游业一个新兴的旅游客源市场。最近几年，其来华旅游人数一直位居外国人来华客源市场前列。

俄罗斯是一个地跨欧亚的大国，同中国之间有着漫长的边界线，两国之间有地理交通之便，也有友好交往的历史。随着两国边境的开放和经贸关系的发展，双方的边境旅游得到了迅猛的发展。随着俄罗斯经济的复苏和发展，在不远的将来，俄罗斯来华旅游的人次定会创出新高。

（5）东盟市场。东盟市场主要是指马来西亚、新加坡、菲律宾、泰国、印度尼西亚五个传统的东盟国家。东盟地区一直是中国旅游业重要的国际客源市场。其中，马来西亚、新加坡、菲律宾和泰国早已名列中国旅游业十大国际客源国。

东盟国家在地理上都是中国的周边国家，有交通之便；在文化上，很多东盟国家在历史上多受汉文化的影响，在经济上，东盟国家多为中国的贸易伙伴。特别值得提出的是，在东盟国家生活和工作的华人、华侨高达1 200多万人，占全世界华人和华侨总数的一半。他们大多乐于来中国观光、寻根谒祖和探亲访友。

（6）澳大利亚市场。澳大利亚是目前世界上前20个主要国际旅游客源国之一，也是亚太地区屈指可数的少数发达国家之一，历年来一直位居中国旅游业重要国际客源国之列。

同欧美地区相比，澳大利亚距离中国比较近，而且航空交通十分方便。目前，澳大利亚的工薪阶层每年享有4周的带薪假期，且收入较高，旅游休闲意识强。澳大利亚是中国值得重视和大力发展的海外客源市场。

（7）中东市场。中东究竟包括哪些国家和地区，国内外尚无定论，但一般泛指西亚、北非地区，约24个国家，1 500余万平方公里，3.6亿人口。由于历史背景复杂，宗教民族冲突较多，战争较为频繁，大部分国家经济并不发达，人民生活并不富裕，气候环境与中国相比差异也较大，因而这类市场在中国入境旅游市场中所占的比例不大，但具有很大的潜力，尤其是那些海湾国家，因为有石油作为支柱，人均收入很高，对中国较为友好，具有扩大来华客源的潜力和基础，能成为中国国际客源的新增长点之一。目前，中国在这一地区最重要的旅游客源国为沙特阿拉伯、以色列和埃及。

2. 远程市场

（1）北美市场。北美地区的人口规模、富裕程度、教育水平和城市化程度等条件都决定了该地区是世界上国际旅游的重要客源地。20世纪80年代以来，北美居民对赴亚洲旅游的兴趣越来越大，赴亚洲目的地的远程旅游也发展得十分迅速。

长期以来，美国一直是世界上最大的出国旅游市场，在出国旅游人次上始终位居世界第一。在美国出国旅游市场上，中国是亚洲"最新"的旅游目的地。中国悠久的历史、丰富的文化资源，以及社会环境和人民生活方式等方面的许多特点，对美国游客有很大的吸引力。在来华旅游的外国人市场上，美国一直位居前列。

加拿大是地处北美的另一个经济发达国家，也是世界上主要的国际旅游客源国之一，更是中国较为稳定的一个主要客源市场。

（2）西欧市场。西欧地区是全世界最主要的国际旅游客源市场之一。对中国而言，尤以英国、德国和法国最为重要。

英国是世界上主要的国际旅游客源国之一，在欧洲是仅次于德国的出游大国，也是中国在西欧地区的第一大客源市场。从历史上看，英国人有较为久远的旅游度假传统；近年来,英国已成为世界上第三大旅游支出国,且越来越多的英国人正在改变去欧洲大陆传统目的地度假的习惯,转向远程旅游。20世纪90年代以前,英国曾一直是中国旅游业的第三大客源国。近年来,随着中国周边客源市场的崛起,英国来华旅游人次排名虽然下降,但绝对数仍在不断增加。

德国是世界上的经济大国之一,国民贫富差距不大,就业人员带薪假期较长,国民受教育程度较高,加之德国居民有旅游度假的传统,使得德国成为世界上重要的国际旅游客源国。近年来,德国来华旅游人次呈持续增长之势,且增长幅度较大。

法国也一直是世界上位居前10位之列的国际旅游客源国。法国经济发达,带薪假期较长,居民出游度假已成为生活习惯。对中国旅游业来说,法国在欧洲客源国中一直位列第三,是中国重要的客源国之一。

1.4.3 中国大陆的旅游客源市场开发前景

中国是世界上最大的国内旅游市场。据国家旅游局统计,2015年,中国国内旅游突破40亿人次,旅游收入超过4万亿元人民币,中国国内旅游人次和国内旅游消费均列世界第一。世界旅游业理事会(WTTC)测算:2015年中国旅游产业对GDP综合贡献10.1%,超过教育、银行、汽车产业。国家旅游数据中心测算:中国旅游就业人数占总就业人数的10.2%。

中国大陆的旅游客源市场的开发前景,除了入境旅游人数将持续增长、传统市场持续保持稳定、薄弱市场部分将有所加强、周边地区和发达国家仍将是中国最重要的客源市场这些显著特点外,以下几个方面也特别值得关注。

1. 中国旅游产品供应链日趋完善,客源市场持续增长

旅游"吃、住、行、游、购、娱"各要素的供给越来越充裕,给中国入境旅游业长期、持续的增长提供了根本的保证。旅游发展和航空关系非常紧密,在旅游卫星账户的核算中,航空业就被作为一个重要的特征产业列入其中。航空运力的增加是推动更多潜在客源成为现实入境游客的重要因素,航空运力的变化对入境旅游者,特别是中远程外国旅游者数量有重大影响。航空业是旅游业的重要供给要素,二者之间的良性互动,无疑将会给未来的入境旅游注入新的活力。

经过多年的发展,中国"最理想投资乐土和最安全旅游胜地"的目的地形象更加突出,在很多国家居民的出游意向中中国都列在前面。此外,中国大中城市及旅游景区点的接待设施不断完善,软硬件水平显著提升,这也有助于保证入境游客的旅游质量,从而吸引更多境外居民来华旅游。近些年来,中国星级饭店数量增长很快,同时一些低星级饭店也不断向中高星级升级,入境游客中的商务客人和团队客人的需求总体上已经能够得到很好的满足。满足中低端散客市场的经济型饭店和国际青年旅社的蓬勃发展,也为入境旅游者的住宿提供了更大的便利。

2. 大力发展入境旅游的政策还将继续,入境旅游市场政策将更加适应市场经济的特点

当前,入境旅游仍然是全国旅游业发展的重点。2014年,《国务院关于促进旅游业改革发展的若干意见》出台,提出大力拓展入境旅游市场,包括:完善国家旅游宣传推广体系，采取政府购买服务等方式，逐步实现国家旅游宣传促销专业化、市场化；建立多语种的国家旅游宣传推广网站，加强国家旅游形象宣传；研究促进外国人入境过境旅游签证便利化措施，推动符合规定条件的对外开放口岸开展外国人签证业务，逐步优化完善外国人72小时过境免签政策，推动外国人72小时过境免签城市数量适当、布局合理；统筹研究部分国家旅游团入境免签政策，优化邮轮出入境政策；为外国旅客提供签证和入出境便利，不断提高签证签发、边防检查等出入境服务水平。入境旅游作为全国旅游业发展的重点，道理其实很清楚：一方面，旅游业在未来很长的时期内，都将是中国对外贸易，特别是服务贸易中极具竞争力的产业；发展入境旅游业符合中国劳动力廉价、旅游资源丰富的优势，因而大力发展入境旅游符合中国的实际。另一方面，由于中国出境旅游的花费大幅攀升，中国旅游业在对外贸易服务项目下的顺差正在减少，甚至出现较大逆差；在出境旅游高速增长的大背景下，只有继续大力发展入境旅游，才能平衡相应的外汇支出。

3．全球局部地区并不太平，到中国旅游的安全性成为入境旅游的重要卖点

安全始终是影响旅游发展的最重要因素。旅游只有在安全得到充分保障的前提下，才有可能进行。2015年全球局部地区频发自然灾害和恐怖事件。4月25日，尼泊尔中部地区突发里氏8.1级强烈地震，造成境内约9 000人死亡，2.2万多人受伤；地震还导致尼泊尔文物损毁严重。这是该国80多年来发生的最大自然灾难。2015年11月13日，法国巴黎市发生一系列恐怖袭击事件，造成至少132人死亡。这些安全事件给当地的旅游业造成了极大的破坏。特别是人为的恐怖活动较之自然灾害更难以预料，而这种社会矛盾一般很难在短期内解决，因此袭击发生后，目的地的入境旅游恢复往往更加困难。中国政局稳定，人民友好，这为入境旅游的持续发展创造了良好的外部环境。

4．世界经济的稳定发展和中国经济的持续增长为中国入境旅游的继续增长提供经济支持

国际货币基金组织认为，世界经济将继续保持良好的增长态势。近几年来一直存在的油价持续攀升、自然灾害和疾病流行、中东局势动荡等不稳定因素，对世界经济增长不会造成明显的影响。经济增长将直接带来居民收入的增加，世界经济的稳定发展将为中国入境旅游继续提供充足的客源；同时中国经济的持续增长也将促进政府和民间的投资，而由此带来的交通条件的改善、旅游设施的建设将有助于提高包括入境旅游在内的中国旅游业的供给水平，最终推动入境旅游业进一步增长。由于众多利好因素的存在，我们有理由对未来的中国经济继续保持乐观。

5．中国对外交往增多，区域合作的加强给入境旅游带来了新的发展机遇

近年来，中国领导人频频出访，进一步加强了与其他国家的友好关系。特别是中国发起和加入了一系列国际和区域组织，有利于更大地促进相互之间的人员往来。此外，类似于中法文化交流等各种活动也为世界人民了解中国提供了便利。一些区域旅游合作，也使中国从周边国家吸引到了更多的游客。比如"大湄公河旅游区域"合作，就直接带动了泰国客源的快速增长。

本章小结

本章主要介绍了世界旅游业和中国大陆的客源市场概况。世界旅游业经历了兴起和发展的过程,现已成为世界上规模最大的产业之一,旅游业持续增长,由国内旅游向国际旅游发展,由基本层次向提高层次发展,由团体旅游向个体旅游发展。

世界旅游区可以洲别、世界大区、国别或地区等,划分为六大区。各分区的发展呈现出不同的特点,需要区别对待。世界旅游客源市场逐渐呈现细分化趋势,从观光型旅游为主向度假型旅游为主转变,"银色市场"不断扩大,对旅游安全更为重视,区域旅游仍将盛行。

中国大陆的客源市场可以划分为近程市场和远程市场两大部分。由于大力发展入境旅游的政策、中国经济持续增长、中国对外交往增多、区域合作加强、到中国旅游的安全性较高等因素,使得中国大陆的客源市场持续增长,给入境旅游带来了新的发展机遇。

复习思考题

1. 世界旅游业是如何兴起和发展起来的?
2. 世界旅游业的发展有何特点?
3. 世界旅游区通常可以分为哪几大分区?
4. 世界旅游客源市场格局如何?
5. 中国大陆的旅游客源市场现状如何?
6. 中国大陆的旅游客源市场前景怎样?

案例分析:全球发展最快的行业

世界旅游业理事会2015年发布的研究报告显示,全球旅游业雇用的员工数量比汽车制造业、矿业、金融服务业的总和还要多。2014年,旅游业产值接近2.4万亿美元,在全球GDP中占比约3.1%,高于化工制造行业和汽车制造业。2014年旅游业雇用了1.05亿员工,这一数据是汽车制造业的7倍,全球化工制造行业的5倍,全球银行业的4倍,全球矿业的4倍,接近全球金融服务行业的2倍。

结合世界各地的情况可以发现,旅游业比汽车制造业、化工制造业能够为人们带来更多的工作机会。在亚洲,旅游业提供的工作机会是汽车制造业的8倍,接近化工制造业的5倍。牛津经济研究院的全球行业模型预测,在未来十年间旅游业的年复合增长率将达到3.9%,仅次于银行业的4.1%。西班牙、马来西亚、阿联酋、南非、秘鲁、墨西哥、泰国、土耳其和牙买加这9个国家,有超过半数的出口服务由旅游组成。

(资料来源:http://www.traveldaily.cn/article/92955。)

思考题

1. 结合本案例,收集世界旅游业发展的最新数据。
2. 本案例中揭示了世界旅游业发展的哪些特点?

第 2 章 亚洲和太平洋地区主要客源国

引 言

亚洲地区是中国最重要的客源产生地,这个区域地貌各异,人口众多,民族复杂,历史悠久,对世界文化的发展有着重大的影响。亚洲与太平洋地区绝大多数为发展中国家,但也有一些国家经济发展速度较快,且与中国地理位置相近,经济联系紧密,对中国入境旅游业的发展具有重要意义。

本章学习目标

- 熟悉亚洲和太平洋地区主要客源国的地理、人口、历史、资源和经济发展状况。
- 了解亚洲和太平洋地区主要客源国的行政区划、政治、外交及与中国关系。
- 掌握亚洲和太平洋地区主要客源国的文化传统、民俗风情、旅游资源和旅游产业发展状况。

2.1 日本

2.1.1 国名、国旗、国徽、国歌

1. 国名

国名"日本"(Japan),意思是"日出之国"、"太阳升起的地方",取自圣德太子呈递给中国隋朝的国书中提到的"日出处天子"。在明治宪法中称"大日本帝国";现行宪法中称"日本国"。同时,日本又被誉为"樱花之国"。

2. 国旗

日本国旗是太阳旗,呈长方形,长与宽之比为3∶2。旗面为白色,正中有一个象征太阳的红色圆轮,称为"日之丸旗"或"日章旗"。白色象征正直和纯洁,红色象征真诚和热忱。日本国一词意即"日出之国",传说日本是太阳神所创造的,天皇是太阳神的儿子,太阳旗来源于此。日本古时已将此图案用于神社或船舶悬挂的旗帜上。由于图案比较简洁,又与国名内容相一致,1870年1月27日,天皇将日之丸旗定为日本的国旗。

3. 国徽

日本国徽为圆形,绘有16瓣黄色的菊花瓣图案。菊花图案也是皇室御纹章上的图案。

4. 国歌

日本国歌是《君之代》。歌词取自《古今和歌集》中的一首,作曲是宫内省林广守。

日本的国花是樱花,国鸟为绿雉,国石为水晶。货币为日元。

日本自7世纪开始启用年号,并一直由天皇确定。现在的年号"平成"始于1989年,意指"国内国外、天下地上实现和平"。现在的正式公函中,虽然使用日本的年号,但一般也用公历。

2.1.2 地理位置、自然条件

日本位于亚洲东部、太平洋西北西岸,是一个由东北向西南延伸的弧形岛国。西隔东海、黄海、朝鲜海峡、日本海与中国、朝鲜、韩国、俄罗斯相望。陆地面积约37万多平方公里,包括北海道、本州、四国、九州4个大岛和其他6 800多个小岛屿。领海面积约31万平方公里。与俄罗斯存在"北方四岛"(俄方名为"南千岛群岛")领土争端,与韩国存在竹岛(韩方名为"独岛")领土争端。

日本列岛由东北向西南呈弧形排列,海岸线大约长30 000公里。日本山地多,山地和丘陵面积约占全国面积的75%;平原狭小,只占全国面积的25%。日本火山、地震活动相当频繁,被称为"火山之国"、"地震之国"。著名火山富士山海拔3 776米,是日本的最高峰。阿苏山的火山口,规模居世界第一位。日本火山众多,形成许多温泉,全国有大小温泉近20 000处,是世界最大的"温泉之国"。

日本河流都以流程短、流速快为特征,急流和瀑布多。最长的河流信浓川长约367公里。最大的湖泊是琵琶湖,面积672.8平方公里。日本拥有不同地带的丰富的动物和植物资源,森林覆盖率将近70%。

日本大部分地区属于温带海洋性季风气候,终年温和湿润,四季分明,冬无严寒,夏无酷暑。日本在夏秋两季多台风,6月多梅雨,1月平均气温北部-6℃,南部16℃;7月北部17℃,南部28℃。年降水量700~3 500毫米,最高达4 000毫米以上。

2.1.3 人口状况、发展简史

1. 人口状况

日本人口众多,且密度很大(337人/平方千米),2015年的人口总数为1.269 1亿人,仅次于中国、印度、美国、印度尼西亚和巴西,居世界第10位。

日本为单一民族国家,大和族占99.3%左右。日本是单一语言国家,通用日语。以东京语为基础的日本语被称为"标准语",普及全国各地。

日本有神道教、佛教、基督教等多种宗教。其主要宗教为神道教和佛教,信仰人口分别占宗教人口的49.6%和44.8%。神道教起源于古代历史和神话,是日本固有的自然式宗教，祭祀场所是神社。佛教起源于印度，是 6 世纪由中国经朝鲜传入日本的大乘佛教。基督教 1549 年从西方传入日本。在日本，一个人信仰两种以上宗教的很多。

2. 发展简史

日本历史悠久，从 4 世纪中叶起就形成了统一的国家——大和国。645 年发生大化革新，仿照唐朝律令制度，建立起以天皇为绝对君主的中央集权国家体制。12 世纪末进入由武士阶层掌握实权的军事封建国家，史称"幕府"时期。19 世纪中叶，英、美、俄等国家迫使日本签订了许多不平等条约，民族矛盾和社会矛盾激化。1868 年，革新派实行"明治维新"，废除幕藩体制，恢复天皇统治，建立了统一的中央集权国家。此后，日本资本主义迅速发展，对外逐步走上侵略扩张的道路。

19 世纪末 20 世纪初，日本统治阶级先后发动中日甲午战争、日俄战争，侵吞朝鲜，参加了两次世界大战。1945 年在第二次世界大战中战败，同年 8 月 15 日宣布无条件投降。8 月 28 日，美军进驻日本，日本成为美国的附庸国。1947 年 5 月实施新宪法，日本由绝对天皇制国家变为以天皇为国家象征的议会内阁制国家。直到 1952 年《旧金山和约》生效，日本才真正独立。

2.1.4 资源状况、经济发展

日本是一个经济强国。矿产资源贫乏，除煤、锌有一定储量外，绝大部分依赖进口。森林面积 2 526 万公顷，占国土总面积的 69%，但木材有 55.1%依赖进口，是世界上进口木材最多的国家。

水力资源丰富，水力发电量约占总发电量的 12%。近海渔业资源丰富。工业高度发达，是国民经济的主要支柱，工业总产值约占国内生产总值的 40%。

日本经济高度发达，国民拥有很高的生活水平。日本 2014 年 GDP 为 4.6 万亿美元，人均 GDP 为 3.62 万美元。若以购买力平价计算，国内生产总值位居世界第 3 位（次于美国和中国），人均国内生产总值为世界第 23 位。日本的服务业，特别是银行业、金融业、航运业、保险业以及商业服务业占 GDP 的最大比重，而且处于世界领导地位。日本对外贸易发达，主要贸易对象为美国、亚洲国家和欧盟国家。

2.1.5 首都、行政区划

1. 首都

日本的首都是东京（Tokyo），位于本州中部，面积 2 162 平方公里，2014 年人口约 1 333 万，大东京都市圈 3 680 万，被称为世界第一大城市，为日本政治、经济和文化的中心。

2. 行政区划

日本的都、道、府、县是平行的一级行政区，直属中央政府，但各都、道、府、县都拥有自治权。

全国分为1都（东京都Tokyo）、1道（北海道Hokkaido）、2府（大阪府Osaka、京都府Kyoto）和43个县，下设市、町、村。

2.1.6 政治、外交、与中国关系

1. 政治

现行的《日本国宪法》于1947年5月3日实施。宪法规定，国家实行以立法、司法和行政三权分立为基础的议会内阁制；天皇为日本国和日本国民总体的象征，无权参与国政；议会泛称国会，由众、参两院组成，为最高权力机关和唯一立法机关。在权力上，众议院优于参议院。

内阁为国家最高行政机关，对国会负责，由内阁总理大臣（首相）和分管各省厅（部委）的大臣组成。日本政府实施行政改革后机构为1府12省厅。91任至96任首相为福田康夫、麻生太郎、鸠山由纪夫、菅直人、野田佳彦、安倍晋三。

日本的司法权属于最高法院及下属各级法院，采用"四级三审制"，即最高法院为终审法院，高等法院负责二审，地方法院负责一审，家庭法院和简易法院负责民事及不超过罚款刑罚的刑事诉讼。检察机构与四级法院相对应，分为最高检察厅、高等检察厅、地方检察厅、区（镇）检察厅。

第二次世界大战后日本实行"政党政治"，代表不同阶级、阶层的各种政党相继恢复或建立。目前参加国会活动的主要政党有自民党、民主党、公明党、日本共产党、社民党、保守新党等。

2. 外交

近年来，日本外交呈全方位进取态势。积极展开大国外交，更加倚重美国，加强日美安全合作，同时致力于稳定对华关系，深化与东盟关系，加强对欧关系，改善日俄和日朝关系。积极参与地区和国际政治、经济和安全事务，力争成为联合国安理会常任理事国。至2014年年底，日本已建交的国家超过190个。

3. 与中国关系

1972年9月29日，中日两国签署《中日联合声明》，实现邦交正常化，次年1月互设大使馆。1978年8月12日，两国签署《中日和平友好条约》。1998年11月，江泽民主席对日本进行国事访问，中日两国发表了《关于建立致力于和平与发展的友好合作伙伴关系的联合宣言》。2006年10月8至9日，安倍晋三首相对中国进行正式访问，中日双方发表联合新闻公报。2012年12月26日，新任内阁官房长官菅义伟在东京表示，日本新一届政府将继承"村山谈话"。

2.1.7 文化传统

日本独特的地理条件和悠久的历史，孕育了别具一格的日本文化。樱花、和服、俳句与武士、清酒、神道教构成了传统日本的两个方面——菊与剑。

1. 文学

和歌，产生于平安时代，含短歌、长歌、旋头歌，是由"5·7·5·7·7"共31个音组成的诗歌。俳句，产生于江户时代，是由"5·7·5"共17个音组成的世界最短的诗歌。川柳，产生于江户时代，是由"5·7·5"共17个音组成的带有讽刺、诙谐意味的短诗。

2. 艺术

大和绘，出现于奈良、平安时代，是富有日本民族风格的绘画。浮世绘，出现于江户时代，为庶民的绘画及版画。能剧，是日本的传统戏剧，也是世界上现存的最古老的戏剧之一，演员通过面部表情和形体动作暗示故事的本质，而不是把它表现出来。歌舞伎，又称艺妓，出现于16世纪末，是反映宫廷及武士生活的历史剧目。文乐，是形成于16世纪的木偶戏。

3. 三道

在日本有著名的"三道"，即日本民间的茶道、花道、书道。

（1）茶道。即品茶之道，也叫茶汤（品茗会），自古以来就作为一种美感仪式受到上流阶层的无比喜爱。起源于15世纪，以专为茶道制作的具有观赏价值的茶具和品位极高的茶叶，以及主人的进茶方法及客人品茶的行为而被称道，是日本人接待宾客的一种特殊礼仪。现在，茶道被用于训练集中精神，或者用于培养礼仪举止，为一般民众所广泛地接受。

（2）花道。即把适当剪下的树枝或花草经过艺术加工后插入花瓶等器皿中的方法和技术，亦称"插花"、"生花"。起源于15世纪，古代随佛教从中国传入日本，作为一种在茶室内再现野外盛开的鲜花的技法而诞生。江户时代被命名为花道。因展示的规则和方法的不同，花道可分成20多种流派。

（3）书道。即书法。自古代随汉字由中国传入日本。

4. 体育

日本的传统体育运动有柔道、空手道、剑道、相扑等。其中，相扑被称为"国技"，棒球被称为"国球"。

（1）柔道。在全世界有广泛声誉。柔道的基本原理不是攻击，而是一种利用对方的力量的护身之术，柔道家的级别用腰带的颜色（初级为白色，高级为黑色）来表示。

（2）空手道。经琉球王国（现在的冲绳）从中国传入日本的格斗运动。空手道不使用任何武器，仅使用拳和脚，与其他格斗运动相比，是一种相当具有实战意义的运动形式。

（3）剑道。指从武士的重要武艺剑术中派生而出的日本击剑运动。比赛者按照严格的规则，身着专用防护具，用一把竹刀互刺对方的头、躯体及手指尖。

（4）相扑。源于日本神道的宗教仪式。相扑比赛在台子上进行，整个台子为正方形，中部为圆圈，其直径为4.55米。比赛时，两位力士束发梳髻，下身系一条兜带，近乎赤身裸体地上台比赛。比赛中，力士除脚掌外任何部分不得触及台子表面，同时也不得超出圆圈。比赛在一两分钟甚至几秒钟内便能决出胜负。相扑的裁判共由6人组成，主裁判由手持折扇的"行司"登台担任。

大力士的最高等级是"横纲"。下面是大关、关胁、小结、前颈,这四个等级被称为"幕内",属于力士中的上层。再次是十两、幕下,除此之外还有更低级的三段目、序三段。最低一级叫序口。

2.1.8 民俗风情

1. 服装

日本人在节庆日和某些重要场合爱穿传统服装——和服,并配以木屐。和服是日本传统民族服装的称呼,在日本也称"着物",是仿照中国隋唐服饰改制的。

妇女和服的款式和花色的差别是区别年龄和结婚与否的标志。例如,未婚的姑娘穿紧袖外服,已婚妇女穿宽袖外服;梳"岛田"式发型(日本式发型之一,呈钵状),穿红领衬衣的是姑娘,梳圆发髻,穿素色衬衣的是主妇。

和服不用纽扣,只用一条打结的腰带。腰带的种类很多,其打结的方法也各有不同。比较广泛使用的一种打结方法叫"太鼓结",在后腰打结处的腰带内垫有一个纸或布做的芯子,看去像个方盒。这就是我们常看到的和服背后的装饰品。由于打结很费事,战后又出现了备有现成结的"改良带"和"文化带"。

虽然今天日本人的日常服装早已为西服所替代,但在婚礼、庆典、传统花道、茶道及其他隆重的社交场合,和服仍是公认的必穿礼服。

2. 饮食

日本人以米饭为主食,副食多吃鱼,喝酱汤。喜食清淡,除油炸食品外,使用油的菜很少,一般都是低热量、低脂肪的饮食,而且营养也平衡。

日本的传统饭菜有寿司、生鱼片、天麸罗(油炸菜、虾、鱼等)、鸡素烧(日式火锅),还有各式各样的鱼饼、海菜制品等,讲究使用新鲜的配料。

寿司(Sushi)是以生鱼片、生虾、生鱼粉等为原料,配以精白米饭、醋、海鲜、辣根等,捏成饭团后食用的一种食物。寿司的种类很多,不下数百种,各地区的寿司也有不同的特点。大多数是先用米饭加醋调制,再包卷鱼、肉、蛋类,加以紫菜或豆皮。吃生鱼寿司时,饮日本绿茶或清酒,别有一番风味。

日本菜素有"五味五色五法菜肴"之称。"五味"即甜、酸、辣、苦、咸;"五色"为白、黄、红、青、黑;"五法"乃生、煮、烤、炸、蒸。一方面不失材料的原味,另一方面讲究色香味;重视春夏秋冬的季节感,注重材料的时令性。

日本人很少吃动物"下水";肉铺里一般不会摆出猪蹄、鸡爪;宴会里也不会出现猪心、猪肝等。

日本的酒中最有代表性的是用大米酿造成的"清酒",酒精含量15%~16%,糖分3%~4%,味微酸,口感醇和。

日本茶最大众化的饮料是绿茶,根据茶叶品质大体分为玉露、煎茶、粗茶,著名的有京都府宇治产的宇治茶等。红茶也很普及，各种名牌红茶深受人们喜爱。

3. 住房

日本式的传统住房，一般是独门独院的，由院子、厨房、厕所等组成，进入室内必须脱鞋，以保持清洁。因此，住房入口一般有门厅，它比地面高，入门厅就脱鞋。房子的窗口很大，以利于夏天通风，冬天有温暖的阳光照进。嶂子是日本式住房特有的，它是由木框上糊上不透明的纸而制成的，用来间隔各房间与走廊或当作拉窗、拉门，难怪人们常说日本式的房子是木头加纸头。房间内都铺有"榻榻米"，这是一种用稻草编制的草垫，大小各地有所不同，但一般是2米长的。日本人习惯睡觉不用床，而是睡地铺，叫榻榻米。

日本人对坐姿很有讲究。在公司里日本人都坐椅子，但在家里日本人保持着坐榻榻米的传统习惯。坐榻榻米的正确坐法叫"正坐"，即把双膝并拢跪地，臀部压在脚跟上。轻松的坐法有"盘腿坐"和"横坐"："盘腿坐"即把脚交叉在前面，臀部着地，这是男性的坐法；"横坐"是双腿稍许横向一侧，身体不压住双脚，这常是女性的坐法。现在，不坐榻榻米的年轻人在逐渐增多。

4. 节日

日本全年有14个法定节日，节日当天全国放假。节日当天若遇周末，则采取调休。主要节日有：元旦（1月1日），成人节（1月15日），建国纪念日（2月11日），春分（3月21日前后），绿色和平日（4月29日），宪法纪念日（5月3日），儿童节（5月5日），海洋日（7月20日），敬老节（9月15日），秋分（9月23日前后），体育节（10月10日），文化节（11月3日），劳动感谢节（11月23日），天皇诞辰日（12月23日）。

此外，日本还有一些民间节日，以及独特的节日习俗。

- 元旦（1月1日），庆贺一年的开始。举家去神社、寺庙参拜。用松枝和稻草装饰大门口；门上挂稻草绳、纸条、黄柚子，代表神灵并可驱邪；门前摆上松、竹、梅，取意吉祥、顺利。全家团聚吃年饭（称"御节料理"）、吃年糕汤（称"杂煮"）、喝"屠苏酒"。传统的新年游戏有板羽球、陀螺、放风筝等。
- 节分（立春前一天），漫长的冬天结束。夜里在住宅周围撒大豆，边撒边祷告"祸去福来"，然后吃大豆，吃的数量与年龄数相同。
- 桃花节（公历3月15日至4月15日），日本列岛从南至北樱花盛开，人们纷纷游园赏花，迎接春天的到来。
- 端午节（农历5月5日），男孩子的节日。在有男孩子的家里装饰武士偶人，屋檐下插上菖蒲，升起鲤鱼幡，全家吃柏叶饼或粽子。
- 七夕（农历7月7日），传说牛郎星一年一度在这天晚上渡过天河同织女星相会。家家在院子里供上玉米等农作物，在毛竹上挂起写有诗歌的彩纸，希望能实现自己的愿望。
- 盂兰盆节（关东于7月，关西于8月），传说盂兰盆节时祖先的灵魂要回家，因此供奉祭品于先祖灵位前，祝福亡灵。节日头一天，迎接祖先灵魂；节日最后一天，点火送灵魂。节日举行盂兰盆舞活动。
- 赏月（农历 8 月 15 日），在院子里摆上芒草和用米面做的圆形糕、圆形水果（苹果、梨、西瓜、桃等），边吃边谈边赏月。
- 七·五·三节（11 月 15 日），父母带着 3 岁、5 岁、7 岁的孩子（男孩 3 岁和 5 岁；女孩 3 岁和 7 岁）去神社参拜，祈求孩子幸福成长。当天，神社内设摊专卖"千岁饴"（装在画有仙鹤等的长形纸袋中的棒糖），以祝愿长寿。
- 圣诞节（12 月 25 日），车站、百货商店、宾馆等公共场所摆上松树，挂上五颜六色的彩灯。在家里，孩子们等待"圣诞老人"送礼物。
- 除夕（12 月 31 日），晚上，全家团聚，吃过年面条，欣赏日本广播协会一年一度的新年"红白歌"比赛。午夜 12 点，人们在寺院或在家里的收音机、电视机旁，听除夕钟声 108 下（消除 108 个魔鬼），迎接新的一年。

5. 礼仪

日本人通常对人只称姓，不呼名。日本人见面习惯脱帽鞠躬，鞠躬弯腰的深浅不同表示的含义也不同。在国际交往中日本人也习惯行握手礼，尤其是年轻人或和欧美人接触较多的人。交换名片是见面交往的另一种礼节，女性大多使用比男性名片要小的名片。在社交活动中，日本人爱用自谦语言，如"请多关照"、"粗茶淡饭、照顾不周"等，谈话时也常使用谦语。在与日本人交谈时，不要边说边指手画脚，别人讲话时切忌插话打断。在交谈中，不要打听日本人的年龄、婚姻状况、工资收入等私事。对年事高的男子和妇女不要用"年迈"、"老人"等字样，年事越高的人越忌讳。日本人姓名一般是 3~6 个汉字，姓在前，名在后。

日本人见面习惯于准备一些礼品。礼品大小视情况而定，有时东西小而谊重情深。按日本习俗，向个人赠礼须在私下进行，不宜当众送出。不用手绢作礼品，因为它会让人联想到擦眼泪，意味着分离。赠送结婚礼品时忌送易碎易破物品，因为"破碎"意味着良缘破裂。

日本人给老人祝寿，通常选一些有特定意义的年岁。如 61 岁为"还历"，意思是过了 60 为 1 岁，返老还童；70 岁为"古稀"；77 岁为"喜寿"；88 岁为"米寿"，因汉字"米"拆开可变成八十八；99 岁为"白寿"，因为"白"字上面加一横为"白"。

6. 禁忌

日本人不喜欢紫色，认为紫色是悲伤的色调；最忌讳绿色，认为绿色是不祥之色。日本人忌讳睡觉时头朝北，因为佛教中释迦牟尼涅槃时的卧姿是头朝北。日本人还忌讳 3 人一起合影，他们认为站在中间被左右两人夹着是不幸的预兆。日本人认为荷花是丧花，在探望病人时忌用山茶花及仙客来。日本人不愿接受有菊花或菊花图案的东西或礼物，因为它是皇室家族的标志。日本人喜欢的图案是樱花、松、竹、梅、鸭子、乌龟等。

日本人通信时，信的折叠、邮票的贴法都有规矩，如寄慰问信忌用双层信封，双层被认为是祸不单行；寄给恋人信件的邮票不能倒贴，否则意味着绝交。日本人在饮食中的忌讳也很多：一般不吃肥肉和猪内脏，也有人不吃羊肉和鸭子；招待客人忌讳将饭盛得过满过多，也不可一勺就盛好一碗；忌讳客人吃饭一碗就够，只吃一碗被认为是象征无缘；忌讳用餐过程中整理自己的衣服或用手抚摸、整理头发，因为这是不卫生和不礼貌的举止；日本人使用筷子时忌讳将筷子垂直插在米饭中，因为这是日本人祭祀死人的做法。在日本，招呼侍者时，得把手臂向上伸，手掌朝下，并摆动手指，侍者就懂了。谈判时，日本人用拇指和食指圈成"O"形，你若点头同意，日本人就会认为你将给他一笔现金。在日本，用手抓自己的头皮是愤怒和不满的表示。

日本人有不少语言忌讳，如"苦"和"死"，就连谐音的一些词语也在忌讳之列，如数词"4"的发音与死相同，"9"的发音和"苦"相同，"42"的发音是死的动词形。不用梳子作礼品，因为它的发音和"苦死"相同。受西方影响，也忌讳数字"13"和星期五。在婚礼等喜庆场合，忌说"去"、"归"、"返"、"离"、"破"、"薄"、"冷"、"浅"、"灭"及"重复"、"再次"、"破损"、"断绝"等不吉和带凶兆的语言。商店开业和新店落成时，忌说"烟火"、"倒闭"、"崩溃"、"倾斜"、"流失"、"衰败"及与火相联系的语言。交谈中忌谈人的生理缺陷，不说如"大个"、"矮子"、"胖墩"、"秃顶"、"麻子"、"瞎聋"、"哑巴"等字眼，而称残疾人为"身体障碍者"，称盲人为"眼睛不自由者"，称聋子为"耳朵不自由者"等。

日本人送礼时，送成双成对的礼物，如一对笔、两瓶酒很受欢迎，但送新婚夫妇红包时，忌讳送2万日元和2的倍数，日本民间认为"2"这个数字容易导致夫妻感情破裂，一般送3万、5万或7万日元。礼品包装纸的颜色也有讲究，黑白色代表丧事，绿色为不祥，也不宜用红色包装纸，最好用花色纸包装礼品。

2.1.9 旅游资源、旅游业

1. 旅游资源

日本的旅游资源主要表现在两个方面：一是秀丽的岛国风光，高山深谷，河流瀑布，特别是火山和温泉，都为旅游业的发展提供了良好的条件，以松岛、宫岛和天桥立等"日本三景"为代表；二是丰富多彩的历史文化遗产，全国著名的历史古迹不胜枚举，尤以奈良、京都和镰仓三大古城闻名于世。

（1）旅游城市。日本主要的旅游城市有东京、大阪、横滨、京都、奈良、镰仓等。

1）东京。日本首都，位于本州关东平原南端，东南濒东京湾，是全国最大的工商业城市、文化中心和重要港口。东京古时称江户，1868年明治元年明治天皇由京都迁都于此，将其改名为东京。东京全城公园和花园多达800多处，著名的上野公园以樱花蜚声国内外。市中心有天皇居住的皇宫城。东京共有200多所大专院校，还有国家博物馆、西洋美术馆、国家图书馆。东京西北部新建的60层大厦"日光城"，高度达240米。在千叶县浦安市有迪士尼乐园，这是日本最大的游乐场。

2）大阪。地处大阪湾畔，人口约300万，是日本仅次于东京的第二大都会，重要的工商业城市和交通中心。市内河道纵横，是日本著名的"水都"。曾有几代天皇在此建都，留下许多名胜古迹。

3）横滨。日本的主要港口城市，位于本州东南部关东地方，北距东京 20 公里。市内有弘明寺、金泽文库、总持寺、伊势山皇宫等名胜古迹。总持寺是日本曹洞宗的总本山。

4）京都。日本的著名古都和宗教文化中心，位于本州中西部，琵琶湖的西南面。794—1869 年为日本首都，故有"千年古都"之称。1950 年被宣布为"国际文化观光城市"。

5）奈良。日本的古都，也是"国际文化城市"，位于本州中西部，为历史上奈良时代的都城，名胜古迹很多。

6）镰仓。日本著名古城之一，位于本州中南部神奈川县，三面环山一面临水，地势险要。12 世纪至 14 世纪，曾为镰仓幕府所在地，是重要的文化区，故此一时期被称为"镰仓时代"。城内有许多寺庙和其他名胜古迹，高德院的"镰仓大佛"是日本著名国宝，相模湾畔为著名的避暑胜地。

（2）旅游景区。

1）富士山（Fuji Mountain）。位于本州中南部，海拔 3 776 米，是日本最高峰，日本人奉之为"圣山"，是日本民族的象征。整个山体呈圆锥状，山顶终年积雪。富士山四周有"富士八峰"，山顶有火山湖，顶峰上有久须志神社、浅间神社等圣庙。北麓有"富士五湖"，其中之一的河口湖可见富士山美丽的倒影。山麓还有富士游猎公园，内有 40 多种野生动物。富士山还有各种博物馆、植物园和游乐场所。

2）日光国家公园。位于本州中部，以日光火山群为中心，面积 1 406 平方公里，有火山、温泉、湖泊、溪谷、森林、瀑布等美丽的自然景观，也有许多历史建筑。其中既有落差 100 米的日本三大瀑布之一华严瀑布，又有被列为日本国宝的日光东照宫等。

3）伊豆—箱根—富士国家公园。位于横滨西南面，面积广大，火山和温泉众多。园内有世界首屈一指的锥状火山富士山和美丽的富士五湖。

4）濑户内海国家公园。包括整个濑户内海，位于本州、四国和九州之间，东西长 440 公里，南北宽 5~55 公里。海内风景优雅，有 500 多个小岛。在松林葱郁的小岛间巡游是远东最受欢迎的旅游项目之一。

5）上信越高原国立公园。跨越郡马、新潟、长野三县，是日本最高的活火山和火山性高原所在地。

2. 旅游业

近几十年来，日本经济发展迅速，是世界上经济高度发达的国家之一，也是亚洲最重要的旅游客源国。

（1）入境旅游。2015 年的访日外国游客已超过 1 900 万人次，在日本海外访客的分布上，前五位分别是韩国、中国大陆、中国台湾地区、美国和中国香港地区，占总体 74.5% 的市场份额。2014 年访日游客的国内消费额为 2.03 万亿日元，其中中国游客的消费额占到 27.5%。人均消费额排名中，中国、越南及法国、美国等欧美国家位列前茅。

（2）国内旅游。日本旅游业较发达，每年旅游业直接收入约为 25 兆日元，约占国内生产总值的 5%，这一数字与美国相近。但与西方国家显著不同的是，日本的旅游业以国内旅游为主体。

（3）出境旅游。自 1964 年日本海外旅行自由化以后，日本的出境旅游人数总体一直保持增长趋势。2008 年与 2009 年连续两年突破 1 600 万人次；但 2011 年由于受到 3·11 大地震的影响，出境人数又一度下滑；2012 年的出境人数更是创下了 1 849 万人次的最高纪录。

日本主要的海外旅游目的地是美国、中国、韩国和新加坡。日本一直以来都是中国的重要客源国，2012 年前往中国旅游的人数达到 351.82 万人。

2.2　韩国与朝鲜

2.2.1　国名、国旗、国徽、国歌

1. 韩国

韩国是"大韩民国"（Republic of Korea）的简称。国名取自民族名称。历史上，朝鲜半岛中南部曾是原韩族定居之地，李朝末期，改王称帝，换国号为大韩帝国。

韩国国旗为太极旗，是 1882 年 8 月由派往日本的使臣朴泳孝和金玉均在船上第一次绘制的，1883 年被高宗皇帝正式采纳为李氏朝鲜王朝的国旗。1949 年 3 月 25 日，韩国文教部审议委员会在确定它为大韩民国国旗时做了明确解释：太极旗的横竖比例为 3∶2，白地代表土地，中间为太极两仪，四角有黑色四卦。太极的圆代表人民，圆内上下弯鱼形两仪，上红下蓝，分别代表阳和阴，象征宇宙。四卦中，左上角的乾即三条阳爻代表天、春、东、仁；右下角的坤即六条阴爻代表地、夏、西、义；右上角的坎即四条阴爻夹一条阳爻代表水、秋、南、礼；左下角的离即两条阳爻夹两条阴爻代表火、冬、北、智。整体图案意味着一切都在一个无限的范围内永恒运动、均衡和协调，象征东方思想、哲理和神秘。

韩国国徽为圆形。圆面为五瓣的木槿花，中间为阴阳图案。绶带上写着"大韩民国"。

韩国国歌为《爱国歌》，国花为木槿花。货币为韩元。

2. 朝鲜

朝鲜是"朝鲜民主主义人民共和国"（Democratic People's Republic of Korea，DPRK）的简称。国名寓意"晨曦清亮之国"。朝鲜古称高丽，寓意"山高水丽"。

朝鲜国旗呈横长方形，长与宽之比为 2∶1。旗面中间是一条红色的宽带，上下各有一蓝边，在红色和蓝色之间是白色的细条。在红色宽条中的靠旗杆一侧有一白色圆底，内有一红色五角星。红色宽条象征崇高的爱国主义精神和顽强斗争的精神，白色象征朝鲜是一个单一的民族，蓝窄条象征团结、和平，红五角星象征革命传统。

朝鲜国徽呈椭圆形。由红色绶带束扎的稻穗构成椭圆形图案，顶间一颗光芒四射的红五角星，其下有革命圣地白头山。国徽中间为水坝、水电站、高压输电线架等图案，底部的红色饰带上用朝文写着"朝鲜民主主义人民共和国"。红五星象征革命，水电站和稻穗分别象征工人、农民，红色绶带束扎在国徽周围象征团结和胜利。

朝鲜国歌为《爱国歌》，国花为木槿花和金达莱。货币为朝鲜元。

2.2.2 地理位置、自然条件

1. 韩国

韩国位于亚洲大陆东北朝鲜半岛的南半部，北部以军事分界线与朝鲜民主主义人民共和国相邻。韩国领土三面环海，被黄海、朝鲜海峡和日本海环抱，多半岛、岛屿、海湾和良港。韩国面积约11万平方公里，半岛海岸线全长约1.7万公里（包括岛屿海岸线）。

韩国地形有山地、高原和平原等各种类型，约70%是山区。地势北高南低，东高西低。山地分布于北部和东部，多为中山、低山和丘陵。汉拿山海拔1 950米，是韩国最高峰。平原集中分布于西部和南部河谷和海岸地带。韩国耕地面积为195万公顷，约占国土总面积的22%。气候属温带季风类型，海洋性显著，6月至9月的降雨量为全年的70%，年降水量1 100～1 500毫米，降水量由南向北逐步减少。冬季平均气温在0℃以下，夏季以8月最热，三月、四月和夏初时易受台风侵袭。

2. 朝鲜

朝鲜面积约12万平方公里，位于亚洲东部朝鲜半岛的北半部。北部与中国为邻，东北与俄罗斯接壤，南部以军事分界线与韩国相邻。朝鲜半岛三面环海，东为日本海（包括东朝鲜湾），西南为黄海（包括西朝鲜湾）。山地约占国土面积的80%。半岛海岸线全长约17 300公里（包括岛屿海岸线）。朝鲜属温带季风气候，年平均气温8～12℃，年平均降水量为1 000～1 200毫米。

2.2.3 人口状况、发展简史

1. 韩国

根据李氏王朝末期的文献记载，朝鲜民族的姓氏共有496个，是世界上姓氏最少的民族之一。父姓世代相传，女性婚后不改姓，这个情况与现代中国相同。金、李、朴、崔、郑为"五大姓"，约占全体朝鲜人（指"朝鲜族"的人，总写韩朝两国情况）一半以上，其次是赵、姜、张、韩、严、吴、林、申、安等姓。朝鲜人姓在前，名在后，名字一般为两个音节，兄弟间名字中大都有一字相同以示辈分，这些习惯也与中国相同。朝鲜民族女子起名多用顺、玉、姬、子等字或这些字的组合。

（1）人口状况。2015年韩国人口总数为5 062万，世界排名第27位。全国人口为单一韩族，即朝鲜族，通用韩国语。主要信奉基督教、佛教和天主教。

（2）发展简史。韩国与朝鲜原为一个国家，历史悠久。1世纪后，朝鲜半岛形成高句丽、百济、新罗三个封建国家。7世纪中叶，新罗在半岛占据统治地位。918年朝鲜国王王建定国号为高丽，取代了新罗。1392年，高丽三军都制使李成桂废除了高丽第三十四代王，自称国王，并改国号为朝鲜。1910年8月，朝鲜沦为日本殖民地。1945年8月15日因日本战败投降而获得解放。同时，苏联和美国两国军队以北纬38度线为界分别进驻朝鲜的北半部和南半部（1948年年底苏军撤出，1949年6月美军撤出），朝鲜从此处于分裂状态。

1948年8月15日，大韩民国宣告成立。1961年朴正熙发动军事政变，开始了长达18年的统治，在此期间韩国经济实现持续高速增长。1979年朴正熙遇刺身亡，全斗焕发动政变，并于1980年出任总统。1987年韩国实行总统直选，同年卢泰愚当选第13届总统。第14届至第18届总统分别为金泳三、金大中、卢武铉、李明博、朴槿惠。

2. 朝鲜

（1）人口状况。2015年朝鲜人口约2 515万。全国为单一的朝鲜族，通用朝鲜语。

（2）发展简史。1946年2月8日，朝鲜北半部成立临时人民委员会。1948年9月9日，朝鲜民主主义人民共和国宣告成立。1950年6月25日朝鲜战争爆发，同年10月25日中国人民志愿军赴朝鲜参战。1953年7月27日美国被迫与朝中方面在板门店签订停战协定。1958年10月中国人民志愿军全部撤出朝鲜。朝鲜于1970年宣布实现了社会主义工业化。朝鲜于1991年9月17日同韩国一道加入了联合国。

2.2.4 资源状况、经济发展

1. 韩国

韩国矿产资源较少，已发现的矿物有280多种，有经济价值的仅50多种，自然资源匮乏，主要工业原料均依赖进口。随着工业化的进程，农业在韩国经济中所占的比例越来越小，钢铁、汽车、造船、电子、化学、纺织等成为韩国的支柱产业，其中造船和汽车制造等行业较好。韩国是20国集团成员之一的世界主要经济体，是拥有完善市场经济制度的经合组织发达国家。韩国是亚洲四小龙之一，也是未来11国中唯一一个发达国家。

20世纪50年代韩国经济从崩溃的边缘走向复苏，60年代韩国成功地推行了外向型经济发展战略，70年代跻身于新兴工业国（地区）行列，80年代发展成为国际市场上一个具有竞争力的国家，90年代开始进入中等发达国家行列。韩国2014年GDP为1.41万亿美元，人均GDP为2.8万美元。韩国是个外向型经济体，国际贸易在韩国GDP占有很大的比重，是世界第7大出口国和第7大进口国。韩国和世界上180多个国家和地区有经贸关系，其中中国、日本、美国分别为韩国第一、第二、第三大贸易伙伴国。

2. 朝鲜

朝鲜矿产资源丰富，已探明矿产300多种，其中有开采价值的矿藏200多种。石墨、菱镁矿的储量居世界前列，铁矿石及铝、锌、铜、金、银等有色金属和煤炭、石灰石、云母、石棉等非金属矿物储量丰富。朝鲜的水力和森林资源也较丰富。

朝鲜工业以采矿、电力、机械、冶金、化工、纺织等为主。农业以种植水稻和玉米为主，产量各占粮食总产量的一半左右。主要港口有清津、南浦、元山、兴南等。主要出口钢铁、有色金属、人参、纺织品和水产品等，进口产品主要有石油、机械设备、电子产品、纺织产品等。主要贸易对象为中国、韩国、日本、俄罗斯、东南亚等国家。

根据韩国银行发布的资料显示，2012年朝鲜人均GDP达783美元。同期间，韩国人均GDP为23 113美元。以此标准，韩朝人均GDP约相差29.5倍，韩朝间差距进一步拉大。

2.2.5　首都、行政区划

1. 韩国

韩国的首都为首尔（Seoul，旧译"汉城"，意为"首都"），首尔全市下辖25区，面积约605.25平方公里，是世界上人口密度极高的城市之一，人口1 014万（2014年）。

韩国全国现有1个特别市——首尔特别市；9个道——京畿道、江原道、忠清北道、忠清南道、全罗北道、全罗南道、庆尚北道、庆尚南道、济州道；6个广域市——釜山、大邱、仁川、光州、大田、蔚山。

2. 朝鲜

朝鲜首都为平壤（Pyongyang，"平坦的大地"之意），是朝鲜半岛历史最悠久的城市，相传早在檀君时代就被定为都城。全市下辖18个区域、2郡，总面积3 194平方公里，全市人口约325万人。平壤是全国政治、经济、文化的中心，也是旅游中心。

朝鲜全国划分为3个直辖市和9个道，分别为平壤市、开城市、南浦市和平安南道、平安北道、慈江道、两江道、咸镜南道、咸镜北道、江原道、黄海南道、黄海北道。

2.2.6　政治、外交、与中国关系

1. 韩国

（1）政治。韩国现行宪法是1987年10月全民投票通过的新宪法，1988年2月25日起生效。新宪法规定，韩国实行三权鼎立、依法治国的体制。

根据这部新宪法，总统是国家元首和全国武装力量司令，在政府系统和对外关系中代表整个国家，总统任期5年，不得连任。作为总统主要行政助手的国务总理由总统任命，但须经国会批准。总统无权解散国会，但国会可用启动弹劾程序的方式对总统进行制约。国会是国家立法机构，任期4年，国会议长任期2年。韩国法院分为三级：大法院、高等法院和地方法院。

（2）外交。第二次世界大战后，韩国以对美、日外交为主。20世纪70年代初开始推行门户开放政策。1988年卢泰愚政府上台后，大力推行"北方外交"，发展与社会主义国家关系。其后的金泳三、金大中和卢武铉政府均推行积极外交政策，近年来基本形成了以韩美同盟为基轴、加强美日中俄四大国外交、积极参与地区和国际事务的多层次、全方位外交格局。韩国与185个国家建立了外交关系，驻外外交机构131个。

（3）与中国关系。1992年8月24日，中韩两国建交。建交后两国各方面关系发展迅速。2003年7月，卢武铉总统对中国进行国事访问，两国发表联合声明，宣布建立全面合作伙伴关系。2005年11月，国家主席胡锦涛对韩国进行国事访问，并出席了在韩国釜山

举行的亚太经合组织第十三次领导人非正式会议。2006年10月13日，卢武铉总统对中国进行工作访问。2015年9月3日，朴槿惠总统不顾美日压力出席"中国人民抗日战争暨世界反法西斯战争胜利70周年"纪念大会，中国方面对韩国的支持给予高度肯定和高调回报，中韩关系由此快速升温。

2．朝鲜

（1）政治。朝鲜是朝鲜劳动党领导的社会主义国家。朝鲜的国家最高权力机关是最高人民会议，行使立法权。最高人民会议代表由选举产生，每届任期5年。内阁是国家最高权力的行政执行机关和全面管理国家的机关，任期5年。首任党、政、军领导人金日成，逝世于1994年。第二任领导人金正日逝世于2011年，现任党和军队领导人是金正日之子金正恩。

（2）外交。奉行自主、和平、友谊的外交政策，在完全平等和相互尊重的原则基础上发展同其他国家的关系。截至2014年，朝鲜已同51个国家建立了外交关系。

（3）与中国关系。中国和朝鲜自古以来就是唇齿相依的友好邻邦。1949年10月6日，中朝两国建交。1950年朝鲜战争爆发后，中国人民志愿军与朝鲜军民并肩浴血奋战，赢得了战争的胜利。1961年7月11日，两国签署了中朝友好合作互助条约。中朝两国一直保持着传统的睦邻友好合作关系。20世纪90年代以来，两国领导人进一步加强交往，中朝睦邻友好合作关系进一步发展。

2.2.7 文化传统

朝鲜民族具有悠久历史和灿烂文化，拥有自己的文字，是在1443年世宗大王在位期间发明的。文字以10个元音和14个子音构成，共有24个基本字和5个爆破音、11个复元音，其文字写法由两个以上的三或四个字母组成。教育庶民的文字用法史料《训民正音》被联合国教科文组织纳入世界文化遗产。

朝鲜民族在文学艺术等方面也有自己的特色。美术主要包括绘画、书法、版画、工艺、装饰等，既继承了民族传统，又吸收了外国美术的特长。绘画分东洋画和西洋画，东洋画类似中国的国画，用笔、墨、纸、砚表现各种主题。此外还有各类华丽的风俗画。

与中国、日本一样，书法在韩朝两国是一种高雅的艺术形式。朝鲜民族以喜爱音乐和舞蹈而著称。现代音乐大致可分为"民族音乐"和"西洋音乐"两种。民族音乐又可分为"雅乐"和"民俗乐"两种。雅乐是历代封建王朝在宫廷举行祭祀、宴会等各种仪式时由专业乐队演奏的音乐，通称"正乐"或"宫廷乐"。民俗乐中有杂歌、民谣、农乐等。乐器常用玄琴、伽耶琴、杖鼓、笛等。民俗乐的特色之一是配上舞蹈，舞蹈非常重视舞者肩膀、胳膊的韵律，道具有扇、花冠、鼓。舞蹈以民族舞和宫廷舞为中心，多姿多彩。

戏剧起源于史前时期的宗教仪式，主要包括假面具、木偶剧、曲艺、唱剧、话剧5类。其中假面具又称"假面舞"，为朝鲜民族文化象征，在传统戏剧中占有极为重要的地位。

朝鲜民族十分喜欢运动，尤其爱好参加民间游戏。主要民间游戏有荡秋千、踩跷跷板、放风筝、踏地神等。民间体育活动种类颇多，主要有围棋、象棋、掷棋、摔跤、跆拳道、滑雪等。

2.2.8 民俗风情

1．服装

人们在日常活动时一般都穿西装，在节日和喜庆之时则有穿着本民族服装的习惯。女性长裙上及胸部，下至脚跟，宽舒自由，看上去很优雅，鞋如船形，鞋尖向上翘起；男性穿短衣肥裤，外罩坎肩，显出独特的品位。白色为基本色，根据季节、身份、材料和色彩都不同，有"白衣民族"之称，被人称为"白衣之国"。男性农民喜戴漏斗形竹帽，头顶重物搬运是农村妇女的特长。在结婚等特别的仪式中，一般平民也穿戴华丽的衣裳和首饰。

2．饮食

人们的饮食以辣、酸为主要特点。主食主要是各种米饭（排骨汤饭、牛肉汤饭、鳕鱼汤饭等）、面食（冷面、鸡汤面等），副食主要是肉类和蔬菜。特色风味菜有泡菜（发酵的辣白菜）、海鲜酱（盐渍海产品）、豆酱（发酵的黄豆）等各种发酵保存食品，以营养价值和特别的味道而闻名。此外还有烤牛肉、烧狗肉、火锅、生鱼片、生牛肉、人参鸡等。传统名菜烧肉、泡菜、冷面已经成了世界名菜。

人们一般不吃过腻、过油、过甜的东西，并且不吃鸭子、羊肉和肥猪肉，大都爱吃狗肉。通常不喝稀粥清汤，认定只有穷人才会如此。餐台布置的特征是所有饮食同时摆出，根据面条或肉类而有所不同。餐具讲究冬用铜碗，夏用瓷碗。用餐的时候，讲究尊老的朝鲜族人，一定要先给长辈盛饭，请长辈先动筷子。与中国和日本相比，饮食提供汤。饭匙实际使用更频繁。

饮料品种较多，传统的酒有用糯米酿成的镯酒、药酒和烧酒。席间敬酒是请客吃饭的一种礼节，客人应欣然接受。如有不便，应及早通知主人。男子通常酒量都不错，对烧酒、清酒、啤酒往往来者不拒。妇女则多不饮酒。

3．住房

传统房屋以自然和人类共存为原则来创造居住空间，这两大原则决定了房屋位置和建筑材料。在设计上还考虑到夏天的乘凉和冬天的取暖设施，取暖设施的炕和乘凉用的大厅是专门为抵御严寒和酷暑而设计的。暖房和冷房的基本原理至今在建筑上还广为利用。

4．节日

韩国主要节日有：国庆日（8月15日，纪念1945年从日本殖民统治下光复和大韩民国建国）；开天节（10月3日，传说中的古朝鲜建国日）。

朝鲜主要节日有：太阳节（4月15日，金日成诞辰日）、国庆节（9月9日，纪念1948年朝鲜民主主义人民共和国成立）。

5. 礼仪

在正式交际场合，人们一般都以握手作为见面礼节。妇女一般不与男子握手，而往往代之以鞠躬或点头致意。人们在不少场合有时也同时采用先鞠躬、后握手的方式。同他人告别时，若对方是有地位、身份的人，往往要行礼达三五次之多。

在一般情况下，称呼他人时爱用尊称和敬语，称呼对方头衔。行事讲究预约，遵守时间，并且十分重视名片的使用。有着尊老、敬老的良好传统，晚辈在拜见长辈时，有时要行跪拜礼。

朝、韩两国人很喜欢送礼，聚会时一般送客人某些礼物，客人应备礼物以便回敬。

6. 喜忌

朝鲜民族对木槿花极为喜爱，认为她象征着坚毅不屈。对金达莱花（杜鹃花）也有着特殊的感情，认为是其民族的化身，并且象征着繁荣昌盛，幸福永存。最欣赏的动物是熊和虎，前者被视为其民族的祖先，后者在民间则被当作山神。过去，朝鲜民族普遍崇拜太阳神，认为白色代表阳光，所以他们对白色较为厚爱。

人们不喜欢"4"这个数字，因为它的发音与"死"类似，被认为预示着厄运。在他人面前，不得吐痰、擤鼻涕、掏耳朵。

2.2.9 旅游资源、旅游业

1. 韩国

（1）旅游资源。韩国地理位置优越，自然风景优美，还具有古老的历史文化和独特的民族风情，旅游资源丰富。虽境内无很多高山，但有许多风景美丽的丘陵和中低山。海拔400米以上的山峰有90余座，其中以雪岳山、智异山、汉山和五台山最为有名。美丽的溪谷遍布全国各地，瀑布众多，形成许多重要的旅游点。较大的温泉有14处，且附有设施完备的旅游和疗养机构。风光美丽的海滨浴场很多，其中条件较好的有55处。至于历史文化古迹，也十分丰富。庆州、釜山和首尔都具有悠久的历史，城内有不少古代宫殿。全国有重要寺庙59座，以海印寺、松广寺和通度寺最为著名。

1）旅游城市。

首尔，是朝鲜半岛最大的城市，位于半岛汉江下游。该市群山环绕，地形险要，历史上曾有不少朝代在此建都，故遗迹甚多，尤多宫殿，所以有"皇宫城"之称。14世纪建成的南大门（崇礼门）是首尔的象征，市内和近郊还有众多名胜古迹。城南有反映李氏王朝时代人民生活的民俗村。1988年，世界奥运会在该市举行。

庆州，韩国著名的历史古城，位于东南部庆州盆地中部。曾是新罗50代900年的都城，是朝鲜半岛历史最悠久、文化艺术品最丰富的地方。目前尚存有新罗时代的城堡遗迹。

釜山，该国最大的港口和第二大城市，位于东南部，为海陆空交通要地，气候温暖湿润。工业发达，也是金融、商业和文化中心。名胜古迹众多，有教堂、寺庙1 884所，以市郊建于619年的禅宗大本山（梵鱼寺）最著名。

光州，中央直辖市之一，是韩国西南部最大的内陆城市，工业和交通都比较发达，特别是航空运输。它还是韩国不多的农产品集散地之一，以稻米和小麦的交易量最大。名胜古迹有胎峰、圣居塔、景阳池、龙湖斋、芙蓉亭、卧龙亭等。

2）旅游名胜。

景福宫（Gyongbokkung），位于首尔钟路区，是一座著名的古代宫殿，是李朝始祖太祖李成桂于1394年开始修建的。中国古代《诗经》中曾有"君子万年，介尔景福"的诗句，此殿借此而得名。宫苑建有一个10层高的敬天夺石塔，其造型典雅，是韩国的国宝之一。

昌德宫（Changdokkung），又名乐宫，是韩国的"故宫"，位于首都首尔市院西洞，是李朝王宫里保存得最完整的一座宫殿。现存的建筑为1611年重建，这座建筑作为王宫的历史长达300年。

广寒楼（Kwanghanrn），位于全罗北道南原郡邑川渠里，是韩国的著名古迹。传说为李朝初期宰相黄喜所建，原名广通楼。雕梁画栋、形制绚丽的广寒楼是韩国庭院的代表，其中包括小岛、石像、鹊桥，它的整体构造象征着宇宙。现在楼上悬有"广寒楼"、"桂观"的大字匾额。相传，著名传奇故事《春香传》就发生在这里。

青瓦台（Chong Wa Dae），也称为"蓝宫"（Blue House），是韩国总统官邸，位于首尔市钟路区世宗路一号。青瓦台主楼为总统官邸，有总统办公室、接见厅、会议室、居室，配楼有秘书室、警护室和迎宾楼等。

济州岛（Chejudao），韩国第一大岛，又名耽罗岛、蜜月之岛、浪漫之岛，位于朝鲜半岛的南端。济州岛总面积1 826平方公里，包括34个属岛，是理想的旅游和垂钓胜地。在这里可观赏名胜古迹、欣赏自然景观，还可以登山、骑马、兜风、狩猎、冲浪和打高尔夫球等。

韩国民俗村，位于京畿道首府水原市附近，占地约0.66平方公里，它将韩国各地的农家民宅、寺院、贵族宅邸及官府等各式建筑聚集于此，再现了朝鲜半岛500多年前李朝时期的人文景观和地域风情。

（2）旅游业。韩国是亚洲"四小龙"之一，近几十年来经济发展迅速。与此同时，旅游业也迅速崛起。早在20世纪60年代中期，政府就十分重视旅游业，把旅游业看成获取外汇的重要手段。进入80年代后，又进一步提出"全体国民旅游要员化，整个国土旅游资源化，旅游设施国际标准化"的口号。为此，政府采取了发展旅游业的多项措施，取得了明显的效果。

1）入境旅游。2014年韩国入境外国游客数量超过1 400万人次，其中中国游客数量急剧增长，达571万人次，较上年猛增40.9%，已成为韩国入境外国游客中的最大群体。日本游客数量达211万人次，美国游客数量为72万人次。据统计，韩国旅游业总收入2014年可达178亿美元，较上年增加了6亿美元。

2）出国旅游。近些年来，由于韩国经济持续高速增长，人民生活水平不断提高，加上政府不断放宽出境限制，使得韩国的出国旅游也迅速发展，韩国已经成为亚洲出国旅游的主要客源市场。韩国公民出国旅游目的地，主要集中在中国、日本及东盟一些国家。近几年来，随着韩国与中国的经贸关系的不断加强，到中国的商务和观光旅游人数也迅速增加。

2. 朝鲜

（1）旅游资源。朝鲜旅游资源较为丰富，自然和人文景观都具有较大的吸引力。以金刚山、妙香山等为代表的自然景观，以平壤为代表的现代化建设成就，以板门店为代表的军事政治吸引物各具特色。朝鲜山地较多，森林覆盖率高，所处纬度适中，气候宜人，自然风光十分优美，适宜进行观光和度假。

目前的朝鲜旅游基本以生态旅游为主，如妙香山风景游和元山海滨度假游等，同时借着朝鲜民族的悠久历史文化、淳朴民风民俗的优势，开展文化古迹游及城市旅游，逐渐形成了以平壤为中心的多支点放射性发展的特色旅游。朝鲜现已建成的主要公园、游乐园有450多处，观光景点300多个。各旅游风景区现有的服务设施也进行了改扩建，旅游环境逐步得到改善。

1）旅游城市。

平壤，早在5 000年前就是古朝鲜的首都，在高句丽时期也长时间扮演着首都的角色。因为满城的柳树，平壤还有"柳京"的美称，是一座美丽、清洁、文明的现代化公园式的城市。平壤市区有牡丹峰，郊区有大城山、峨眉山、云头峰等风景区。东北面的绫罗岛上有一座可容纳15万观众的五一体育场，南边有羊角岛。此外，还有金日成铜像、主体思想塔、凯旋门、万寿台大纪念碑等建筑。

开城，位于平壤以南160公里，曾是朝鲜半岛的第一个统一国家高丽的首都，亦是高丽人参的原产地。这里的松岳山上松林茂密，因此一直被称为"松都"。市内旅游项目有开城南大门、高丽成均馆（高丽博物馆）和善竹桥地区。开城拥有众多的历史遗迹和文物，最有代表性的是高丽国的王宫"万月台"。旅游项目主要有子男山、板门店、王建王陵、恭愍王陵、朴渊瀑和混凝土壁障地区。

南浦，朝鲜西海岸的港口城市，是朝鲜三大直辖市之一，也是朝鲜最大的对外贸易港。南浦市内有许多大型企业，主要的名胜古迹有卧牛岛、太圣湖、体育村和西海闸门，在许多地区还分布着高句丽古墓。

2）旅游景区。

金刚山，朝鲜四大名山之一，素有朝鲜第一名山之称，位于江原道东部，以奇峰怪石、飞瀑流泉、密林奇洞、松林云海，且四季变幻无穷而闻名。金刚山号称有1.2万座山峰，怪石嶙峋、形状各异，似用金刚石雕塑而成。以海拔1 638米的毗卢峰为主峰，是太白山的最高峰。金刚山中的矿物、动植物资源也很丰富，古迹以寺院为多，共有大小8万多座寺院。

妙香山，朝鲜五大名山之一，位于平安北道、慈江道和平安南道交界处。妙香山中苍松翠柏密布，溪流瀑布众多，还有亭台楼寺庵散落其间。普贤寺为朝鲜五大寺院之一，坐落于妙香山麓，建于1042年。妙香山生长着1 179多种植物、33种兽类、133种鸟类和20

多种鱼类。妙香山建有国际友谊展览馆,馆内展览各国政要及友人向金日成和金正日赠送的 20 多万件珍贵礼品,价值连城。还有具有 1 000 多年历史的妙香山历史博物馆。妙香山的上元洞、万瀑洞、毗卢峰风景美妙。

（2）旅游业。实行计划经济的朝鲜,旅游业起步于 20 世纪 80 年代。1985 年,朝鲜政务院成立国家旅游总局,下设国际旅行社、青年旅行社。1987 年 9 月,朝鲜加入世界旅游组织。随着朝鲜日益受到国际社会的关注,想来朝鲜旅游的人日渐增多。研究显示,2014 年大约有 10 万外国人进入朝鲜旅游,几乎全都是中国人,而来自西方国家的只有约 5 000 人。首尔智库韩国海洋水产开发研究院的研究发现,朝鲜 2014 年的旅游业收入在 3 060 万美元到 4 360 万美元。

目前,在 20 多万国外游客中,中国、东南亚和日本的游客占到了 85%以上。

朝鲜著名的饭店有柳京饭店、高丽饭店、苍光山饭店、松涛饭店、金刚山饭店、香山饭店、卧牛岛国际饭店等。目前,朝鲜正着力发展多种形式的会议旅游、商业旅游和艺术节文化旅游,以及医疗、农业观光旅游等特色旅游。同时,加强与韩国在旅游产业上的合作,吸引韩资进入旅游市场,促使韩国游客到朝鲜旅游。

2.3 蒙古国、哈萨克斯坦、吉尔吉斯斯坦

2.3.1 国名、国旗、国徽、国歌

1. 蒙古国

蒙古国（Mongolia）,蒙古语意为"我们的火"。

蒙古国国旗呈横长方形,长与宽之比为 2∶1,旗面由三个垂直相等的竖长方形组成,两边为红色,中间为蓝色。左边的红色长方形中有黄色的火、太阳、月亮、长方形、三角形和阴阳图案。旗面上的红色和蓝色是蒙古国人民喜爱的传统颜色,红色象征快乐和胜利,蓝色象征忠于祖国,黄色是民族自由和独立的象征。火、太阳、月亮表示祝人民世代兴隆永生;三角形、长方形代表人民的智慧、正直和忠于职责;阴阳图案象征和谐与协作;两个垂直的长方形象征国家坚固的屏障。

蒙古国国徽呈圆形,圆面为蓝色,中间是一匹飞奔的骏马,马中间的图案与国旗上的相同,马之下是一个法轮。圆周由褐色和金黄色的花纹装饰,下方饰以白色的荷花花瓣,顶端是三颗宝石。

蒙古国国歌为《蒙古国国歌》。货币为图格里克。

2. 哈萨克斯坦

哈萨克斯坦的全称为哈萨克斯坦共和国（Republic of Kazakhstan）,"斯坦"一词意为国家或地区。国名取自民族名,"哈萨克"在突厥语中意为"漂泊"、"避难",转义为"自由之民"。

哈萨克斯坦国旗呈横长方形,长与宽之比为 2∶1。旗地为浅蓝色,旗面中间是一轮金

色的太阳，其下有一只展翅飞翔的雄鹰。靠旗杆一侧有一垂直竖条，为哈萨克传统的金色花纹图案。浅蓝色是哈萨克人民喜爱的传统颜色；花纹图案常出现在哈萨克民族的地毯、服饰中，它显示出哈萨克人民的聪明和智慧。金色太阳象征光明和温暖，雄鹰象征勇敢。哈萨克斯坦于1991年12月独立后采用此国旗。

哈萨克斯坦国徽呈圆形，圆面中间是哈萨克人的毛毡帐篷圆顶图案，两侧为骏马，上端是一颗五角星，下端的饰带上用哈萨克文写着"哈萨克斯坦"。

哈萨克斯坦国歌为《国歌》。货币为坚戈。

3．吉尔吉斯斯坦

吉尔吉斯斯坦（Kyrgyzstan）是吉尔吉斯共和国（Kyrgyz Republic）的简称，吉尔吉斯意为"草原上的游牧民"。

吉尔吉斯斯坦国旗呈横长方形，长与宽之比约为5∶3。旗地为红色。一轮金色的太阳悬于旗面中央，太阳图案中间有一个类似地球的圆形图案。红色象征胜利，太阳象征光明和温暖，圆形图案代表国家的独立、统一和民族的团结和友好。吉尔吉斯斯坦于1936年成为苏联的一个加盟共和国，1952年起采用带五角星及镰刀、铁锤图案的红旗，旗面中间有一白色横条，其上下各有一蓝条。1991年8月宣布独立，后采用现国旗。

吉尔吉斯斯坦国徽呈圆形，圆形上有一只展翅的雄鹰，其后是山峰和太阳，两侧饰有麦穗和棉桃。国徽上的文字是"吉尔吉斯共和国"。

吉尔吉斯斯坦国歌为《国歌》。货币为索姆（Som，1993年5月发行）。

2.3.2 地理位置、自然条件

1．蒙古国

蒙古国是亚洲东部的一个内陆国家，地处蒙古高原，东、南、西三面与中国接壤，北面同俄罗斯的西伯利亚为邻，面积约156万平方公里，人口约250万。蒙古国是一个高原国，平均海拔1 600米，4/5以上的国土在海拔1 000米以上。西部、北部和中部多为山地，东部为丘陵平原，南部是戈壁沙漠。山地间多河流、湖泊，主要河流为色楞格河及其支流鄂尔浑河。境内有大小湖泊3 000多个，总面积达1.5万余平方公里。

蒙古国属典型的大陆型气候。由于地处亚洲内陆，距海洋远，而且有群山环绕，因而冬季漫长严寒，夏季短暂炎热，气温时空变化剧烈，冬季最低气温可至-40℃，夏季最高气温达35℃。降水稀少，年平均降水量仅200多毫米，绝大部分集中于夏季。

2．哈萨克斯坦

哈萨克斯坦为地处中亚的内陆国，西濒里海，东南连接中国，北邻俄罗斯，南与乌兹别克斯坦、土库曼斯坦和吉尔吉斯斯坦接壤。面积约272万平方公里，在亚洲居第三位（仅次于中国和印度），也是世界面积最大的内陆国。领土的绝大部分在亚洲，最西部有一角伸至乌拉尔河以西，属于欧洲。

哈萨克斯坦境内平原和低地面积广大，中部丘陵和低山的面积也不小，东部有高山绵亘，南部还有浩瀚沙漠，荒漠和半荒漠占领土面积的 60%。河网稀疏，主要为内流水系。湖泊众多，约有 4.8 万个，其中较大的有里海、咸海、巴尔喀什湖和斋桑泊等。哈萨克斯坦基本属温带大陆性气候，夏季炎热干燥，冬季寒冷少雪，气温变化剧烈。

3. 吉尔吉斯斯坦

吉尔吉斯斯坦的面积为 19.85 万平方公里，是位于中亚的内陆国，北、西、南面分别同哈萨克斯坦、乌兹别克斯坦及塔吉克斯坦接壤，东南部与中国新疆为邻。

吉尔吉斯斯坦境内多山，全境海拔在 500 米以上，其中 90% 的领土在海拔 1 500 米以上，1/3 的地区海拔为 3 000～4 000 米。胜利峰为最高点，高达 7 439 米。高山地形使该国拥有丰富的水力资源，其境内有 6 个水力发电站，向邻近的几个国家提供电力。吉尔吉斯斯坦动植物品种繁多，植物达 4 000 种左右，有"山地绿洲"的美称。

吉尔吉斯斯坦属温带大陆性气候和高山气候，冬冷夏热，日暖夜凉，降水量少，日照充足。大部分谷地的平均气温 1 月为-6℃，7 月为 15～25℃。年降水量中部为 200 毫米，北部和西部山坡为 800 毫米。伊塞克湖水面海拔高度 1 600 余米，面积 6 320 多平方公里，在世界高山湖泊中水深第一、集水量第二，湖水清澈，终年不冻，是有名的"热湖"，有"中亚明珠"的美誉，是中亚地区旅游疗养的胜地。

2.3.3 人口状况、发展简史

1. 蒙古国

2014 年，蒙古国的人口为 302 万。蒙古国是一个地广人稀的草原之国，平均人口密度为每平方公里 1.5 人，是世界上人口密度最低的国家之一。人口以喀尔喀蒙古族为主，约占全国人口的 82%，此外，还有哈萨克族、杜尔伯特、巴雅特、布里亚特等 15 个少数民族。20 世纪 90 年代以来城市居民占总人口的 80%，其中乌兰巴托的居民占全国居民总数的 1/4。农业人口主要由饲养牲畜的游牧民组成。主要语言为喀尔喀蒙古语。居民主要信奉喇嘛教，根据《国家与寺庙关系法》的规定，喇嘛教为国教。还有一些居民信奉土著黄教和伊斯兰教。

蒙古国原称外蒙古或喀尔喀蒙古，原为中国的一部分，公元前 3 世纪成为匈奴帝国的中心，13 世纪初成吉思汗统一大漠南北各部落，建立统一的蒙古汗国，1279—1368 年建立元朝。1911 年 12 月蒙古王公在沙俄支持下宣布"自治"。1919 年放弃"自治"。1921 年蒙古人民革命成功，同年 7 月 11 日成立了君主立宪政府。1924 年 11 月 26 日废除君主立宪，成立蒙古人民共和国（People's Republic of Mongolia）。1945 年 2 月，英、美、苏三国首脑雅尔塔会议规定，"外蒙古（蒙古人民共和国）的现状须予维持"，并以此作为苏参加对日作战的条件之一。1946 年 1 月 5 日，当时的中国政府承认外蒙古独立。1992 年 2 月改名为"蒙古国"。

2. 哈萨克斯坦

哈萨克斯坦人口约1 729万（2014年），是个多民族国家，由131个民族组成，主要有哈萨克族（66%）、俄罗斯族（21%）、日耳曼族、乌克兰族、乌兹别克、维吾尔和鞑靼族。哈萨克斯坦居民大多信奉伊斯兰教，此外还有东正教、基督教、佛教。哈萨克语为国语，俄语在国家机关和地方自治机关与哈语同为正式使用的语言。

哈萨克斯坦早在6世纪中叶至8世纪就建立了突厥汗国，后历经多次变迁，1917年11月建立苏维埃政权，1920年8月26日建立吉尔吉斯苏维埃社会主义自治共和国，1936年12月5日定名为哈萨克苏维埃社会主义共和国并成为苏联的一个加盟共和国，1990年更名为哈萨克斯坦共和国，正式宣布独立，并加入独联体。

3. 吉尔吉斯斯坦

吉尔吉斯斯坦的人口为583万（2014年）。有80多个民族，其中吉尔吉斯族占72.6%、乌兹别克族占14.4%、俄罗斯族占6.4%、东干族占1.1%、乌克兰族占1%，其余为朝鲜、维吾尔、塔吉克等民族。70%的居民信奉伊斯兰教，多数属逊尼派；其次信奉东正教或天主教。国语为吉尔吉斯语（属突厥语族东匈语支的吉尔吉斯—奇恰克语组）。2001年12月，吉总统签署修宪法令，赋予俄语国家官方语言的地位。

吉尔吉斯斯坦历史悠久，公元前3世纪已有文字记载，其前身是6世纪建立的吉尔吉斯汗国。1917年，吉尔吉斯斯坦建立了苏维埃政权，1924年成为一个自治州，1936年成立吉尔吉斯苏维埃社会主义共和国并加入苏联。1991年8月31日宣布独立，改国名为吉尔吉斯共和国，并于同年12月21日加入独联体。

2.3.4　资源状况、经济发展

1. 蒙古国

蒙古国矿产资源丰富，现已探明的有铜、钼、金、银、铀、铅、锌、铁和煤等80多种矿产。额尔登特铜钼矿已被列入世界十大铜钼矿之一，居亚洲之首。森林面积为1 830万公顷，全国森林覆盖率为8.2%，木材蓄积量为12亿立方米，水蕴藏量为60亿立方米。

蒙古国2014年GDP为120亿美元，人均GDP 4 170美元。蒙古国传统的经济部门是畜牧业，这是国民经济的基础。工业以轻工、食品、采矿和燃料动力工业为主。出口产品主要有铜钼精矿、羊毛、山羊绒、皮张、地毯和其他畜产品等，进口商品主要有机器设备、燃料油和日用品等。

2. 哈萨克斯坦

哈萨克斯坦自然资源丰富，已探明的矿藏有90多种。钨储量占世界第一位，铬和磷矿石储量占世界第二位。铜、铅、锌、钼和磷的储量占亚洲第一位。此外，铁、煤、石油、天然气的储量也较丰富。森林和营造林2 170万公顷，地表水资源530亿立方米。畜牧业较为兴旺，牧场占农业用地的80%，羊只总头数和羊毛产量在经济中均占重要地位。

哈萨克斯坦 2014 年 GDP 为 2 122 亿美元，人均 GDP 12 276 美元。哈萨克斯坦经济以石油、天然气、采矿、煤炭和农牧业为主，加工工业、机器制造业和轻工业相对落后，大部分日用消费品依靠进口。

3. 吉尔吉斯斯坦

吉尔吉斯斯坦的自然资源丰富，主要矿产有黄金、煤、银、锑、钨、锡、锌、汞、铅、铀、石油、天然气、有色金属和稀有金属等，煤的产量在中亚国家中首屈一指，被誉为"中亚煤斗"，锑产量居世界第三位，锡和汞的产量居独联体第二位，黄金产量在独联体中仅次于俄罗斯、乌兹别克斯坦，居第三位。

吉尔吉斯斯坦 2014 年 GDP 为 74 亿美元，人均 GDP 1 269 美元。吉尔吉斯斯坦的经济以农牧业为主，马、羊的存栏数和羊毛产量在中亚居第二位。电力工业比较发达，水力发电量在中亚国家中仅次于塔吉克斯坦，电力有 1/3 输往其他国家。主要工业有采矿、电力、燃料、化工、有色金属、机器制造、木材加工、建材、轻工、食品等。

2.3.5 首都、行政区划

1. 蒙古国

蒙古国的首都乌兰巴托（Ulan Bator），不仅是全国的政治、经济和交通中心，也是科学、文化和旅游中心，是一座具有浓郁草原风貌的现代城市，面积为 4 704 平方公里，常住人口 131.9 万（2013 年年底）。

除首都外，蒙古国全国划分为 21 个省。

2. 哈萨克斯坦

哈萨克斯坦的首都为阿斯塔纳（Astana），有人口 85 万（2015 年）。阿斯塔纳原名阿克莫拉（Akmola），1997 年 12 月 10 日正式取代阿拉木图（Alma-ata）成为首都，1998 年 5 月 6 日改为现名。

哈萨克斯坦全国分为 14 个州，两个直辖市（阿拉木图市和阿斯塔纳市）。

3. 吉尔吉斯斯坦

吉尔吉斯斯坦的首都为比什凯克（Bishkek），是古代重镇和中亚名城，有人口 125 万（2007 年）。1 月平均气温-6℃，7 月平均气温 27℃。

吉尔吉斯斯坦全国划分为七州二市，州、市下设区，全国共有 60 个区。

2.3.6 政治、外交、与中国关系

1. 蒙古国

蒙古国的总统是国家元首兼武装力量总司令，任期 4 年，最多可连任一届。国家大呼拉尔是国家最高权力机关，行使立法权。政府为国家权力最高执行机关，政府成员由国家大呼拉尔任命。

20世纪90年代以后，蒙古国开始奉行"多支点"外交政策，即在与俄罗斯、中国两大邻国发展均衡的睦邻友好合作关系的同时，重点加强与美、日、德等西方大国的交往，以获取外援发展经济。

1949年10月16日，蒙古国与中国建交。1960年5月31日，中蒙在乌兰巴托签订友好互助条约。1962年签订中蒙边界条约。20世纪60年代中后期，两国关系经历了曲折。1989年两国关系实现正常化。1994年4月两国签署《中蒙友好合作关系条约》。1998年12月发表了阐明21世纪两国关系发展方针的《中蒙联合声明》。2014年8月国家主席习近平对蒙古国进行国事访问。访问期间，两国领导人决定将中蒙战略伙伴关系提升为中蒙全面战略伙伴关系。

2. 哈萨克斯坦

哈萨克斯坦为总统制共和国，立法、司法、行政三权既分立又相互作用、相互制约、相互平衡，总统为国家元首，议会是国家最高立法机构，由上下两院（参议院和马利日斯）组成。

1992年1月3日中哈建交。2005年7月胡锦涛主席访哈期间，双方签署并发表《中哈关于建立和发展战略伙伴关系的联合声明》。2006年12月，纳扎尔巴耶夫对中国进行国事访问，双方签署《中哈21世纪合作战略》等文件。

3. 吉尔吉斯斯坦

吉尔吉斯斯坦实行立法、司法、行政三权分立，总统为国家元首。

吉尔吉斯斯坦独立后，始终奉行全方位的务实外交政策。吸引外资、寻求外援为国内经济建设服务是其外交的重点。重视发展同中国、俄罗斯、中亚邻国的关系，同时也将与以美国为代表的西方国家的关系视为其外交的优先方向。努力推进同伊斯兰国家的关系，积极参与地区合作。

1992年1月5日，中国与吉尔吉斯斯坦建交。1996年7月，江泽民主席对吉尔吉斯斯坦进行正式访问，签署了中吉友好关系基础的联合声明和中吉两国国界协定。2002年6月两国签署《中华人民共和国和吉尔吉斯共和国睦邻友好合作条约》。2006年6月，巴基耶夫总统对中国进行国事访问，两国领导签署联合声明。

2.3.7 文化传统、民俗风情

1. 蒙古国

（1）住房。蒙古族是一个游牧民族，善于骑马，因此也被称为"马背民族"。蒙古国人爱马，并将其视如珍宝。蒙古包是蒙古国人祖祖辈辈住惯了的移动房屋，是牧民在草原上逐水草而居的家。首都乌兰巴托曾被称为"毡包之城"，就是在今天，这座现代化城市里，也能在林立的高楼之间见到蒙古包。

（2）饮食。蒙古国人的主食主要是肉类和乳制品，忌吃鱼，禁吃虾、蟹、海味，以及所谓"三鸟"内脏。通常蒙古国人食量较大,传统佳肴有"手抓肉"、"烤全羊"、"石烤肉"、"羊背子"等。在吃肉时,蒙古国人一般用手撕而食之,或以刀子割食。吃著名的"手抓饭"时,则需以手直接进行抓食。

蒙古国人的主要饮料有马奶酒和奶茶。蒙古国人多能饮酒。向贵宾敬酒时,他们往往同时载歌载舞。蒙古国人尊崇马奶酒,祭祀祖先和天地神佛时要敬马奶酒,有朋自远方来也要献马奶酒。

(3)节日。蒙古国的主要节日有蒙古独立日(3月13日)、宪法纪念日(1月13日)、国庆日(7月11日)和春节等。

春节,蒙语称"白月",日期与中国藏历新年相同,是蒙古国民间最隆重的节日,以前称为"牧民节",只在牧区庆祝。1988年12月,蒙古国大人民呼拉尔主席团决定,立春节为全民的节日。

国庆节—那达慕。1997年6月13日,蒙古国国庆中央委员会第三次会议决定将蒙古国国庆易名为"国庆节—那达慕"。那达慕,蒙语意为"游戏"或者"娱乐",原指蒙古民族历史悠久的"男子三竞技"(摔跤、赛马和射箭),现指一种按照古老的传统方式举行的集体娱乐活动,富有浓郁的民族特点。1922年起,定期在每年的7月11日举行,成为蒙古国国庆活动的一个主要组成部分。

(4)礼仪。蒙古国人极为热情好客,有时也与别人握手为礼,不过更爱采用民族见面礼:其一,是请安礼。男子单曲右膝,右臂自然下垂;女子则须双膝弯曲。其二,是躬身礼。先将双手高举过头,随后将右手捂在胸前,同时躬身,以示敬意。其三,是拥吻礼。即与行礼对象拥抱并亲吻。蒙古国人欢迎宾客通常举行迎宾仪式:仪式之一是献哈达,仪式之二是敬奶茶,仪式之三是吸鼻烟。在蒙古国民间,与他人相见时所用的问候语,往往先询问对方"牲畜是否平安"。

(5)喜忌。蒙古国人对黑色非常厌恶,把黑色视为不祥之兆,认为它意味着不幸、贫穷。

2. 哈萨克斯坦

(1)服饰。哈萨克族多数人喜欢穿有民族特色的服装,乡村老年男子固守传统,穿着为白衬衣、宽裆裤,外罩无袖齐膝长衣,戴绣花小帽或浅色尖顶软毡帽,冬穿毛皮大衣、高筒马靴,戴狐皮帽。城乡中年以上的妇女也爱穿民族服装,即肥大的连衣裙、灯笼裤、绣花丝绒坎肩、毛皮边的尖顶帽或插羽毛的皮帽、软底皮靴,戴项链、耳环、手镯等饰物。

(2)饮食。哈萨克人以肉食为主,面食为辅,主要是羊肉,兼以牛肉。也吃马肉、驼肉及各种乳制品,"馕",喜食抓饭与面条。蔬菜品种不多,其中主要有黄瓜、西红柿、葱头、卷心菜,等等。在制作菜肴时,他们口味较重,偏好甜、辣、酸,爱用胡椒和番茄酱。

哈萨克人设宴一般都讲究上羊肉,用羊头招待客人。牛奶等奶制品为上佳饮料,用于待客。客人赴宴,要先从自己的盘子里取一些羊肉,请女主人品尝,以示对主人的敬重和感谢。哈萨克人用右手直接抓取食物,只有在很正规的社交宴请之中才使用刀叉。

（3）节日。哈萨克斯坦的主要节日有元旦（1月1日）、国际妇女节（3月8日）、纳吾热孜节（3月22日，回历新年日）、民族统一节（5月1日）、反法西斯战争胜利日（5月9日）、宪法日（8月30日）、共和国日（10月25日）、独立日（12月16日）、武装力量日（5月7日）。

（4）礼仪。哈萨克人极其重视文明礼貌。待人接物的信条是：对长者要尊敬，对幼小要扶持，对友人要忠诚。常用的见面礼节主要有：其一，握手礼。其二，亲吻礼，一般用于亲朋好友之间。其三，注目礼，是夫妻之间在大庭广众之前所采用的见面礼节。其四，屈膝礼，哈萨克妇女面对对方欠身屈膝。其五，抚胸礼。遇到尊长或接待来宾时，哈萨克人的传统礼节是右手按胸，躬身约30度施礼。

哈萨克人有两个独特礼节：第一，哈萨克人在与别人见面或者交谈时，大都忌讳脱去帽子。这被有的人戏称为"戴帽礼"。第二，哈萨克人在问候别人之时，一般都是首先问候对方"牲畜平安"，接下来才会问候对方"全家平安"。

（5）喜忌。哈萨克、乌兹别克族作为穆斯林，忌食猪肉、自死之物、动物的血及未诵安拉之名宰杀之物。一般都禁饮酒。

3. 吉尔吉斯斯坦

（1）服饰。吉尔吉斯斯坦的主体民族为吉尔吉斯族，他们在衣着上，年轻人大都着现代服装，农村人和老年人仍保留传统服饰。男子穿长袍、羊皮袄、软皮靴，戴黑边白毡帽或绣花皮帽。妇女穿肥大的衣裙、灯笼裤、外罩坎肩或长袍，系绣花围裙；脚穿软皮靴，外套胶鞋。

（2）饮食。吉尔吉斯族人过去主要以肉、奶为主食，有抓肉丝面片、酸奶、干酪等。按当地穆斯林习惯，宴请时先上茶，再上肥羊尾和羊杂，然后上汤，最后上羊肉。吃羊肉颇有讲究：羊身上的12个部位各有各的名称。主人按客人的身份、资历和年龄分给他们不同部位的羊肉。

（3）节日。吉尔吉斯斯坦的法定节日有8个，分别是：新年（1月1日）、东正教的圣诞节（1月7日）、妇女节（3月8日）、纳鲁斯节（3月21日，旧历新年）、劳动节（5月1日）、宪法日（5月5日）、胜利日（5月9日）、独立日（8月31日）。此外还有一些穆斯林节日，如开斋节、古尔邦节等。

开斋节，每年2月中到3月中（每年时间不严格规定）是伊斯兰教的斋月。穆斯林在这一个月内每天从日升到日落禁绝一切饮食（真正遵守教规的多是乡间老年人）。在斋月最后一天寻找新月，如见月牙，次日即开斋节，要举行会议和庆祝活动2~3天。第一天晚上做抓饭和油炸小面食，做油炸食品是为了放出味来让死者嗅到，表示亲人在怀念死者。如果斋月最后一天未见新月，则继续斋戒，开斋节延续。

纳鲁斯节，是传统的民族节日，为每年的3月21日。纳鲁斯是旧历新年，春分到来的节日，它被认为是希望和美好信念的象征。民间有很多旧习俗庆祝这一节日。在南方，人们喝用大麦、小麦、黄米合煮的粥，并做各种食品招待邻居，相互祝福。用粥涂抹在新年夜贪睡的孩子眼上，以便次日取笑睁不开眼的孩子。城市的庆祝活动多种多样，有剧院演出、体育表演、职业和业余演员的街头演出，还举办各种商品展销会。

古尔邦节，每年日期不定，按伊斯兰教历是12月10日，是穆斯林去麦加朝觐活动的最后一天，多在夏季。古阿拉伯人每年都在这一天献牲祭神，伊斯兰教继承此俗，在这一天穆斯林举行会礼、宰牲待客，或相互馈赠，以示纪念。

（4）礼仪。吉尔吉斯民族热情好客，节日做客、应邀赴宴或举行祝贺活动是生活中的常事。这种场合应携带鲜花和礼品。

（5）喜忌。在吉尔吉斯斯坦，送花应送单数，忌送双数。

2.3.8 旅游资源、旅游业

1. 蒙古国

蒙古国的主要旅游点有哈尔和林古都、库苏古尔湖、特列尔吉旅游度假胜地、南戈壁、东戈壁和阿尔泰狩猎区等。

近年来，蒙古国旅游业有较大的发展。其旅游资源包括自然风光和历史文化资源两部分，但其内涵却具有独特性。蒙古国是个草原国家，在观光的同时，旅游者还可以到某些地区狩猎。地处该国北部、群山环绕的蒙古国第二大湖——库苏古尔湖，面积2 620平方公里，湖光山色，景色壮美。该国还有许多泉水和温泉，有的温泉可治疗疾病。

蒙古国人生活在草原上，以畜牧业为生，其生活方式与草原和牲畜密切相关。他们居住于蒙古包中，以羊肉、羊乳为食，以茶为饮料，以骆驼和马为交通工具。游人路过时，蒙古国人总是热情相邀，用传统的奶茶和酸乳招待客人。"那达慕大会"是最具有民族特色的群众性传统节日活动。每当大会举行时，都要开展摔跤、赛马和射箭比赛，进行文艺体育表演，气氛十分热烈。

在该国的旅游资源中，寺庙占有重要的地位，但境内以喇嘛寺庙为主，如乌兰巴托的庆宁佛寺和林喇嘛庙等。此外，一些考古学遗迹也是重要的旅游点，如杭爱山楚鲁特河流域的楚鲁特岩画群。

最近10年来，蒙古国的旅游业发展很快，外汇收入增加1倍左右。全国有5个旅游基地，旅馆床位9 000多个。1990年，蒙古国的"旅游者"公司同世界上40多个国家的旅游组织、宾馆和180多个运输组织、公司建立了联系。2015年，外国旅游者超过45万人次，主要来自中国、俄罗斯、韩国、日本、美国和德国。

2014年蒙古国前往中国旅游的人数达到108.27万人，同比增长3.12%。

2. 哈萨克斯坦

哈萨克斯坦的平原、山地、江河、湖泊等自然旅游资源十分丰富，而且哈萨克族人具有独特的民族性格。哈萨克斯坦的主要旅游景点有阿拉木图市高山滑雪场、巴尔喀什湖等。

江布尔，是哈萨克斯坦的历史名城，位于国家南部塔拉斯河左岸，这里是哈萨克民间歌唱诗人江布尔（1844—1945年）的出生地，人们为了怀念他，改用现名。考古发现，附近有7世纪至8世纪的古坟场，还有卡拉汗王朝时期的澡堂和水管，不远处的一个村里，有10世纪至12世纪饰有壁画的卡拉汗君王巴巴德日-哈童和阿伊莎-比比的陵墓。

巴尔喀什湖，位于国家东南部平原上，湖南海拔340米，面积1.83万平方公里。萨雷耶西克半岛从湖的南岸北伸，把湖分为两部分。湖中盛产伊犁弓鱼、巴尔喀什弓鱼等。湖边大片苇丛中，有成群的鸥、野鸭、鸬鹚、天鹅等。周围陆上有野猪、狼、狐狸等。湖上有航船，湖岸还有城市，并有铁路通过，是著名的自然保护区和旅游地。

哈萨克斯坦旅游基础设施薄弱，旅游业不发达。哈萨克斯坦独立后，日益重视旅游业的开发，已同中国、土耳其及独联体国家建立了旅游合作关系。2013年哈萨克斯坦出境旅游人次突破1000万，前往中国旅游的人数不足40万。2014年哈萨克斯坦前往中国旅游的人数达到34.36万人，同比减少12.69%。

3．吉尔吉斯斯坦

吉尔吉斯斯坦拥有发展旅游业、尤其是山地旅游的极大潜力，境内有大量的高山风景和成百个高山湖泊。最大的湖泊伊塞克湖是世界上最深的湖泊之一，位于海拔1 608米处，其名意为"热湖"，从不封冻，风光秀丽，气候宜人，有清澈见底的矿泉水和可用于治病的湖泥。

奥什，在阿克布河岸，海拔1 000米，有公路和铁路与外地相连。城西的苏莱曼王座山是穆斯林朝觐地。

马那斯墓，在塔拉斯河上游谷地里，建于14世纪的30年代至40年代，为阿布克埃米尔之女卡佳齐亚克-哈东的墓。但民间传说，墓里埋葬的是马那斯壮士，马那斯是吉尔吉斯尽人皆知的传奇英雄人物。

伊塞克湖，位于海拔1 609米处，是世界上最大的内陆高山湖泊，水容量（1 873立方千米）和深度（668米）均为世界第一位。湖面面积（6 236平方公里）在世界高山湖泊中仅次于南美的喀喀湖，居第二位。伊塞克湖终年不结冰，风光独特，以"热湖"著称。湖中矿物含量达6%，又称"含铁砂湖"。有90多条河流汇入该湖，但无一条流出。湖区气候温和，山清水秀，日光和煦，空气清新，水质洁净，并有疗效显著的浴泥和矿泉，非常适于医疗、休养、度假旅游。

吉尔吉斯斯坦距离国际旅游客源地市场较远，加上旅游设施和条件还不适应国际旅游市场的要求，因此虽然有旅游费用较低的竞争优势，但当前还没有达到旅游业发展的成熟阶段，其旅游业的潜力还有待挖掘。

2014年吉尔吉斯斯坦接待游客人数近四百万人，创下最高纪录。2014年吉尔吉斯斯坦前往中国旅游的人数达到5.04万人，同比增长0.98%。

2.4 新加坡、马来西亚、泰国

2.4.1 国名、国旗、国徽、国歌

1. 新加坡

新加坡的全名为新加坡共和国（Republic of Singapore），是经济发达的热带岛国，亚洲"四小龙"之一。新加坡之名源自梵语"狮城"的谐音，是一个城市国家，过去华侨多称其为"息辣"，即马来语"海峡"的意思，也有因其小而被称为"星洲"、"星岛"的。

新加坡的国旗由上红下白两个相等的横长方形组成，长与宽之比为3∶2。左上角有一弯白色新月和五颗白色五角星。红色代表人类的平等，白色象征纯洁和美德；新月象征国家，五颗星代表国家建立民主、和平、进步、正义和平等的思想。新月和五颗星的组合紧密而有序，象征着新加坡人民的团结和互助精神。

新加坡的国徽由盾徽、狮子、老虎等图案组成。红色的盾面上镶有白色的新月和五角星，其寓意与国旗相同。红盾左侧是一头狮子，这是新加坡的象征，新加坡在马来语中是"狮子城"的意思；右侧是一只老虎，象征新加坡与马来西亚之间历史上的联系。红盾下方为金色的棕榈枝叶，底部的蓝色饰带上用马来文写着"前进吧，新加坡"。

新加坡的国歌为《前进吧，新加坡》，国花为一种名为卓锦·万代兰的胡姬花（兰花）。货币为新加坡元（简称新元）。

2. 马来西亚

马来西亚（Malaysia）有"橡胶和锡的王国"之称，"马来"意为"黄金"，马来半岛有"黄金半岛"之称。

马来西亚的国旗呈横长方形，长与宽之比为2∶1。主体部分由14道红白相间、宽度相等的横条组成。左上方有一深蓝色的长方形，上有一弯黄色新月和一颗14个尖角的黄色星。14道红白横条和14角星象征马来西亚的13个州和中央政府。蓝色象征人民的团结及马来西亚与英联邦的关系（英国国旗以蓝色为旗底），黄色象征国家元首，新月象征马来西亚的国教伊斯兰教。

马来西亚的国徽中间为盾形徽。盾徽上面绘有一弯黄色新月和一颗14个尖角的黄色星，盾面上的图案和颜色象征马来西亚的组成及其行政区划。盾面上部列有5把入鞘的短剑，它们分别代表柔佛州、吉打州、玻璃市州、吉兰丹州和丁加奴州。盾面中间部分绘有红、黑、白、黄4条色带，分别代表雪兰莪州、彭亨州、霹雳州和森美兰州。盾面左侧绘有蓝、白波纹的海水和以黄色为底色的3根蓝色鸵鸟羽毛，这一图案代表槟榔屿。盾面右侧的马六甲树代表马六甲州。盾面下端左边图案代表沙巴州，图案中绘有强健的褐色双臂，双手紧握沙巴州州旗。盾面下端右边绘有一只红、黑、蓝3色飞禽，代表沙捞越州。盾面下部中间的图案为马来西亚的国花——木槿，当地人称"班加拉亚"。盾徽两侧各站着一头红舌马来虎，两虎后肢踩着金色饰带，饰带上书写着格言"团结就是力量"。

马来西亚的国歌为《我的祖国》，国花为木槿。货币为林吉特。

3. 泰国

泰国全称为泰王国（Kingdom of Thailand），有"自由之国"之意。泰国别称"千佛之国"、"黄袍之国"、"大象之邦"。

泰国国旗呈长方形、长与宽之比为3：2。由红、白、蓝三色的五个横长方形平行排列构成。上下方为红色，蓝色居中，蓝色上下方为白色。蓝色宽度相当于两个红色或两个白色长方形的宽度。红色代表民族，象征各族人民的力量与献身精神。泰国以佛教为国教，白色代表宗教，象征宗教的纯洁。泰国是君主立宪政体国家，国王是至高无上的，蓝色代表王室。蓝色居中象征王室在各族人民和纯洁的宗教之中。

泰国国徽图案是一只大鹏鸟，鸟背上蹲坐着那莱王。传说中大鹏鸟是一种带有双翼的神灵，那莱王是传说中的守护神。

泰国国歌为《泰王国国歌》，泰国国花为睡莲，国树为桂树。货币为铢。

2.4.2 地理位置、自然条件

1. 新加坡

新加坡位于东南亚，是马来半岛最南端的一个热带城市岛国。面积为719.1平方公里（2015年），北隔柔佛海峡与马来西亚为邻，有长堤与马来西亚的新山相通，南隔新加坡海峡与印度尼西亚相望。新加坡地处太平洋与印度洋航运要道马六甲海峡的出入口，位于亚洲与大洋洲之间的海上运输要冲，地处东南亚地区的中心，地理位置很重要。

新加坡由新加坡岛及附近63个小岛组成，其中新加坡岛占全国面积的91.6%。新加坡属热带海洋性气候，常年高温多雨，年平均气温24~27℃，植物生长繁茂，终年翠绿，为风光秀丽的热带国家。

2. 马来西亚

马来西亚位于东南亚的马来半岛南部，地处太平洋和印度洋之间、南中国海沿岸，由马来亚（西马来西亚）和加里曼丹岛北部的沙捞越及沙巴（东马来西亚）组成，面积约33万平方公里。

马来西亚地势北高南低，全境大部分是山地，平原面积小，内地为山地，北部沿海为平原，海岸线长4 192千米。

马来西亚大都属于热带雨林气候，全年高温多雨，年平均气温沿海低地是26~30℃，内地山地为22~28℃。年降水量一般为2 000~2 500毫米，有的地区可达3 000~4 000毫米。北部有的地区有时会出现半个月至一个月的干旱期。

3. 泰国

泰国位于中南半岛中南部，东南与柬埔寨相邻，西和西北与缅甸接壤，东北与老挝相邻，南与马来西亚毗连。泰国狭窄部分居印度洋与太平洋之间，东濒泰国湾（太平洋），西南临安达曼海（印度洋）。泰国面积约51.4万平方公里，海岸线长2600千米。

全国的地势北面高、南面低，大部分是山地和高原，平原主要分布于中部湄南河流域。英坦昂峰海拔2576米，是全国的最高点。泰国属热带季风气候，一年分为三季：2月中旬至5月中旬气候炎热干燥，为热季；5月中旬至10月，是长达5个多月的雨季；11月至第二年2月上旬气温相对较低，雨量较少，为凉季。泰国年平均气温24～30℃，全年平均降水量为1600毫米，但海湾沿岸高达3000毫米。

2.4.3 人口状况、发展简史

1. 新加坡

新加坡人口553.5万人（2015年），其中华人占74.2%，马来人占13.3%，印度人占9.1%，其他种族占3.4%。该国人口密度很大，每平方公里达7697人，是世界上人口密度最大的国家之一。马来语、英语、华语和泰米尔语为官方语言。马来语为国语，英语为行政用语。宗教信仰十分复杂，华人多信奉佛教和道教，马来人和巴基斯坦人信奉伊斯兰教，印度人信奉印度教，还有人信奉基督教和天主教。

新加坡古称淡马锡，早在8世纪就已建国，属印度尼西亚室利佛逝王朝。18世纪至19世纪初为马来亚柔佛王国的一部分。1819年，英国人史丹福·莱佛士抵新，与柔佛苏丹订约设立贸易站。1824年新加坡沦为英国殖民地，成为英在远东的转口贸易商埠和在东南亚的主要军事基地。1942年被日军占领，1945年日本投降后，英国恢复其殖民统治，次年划为直属殖民地。1946年英国将其划为直辖殖民地。1959年6月新加坡实行内部自治，成为自治邦，英国保留国防、外交、修改宪法、颁布"紧急法令"等权力。1963年9月16日并入马来西亚。1965年8月9日脱离马来西亚，成立新加坡共和国。同年9月成为联合国成员国，10月加入英联邦。

2. 马来西亚

马来西亚人口3063.86万人（2015年），由30多个民族组成，其中马来人及其他原住民占66.1%，华人占25.3%，印度人占7.4%。马来语为国语，通用英语，华语使用也较广泛。伊斯兰教为国教，其他宗教有佛教、印度教、基督教、拜物教等。

马来西亚的历史比较悠久，公元初年来半岛建立了羯荼、狼牙修等古国。15世纪以马六甲为中心形成满剌加王国，并成为当时东南亚主要国际贸易中心。16世纪开始，先后受到葡萄牙、荷兰和英国等国的侵略。到19世纪初叶以后，马来亚沦为英国殖民地。沙捞越和沙巴历史上属于文莱，1888年也沦为英国的被保护国。第二次世界大战中，马来亚、沙捞越、沙巴被日本占领。战后，英国恢复了殖民统治。1957年8月31日马来亚联合邦宣布独立，为英联邦成员。1963年9月16日马来亚同新加坡、沙捞越、沙巴合并组成马来西亚，但1965年新加坡宣布退出。

3. 泰国

泰国人口6 722万（2014年），是一个由30多个民族组成的多民族国家，其中泰族占人口总数的40%，老挝族占35%，马来族占3.5%，高棉族占2%等。此外还有苗、瑶、桂、汶、克伦、掸等山地民族。泰语为官方语言。佛教是泰国的国教，90%以上的居民信仰佛教，马来族信奉伊斯兰教，还有少数信奉基督教新教、天主教、印度教和锡克教。

泰国已有700多年的历史和文化，原名暹罗。1238年建立了素可泰王国，开始形成较为统一的国家。先后经历了素可泰王朝、大城王朝、吞武里王朝和曼谷王朝。16世纪，葡萄牙、荷兰、英国和法国人相继入侵。19世纪末，曼谷王朝五世王大量吸收西方经验进行社会改革。1932年6月，人民党发动政变，建立君主立宪政体。1938年，銮披汶执政，1939年6月更名为泰国。1941年被日本占领，1945年恢复暹罗国名，1949年又改称泰国。

2.4.4 资源状况、经济发展

1. 新加坡

新加坡的传统经济以商业为主，独立后政府大力吸引外资，发展多样化经济。20世纪80年代初开始，加速发展资本密集、高增值的新兴工业，大力投资基础设施建设，以制造业和服务业作为经济增长的双引擎。90年代尤为重视信息产业。

新加坡是亚洲的发达国家，被誉为"亚洲四小龙"之一。新加坡是继纽约、伦敦、香港之后的第四大国际金融中心，也是亚洲重要的服务和航运中心之一，经济以五大部门为主：商业、制造业、建筑业、金融业、交通和通信业。新加坡是世界第三大炼油中心。农业在国民经济中所占比例不到1%，粮食全部靠进口，蔬菜绝大部分从马来西亚、中国、印度尼西亚和澳大利亚进口。服务业为经济增长的龙头产业，包括零售与批发贸易、饭店旅游、交通与电讯、金融服务、商业服务等。2014年GDP达3 078亿美元，人均GDP 56 287美元。

2. 马来西亚

马来西亚自然资源丰富，橡胶、棕油和胡椒的产量和出口量居世界前列，锡矿丰富，石油和天然气储量丰富。此外，还有铁、金、钨、煤、铝土、锰等矿产。盛产热带硬木。农业以经济作物为主，主要有橡胶、油棕、胡椒、可可和热带水果等。

马来西亚在20世纪70年代以前经济以农业为基础，后电子业、制造业、建筑业和服务业发展迅速。1987年以来年均国民经济增长率一直保持在8%以上，成为亚洲地区引人注目的新兴工业国之一。2014年GDP达3 269亿美元，人均GDP 10 830美元。

3. 泰国

泰国自然资源丰富，主要有钾盐、锡、褐煤、油页岩、天然气等。其中钾盐的储量4 070万吨，居世界首位；锡的储量约120万吨，占世界总储量的12%；橡胶产量居世界首位，年产达210万吨，占世界总产量的1/3，其中90%用于出口。森林、渔业、石油、天然气等资源也较为丰富。

制造业在泰国国民经济中所占的比重最大，为主要出口产业之一。农产品是其外汇收入的主要来源之一，主要生产稻米、玉米、木薯、橡胶、甘蔗、绿豆、麻、烟草、咖啡豆、棉花、棕油、椰子果等。泰国是世界著名的大米生产国和出口国，大米出口额约占世界市场稻米交易额的 1/3。泰国也是仅次于日本、中国的亚洲第三大海产国，为世界第一产虾大国。此外，泰国还盛产分别被誉为"果中之王"和"果中之后"的榴莲和山竹。荔枝、龙眼、红毛丹等热带水果名扬天下。泰国旅游资源丰富，以"微笑国度"闻名于世，旅游产业发达。泰国实行自由经济政策，1996 年迈入中等收入国家行列。2014 年 GDP 达 3 738 亿美元，人均 GDP 5 561 美元。

2.4.5 首都、行政区划

1. 新加坡

新加坡为花园城市国家，首都即新加坡市（Singapore City）。

2. 马来西亚

马来西亚原首都吉隆坡（Kuala Lumpur，马来语，意思是"泥泞的河口"），人口约 167 万（2014 年），市内清真寺及佛教、印度教的寺庙随处可见。马来西亚新首都普特拉贾亚（Putrajaya）位于吉隆坡以南 35 公里处，简称"布城"，位于吉隆坡以南 35 公里处，人口约 67 000 人。

马来西亚全国分为 13 个州，另有三个联邦直辖区：吉隆坡、纳闽和普特拉贾亚。

3. 泰国

泰国首都曼谷（Bangkok），是全国政治、经济、文化中心和现代与传统相交融的大都市，依然保留着标志辉煌传统的名胜古迹，人口约 1 197 万。

泰国全国分中部、南部、东部、北部和东北部五个地区，现有 76 个府，府下设县、区、村。曼谷是唯一的府级直辖市。

2.4.6 政治、外交、与中国关系

1. 新加坡

（1）政治。新加坡实行议会共和制，总统为国家元首，由全民选举产生，任期 6 年。总统顾问理事会向总统提供咨询与建议，总统在行使某些职权时必须先征求总统顾问理事会的意见。总统和国会共同行使立法权。议员由公民投票选举产生，任期 5 年。总统委任议会多数党领袖为总理，占国会议席多数的政党组建政府。

（2）外交。新加坡立足东盟，将维护东盟团结与合作、推动东盟在地区事务中发挥更大作用放在外交工作的重要地位；面向亚洲，注重发展与亚洲国家特别是中、日、韩、印度等国的合作关系；奉行"大国平衡"政策，积极开展经济外交。

（3）与中国关系。1980年6月14日，中国政府和新加坡政府关于互设商务代表处协议在北京签字，次年9月两国商务代表处正式开馆。1990年10月3日，中新两国建交。2005年5月，全国人大常委会委员长吴邦国对新加坡进行友好访问。2005年10月，新加坡总理李显龙对中国进行正式访问。2015年11月6日，中国国家主席习近平应新加坡总统陈庆炎的邀请对新加坡进行了国事访问。在新加坡的居中协调下，11月7日，海峡两岸领导人习近平与马英九在新加坡香格里拉酒店举行了历史性会面，这也是1949年以来两岸领导人的首次直接会面。

2. 马来西亚

（1）政治。最高元首为国家首脑、伊斯兰教领袖兼武装部队统帅，由统治者会议从马来西亚9个州的世袭苏丹中选举产生，拥有立法、司法和行政的最高权力，以及任命总理、拒绝同意解散国会等权力，任期5年。统治者会议由柔佛等9九个州的世袭苏丹和马六甲等4个州的州元首组成。凡有关统治者特权地位的法律，未经该会议同意，不得通过。每次开会时，内阁总理和各州州务大臣、首席部长在旁协助。国会是最高立法机构，由上议院和下议院组成，但实权在内阁手里。

（2）外交。马来西亚奉行独立自主、中立、不结盟的外交政策，主张建立东南亚和平、自由和中立区。优先发展同东盟国家的关系，视东盟为其外交政策的基石。重视发展同大国关系。积极发展同伊斯兰国家和不结盟国家的关系。致力于促进东亚环境的稳定，加强与东北亚的联系，继续加强与其他国家良好的双边关系。将与邻国和有特殊重要性的国家发展积极的关系；在处理双边关系时，将遵循互利的原则，通过谈判和平解决所有分歧。在更大的区域范围内，即东盟与中国、日本、韩国范围内，马来西亚将继续坚定地提倡与中、日、韩合作。在多边领域，马来西亚将积极参与各种联盟或论坛，致力于维护各种权益，尤其是发展中国家的权益。

（3）与中国关系。1974年5月31日，马中两国建交。2004年5月，马来西亚总理巴达维对中国进行正式访问。2005年5月，吴邦国委员长对马来西亚进行友好访问。2005年12月，温家宝总理对马来西亚进行正式访问，发表两国联合公报。2015年，中国国务院总理李克强出席在马来西亚吉隆坡举行的第18次中国—东盟（10+1）领导人会议、第18次东盟与中日韩（10+3）领导人会议和第10届东亚峰会，并对马来西亚进行正式访问。中马两国贸易额持续快速增长，2014年双边贸易额已突破1 000亿美元。

3. 泰国

（1）政治。2006年9月19日，泰国军方发动政变，宣布解散看守政府总理他信领导的政权，由一个名为国家管理改革委员会的军事组织全权接管国家政权。国家管理改革委员会随后宣布，废除1997年制定的泰国宪法、解散泰国宪法法院、解散泰国议会上下两院和由他信领导的内阁。10月1日，泰国管理改革委员会宣布，泰国国王普密蓬已签署由该委员会起草的临时宪法，临时宪法颁布后立即生效。2014年5月，泰国军事政变，陆军司令巴育担任代理总理。2014年8月25日，泰国国王普密蓬·阿杜德签署御令，正式任命

"全国维持和平秩序委员会"主席、陆军司令巴育为泰国第29任总理。

（2）外交。泰国奉行独立自主的外交政策和全方位外交方针，进一步加强经济外交，把同东盟各国的政治、经济关系作为外交基石。

（3）与中国关系。中泰两国人民的友谊源远流长。几百年前，很多中国人就开始漂洋过海到泰国定居，并逐渐成为泰国社会的一个重要组成部分。1975年7月1日，中泰两国建交。1999年2月，中泰两国在曼谷正式签署了《中华人民共和国和泰王国关于二十一世纪合作计划的联合声明》。2003年10月，胡锦涛主席对泰国进行国事访问，并出席在曼谷举行的亚太经合组织第11次领导人非正式会议。2005年6月，泰国总理他信对中国进行正式访问。2013年10月，李克强总理对泰国进行正式访问。中国是泰国第一大出口目的地、第二大进口来源国和最大旅游客源国，泰国是中国在东盟国家中的第二大贸易伙伴。

2.4.7 文化传统、民俗风情

1. 新加坡

（1）服饰。新加坡的气候受海洋和纬度的影响，气温高、湿度大，因此夏季穿轻质料子的服装最为适宜。工作时人们普遍穿便服，下班后可穿T恤衫和细斜纹布裤，仅在正式的宴会上才必须穿西装、系领带，女士们则要穿晚礼服，也令主人家觉得受到尊重。

（2）饮食。新加坡华人饮食习惯往往受广东、福建、海南和上海影响，口味喜清淡、偏甜，大都喜欢饮茶。而马来人忌食猪肉、狗肉、自死之物和动物的血，不吃贝壳类动物，不饮酒；印度人则绝对不吃牛肉。在用餐时，不论马来人还是印度人都不用刀叉、筷子，而惯于用右手直接抓取食物，忌用左手取食。

新加坡的特色食品有咖喱鱼头、叻沙、米果汁、汽锅等。

（3）节日。新加坡是一个移民国家，因此节日庆典也是渗透了不同民族、不同宗教的风俗习惯，异彩纷呈。新加坡有公历、中国农历、印度历和马来历四种历法，依各种历法有多种节日。

新加坡的主要节日有：春节（农历新年）、中秋节（农历8月15日）、开斋节（回历10月新月出现之时）、泰米尔新年（四五月间）、大宝森节（泰米尔历的一二月间）、国庆节（8月9日）、蹈火节（十一月间）、卫塞节（农历4月15日，佛祖释迦牟尼的诞辰、成道及涅槃纪念日）、圣诞节（12月25日）、复活节（3月21日月圆后的周日）。

现在，除了这些传统的节日外，新加坡又有了许多新的节日，如电影节、美食节、购物节等。这些节日不但充满了现代感，更是拉近了到新加坡旅游、生活的各国人民的心，使得大家都沉浸在愉快的氛围里。

（4）礼仪。由于长期受英国的影响，新加坡已经西化，人们见面和分手时都要握手。登门拜访主人应预先约好时间。在介绍时，通常应称呼人家"某先生"、"某太太"、"某小姐"。客人参加社交聚会时会被介绍给每个人，但介绍通常都进行得很快。

在新加坡，人们很不赞成吸烟。在电梯里、公共交通工具上、影院内，特别是政府办公大楼内，法律规定严禁吸烟，违者罚款。要吸烟最好征得对方同意。

新加坡全面禁售、禁食口香糖。忌讳男人留胡须、长头发，认为是不雅的行为。忌讳叼着烟走路、随地吐痰、吐唾沫、扔垃圾等行为，在新加坡这些行为要受到严厉的处罚。

（5）喜忌。在新加坡，用食指指人，或用紧握的拳头打在另一只张开的掌心上，或紧握拳头把拇指插入食指和中指之间，均被认为是极端无礼的动作。双手不要随便叉腰，因为那是生气的表示。用餐时不要把筷子放在碗或装菜的盘子上，不用时也不要交叉摆放，应放在托架、酱油碟或放骨片的盘子上。如有海员、渔夫或其他爱好划船者同席，不要把盘子里吃了一半的鱼翻转过来，因为那将预示翻船。

在新年期间，新加坡人不扫地、不洗头，否则好运会被扫掉洗掉；不能打破屋里的东西，尤其是不能打破镜子，因为那将预示着家庭的分裂或发生其他不幸的事；不穿旧衣，不用针和剪刀，因为它们会带来坏运气。

新加坡人认为"4"、"6"、"7"、"13"、"37"和"69"是消极的数字，他们最讨厌"7"，平时尽量避免这个数字。新加坡人视黑色为倒霉、厄运之色，紫色也不受欢迎。他们偏爱红色，视红色为庄严、热烈、刺激、兴奋、勇敢和宽宏的象征。他们也欢迎蓝色和绿色。新加坡忌讳说"恭喜发财"之类的话，认为这样有教唆他人发"横财"和"不义之财"的意思。忌讳谈论政治、宗教的话题，忌用宗教词句和象征性标志。忌讳猪、乌龟的图案，认为它们是不祥的动物。

2. 马来西亚

（1）服饰。蜡染花布做的长袖上衣是马来西亚的国服。男子一般上身穿无领长袖衬衫，下着纱笼，公共场合男子不能露胳膊和腿。女子习惯穿长袖连衣裙。马来人无论男女头上都戴着各种各样的头饰。在去村里或城里清真寺的路上，经常可见戴圆锥形天鹅绒帽子的男性，这表明他是回教徒。而到麦加朝过圣、获得"哈吉"称号的人都戴一种叫作"可达雅"的白色帽子。

（2）饮食。马来西亚以伊斯兰教为国教，饮食习俗禁酒，喜欢饮用椰子水、红茶、咖啡等。马来西亚的穆斯林不吃猪肉，不吃自死之物和动作的血。不使用一切猪制品。通常吃米饭，喜食牛肉，极爱吃咖喱牛肉饭，并且爱吃具有其民族风味的"沙爹"烤肉串。马来西亚的印度人不吃牛肉，但是可以吃羊肉、猪肉和家禽肉。

菜系中，亚三拉沙最负盛名。马来菜以辛辣驰名，椰子是主要配料。印度菜也以辛辣为特色。特色菜沙爹是经过烧烤烹调后搭配好吃的辣酱，风味十足。马来西亚的特色水果主要有榴莲、山竹、红毛丹、芒果、香蕉、木瓜、杨桃等。

马来人一般十分好客，他们认为客人在主人家里若不吃不喝等于不尊敬主人。平常用餐时只用右手抓食食物，左手被视为"不洁之手"，禁用其取食食物或饮料。只有在十分正规的宴请中，马来西亚人才以刀叉进餐。

（3）节日。马来西亚节日很多，全国大大小小的节日约有上百个。但政府规定的全国性节日只有10个，其中除少数有固定日期外，其余的具体日期由政府在前一年统一公布。主要节日有：开斋节（伊斯兰教斋月后第一天）、春节（华人农历新年）、花卉节（7月）、国庆节（8月31日）、哈吉节（伊斯兰教古尔邦节）、屠妖节（印度教新年）、圣诞节（12月25日）、圣纪年（伊斯兰教历3月12日）、劳动节（5月1日）、卫塞节（佛祖释迦牟尼诞辰日）、最高元首（在任）诞辰。

此外，还有联邦日、风筝节、丰收节、槟城国际龙舟节、马来西亚节、中秋节、马六甲嘉年华会、回历新年、巴兰水节等。

（4）礼仪。马来西亚不同民族采用不同的见面礼节。马来人的常规做法是向对方轻轻点头，以示尊重。马来人传统的见面礼节，是所谓的"摸手礼"。它的具体做法为：与他人相见时，一方将双手首先伸向对方，另一方则伸出自己的双手，轻轻摸一下对方伸过来的双手，随后将自己的双手收回胸前，稍举一下，同时身体前弯呈鞠躬状。

马来人通常只有自己的名字，而没有固定的姓氏，儿子以父名为姓，父亲则又姓祖父的名字。

（5）喜忌。任何人都不可触摸马来人的头和背部。

3. 泰国

（1）服饰。佛教是泰国的国教，90%的人信奉佛教。几百年来，泰国的风俗习惯、文学、艺术和建筑等各方面，几乎都和佛教有着密切关系。在泰国，凡是信佛教的男孩子，到了一定年龄，都要一度削发为僧，连王室和贵族也不例外。到泰国旅游，处处可见身披黄色袈裟的僧侣，以及富丽堂皇的寺院。因此，泰国又有"黄袍佛国"的美名。泰国人家家设佛龛供奉佛像，几乎人人身上都挂小佛像。

（2）饮食。泰国人口味不爱过咸过甜或红烧，喜辛辣、鲜嫩。爱往菜肴中加入辣酱、鱼露或味精。用餐时多惯于围绕着低矮的圆桌跪坐，以右手抓取食物享用。泰国人不喝热茶，喜好冻茶。喝果汁时习惯在其中加入少许盐末。

（3）节日。泰国节日有全国性的和地方性的两类，全国性的节日，政府法定为节庆日，如元旦（公历1月1日）、春节（农历正月初一）、万佛节（泰历3月15日）、曼谷王朝开国纪念日（4月6日）、宋干节（4月12日至15日，又称泼水节，为泰历新年）、劳动节（公历5月1日）、佛诞节（泰历6月15日）、守夏节（泰历8月16日）、宪法日（12月10日）、春耕节（5月15日）、万寿节（12月5日，又称父亲节，现任国王诞辰）、母亲节（8月12日，现任王后诞辰）等。另有一些不是法定假日的地方性盛大节庆，如华人春节、水灯节、竹炮节。还有一些影响巨大的地方性节日，如普吉的九皇斋节、素辇的大象节、清迈的花节等，众多的节日每年都会吸引来众多游客。

（4）礼仪。泰国是一个很重视民俗礼仪风范的国家。人民爱和平、重礼仪，是个礼仪之邦，以"微笑的国土"著称。泰国人见面时要各自在胸前合十相互致意，其做法是双掌相合，放在胸前，手掌向外倾斜，头稍微低下，这是见面礼，相当于西方的握手，双掌举得越高，表示尊敬程度越深。别人向你合十，你必须还礼，否则就是失礼。合十时要稍稍低头，口说"萨瓦迪卡"（您好）。双方合十致礼后就不必再握手，男女之间见面时不握手，俗人不能与僧侣握手。

泰国人习惯以"小姐"、"先生"等国际上流行的称呼彼此相称。在称呼对方时，为了表示友善和亲近，直接称呼其名。跟外人打交道时，泰国人颇有涵养，一贯讲究"温、良、恭、俭、让"，并且总是喜欢面含微笑，细声低语。与别人谈话时不得戴墨镜，手势要适度，不许用手指指着对方说话。从别人面前走过时不能昂首挺胸、大摇大摆，必须躬着身子，表示不得已而为之的歉意。学生从老师面前走过时，必须合十躬身。

泰国是个王国，人民对王室很尊敬。在泰国，人们非常敬重僧侣。僧侣乘车、坐船，人们都要起立、让位。家家户户都要奉斋，黎明时准备好饭菜，等待僧侣的光临。男子一生至少要剃度一次，当过和尚才算成人，连王储也不例外。僧侣和虔诚的佛教徒一般是素食者。在特定的场合下，平民、官员直至总理拜见国王及其近亲时都要下跪，包括国王在内的所有人，叩拜高僧时也须下跪，儿子出家为僧父母亦跪拜于地。

（5）喜忌。泰国人忌讳外人抚摸小孩（尤其是小和尚）的头部，小孩子的头只允许国王、僧侣和自己的父母抚摸。即使是理发师也不能乱动别人的头，在理发之前必须说一声"对不起"。泰国人忌讳别人提着物品从头上掠过，长辈在座时晚辈不能高于他们的头部。

泰国人认为人的右手清洁而左手不洁，左手只能用来拿一些不干净的东西。因此，用左手拿重要东西会招来嫌弃。左撇子在日常生活中可以不注意，但在正式场合绝对不可以。在比较正式的场合，还要双手奉上物品，用左手则会被认为鄙视他人。

与左手一样，脚掌也被认为是不净的。在入座时，应避免将脚放在桌子上。用脚尖撞人或指人都会被严厉地呵斥，也绝对不能把脚掌冲着佛像。泰国人认为脚部是卑贱的，只能用来走路，不能干其他事情，如用脚踢门和用脚指东西等。泰国人还比较忌讳跷二郎腿或把脚底冲着他人，睡觉时头不能朝西，因为日落西方象征着死亡。

2.4.8 旅游资源、旅游业

1. 新加坡

（1）旅游资源。新加坡主要的旅游点和旅游区有新加坡市、龟屿、圣淘沙岛等。

1）新加坡市。位于新加坡岛南部，面积约 98 平方公里，人口 200 多万。该市是世界著名的天然良港，也是仅次于荷兰鹿特丹的世界第二大港和世界第四国际金融中心。该市是现代化的城市，高楼林立，并有整齐宽阔的林荫大道，花坛草坪特多，环境十分卫生，因而有"美丽的花园城"和"卫生模范城"的美誉。市内有动物园、植物园、天福宫、星和园、裕华园、苏丹伊斯兰教堂、龙山寺、国家博物馆、范克利夫水族馆等旅游点。

2）龟屿。位于新加坡市西南 7 公里处，由于从侧面看像一只大海龟而得名。在"巨龟"的头部，有一座大伯公庙。此庙附近还有一座马来达图公庙，据传是死于一个多世纪前的赛义德·阿卜杜拉赫曼的坟墓。他被马来人敬为神明。

3）圣淘沙岛。旧名"绝后岛"，为新加坡南部的一个岛屿，是新加坡的主要游览区之一。岛上有许多旅游点，如建于 1880 年的西洛索堡保存有 5 世纪的古炮，海边有珊瑚馆。岛上有圣淘沙艺术中心、人工湖、旱冰场、网球场、高尔夫球场等。1993 年，在轮渡码头附近，建成了重现亚洲逐渐消失的民情民俗的亚洲村。

4）裕廊鸟类公园。世界最大的鸟类公园之一，位于裕廊山麓。园内有350种鸟类，共7 000余只。既有色彩绚丽的热带鸟，也有原产极地地区的企鹅。旅游者在此可观察不同鸟类的习性。

此外，重要的旅游点还有伊丽莎白公园、狮头鱼尾公园等。

（2）旅游业。新加坡是世界上最著名的清洁卫生国家之一。但是毕竟面积不大，既没有名山大川，也没有多少名胜古迹，旅游资源并不丰富。然而，政府重视旅游业的发展，有关法律法规健全、实施严格，不仅开展了观光旅游，而且重视开展购物旅游，发挥其作为"购物天堂"的优势；航空交通发达，新加坡与世界49个航空公司建立了联系；注意加强会议旅游，会议设施齐全完善；特别注意开展优质服务，一些饭店屡屡在国际上获得最佳饭店的称号，新加坡航空公司在国际上也享有很高的声誉；旅游费用也相对较低；另外，为了激励旅游需求并帮助某些生意不佳的饭店和餐馆，政府还对它们实行减税政策。因此，新加坡旅游业相当发达，发展也相当迅速。

2014年，新加坡入境游客达1 510万人次，较2013年增长3.1%；旅游收入达235亿美元，创下新纪录。入境游客主要来自印度尼西亚、中国、马来西亚、日本和印度。最受新加坡人欢迎的出境旅游目的地是日本、韩国、中国等。2014年新加坡前往中国旅游的人数达到97.14万人，同比增长0.49%。

2. 马来西亚

（1）旅游资源。马来西亚的旅游业相当发达，热带风光和历史文化景观都有很大的吸引力。主要的旅游胜地有吉隆坡、马六甲等。

1）吉隆坡。1857年，一些华人到此寻找锡矿，后来发展成为城市。该城市规划布局合理，著名的旅游点有黑风洞、马云顶高原、热水洞、吉冷结瀑布、湖滨公园、国家博物馆、国家清真寺、默迪卡体育馆、精武体育馆等。国家清真寺是该市著名的清真寺，规模宏大，是东南亚最大的清真寺。

2）马六甲。马来西亚的古城，位于马六甲海峡北岸。始建于15世纪初，曾经是满刺加王国的都城。由于几百年来有华人、印度人、阿拉伯人和西方人等不同民族在此居住，因而该城在文化上具有混合性和独特性。著名的古迹主要有与中国明朝航海家郑和有关的三保庙、三保山和三保井，葡萄牙人修建的圣地亚哥城门和圣保罗教堂，建于17世纪的惹兰助的红屋、建于18世纪的马六甲博物院和马六甲河畔的教堂钟楼等荷兰古建筑。此外，还有城北10公里处的海滨度假胜地、城东南的圣约翰古堡、城郊马来西亚最早的橡胶种植园亚沙汉山，以及巴株美连南的鱼类研究所。

3）波德申。位于森美兰州西部，是马六甲海峡北岸的重要港口和旅游胜地。以城西长16公里风景优美的优质沙滩和海滨浴场闻名遐迩。在建于16世纪的拉查杜岬灯塔上，游人可用望远镜眺望马六甲海峡和对岸苏门答腊的鲁帕岛的美丽景色。

4）大汉山国家公园。全国最大的自然保护区，面积4 343平方公里。园内有多种野生动物和植物，包括800余种热带兰和500多种鸟类、300多种淡水鱼类，还有犀牛、岩羊等珍稀动物。

5）邦咯岛。位于马六甲海峡东部，是该国重要的旅游胜地，面积36平方公里。该岛由花岗岩构成，有风景秀丽的沙滩，还有18世纪古炮台遗迹和苏丹别墅遗址，以及渔村的浮楼人家。

6）槟榔屿。国家北部西岸的岛屿，是著名的旅游胜地，面积285平方公里。该岛有"四多"：一是花园和公园多；二是山地、溪流和瀑布多；三是海岸线长、海滨胜地多，该岛海岸线长74公里，在北部海岸有长达11公里的海滩；四是教堂和寺庙多。在岛东北部的槟城，有佛寺、极乐寺、泰禅寺、蛇庙、诗华寺、马里安曼寺、圣乔治教堂、甲必丹吉村清真寺等。

7）珍拉丁海湾度假村。位于马来半岛东海岸珍拉丁海湾，该度假村无高楼大厦，所有建筑都是木结构小屋，但设备先进，交通、通信发达，西方游客称之为"东方皇后"。游客在此可参加冲浪、滑板、溜冰、驾船、打球等活动，还可学习烹调、舞蹈、射箭。村内有酒吧、餐馆、游泳池、图书馆、医疗中心等。

（2）旅游业。旅游业是马来西亚第二大外汇来源，仅次于制造业。近几年来，马来西亚经济持续发展，政府加大对基础设施和旅游景点的建设投入、政策扶持，利用多种渠道进行宣传，加上本身旅游资源丰富，因此旅游业发展迅速。2012年，马来西亚接待了2 500万人次的入境游客，其中伊斯兰教徒约544万人次，被评为"最适合伊斯兰教徒旅游的国家"。2013年马来西亚旅游业取得了超出预期的成果，相比于2012年，游客人数从2 500万增加到了2 570万，人数上涨了2.7%。2013年旅游行业收入达到654.4亿马币，同比增长了8.1%。2014年旅游业对国内生产总值直接贡献为610亿马币，总贡献达1 610亿马币，成为马来西亚第六大经济支柱。2014年马来西亚前往中国旅游的人数达到112.96万，同比下降6.38%。

3. 泰国

（1）旅游资源。泰国历史悠久，是一个佛教色彩极浓的国家。历史文化旅游资源以佛教的庙宇、尖塔和与佛教有关的石雕、佛像和绘画为主要特征，但充满当地风土人情的各种节日庆典和舞蹈对游客也有相当大的吸引力。另外，泰国的自然风光和一些有特色的公园、动物园也令人流连忘返。

1）曼谷。泰国的首都，全国政治、经济、文化和交通中心，东南亚第二大城市。位于湄南河下游，距暹罗湾40公里。市内河道纵横，水上集市贸易十分繁忙，有"东方威尼斯"之称。该市名胜古迹众多，但以佛寺最突出。全市有佛寺400多座，故又有"寺庙之城"之称。主要寺庙有玉佛寺、卧佛寺、金佛寺，它们是"泰国三大国宝"。大王宫是曼谷最著名的古迹，以金碧辉煌的建筑物闻名于世。曼谷是联合国亚洲及太平洋经济社会委员会总部所在地，廊曼国际机场是东南亚最大的机场之一。

2）清迈。泰国第二大城市，也是泰国北部地区的政治、经济和文化中心，坐落在湄南河支流滨河河畔。该市是历史古都，早在1296年就成为都城。它也是佛教圣地，全城有寺庙约100座，其中著名的有斋里銮寺、斋里则育寺、斋里廉寺、昌挽寺等。该市还有泰国国王的避暑行宫——普平王宫，以及陈列山地民族手工艺品的泰北文化公园。该市的玫瑰花、民间传统舞蹈和一年一度的泼水节也颇为有名。

3）普吉。亦叫"童卡"，位于马来半岛附近的安达曼海岸边，面积810平方公里，是泰国最大的岛屿。岛上有许多美丽的海滩，如沙质清纯的丽威海滩、索林海滩等。怪石林立的普吉湾海滩，以盛产海龟蛋著称。攀牙湾山清水秀，有奇峰石洞，景色旖旎，湾内班儿岛上的水上村庄，风光迷人，俨然"海上仙阁"。岛上还有许多兼有中国与葡萄牙风格的建筑物。

4）帕塔亚。泰国的花城，著名的旅游胜地，位于曼谷东南150公里的曼谷湾畔。该城气候宜人，鲜花遍布，路旁绿树成荫，故有"花城"之称。除鲜花外，海滩和海水浴场也十分有名。附近有完善的旅馆和酒吧、小吃店等服务设施，还有网球场、高尔夫球场等，可开展多种运动，同时还可在海滩进行滑水、打水球等水上运动。

5）苏梅岛。重要的旅游胜地，位于泰国南部的海湾内。100多年以来，该岛一直以盛产椰子著称于世。岛上椰子树多达200万株，居民通常用驯养的猴子采摘椰子。由于该岛植被状况极好，一片葱绿，故又被称为"绿岛"。岛上瀑布众多，有南汶瀑布、杏乐瀑布等。该岛还有许多著名海滩，沙细水洁，风景优美。

6）鳄鱼动物园。建于1950年，位于曼谷以南25公里处，园内除了一般动物外，主要饲养着4万多条鳄鱼，是世界上鳄鱼数量最多的动物园。

（2）旅游业。泰国对于旅游业十分重视。该国制定了有关旅游的法规，强化旅游业的管理，同时还制定了若干优惠政策吸引外商投资和鼓励民间投资。泰国还在发展观光旅游的同时，大力发展会议旅游和购物旅游。另外，泰国注意旅游的建设和管理。该国旅馆设施相当先进，服务水平很高，在国际上有较高的声誉。曼谷的东方饭店是世界上最佳的旅游宾馆之一。

受到长达六个多月的国内政局动荡影响，泰国外国游客入境人次和创汇收入双双下挫。2014年入境泰国的外国游客总计为2 477万人次，同比减少6.66%，旅游收入累计9 867亿泰铢，同比萎缩4.93%。入境外国游客前三位的国家分别是：中国462万、马来西亚264万和俄罗斯160万。2015年泰国全年接待的外国游客约3 030万人次，其中来自中国的游客人数约812万人次。目前，泰国的入境旅游者主要来自亚洲、欧洲和美洲。

近几年，泰国的经济增长速度在东南亚名列前茅。随着经济的发展，泰国也已成为新兴的客源国。出国旅游者主要去东南亚其他国家、东亚国家和地区旅游。2015年，泰国前往中国旅游的人数达到65万人次。

2.5 菲律宾、印度尼西亚、越南

2.5.1 国名、国旗、国徽、国歌

1. 菲律宾

菲律宾全称为菲律宾共和国（Republic of the Philippines）。

菲律宾的国旗呈横长方形，长与宽之比为2∶1。靠旗杆一侧为白色等边三角形，中间是放射着八束光芒的黄色太阳，三颗黄色的五角星分别在三角形的三个角上。旗面右边是红蓝两色的直角梯形，两色的上下位置可以调换。平时蓝色在上，战时红色在上。太阳和光芒图案象征自由；八道较长的光束代表最初起义争取民族解放和独立的八个省，其余光芒表示其他省。三颗五角星代表菲律宾的三大地区：吕宋、萨马和棉兰老。蓝色象征忠诚、正直，红色象征勇气，白色象征和平和纯洁。

菲律宾国徽为盾形。中央是太阳放射光芒图案，三颗五角星在盾面上部，其寓意同国旗。左下方为蓝地黄色的鹰，右下方为红地黄色的狮子。狮子和鹰的图案分别为在西班牙和美国殖民统治时期菲律宾的标志，象征菲律宾摆脱殖民统治、获得独立的历史进程。盾徽下面的白色绶带上用英文写着"菲律宾共和国"。

菲律宾国歌为《菲律宾民族进行曲》，国花为茉莉花，国树为纳拉树，国石为珍珠，国鸟为菲律宾鹰。货币为菲律宾比索。

2. 印度尼西亚

印度尼西亚全称为印度尼西亚共和国（Republic of Indonesia），含有"水中岛国"之意。有"千岛之国"、"火山之国"的别称。

印度尼西亚共和国的国旗旗面由上红下白两个相等的横长方形构成，长与宽之比为3∶2。红色象征勇敢和正义，还象征印度尼西亚独立以后的繁荣昌盛；白色象征自由、公正、纯洁，还表达了印度尼西亚人民反对侵略、爱好和平的美好愿望。

印度尼西亚的国徽由一只金色的鹰、一面盾和鹰爪抓着的一条绶带组成。鹰象征创造力。鹰的两翼各有17根羽毛，尾羽为8根，这是为了纪念印度尼西亚的独立日——8月17日。鹰胸前的盾面由五部分组成：黑色小盾和金黄色的五角星代表宗教信仰，也象征"潘查希拉"——印度尼西亚建国的五项基本原则；水牛头象征主权属于人民；榕树象征民族意识；棉桃和稻穗象征富足和公正；金色饰环象征人道主义和世代相传。盾面上的粗黑线代表赤道。鹰爪抓着的绶带上用印度尼西亚文写着"异中有同"。

印度尼西亚国歌为《印度尼西亚共和国国歌》。国花为茉莉花。货币为印度尼西亚卢比（通称盾）。

3. 越南

越南全称为越南社会主义共和国（Socialist Republic of Vietnam），历史上称大越、安

南、南越，后改称越南。

越南社会主义共和国国旗为长方形，长与宽之比为3∶2，红底中间有五角金星，即通常说的金星红旗。红色象征革命和胜利，五角金星象征越南劳动党对国家的领导，五角星的五个角分别代表工人、农民、士兵、知识分子和青年。

越南的国徽呈圆形。红色的圆面上方镶嵌着一颗金黄色的五角星；下端有一个金黄色的齿轮，象征工业；圆面周围对称地环绕着两捆由红色绶带束扎的稻穗，象征农业；金色齿轮下方的绶带上用越文写着"越南社会主义共和国"。国徽图案是1956年选定的。

越南的国歌是《进军歌》。货币为越南盾。

2.5.2 地理位置、自然条件

1. 菲律宾

菲律宾位于亚洲东南部，西濒南中国海，东临太平洋，是一个群岛国家，共有大小岛屿7 100多个，其中1 000多个岛屿有人居住，拥有"西太平洋明珠"的美誉。

菲律宾陆地面积29.97万平方公里。全部岛屿可分为4个部分，即北部的吕宋岛、中部的米沙鄢群岛、南部的棉兰老岛和西南部的巴拉望岛与苏禄群岛。各岛地势起伏较大，山地、丘陵和高原占有优势，平原面积狭小，海岸线长达18 533公里，多天然良港。菲律宾地震频繁，火山众多。

菲律宾绝大部分地区属于季风型热带雨林气候，以高温多雨、空气湿度大、夏秋多台风为主要特征，热带植物多达万种，素有"花园岛国"的美称。其森林面积为1 585万公顷，覆盖率达53%，产有乌木、檀木等名贵木材。

2. 印度尼西亚

印度尼西亚位于中南半岛与澳大利亚大陆之间，是东南亚最大的国家，也是世界上最大的群岛国家，由大小17 508个岛屿组成（其中约6 000个有人居住），总面积约190多万平方公里，有"千岛之国"之称。北部的加里曼丹岛与马来西亚接壤，新几内亚岛与巴布亚新几内亚相连。东北部面临菲律宾，东南部是印度洋，西南与澳大利亚相望。海岸线曲折，总长5.4万公里以上。印度尼西亚地形以多山地和丘陵为特征，其间为高原、盆地和平原。西伊里安岛的查亚峰海拔5 030米，是全国最高峰，虽距赤道不远，却终年白雪皑皑，成为自然界一大奇观。

印度尼西亚地处赤道两侧，大部分地区属热带雨林气候，以全年高温、降雨充沛为特征。年平均温度25～27℃，年降水量一般在2 000毫米以上。印度尼西亚也是一个火山之国，是世界上地震和火山活动最激烈的地区之一。火山喷出的火山灰及海洋性气候带来的充沛雨量，使印度尼西亚成为世界上土地最肥沃的地带之一。全国各岛处处青山绿水，四季皆夏，人们称它为"赤道上的翡翠"。

3. 越南

越南位于中南半岛东部，北与中国接壤，西与老挝、柬埔寨交界，东面和南面临南海，面积 32.95 万平方公里，海岸线长 3 260 多公里。越南地形狭长，南北长 1 600 公里，东西最窄处仅 50 公里。越南地势西高东低，境内四分之三为山地和高原。北部和西北部为高山和高原。中部长山山脉纵贯南北。主要河流有北部的红河、南部的湄公河。红河和湄公河三角洲地区为平原。

越南全国地处北回归线以南，高温多雨，属热带季风气候，年平均气温 24℃ 左右，年平均降雨量为 1 500～2 000 毫米。北方分春、夏、秋、冬四季，南方雨旱两季分明，大部分地区 5 月至 10 月为雨季，11 月至次年 4 月为旱季。

2.5.3 人口状况、发展简史

1. 菲律宾

菲律宾人口约为 1 亿（2014 年），是个多民族国家，马来族占全国人口的 85% 以上，包括他加禄人、伊洛戈人、邦班牙人、比萨亚人和比科尔人等；少数民族和外国后裔有华人、印度尼西亚人、阿拉伯人、印度人、西班牙人和美国人，还有为数不多的原住民。菲律宾有 70 多种语言。国语是以他加禄语为基础的菲律宾语，英语为官方语言。国民约 84% 信奉天主教，4.9% 信奉伊斯兰教，少数人信奉独立教和基督教新教，华人多信奉佛教，原住民多信奉原始宗教。

菲律宾人的祖先是亚洲大陆的移民，在 14 世纪前后出现了由土著部落和马来族移民构成的一些割据王国。1543 年，西班牙用西班牙王储菲律浦的名字命名群岛为"菲律宾"。1565 年，西班牙侵占菲律宾，自此统治菲 300 多年。1898 年 6 月 12 日，菲律宾宣告独立，成立菲律宾共和国。同年，美国依据对西班牙战争后签订的《巴黎条约》占领菲律宾。1942 年，菲律宾被日本占领。第二次世界大战后，菲律宾重新沦为美国殖民地。1946 年 7 月 4 日，美国被迫同意菲律宾独立。1996 年 9 月 2 日，菲政府与最大的反政府组织摩洛民族解放阵线签署和平协议，结束了南部长达 24 年的战乱局面。

2. 印度尼西亚

印度尼西亚人口 2.55 亿（2015 年），为世界第四人口大国。有 100 多个民族，其中爪哇族占 45%，巽他族占 14%，马都拉族 7.5%，马来族 7.5%，华人约占人口总数的 5%，其他 21%。官方语言为印度尼西亚语，民族语言和方言约 300 种。约 87% 的居民信奉伊斯兰教，是世界上穆斯林人口最多的国家，6.1% 的人口信奉基督教新教，3.6% 的人口信奉天主教，其余信奉印度教、佛教和原始拜物教等。

3 世纪至 7 世纪印度尼西亚境内建立了一些分散的封建王国。13 世纪末至 14 世纪初，在爪哇建立了印度尼西亚历史上最强大的麻喏巴歇封建帝国。15 世纪开始，葡萄牙、西班牙、英国、荷兰先后侵入。1942 年日本占领印度尼西亚。1945 年日本投降后，印度尼西亚爆发八月革命，8 月 17 日宣布独立，成立印度尼西亚共和国。1947 年后，荷兰与印度尼西亚经过多次战争和协商，于 1949 年 11 月签订印荷《圆桌会议协定》。根据此协定，印度尼西亚于同年 12 月 27 日成立联邦共和国，参加荷印联邦。1950 年 8 月印度尼西亚联邦议院通过临时宪法，正式宣布成立印度尼西亚共和国。

3. 越南

越南人口约 9 158 万人（2015 年），是一个多民族的国家，有 54 个民族。其中，京族人口最多，约占总人口的 86%，其余有岱依、芒、侬、傣、赫蒙（苗）、瑶、占、高棉等民族。通用越南语。主要宗教有佛教、天主教、和好教和高台教。有华人 100 多万。

越南于 968 年成为封建国家，1884 年沦为法国的保护国，第二次世界大战中又被日本侵占。1945 年越南民主共和国宣告成立，同年法国再次入侵越南。1954 年越南北方获得解放。1975 年 5 月，越南南方全部解放，抗美救国战争赢得彻底胜利。1976 年 7 月，越南南北实现统一，定国名为越南社会主义共和国。

2.5.4 资源状况、经济发展

1. 菲律宾

菲律宾自然资源丰富，矿藏主要有铜、金、银、铁、铬、镍等 20 余种，还拥有石油、地热等资源。水产资源也很丰富，鱼类品种达 2 400 多种，其中金枪鱼资源居世界前列。菲律宾的主要粮食作物是稻谷和玉米，椰子、甘蔗、马尼拉麻和烟草是菲律宾的四大经济作物。

菲律宾实行出口导向型经济模式，服务业、工业和农业产值分别占前三位，旅游业是菲律宾外汇收入的重要来源之一。菲律宾 2014 年 GDP 总计为 2 845 亿美元，人均 GDP 为 2 843 美元。

2. 印度尼西亚

资源丰富的印度尼西亚有"热带宝岛"之称，矿产资源丰富。根据印尼能源矿产部的统计（2013 年），印尼政府估计煤炭资源总储量达 900 亿吨以上，天然气储量有 123 589 兆亿立方米（相当于 206 亿桶石油）。印尼的森林覆盖率为 67.8%，盛产各种热带名贵的树种，如铁木、檀木、乌木和柚木等均驰名世界。

印度尼西亚是东盟最大的经济体，农业和油气产业是其传统支柱产业，可可、棕榈油、橡胶和胡椒产量均居世界第二位，咖啡产量居世界第四位。印度尼西亚是石油输出国组织（欧佩克）的成员国，2004 年年底日产原油约 140 万桶。印度尼西亚政府重视旅游业，注意开发旅游景点，旅游业已成为印度尼西亚创汇的重要行业。印度尼西亚 2014 年 GDP 总计为 8 885 亿美元，人均 GDP 为 3 515 美元。

3. 越南

越南矿产资源丰富，种类多样，主要有煤、铁、铝、钛、锰、铬、锡、磷等。越南森林、水利和近海渔业资源丰富，耕地及林地占总面积的 60%。

越南系发展中国家，主要工业部门有煤炭、电力、冶金、纺织等。经济以农业为主，农业人口约占总人口的80%，农业产值占国内生产总值的30%以上。越南盛产稻米、热带经济作物和热带水果，粮食作物包括稻米、玉米、马铃薯、番薯和木薯等，经济作物主要有水果、咖啡、橡胶、腰果、茶叶、花生、蚕丝等。越南和世界上150多个国家和地区有贸易关系，近年来经济持续以较快速度增长，大米、咖啡出口跃居世界第二、第三位。越南2014年GDP总计为1 862亿美元，人均GDP为2 052美元。

2.5.5 首都、行政区划

1. 菲律宾

菲律宾首都为尼拉湾畔的马尼拉（Manila），该城早在16世纪就是著名的商港，现在仍是全国最大的港口城市。1975年11月，菲律宾政府决定把马尼拉、卡洛奥坎、奎松、帕萨伊4个市和玛卡蒂等13个区组成大马尼拉市。人口约1 185万（2014年），年平均气温28℃。

菲律宾全国划分为吕宋、维萨亚和棉兰老三大部分，设有首都地区、科迪勒拉行政区和棉兰老穆斯林自治区，以及其他13个地区，下设73个省、2个分省和60个市。

2. 印度尼西亚

印度尼西亚的首都雅加达（Jakarta），是东南亚第一大城市，位于西爪哇北海岸，人口有约1 400万（截至2014年）。

印度尼西亚共有一级行政区30个，包括雅加达首都特区、日惹和亚齐达鲁萨兰2个地方特区、27个省，二级行政区（县/市）410个。

3. 越南

越南首都为河内（Ha Noi），"河内"的意思是"环抱于红河大堤之内"，该城位于红河平原中部，人口约700万（截至2013年），夏季平均气温28.9℃，冬季平均气温16.5℃。河内历史悠久，被誉为"千年文物之地"。河内属热带季风气候，有"万花春城"之称，是全国政治、经济和文化中心。

越南全国一级行政区划分为省和中央直辖市。省以下划分为县和省辖市，县以下划分为乡和镇，省辖市以下划分为坊和乡。中央直辖市以下划分为郡、县和县级市，郡以下也划分为坊。越南全国现有59个省和5个中央直辖市（河内、海防、岘港、胡志明市、芹苴）。

2.5.6 政治、外交、与中国关系

1. 菲律宾

（1）政治。菲律宾实行行政、立法、司法三权分立的总统内阁制：总统是国家元首、政府首脑兼武装部队总司令；国会是最高的立法机构，由参、众两院组成；司法权属最高法院和各级法院。

（2）外交。菲律宾奉行独立的外交政策，在平衡、平等、互利、互敬的基础上发展同所有国家的政治经济关系。对外政策的三大目标是：加强国家安全，促进经济发展，保护海外菲律宾人。重视同美国、中国和日本等大国的关系，积极推动东盟内部合作，发展同伊斯兰国家的友好关系。大力推行经济外交，积极参与国际和地区事务。

（3）与中国关系。中菲两国是近邻，两国人民的友好交往源远流长。早在唐宋时期，中菲两国就有了经济文化交往。1975年6月9日，中菲两国正式建交。两国签有贸易、文化、民用航空、科学技术合作、广播电视合作、新闻交换等协定。马科斯总统、阿基诺总统、拉莫斯总统、埃斯特拉达副总统、阿基诺三世总统等分别访华；李鹏、江泽民、朱镕基、胡锦涛等先后访菲。中菲除互设大使馆外，中国在宿务设有总领馆，在拉瓦格开设领事馆。菲在厦门、广州、上海、重庆、香港和澳门分别设有总领馆。近几年来，随着中国和菲律宾的关系因为南海领土主权纠纷跌入谷底，表现出较为明显的"政冷经热"的特点。两国双边贸易总额于2014年达到433亿美元，较之2013年的381亿美元有不小的增长。2015年3月26日称，菲律宾将恢复在南海有争议地区的修复和重建活动，这些活动包括修复一条飞机跑道。

2. 印度尼西亚

（1）政治。印度尼西亚实行总统内阁制，人民协商会议是国家最高权力机构，国会（全称人民代表会议）是国家立法机构，总统是国家元首、政府行政首脑和武装部队最高统帅。

（2）外交。印度尼西亚奉行独立自主、不结盟的积极外交政策，主张平等、相互尊重和大国平衡原则，积极参与国际和地区事务。

（3）与中国关系。1950年4月13日，印度尼西亚同中国建交。1990年8月8日，两国恢复外交关系。中国国务院总理李鹏对印度尼西亚进行的正式友好访问，标志着两国关系翻开了新的一页。2000年5月，中国与印度尼西亚在北京正式签署《中华人民共和国和印度尼西亚共和国关于未来双边合作方向的联合声明》。2004年双边贸易总额达到134.8亿美元。2005年4月中国国家主席胡锦涛对印度尼西亚进行国事访问，并出席2005年亚非峰会和万隆会议50周年纪念活动，胡锦涛和印度尼西亚总统苏西洛还签订了中国与印度尼西亚关于建立战略伙伴关系的联合宣言。2005年7月，苏西洛总统对中国进行国事访问，两国发表联合声明。2011年4月，温家宝总理对印度尼西亚进行正式访问，双方发表进一步加强战略伙伴关系的联合公报，同意建立领导人定期会晤机制。2012年3月，苏西洛总统对中国进行国事访问，双方发表联合声明。进入新世纪以来，两国高层访问和接触频繁，副总理级对话机制、经贸联委会、防务磋商、海上技术合作委员会等磋商合作机制运行顺畅，经贸合作成果丰硕。据印度尼西亚统计局公布的数据显示，2014年，印尼对中国双边货物贸易额为482.3亿美元。

3. 越南

（1）政治。越南国会是国家最高权力机关，国会常务委员会是国会常设机构，国家主席为国家元首，政府是国家最高行政机关。

（2）外交。越南奉行全方位、多样化的独立自主外交路线，对外工作重点是"融入国际社会、搞好周边关系、妥善处理大国关系"。

（3）与中国关系。中越两国山水相连，两国人民有着悠久的传统友谊。1950 年 1 月 18 日，越南与中国建交。1958 年，越南政府签署"承认南沙群岛属中国"国书。1991 年 11 月，越共中央总书记杜梅、部长会议主席武文杰率团访华，双方宣布结束过去、开辟未来，两党两国关系实现正常化。2005 年 10 月 31 日至 11 月 2 日，中共中央总书记、国家主席胡锦涛对越南进行正式友好访问，双方发表《中越联合声明》。2006 年 8 月，越共中央总书记农德孟对中国进行正式友好访问，双方发表《中越联合新闻公报》。2015 年，越共中央总书记阮富仲和越南国家主席张晋创分别于 4 月和 9 月访华，中共中央总书记、国家主席习近平也于 11 月 5 日至 6 日对越南进行国事访问。这也是近 10 年来中国党和国家最高领导人首次对越南进行国事访问。

中越经贸合作领域不断深化，双边贸易额连创新高。2014 年，中越全年进出口总值为 836.96 亿美元，这一数字较 2003 年的 46.3 亿美元增长 18 倍之多，年均增长超过 30%以上，远高于十多年来中国外贸 18%的年均增长水平。

2.5.7 文化传统、民俗风情

1. 菲律宾

（1）服饰。西班牙殖民者入侵菲律宾前，菲律宾人穿用棉纱、麻纤维制成的衣服。男人穿的上衣称"康岗"，无领、短袖，下身用一条叫"巴哈"的布裹着腹部，上衣下摆略低于腰。衣服的颜色多为蓝色或黑色，只有尊长穿红色的衣服。现在菲律宾人的服装变化很大，西装在中上层人士中广泛流行，而老百姓的衣着则比较简单。男子上身穿衬衣，喜用白色，下身穿西装裤；女子喜欢穿无领连衣裙。大部分青年着西式皮鞋，老年人仍穿用木头、麻或草做成的拖鞋。菲律宾穆斯林男子着短外衣和宽大的长裤，围一条"沙笼"（一种花围裙）作为腰带。到麦加朝圣过的信徒头上围一条白色头巾或戴一顶白帽子。妇女穿紧身的短袖背心，钉上两层金属纽扣，穿紧脚口的宽大裤子，或穿裙子。妇女像马来人一样结发髻，有时裹着颜色鲜艳的头巾，戴手镯、项链和耳环。少数民族的穿戴各不相同。如伊富高人男子往往上身袒露，下身围一条 T 形花布；女子穿着类似的裙子，颜色鲜艳。丁冈人衣服极为简单，男子普遍仅在腹部围一块布，有的也穿前襟分开的上衣；女子穿短上衣，用布缠绕腹部，矮黑人的服装最为原始，男女均用布或树叶围于腰间。

（2）饮食。菲律宾人的主食是大米、玉米。农民在煮饭前才舂米。米饭放在瓦缸或竹筒里煮，吃饭时用手抓饭进食。菲律宾人最喜欢吃的是椰子汁煮木薯、椰子汁煮饭，然后用香蕉叶包饭。玉米作为食物，先是晒干、磨成粉，然后做成各种食品。城市中上层人士大多吃西餐。菲律宾穆斯林人的主食是大米，有时也吃玉米和薯粉，佐以蔬菜和水果等。他们不吃猪肉，不喝烈性酒，爱喝啤酒。他们和其他马来人一样喜欢吃鱼，不喝牛奶。烹调很简单，喜欢使用刺激性的调味品，进食时用手抓。爱吃甘蔗，爱嚼槟榔，伊戈罗人平时还喜欢咀嚼烟叶。

菲律宾人讲究菜肴的色彩悦目，注重菜品要鲜嫩。口味一般不喜欢太咸，喜欢香、甜、微辣味。主食一般以米饭为主，也习惯吃面食。副食为肉、蛋、禽、海鲜、蔬菜等。烹调趋向于清淡。但用餐时，绝大多数人却惯于在菜肴里多放调味品，尤其是那些香辣的调味品。许多菲律宾人习惯叉和匙并用进食，上流社会流行以刀叉进餐，广大乡村依旧习惯右手抓食食物。在宴请活动中邀请方务必要多次进行邀请，以示诚意；在主人第一次敬酒或为客人上菜时，客人务必表示谦让，客人不应在主人落座前就座。

（3）节日。菲律宾的主要节日有：国庆日（6月12日）、自由日（2月25日）、巴丹日（4月9日，纪念第二次世界大战阵亡官兵）、五月花节（5月最后一个星期日）、国家英雄日（8月27日）、英雄节（12月30日，纪念民族英雄黎刹就义）。

（4）礼仪。菲律宾人天性和蔼大方，善于交际。人们日常见面无论男女都握手，男人之间也有拍肩膀的习惯。对长辈极其尊重，晚辈对长辈要恭恭敬敬地欠身鞠躬，有的则会上前轻吻对方的手背，以示敬重之意。年轻姑娘见到长辈时，往往会上前轻吻对方的两颊为礼。由于天气炎热，菲律宾的穆斯林有时在室外不戴帽子，相互见面往往会行"摸手礼"。但不戴帽子的穆斯林致意时，必须先用左手捂住自己的头部，以示敬重。

菲律宾人民热情好客，每当贵客到来，都由年轻姑娘向来客献上茉莉花环，客人级别越高，花环越大。

菲律宾人能歌善舞，尤其是能在开合的竹竿之间跳竹竿舞。民间流行斗鸡比赛。

（5）禁忌。在菲律宾，接受礼物是有讲究的。当你邀请菲律宾客人到家做客时，客人来时送的礼物是不能当众打开的，否则会被视为对客人的不礼貌。

2．印度尼西亚

（1）服饰。印度尼西亚人的日常服装十分简朴轻便。印度尼西亚女子的服装很是特别，她们传统性的上衣长而宽敞，对襟长袖，但是没有衣领，衣服质料多半采用白色有花纹的薄纱，纽扣用金色大粒的铜扣，有用合金制成的，也有用镶钻石的金纽做成的。爪哇族和巴厘族的女性，上身穿着简单缝制的衣服，下身则穿着被称为"纱笼"的漂亮长裙，质料为木棉或化学纤维；男性穿着轻快的衬衫型上衣，以及长裤型的纱笼。印度尼西亚女性赤足穿着木屐，上街的时候穿绣花拖鞋，现在也有很多人穿高跟鞋。

印度尼西亚还有着各原始种族的服装，大部分人通常都赤脚，身上衣服也非常奇特，布料是由野生植物纤维制成，同时用野生植物的汁液染成颜色，摩鹿加群岛的男性只在腰间系上树叶编成的短蓑衣。

印度尼西亚人喜欢新颖独特、富有趣味和想象力的装饰品，如项链、耳环、手镯、别针等，佩戴在简单朴素的服装上，就显得十分耀眼美丽。爪哇男人们在外出或参加庆典时，腰间总要挂着一把精致而漂亮的短剑，这种短剑，印度尼西亚语里称为"格里斯"。

（2）饮食。印度尼西亚人喜欢吃大米饭和中国菜，爱饮红茶和葡萄酒、香槟等果酒饮料，喜欢吃牛、羊、鱼、鸡之类的肉及内脏。但由于印度尼西亚人大部分信仰伊斯兰教，所以一般不宜介绍猪肉食品；带骨的菜肴也不受欢迎，印度尼西亚人烹调时，无论是肉类、鱼类都要加上很多的辣椒或胡椒为作料。

在印度尼西亚人的心目中，蛇有着崇高的地位，人们敬蛇如敬神。在很多民间传说和传统戏剧中，都涉及蛇的故事，它往往是善良、智慧、德行和本领的象征。

（3）节日。印度尼西亚的主要节日有：元旦（1月1日）、劳动节（5月1日）、民族节（5月20日）、国庆节（又称独立日，8月17日）、开斋节（伊斯兰教历斋月后第一天）、古尔邦节（伊斯兰教历12月10日）等。

（4）礼仪。印度尼西亚人很重视礼节，讲究礼貌。"谢谢"、"对不起"、"请原谅"等敬语经常挂在嘴上。与人见面行握手礼，一般不主动与异性握手。

印度尼西亚是信奉伊斯兰教的国家，虔诚的教徒每天要到清真寺做5次跪拜，跪拜前要脱鞋，然后沐浴净身，一般清真寺内都保持安静、肃穆的气氛。回历九月是伊斯兰教徒的"斋月"，在斋月期间，一切穆斯林的饮食都在日落以后进行，在日出后至日落前的12个小时，不得进食和吸烟。如果有人违反教规，要受到处罚。进入清真寺朝拜，必须先脱鞋。用脚开门和指东西是不礼貌的行为。传递和接收物品也忌用左手。另外，伊斯兰教规禁止喝酒，所以不要向穆斯林馈赠酒类礼品。

（5）禁忌。印度尼西亚人忌讳用左手传递东西或食物，忌讳有人摸他们孩子的头部。印度尼西亚巴杜伊人衣着的色彩除了白色、蓝色和黑色之外，忌穿戴其他色彩，甚至连谈论都不允许。爪哇岛上的人最忌讳有人吹口哨，认为这是一种下流举止，并会招来幽灵。印度尼西亚人对乌龟特别忌讳，认为乌龟是一种令人厌恶的低级动物。他们忌讳老鼠，认为老鼠是一种害人的动物。伊斯兰教徒禁食猪肉和使用猪制品，大多数人不饮酒。印度尼西亚人一般都不喜欢吃带骨、刺的菜肴。

3．越南

（1）服饰。越南人穿着朴素，农村男女常穿褐色或白色的窄袖无领对襟上衣，下穿黑、褐色宽腿长裤。平时在家里多赤脚或穿木屐、塑料凉鞋，外出时多穿塑料凉鞋或胶鞋。农村妇女大多头戴葵叶或竹篾编织的圆锥帽，男子多戴帆布硬壳安南军人帽。

节假日，越南城市的男子多穿西装，妇女穿花色窄袖长袍。长袍可以说是越南女子的国服，上身束腰，突出身段，使女子显得婀娜多姿；下摆舒展，开衩至腰际，活动方便。特别讲究的是，越南妇女穿长袍时，还穿一条黑色或白色的宽腿拖地长裤。越南妇女喜戴项链、手镯、戒指，多留披肩长发，或用发夹束于脑后。中年妇女的发髻低于颈部，老年妇女结髻于脑后。在旱季和凉季，妇女习惯系黑色方头巾。越南男子蓄短发，各民族的男子都有文身的习惯。

（2）饮食。越南人的饮食习惯与中国广东、广西和云南的一些民族相似。吃饭用筷子，喜吃清淡、酸辣食物。青菜水果种类繁多，清新爽口。爱喝椰汁，鱼露是越南餐桌不可或缺的作料。越南的京人、笛人、泰人、埃迪人都有一种嚼食槟榔的特殊爱好。嚼槟榔、染牙是京族的古风。

（3）节日。越南也使用阳历与阴历，除了国家法定的节日如元旦、国际劳动节、国庆节等外，越南也过清明节、端午节、中元节、中秋节、重阳节、春节等。与中国人一样，春节是一年之中最盛大的节日。

（4）礼仪。越南民风淳朴，人民文明礼貌。见面时习惯打招呼问好，或点头致意，或行握手礼，或按法式礼节相互拥抱，多以兄弟姐妹相称。越南受汉文化影响颇深，多信奉佛教。越南人供奉祖先，普遍迷信城隍、财神。一般百姓家里都设有供桌、香案，逢年过节在家中进行祭拜。

（5）禁忌。越南人喜爱红色，视红色为吉祥喜庆之色。他们非常喜欢狗，认为狗忠实勇敢。他们喜爱桃花，认为桃花鲜艳美丽，是吉祥之花。

越南人的禁忌也很多，主要有：年初或月初说话，忌讳说可能带来坏运气的词，忌发脾气，忌说粗话。年初或月初忌穿白色、蓝靛色衣服，白色、蓝靛色是丧服的颜色。忌讳称赞小孩胖。喝酒忌讳把酒杯扣过来或把酒瓶倒过来，在庙里忌讳吃狗肉。经商忌讳顾客还价一次，怕因此货卖不出去；经商忌讳说猴、绵羊、虎、豹，怕货卖不掉。照相时忌讳三个人合影，据说中间的人将遭遇不吉利。忌讳被人摸头顶，席地而坐时不能把脚对着人。

2.5.8 旅游资源、旅游业

1. 菲律宾

（1）旅游资源。菲律宾具有美丽的热带风光，自然景观在旅游上具有很大的吸引力，而且具有奇异的风土人情，特别是东西文化的结合、现代文化与古老民俗的融合会给旅游者留下极其深刻的印象。另外，该国的夜生活相当著名，但目前正在努力增加体育旅游项目和进一步发展海滩旅游来扩大旅游业。主要的旅游区和旅游点有马尼拉、碧瑶、巴纳韦水稻梯田、马荣火山等。

马尼拉，该国的首都，也是全国最大的港口，具有十分美丽的热带风光，是一座花园城市，名胜古迹也很多。最著名的是位于市中心、面对马尼拉湾的黎刹公园和长 10 公里的罗哈斯滨海大道，这里有许多现代化的高层建筑。在马尼拉港以南还有国际会议中心、文化中心、民间艺术剧院、国际贸易展览中心和用椰子树建造的椰子宫等现代建筑。它们和建于 1571 年的圣奥古斯丁天主教堂、建于同年的马尼拉教堂和圣地亚哥古堡等历史悠久的古建筑形成鲜明的对照。市郊还有百胜滩急流瀑布和达尔湖等游览胜地。

碧瑶，位于吕宋岛西部，人口约 20 万，海拔高 1 524 米，气候凉爽，是该国的夏都和避暑胜地。全城遍植松树，故又称为"松城"。该市不以高楼大厦见长，而以幽雅小楼取胜。除美丽的海滨浴场和百胜群岛幽静的渔村外，还有伊梅尔达公园、莱德公园、伯罕公园等众多的公园，以及多种宗教公用的贝尔大教堂、造型特殊的碧瑶大教堂、展示土著民族历史的博物馆等。

宿务，位于米沙鄢群岛宿务岛的东岸，是该国第二大城市，也是天然良港，有"南菲律宾首都"之称。这里有美丽的热带海滨风光，古迹众多。市内有西班牙人建造的圣佩德罗古堡、藏有 1521 年西班牙航海家麦哲伦奉献的十字架的圣奥古斯丁教堂。市郊有一座规模巨大的中国式道观。该市东面的麦克坦岛有民族英雄拉普拉普酋长的铜像和麦哲伦纪念碑，麦哲伦当年死于该岛。

巴纳韦水稻梯田，该国古代雄伟的农田水土保持工程，位于吕宋岛北部的伊富高省。这些梯田 3 000 多年前由伊富高民族建成，面积 400 多平方公里。梯田大小不一，外缘有高约 2 米的石坎。石坎总长度达 2 万多公里，所用石料超过埃及金字塔。故菲律宾人称其为"世界第八奇迹"。

马荣火山，位于吕宋岛东南端，海拔 2 421 米，是该国最高的活火山。山体呈完美的圆锥形，由于挺立在平原之上，故十分雄伟。火山不断喷出烟雾，夜间呈深红色，景色奇丽。1616 年以来，曾多次喷发，对周围地区造成破坏。

（2）旅游业。菲律宾的旅游业开放较早，但发展缓慢，特别是国外游客人数与东盟其他国家如马来西亚、新加坡和泰国比较还有很大的差距。据菲律宾旅游局网站介绍，菲律宾 2014 年入境旅游收入 48.4 亿美元，同比增长 10%。入境游客 483 万人，客源国主要有：韩国（118 万人）、美国（72 万人）、日本（46 万人）和中国（39 万人）。2014 年，菲律宾到访中国游客为 96.79 万人，同比减少 2.88%。

2．印度尼西亚

（1）旅游资源。印度尼西亚在东南亚地区虽不是最重要的旅游国，但是从规模和发展速度来看，还是一个比较重要的旅游国家。旅游城市和旅游区主要有雅加达、万隆、茂物、巴厘岛等。

雅加达，是该国的首都，经济和文化中心，是东南亚最大的城市。该城全年炎热多雨，具有美丽的热带风光。独立广场附近的总统府和国家清真寺、广场上的民族纪念碑、城北海滩的大型游乐场（寻梦园）、东南郊反映该国各岛和各地名胜古迹的印度尼西亚缩微公园、南郊的动物园、郊区本哲山区的植物园和水族馆，也都是著名旅游点。此外，该市还有许多清真寺、教堂和佛寺，以及众多的博物馆。

万隆，该国第三大城市，是著名的避暑旅游城市，人口约 130 万。由于地势较高，又时常有暴雨，气候比较凉爽。不仅四季鲜花盛开，而且有众多的风景名胜。主要有种植多品种玫瑰的皇家玫瑰公园、规模巨大的动物园、著名的覆舟火山和万隆温泉，以及马里巴雅温泉、达哥瀑布和连旺天文台等。覆舟山是活火山，游客可以到火山口观赏火山活动。具有历史意义的万隆会议于 1955 年在万隆市独立大厦举行。

茂物，该国历史名城，也是避暑旅游城市。位于爪哇岛西部一熔岩高原北麓的山间盆地中。城市周围有数座火山。由于海拔高又多雷雨，故为优良避暑胜地。由于一年间雷雨日多达 322 天，因而被人们称为"雷都"。市内有世界最大的热带植物园。

巴厘岛，爪哇以东的一个岛屿，人口约 250 万，面积 5 500 平方公里，是世界著名的旅游胜地。该岛主要特点，一是火山众多，岛上有完整的火山多座；二是风景如诗如画，故被称为"诗岛"；三是居民信奉的印度巴厘教庙宇成千上万，因此又被称为"千庙岛"；四是岛上不仅有传统的舞蹈，而且还有各种雕塑和手工艺品，故人称"艺术岛"；五是节日多，居民每年举行的宗教节日多达 200 余个，所以又可称为"节日岛"。

（2）旅游业。印度尼西亚的旅游业比较发达。虽然从规模上来看，不及新加坡、马来西亚和泰国，但是由于政府重视发展旅游业，注意加强旅游宣传、旅游立法和管理，注意旅游点的开发和提高，大力兴建饭店和宾馆，严格培训服务人员，提高服务质量并做到价格适中，进一步简化入境手续，努力开发新的旅游项目，因此旅游业发展速度较快。目前，旅游业已成为仅次于石油和纺织的第三大创汇来源。2015年，印尼旅游部长阿利夫·雅赫雅预计全年来访的国外游客人数超过1 000万人次，比2014年来访的游客930万人次有明显增长。

2014年印度尼西亚前往中国旅游的人数达到56.69万，同比减少6.35%。

3. 越南

（1）旅游资源。

河内市，主要景点有：巴亭广场、河内西湖、还剑湖、文庙（国子监）、胡志明博物馆、越南军事博物馆、胡志明陵、主席府、胡志明故居等。

胡志明市，为越南最大的港口城市和经济中心，面积2 090平方公里，人口500万，市内第五郡（原堤岸市）是华人聚居的地区。市区主要建筑有统一宫（原总统府）、天后庙、圣母大教堂等。主要景点有统一宫、美军罪恶馆、古芝地道等。

海防，越南北方最大的港口城市和极为重要的海上门户。位于东南方向的涂山半岛，长约4公里，早在法国殖民统治时期就是著名的海滨游览疗养胜地，风景迷人，是北部湾的一颗明珠。

下龙湾，位于越南广宁省境内，是北部湾的一部分，长约40公里，总面积约1 500平方公里。下龙湾青天碧水，景色秀丽；风平浪静，波澜不惊；四季分明，气候凉爽。海上散落着一千多座岛屿，有的清秀峻丽，有的雄伟壮观，千姿百态，各不相同。山形鬼斧神工，山洞幽深奇特。联合国教科文组织于1994年将下龙湾列入世界遗产目录。

大勒，位于越南中南部西原高原区，海拔1 475米。"大勒"是土语"水都"之意。该地是法国殖民时期开发的避暑胜地，风景优美，有如欧洲风情画，气温全年在15~24℃。主要景点有春香湖、泉林湖、情人谷、千鲤瀑布等。

芽庄，越南景色最为美丽的海滨城市之一。海滩绵延，沙质洁白、细腻，海水清澈，极适于海浴游泳和日光浴。游客可乘船出海，也可乘船游江，观赏沿途风景民俗，还可享受温泉地泥浴。芽庄人民与海为伴，这里的水、海产品丰富。主要景点有海洋生物研究馆、占婆庙等。

（2）旅游业。越南国内目前有三星到五星级酒店150家，共拥有客房1.6万余间。2014年，越南接待国际游客约800万人次。越南的主要旅游客源国为中国、日本、美国和法国。

近年来，越南出境旅游迅速增长，出境旅游人次已从2000年的不足30万增长到2014年的近400万。越南旅华人次2004年仅13万，2014年已达到171万，10年增长10多倍，年均增速25%，越南已经成为中国增幅最大的客源市场。

2.6 印度、巴基斯坦、尼泊尔、斯里兰卡

2.6.1 国名、国旗、国徽、国歌

1. 印度

印度全名为印度共和国（Republic of India），得名于印度河，河名出自梵文"信度"，意为"河"。印度别称为"婆罗多"。

印度国旗呈长方形，长与宽之比为3∶2。自上而下由橙、白、绿三个相等的横长方形组成，白色长方形中心绘有24根轴条的蓝色法轮。橙色象征勇敢和自我牺牲精神，也是教士法衣的颜色，是舍身为国的英雄们的颜色；白色象征纯洁的真理；绿色表示信心，代表人类生命所依存的生产力。法轮是印度孔雀王朝阿育王时代佛教圣地石柱柱头的狮首图案之一，对于印度人而言，它是神圣之轮、真理之轮、向着进步转动之轮，是永远轮回苍穹之轮。

印度国徽图案来源于孔雀王朝阿育王石柱顶端的石刻。圆形台基上站立着四只金色的狮子，象征信心、勇气和力量。台基四周有四个守卫四方的守兽：东方是象，南方是马，西方是牛，北方是狮。守兽之间雕有法轮。图案下面有句用梵文书写的、出自古代印度圣书的格言——"唯有真理得胜"。

印度国歌为《人民的意志》，国花为荷花，国鸟为蓝孔雀，国树为菩提树。货币为印度卢比。

2. 巴基斯坦

巴基斯坦全名为巴基斯坦伊斯兰共和国（Islamic Republic of Pakistan），别称为"清真之国"。

巴基斯坦国旗呈长方形，长与宽之比为3∶2。左侧是白色竖长方形，宽度占整个旗面的1/4；右侧为深绿色长方形，中央有一颗白色五角星和一弯白色新月。白色象征和平，代表国内信奉印度教、佛教、基督教、袄教的居民和其他少数民族；绿色象征繁荣，还代表伊斯兰教。新月象征进步，五角星象征光明；新月和五角星还象征对伊斯兰教的信仰。

巴基斯坦国徽颜色同国旗，即深绿色和白色。顶端是五角星和新月图案；中间是盾徽，盾面分为四部分，分别绘有棉花、小麦、茶、黄麻四种农作物。盾徽两侧饰以鲜花、绿叶。下端的绿色饰带上用乌尔都文（巴国语）写着"虔诚、统一、戒律"。

巴基斯坦国歌为《巴基斯坦伊斯兰共和国国歌》，国花为素馨花。货币为巴基斯坦卢比。

3. 尼泊尔

尼泊尔的全称为尼泊尔王国（Kingdom of Nepal）。

尼泊尔的国旗是世界上唯一呈三角形的国旗。一个世纪前尼泊尔就出现过这种三角旗，

后来两面三角旗连在一起，就成为今天尼泊尔国旗的式样。由上小下大、上下相叠的两个三角形组成，旗面为红色，旗边为蓝色。红色是国花红杜鹃的颜色，蓝色代表和平。上面的三角形旗中是白色弯月、星图案，代表皇室；下面的三角形旗中的白色太阳图案来自拉纳家族的标志。太阳和月亮图案也代表尼泊尔人民祈盼国家像日月一样长存的美好愿望。两个旗角表示喜马拉雅山脉的两个山峰。

尼泊尔国徽大致呈圆形。国徽中部底图是世界第一高的珠穆朗玛峰，峰顶飘着尼泊尔国旗，峰底依次是丘陵和平原。浮在地貌底图之上的是白色尼泊尔地图和女性与男性握手图样。在整个图案的外围，左右两边环绕着尼泊尔国花杜鹃，花束下方有稻穗图案。底部基座是弧形的红绶带，上面用梵语写着"母亲与祖国重于上天"（2006年12月批准使用）。

尼泊尔国歌为《尼泊尔王国国歌》，国花为杜鹃花，国兽为黄牛。货币为尼泊尔卢比。

4. 斯里兰卡

斯里兰卡的全称为斯里兰卡民主社会主义共和国（Democratic Socialist Republic of Sri Lanka）。斯里兰卡在僧伽罗语中意为"乐土"，别称"红茶之国"。

斯里兰卡的国旗呈横长方形，长与宽之比约为2∶1。旗面四周的黄色边框和框内靠左侧的黄色竖条，将整个旗面划分为左右结构的框架。左边框内是绿色和橙色的两个竖长方形；右侧为咖啡色长方形，中间是一头紧握战刀的黄色狮子，长方形的四角各有一片菩提树叶。咖啡色代表僧伽罗族，占全国人口的72%；橙、绿色代表少数民族；黄色边框象征人民追求光明和幸福。菩提树叶表示对佛教的信仰，而其形状又和该国国土轮廓相似；狮子图案标志着该国的古称"狮子国"，也象征着刚强和勇敢。

斯里兰卡国徽图案中圆面的中心为一头狮子，其形象寓意同国旗。狮子周围环绕着16片荷花瓣，象征圣洁、吉祥；花瓣又为两穗稻谷环绕，象征着丰收。图案下端是一只花碗，碗里装着庙花；花碗两侧分别为太阳和月亮图案。国徽顶端为象征宗教信仰的佛教法轮；永远转动的法轮，还象征国家如日月一样永存。

斯里兰卡的国花为兰花，国树为铁木树，国鸟为黑尾原鸡，国石为猫眼石。货币为斯里兰卡卢比。

2.6.2 地理位置、自然条件

1. 印度

印度面积约298万平方公里（不含中印边境印占区和克什米尔印度实际控制区等），印度政府称其领土为328.78万平方公里，面积居世界第七位。

印度位于亚洲南部，是南亚次大陆最大的国家，与巴基斯坦、中国、尼泊尔、不丹、缅甸和孟加拉国为邻，濒临孟加拉湾和阿拉伯海，海岸线长5 560公里。印度全境分为德干高原和中央高原、平原及喜马拉雅山区三个自然地理区。属热带季风气候，气温因海拔高度不同而有差异，喜马拉雅山区年均气温12~14℃，东部地区26~29℃。

2. 巴基斯坦

巴基斯坦面积为 79.6 万平方公里（不含克什米尔）。位于南亚次大陆西北部，南濒阿拉伯海，东、北、西三面分别与印度、中国、阿富汗和伊朗为邻。海岸线长 980 公里。全境 3/5 为山区和丘陵地，南部沿海一带为不毛荒漠，向北伸展则是连绵的高原牧场和肥田沃土。喜马拉雅山、喀喇昆仑山和兴都库什山这三条世界上有名的大山脉在巴基斯坦西北部会聚，形成了奇特的景观。源自中国的印度河进入巴境后，自北向南，长驱 2 300 公里，最后注入阿拉伯海。除南部属热带气候外，其余地区属亚热带气候。

3. 尼泊尔

尼泊尔为内陆山国，面积为 14.7 万平方公里。尼泊尔位于喜马拉雅山中段南麓，北临中国，西、南、东三面与印度接壤。国境线全长 2 400 公里。

尼泊尔境内山峦重叠，境内多高峰，珠穆朗玛峰（尼称萨加玛塔峰）位于中尼边界上。地势北高南低，相对高度差之大为世界所罕见。大部分属丘陵地带，海拔 1 千米以上的土地占全国总面积的一半。东、西、北三面群山环绕，因此尼泊尔自古有"山国"之称。河流多而湍急，大都发源于中国西藏，向南注入印度恒河。南部是土壤肥沃的冲积平原，分布着茂密的森林和广阔的草原，是尼泊尔重要的经济区。中部河谷区多小山。由于地形复杂，全国分北部高山、中部温带和南部亚热带三个气候区。北部冷季最低气温为 $-41℃$，南部夏季最高气温可达 $45℃$。

4. 斯里兰卡

斯里兰卡的面积为 65 610 平方公里，位于亚洲南部，是南亚次大陆南端印度洋上的岛国，风景秀丽，被誉为"印度洋上的珍珠"、"宝石之国"和"狮子国"。西北隔保克海峡与印度半岛相望。接近赤道，终年如夏，年平均气温 $28℃$。各地年平均降水量 1 283~3 321 毫米不等。

2.6.3 人口状况、发展简史

1. 印度

印度人口约 12 亿 7 391 万人（2015 年），是一个由印度斯坦、泰鲁固、孟加拉、泰米尔等民族组成的多民族国家，其人数分别占全国人口的 46.3%、8.6%、7.7% 和 7.4%。约 82% 的居民信奉印度教，其次为伊斯兰教（12%）、基督教（2.3%）、锡克教（1.9%）、佛教（0.8%）和耆那教（0.4%）等。印度的语言异常繁杂，宪法承认的语言有十多种，登记注册的达 1 600 多种。英语和印地语同为印度的官方语言。

印度是世界四大文明古国之一，公元前 2000 年前后创造了灿烂的印度河文明。约在公元前 14 世纪，原居住在中亚的雅利安人中的一支进入南亚次大陆，并征服了当地土著。约公元前 1000 年，开始形成以人种和社会分工不同为基础的种姓制度。公元前 4 世纪崛起的孔雀王朝开始统一印度次大陆，公元前 3 世纪阿育王统治时期疆域广阔，政权强大，佛教兴盛并开始向外传播。中世纪小国林立，印度教兴起。自11世纪起，来自西北方向的穆斯林民族不断入侵并长期统治印度。1526年建立莫卧儿帝国，成为当时世界强国之一。1849年，英国侵占印度全境。1947年6月，英国将印度分为印度和巴基斯坦两个自治领。同年8月15日，印度在与巴基斯坦分治后实现独立。1950年1月26日，印度宣布成立印度共和国，但仍为英联邦成员国。

2. 巴基斯坦

巴基斯坦人口约1.85亿（2014年），是一个由旁遮普（占63%）、信德（占18%）、帕坦（占11%）和俾路支（占4%）等民族组成的多民族伊斯兰国家，95%以上的居民信奉伊斯兰教（国教），少数信奉基督教、印度教和锡克教等。乌尔都语为国语，英语为官方语言。主要民族语言有旁遮普语、信德语、普什图语和俾路支语等。

巴基斯坦历史悠久，早在5 000年前，这里就孕育了灿烂的印度河文明。历史上，巴基斯坦和印度原是一个国家，后沦为英国殖民地。1947年6月，印巴根据《蒙巴顿方案》实行分治。同年8月14日，巴基斯坦宣布独立。1956年3月23日，巴基斯坦伊斯兰共和国正式成立。

3. 尼泊尔

距今尼泊尔人口约2 803万人（2015年）。尼泊尔是一个多民族国家，全国有拉伊、林布、苏努瓦尔、达芒、马嘉尔、古隆、谢尔巴、尼瓦尔、塔鲁等30多个民族。86.5%的居民信奉印度教，是世界上唯一以印度教为国教的国家。7.8%的人口信奉佛教，3.8%的人口信奉伊斯兰教，信奉其他宗教的人口占2.2%。尼泊尔语为国语，上层社会通用英语。

尼泊尔于公元前6世纪建立王朝。1769年廓尔喀王普里特维·纳拉扬·沙阿征服马拉王朝三个公国，统一了尼泊尔，建立了沙阿王朝。1814年英国入侵，1923年英国承认尼泊尔独立。尼泊尔于1950年实行君主立宪制，1990年实行君主立宪的多党制。

4. 斯里兰卡

斯里兰卡人口约2 064万（2014年），僧伽罗族占81.9%，泰米尔族占9.5%，摩尔族占8.0%，其他占0.6%。僧伽罗语、泰米尔语同为官方语言和全国语言，上层社会通用英语。居民76.7%信奉佛教，7.9%信奉印度教，8.5%信奉伊斯兰教，6.9%信奉基督教。

2500年前，来自北印度的雅利安人移民至锡兰岛建立了僧伽罗王朝。16世纪起先后被葡萄牙和荷兰人统治，18世纪末成为英国殖民地。1948年2月4日独立，成为英联邦的自治领。1972年5月22日，宣布把国名锡兰改称为斯里兰卡共和国。1978年8月16日改国名为斯里兰卡民主社会主义共和国，仍是英联邦成员国。

2.6.4 资源状况、经济发展

1. 印度

印度是一个农业大国，主要农产品有稻米、小麦、油料、甘蔗、茶叶、棉花和黄麻等。

全国耕地面积约1.6亿公顷，人均0.17公顷。森林5 300万公顷，覆盖率为16%。印度是世界第一大产奶国，也是世界重要的产棉国和产茶国，牛、山羊、绵羊、水牛头数位居世界第一。

印度资源丰富，拥有云母、煤、铁、铝、铬、锰、锌、铜、铅、磷酸盐、黄金、石油等丰富的矿产资源，其中云母的产量和储量为世界之首，铝土产量和煤产量均居世界第五位。印度工业已形成较为完整的体系，自给能力较强。其工业主要包括制造业、电力、矿业、纺织、食品、精密仪器、汽车制造、软件制造和航空等行业。近年来，印度政府实行全面经济改革，经济发展速度引人注目。目前，印度在天体物理、空间技术、分子生物、电子技术等高科技领域都已达到较高水平。

印度的主要出口商品有珠宝制品、棉纱和棉织品、化工制品、机械和五金制品、石油制品、皮革、海产品、铁矿砂和矿产品等。此外，印度的旅游业和服务业也比较发达，在国民经济中占有相当的比例。2014年，印度GDP总计2.07万亿美元，人均GDP 1 631美元。

2．巴基斯坦

巴基斯坦地处亚热带，水果资源非常丰富，巴基斯坦素有东方"水果篮"之称。主要矿藏储备有天然气、石油、煤、铁、铜、铝土等，还有大量的铬矿、大理石和宝石。

巴基斯坦是一个发展中国家，经济以农业为主。农业产值占国内生产总值的24%。被誉为粮仓的印度河平原和北部山谷建有庞大的灌溉系统，为水稻、小麦、棉花、甘蔗等粮食和经济作物的生长提供了良好的水利条件。粮食基本自给自足，大米、棉花还有出口。

巴基斯坦工业落后，最主要的工业是棉纺织业，此外还有毛纺织、制糖、造纸、烟草、制革、机器制造、化肥、水泥、电力、天然气、石油等工业。巴基斯坦的手工艺品，以技术精湛、历史悠久而著称于世。2014年，巴基斯塔GDP总计2 468亿美元，人均GDP 1 333美元。

3．尼泊尔

尼泊尔为农业国，80%的人口以农业为主，经济落后，是世界上最不发达的国家之一。主要农作物有稻谷、玉米、小麦，经济作物主要是甘蔗、油料、烟草等。自然资源有铜、铁、铝、锌、磷、钴、石英、硫黄、褐煤、云母、大理石、石灰石、菱镁矿、木材等，均只得到少量开采。水电蕴藏量为8 300万千瓦，约占世界水电蕴藏量的2.3%。

尼泊尔工业基础薄弱，规模较小，机械化水平低，发展缓慢，主要有制糖、纺织、皮革制鞋、食品加工等，还有一些农村手工业和手工艺制造业。宜人的气候，秀美的风光，悠久的建筑，丰富的文化和宗教遗产，使尼泊尔拥有丰富的旅游资源。2014年，尼泊尔GDP总计196亿美元，人均GDP 698美元。

4．斯里兰卡

斯里兰卡的主要矿藏有石墨、宝石、钛铁、锆石、云母等，其中石墨的产量居世界首位，兰卡宝石在世界享有盛誉。

斯里兰卡是一个以种植园经济为主的农业国家，渔业、林业和水力资源丰富。茶叶、橡胶和椰子是斯里兰卡国民经济收入的三大支柱。

斯里兰卡的工业有纺织、服装、皮革、食品、饮料、烟草、造纸、木材、化工、石油加工、橡胶、金属加工和机器装配等，大多集中于科伦坡地区。出口商品主要有纺织品、服装、茶叶、橡胶、椰子和石油产品。此外，旅游业也是斯里兰卡经济的重要组成部分。2014年，斯里兰卡GDP总计749亿美元，人均GDP 3 631美元。

2.6.5 首都、行政区划

1. 印度

印度首都为新德里（New Delhi），是在古老的德里城基础上扩建而成的，新德里和老德里中间隔着一座印度门（the Indian Gate），印度门以南为新德里，印度门以北为老德里，新德里和老德里人口共1 675.3万（2011年）。

印度全国分为28个邦和7个中央直辖区，邦下设县，中央直辖区下设立区。

2. 巴基斯坦

巴基斯坦首都伊斯兰堡（Islamabad）位于巴基斯坦东北部的波特瓦尔高原上，人口约115万（2011年）。

巴基斯坦全国分为旁遮普省、信德省、西北边境省和俾路支省4个省，10个联邦直辖部落地区和联邦首都伊斯兰堡。各省下设专区、县、乡、村联会。

3. 尼泊尔

尼泊尔首都加德满都（Kathmandu）位于喜马拉雅山南麓的加德满都谷地，海拔1 370米，面积7平方公里，被称为山国"春城"和"寺庙之都"，人口109万（2011年估计数字）。

尼泊尔全国分为5个发展区、14个专区、36个市、75个县、3 995个村。

4. 斯里兰卡

斯里兰卡首都科伦坡（Colombo）素有"东方十字路口"之称，是世界上重要的商港之一，有人口约232万（2012年）。

斯里兰卡全国分为9个省：西方省、中央省、南方省、西北省、北方省、北中央省、东方省、乌瓦省和萨巴拉加穆瓦省。

2.6.6 政治、外交、与中国关系

1. 印度

（1）政治。印度采取英国式的议会民主制，总统为国家元首和武装部队的统帅，副总统为法定的联邦院议长，议会由联邦院（上院）和人民院（下院）组成，人民院为国家主要立法机构，最高法院是最高司法权力机关。

（2）外交。印度是不结盟运动发起国之一，历届政府均强调不结盟是其外交政策的基础，努力与所有国家发展关系，力争在地区和国际事务中发挥重要作用。近年来，随着综合国力不断增强，印度加快推进大国外交战略，强调外交为经贸服务，在保持与俄罗斯及其他独联体国家关系的同时，大力发展与美、日、欧等发达国家的关系，尤其是经贸科技合作，吸收资金和技术。与东盟及亚太地区国家的关系发展迅速。重视能源安全，逐步拓展同海湾、中亚等能源供应国的交往与合作。

（3）与中国关系。1950年4月1日，中印两国建交。当时，印度是非社会主义国家中第一个同中国建交的国家。1959年中国中央政府平定西藏上层反动集团叛乱后，中印关系恶化。1962年，中印双方发生大规模边境冲突。1976年双方恢复互派大使，中印关系逐步改善。2005年4月，温家宝总理访问印度，中印签署《中华人民共和国与印度共和国联合声明》，宣布建立战略合作伙伴关系，并就边界问题达成政治指导原则协定。近几年来，中印经贸关系发展迅速。2008年1月，印度总理辛格在访问中国后不久，就到包括中印边界东段争议区视察，抛出推动印度东北边境地区开发的一揽子计划。同年11月8日，印度外长慕克吉又在中国达旺地区（印度称为"阿鲁纳恰尔邦"）访问时老调重弹，再次宣称印度对达旺拥有主权。印度在边界谈判中顽固坚持自己的主张，不仅对中国在东线合理的领土要求置之不理，甚至还妄图在西线阿克赛钦瓜分一片土地。鉴于印度的强硬立场，解决中印边界争端任重而道远。

作为当今世界经济增速最快的两大新兴经济体，在2000—2014年，中印双边贸易额增长了23倍，2014年达到716亿美元。

2．巴基斯坦

（1）政治。巴基斯坦建国后曾于1956年、1962年和1973年先后颁布过三部宪法，后经多次暂停和修订。巴基斯坦议会由国民议会（下院）和参议院（上院）组成，为联邦立法机构。

（2）外交。巴基斯坦奉行独立和不结盟外交政策，注重发展同伊斯兰国家和中国的关系，致力于维护南亚地区的和平与稳定，在加强同发展中国家团结合作的同时，发展同西方国家的关系。

（3）与中国关系。中国和巴基斯坦是山水相依的友好邻邦，两国人民有着悠久的传统友谊。中巴两国1951年5月21日建交以来，双方高层领导人交往频繁，两国在各个领域的互利合作关系不断发展。2005年4月，温家宝总理对巴基斯坦进行正式访问，两国签署了睦邻友好合作条约。2015年4月20日，巴基斯坦总统马姆努恩·侯赛因和总理穆罕默德·纳瓦兹·谢里夫与中华人民共和国主席习近平，在伊斯兰堡共同发表《中华人民共和国和巴基斯坦伊斯兰共和国关于建立全天候战略合作伙伴关系的联合声明》。

近年来，中巴双边经贸合作关系发展迅速。2005年，双边贸易额达42.6亿美元；2012年，中国和巴基斯坦双边贸易额首次突破120亿美元。

3. 尼泊尔

（1）政治。2006年4月，尼泊尔新政府组成后宣布将进行制宪会议选举，制定临时宪法。2006年5月18日，尼泊尔议会通过新内阁提交的决议草案，解除国王拥有的一切特权，规定尼泊尔为"世俗国家"，议会成为全国最高权力决策机构。2007年12月，尼泊尔执政的七党联盟领导人签署协议，决定废除君主制。2008年5月，尼泊尔君主制被取消，正式成立尼泊尔联邦民主共和国。2013年3月，尼主要政党同意组建以首席大法官为首的临时政府，领导新的制宪会议选举。

（2）外交。尼泊尔奉行平等、互利、相互尊重和不结盟的外交政策，主张在和平共处五项原则的基础上同世界各国发展友好关系。高度重视发展同中、印两大邻国的友好关系。积极推动南亚区域合作联盟的发展。重视加强同美、英等西方国家的关系，争取经济援助和投资。

（3）与中国关系。1955年8月1日，尼泊尔同中国建交。1996年，江泽民主席对尼泊尔进行国事访问，与比兰德拉国王共同确立了中尼面向21世纪世代友好的睦邻伙伴关系。2005年4月，贾南德拉国王出席博鳌亚洲论坛2005年年会。2008年8月，尼泊尔总理普拉昌达来华出席北京奥运会闭幕式，同年12月尼泊尔总理尼帕尔访华。2010年10月，尼泊尔总统亚达夫来华出席上海世博会闭幕式。2012年1月，中国总理温家宝访问尼泊尔。

4. 斯里兰卡

（1）政治。斯里兰卡现行宪法于1978年9月7日生效，改议会制为总统制。1982年后多次修改宪法，将议会任期6年改为到期时可通过公民投票决定是否延长；规定所有官员包括议员在内，必须宣誓反对分裂主义，维护国家统一。总统为国家元首，兼武装部队司令，享有任命总理和内阁其他成员的权力。议会实行一院制。

（2）外交。斯里兰卡奉行独立和不结盟的外交政策，支持和平共处五项原则，反对各种形式的帝国主义、殖民主义、种族主义和大国霸权主义，维护斯里兰卡独立、主权和领土完整，不允许外国对其内政和外交事务进行任何干涉。关心国际和地区安全，主张全面彻底裁军，包括全球核裁军及建立国际政治、经济新秩序。

（3）与中国关系。斯里兰卡与中国的友好交往历史悠久。1957年2月7日，斯里兰卡与中国建交。2005年4月，温家宝总理访问斯里兰卡，中斯政府发表联合公报。2007年2月26日至3月4日，拉贾帕克萨总统对中国进行国事访问，两国发表联合新闻公报。2014年，中国国家主席习近平访问斯里兰卡。2015年，斯里兰卡总统西里塞纳抵达中国，对中国进行首次国事访问，并出席博鳌亚洲论坛年会。

中国和斯里兰卡建交以来，双边关系始终保持健康稳定发展势头，成为大小国家间友好相处、互利合作的典范。两国高层互访频繁，经贸、投资、基础设施领域务实合作和人文交流不断深化，中国已成为斯里兰卡第二大贸易伙伴和第二大进口来源国。

2.6.7 文化传统、民俗风情

1. 印度

（1）服饰。印度妇女的服装比较艳丽，主要有裙子、紧身上衣和纱丽等。裙子各式各样，五颜六色。紧身上衣短而瘦小，紧贴双肩、大臂和胸脯，小臂和腰部裸露在外。出门时外边还要再披件纱丽。传统的纱丽长 6 米左右，一般从肩膀开始缠绕全身，随着季节的变化而变换不同颜色。妇女额头一般点有吉祥痣，表示喜庆、吉祥之意。

现在男子大多穿长衫（无领或圆领的）和"陶迪"（围裤）、戴包头巾。长衫一般不过膝，围裤垂至脚面以上，头巾长达几米，包法也各种各样，多达十几种；头巾的颜色不一，有白色、红色等，整个印度以拉贾斯坦人和锡克教徒的头巾最为鲜艳。

印度男女喜欢佩戴项圈、项链、耳环、手镯、脚镯、脚铃等装饰品。若是参加节日或喜庆活动，女性通常一个个都打扮得花枝招展，美丽动人。在现代城市里，穿西装革履的人逐渐增多，但乡下的农民则仍以穿围裤、三角裤和赤脚为主。

（2）饮食。印度人饮食口味较重，往北部口味渐淡。印度人主食有大米及面食，烹调方式有炒、煮、烩三种，喜加入各种香料，尤其是辛辣类香料咖喱粉。印度食素者特别多，而且社会地位越高的人越忌荤食。受宗教禁忌的影响，烟酒在印度不怎么流行。根据教规，印度教教徒和锡克教教徒不吃牛肉，伊斯兰教教徒不吃猪肉，耆那教教徒则既忌杀生、又忌肉食。印度人进餐时一般是一只盘子、一杯凉水，把米饭和饼放在盘内，菜和汤浇在上面，习惯右手抓食。

（3）节日。印度的节假日名目繁多，但各地情况不一。有全国性的，也有地区性的；有政治性的，也有民俗性的，但更多的是宗教性的，富有民族色彩。全国性的节日主要有：元旦（1月1日）、国庆节（1月26日）、独立纪念日（8月15日）、甘地逝世纪念日（1月30日）。宗教性的节日主要有：印度教灯节、印度教十胜节、印度教除十节、伊斯兰教开斋节、伊斯兰教古尔邦节、基督教复活节、基督教圣诞节、锡克教那纳克诞辰节、耆那教摩诃毗罗节。

（4）礼仪。印度交际应酬礼节繁多，流行的有合十礼、拥抱礼、贴面礼、摸脚礼、举手礼等，也流行握手礼。印度人迎接嘉宾往往要向对方敬献用鲜花编织而成的花环。印度人以往对等级、地位、身份极其关注。印度所特有的种姓制度将人分为四个等级：其一，是"婆罗门"，即僧侣；其二，是"刹帝利"，即名门、贵族；其三，是"吠舍"，即平民；其四，是"首陀罗"，即贱民。此外，还有"不可接触的贱民"，叫作"哈里真"。传统的种姓制度广遭非议，但影响犹在。

印度教盛行"万物有灵"的自然崇拜。虔诚的印度教徒一生有三大夙愿：到圣城朝拜湿婆神，到恒河洗圣浴、饮圣水，死后葬于恒河。以黄牛为神，对它顶礼膜拜。

（5）禁忌。印度教徒奉牛为神，牛在大街小巷上走行，人和车辆一定要避让。很多人不吃牛肉，也忌讳穿、佩用牛皮制成的皮鞋、皮带。印度人认为将孩子放在浴盆中洗澡是不人道的，因为盆中的水不会流动，是死水。

2. 巴基斯坦

（1）服饰。巴基斯坦的传统服饰集地域传统、宗教习俗和民族风格于一身。"格米兹"和"谢尔瓦尔"是巴基斯坦男性最普遍的装束，甚至有"国服"之称。格米兹是一种过膝的长衫，胸前开半襟，两侧开衩。谢尔瓦尔则是一种宽大的长裤，腰部打褶裥。夏天的时候，他们绝不会穿背心短裤，更不会打赤膊，但往往会穿凉鞋，甚至赤脚。天冷之时，他们通常会身披一条毯子御寒，却不喜欢穿棉衣或毛衣。

依照伊斯兰教教规，妇女除手、脚之外，身体的其他部位不得暴露在外。因此，巴基斯坦妇女的日常穿着，主要是一件不露胳膊、不露腿部的宽大的长袍。出门在外时，她们还必须以面纱遮盖自己的面容。仅仅允许双眼露在外面。在巴基斯坦，妇女是不允许穿裙子的。不然的话，就会被当成"坏女人"看待。

尽管如此，巴基斯坦妇女依旧尽一切可能想方设法地打扮自己。平日，她们喜欢将手指甲和脚趾甲染成深红色，并且大量地佩戴耳饰、颈饰、臂饰、鼻饰、足饰等各式各样的首饰。有时，她们所佩戴的首饰还会被赋予某种特别的寓意。比如，佩戴鼻环便是已婚的标志。

（2）饮食。主食是面食和大米，如粗面烙饼和抓饭。副食主要为牛肉、羊肉、鸡肉和鸡蛋、豆制品。烹调以煮、炸为主，有生食蔬菜之习。口味偏甜、辣，不喜过咸。巴基斯坦人平日爱喝奶茶、牛奶和酸奶。在进餐时往往以冰水佐餐。巴基斯坦人用餐时喜欢用右手抓取食物，正规宴请则使用刀叉。

巴基斯坦人的饮食禁忌为不吃猪肉、自死之物、动物的血和不按教规宰杀之物，不吃母鸡、甲鱼、螃蟹、海狗、禾花雀，不吃鱼肚和海参。不饮用酒和含有酒精的一切饮料。

（3）节日。巴基斯坦的主要节日有：开斋节（伊斯兰教历斋月后第一天）、国庆日（3月23日）、耶稣受难日（3月24日）、劳动节（5月1日）、穆罕默德生日（5月14日）、伊斯兰教新年（伊斯兰教历1月1日）、古尔邦节（伊斯兰教历12月10日）、独立日（8月14日）、保卫巴基斯坦日（9月6日）、真纳（国父）逝世日（9月11日）、真纳诞辰纪念日和圣诞节（12月25日）、节礼日（12月26日）。

（4）礼仪。巴基斯坦人见面通常要先说一句"真主保佑"，社交活动中所行的见面礼节主要是握手礼。巴基斯坦人与故旧久别重逢拥抱对方时，先将头靠左边拥抱一次，接着再向右边拥抱一次，最后还要再向左边拥抱一次。巴基斯坦妇女与亲属见面时，除行拥抱礼以外，还要互吻对方的面颊和额头。巴基斯坦穆斯林还会向熟人或来客行"按胸礼"：向对方躬身点头，口颂"真主保佑"并用右手按住左胸，以此表示祝福。巴基斯坦人有用花环欢迎嘉宾的习俗。

穆斯林严守传统，虔诚的穆斯林每天向麦加方向膜拜5次。参观清真寺，必须遵守以下礼节：头上必须有一样东西如帽子或手帕，衣袖不能短到露肩或露出腋下，要脱鞋。女性不能穿迷你裙，肩膀与膝盖不得露出，寺庙严禁不穿胸罩的女性进入。

（5）喜忌。巴基斯坦人喜爱绿色、金色、银色和其他艳色，喜爱穆斯林教中象征吉祥幸运的新月和星星。巴基斯坦人认为黑色象征着消极。"13"和"420"代表灾难与厄运。

巴基斯坦人往往星期五不办公。不受欢迎的礼品有酒、猪皮或猪鬃制品、带有女性图片的书刊和女性雕塑等。

3．尼泊尔

（1）服饰。尼泊尔很少有人穿袜子，大多数人喜欢赤脚穿凉鞋或拖鞋。穿民族服装的姑娘尤其如此，她们往往喜欢在脚趾甲上涂抹鲜艳的红色或紫色，戴上金灿灿的脚镯或戒指，再穿上凉鞋或拖鞋。

尼泊尔廓尔喀族人不论男女都喜欢戴鲜花。通常男子把鲜花戴在帽子或身上，而女子则戴在头上。每逢节日，人们也以鲜花为赠品送给客人，以表示相互间的祝福。

（2）饮食。尼泊尔人每日一般习惯两餐，早晨通常是奶茶和饼干。晚餐为正餐，一般较为重视。惯以米饭或面食配上菜肴。他们习惯吃西餐，对中餐也极为乐于品尝。他们用餐时习惯用手抓食。尼泊尔人在饮食上，一般不爱吃海参等类食品，不爱吃姜。

（3）节日。尼泊尔一年中的节日不下50次，主要节日有：湿婆节（2月）、新年七日大游行（4月）、红麦群卓拿节（5月初）、佛诞日（5月）、神牛节（8月中）、库里须那节（8月中）、象神节（9月初）、因陀罗节（9月初）、达善节（9月初）。

（4）礼仪。尼泊尔人见面时一般不握手，而是双手合十，口中道声"纳马斯得"。在山区，主宾相见时主人伸出舌头表示欢迎。交谈中常用摇头表示赞同，点头表示不赞成。临别时，主人一般送客人三件礼物：尼泊尔帽、廓戈利刀和布鞋。

不丹族和尼泊尔族均属于喜马拉雅山地民族，具有谦和温顺的民族性格，其风俗和礼仪与中国藏族相近，主要礼仪有：献哈达、磕头、馈赠、鞠躬及敬酒敬茶。

（5）喜忌。在尼泊尔黄牛被视为国兽，颈后带"驼峰"的牛被视为神牛，受到尼泊尔人特别是印度教徒的尊重。尼泊尔的法律规定，神牛和母黄牛受到法律保护，一律不得宰杀。

尼泊尔人忌用毛皮做任何物品，认为动物的皮是不洁净的。他们忌讳水牛、公羊、公鸡，把这些动物视为邪恶的象征。他们对乌鸦颇为喜欢和爱戴，视其为吉祥之鸟。尼泊尔人格外喜爱杜鹃花，将其视为美好的幸福之花。

4．斯里兰卡

（1）服饰。斯里兰卡民族服装为：男人穿长袖紧口短褂，下身着纱笼，一般为白色；妇女上身穿短袖紧身短褂，下身裹以彩色纱丽。男女一般均穿拖鞋，不穿袜子。

（2）饮食。斯里兰卡人一日三餐，相隔时间较长，早餐在6点半左右，午餐在下午1点钟以后，晚餐在晚9点钟以后。大米是斯里兰卡人的主食，他们爱吃带有辣味的菜肴。

斯里兰卡许多生活习惯类似印度，喜食鸡肉，菜多放咖喱、辣椒、椰子油，味道辛辣且浓烈，喜欢用面包果、芭蕉花、茄瓜等材料煮成小碟的咖喱拌饭。

民间一般习惯用手抓食进餐，米饭一般盛在盘子里或芭蕉叶上，加上各种小菜，再浇上一种豆汁或椰肉汤，用手捏合拌匀送入口中。饭桌上一般为每人准备一碗清水和一杯冷开水。清水用来饭前、饭后洗手，冷开水一边吃饭一边饮用。

斯里兰卡是当今世界上的第三大茶叶生产国，也是最有名的红茶加工国。斯里兰卡人喝茶时没有英国人在茶中加奶的习惯。

（3）节日。斯里兰卡是世界上节假日最多的国家。实行五天工作制，每周星期六和星期日休息。此外还有公共节日4个，宗教节日21个，商业节日2个；职工可休假14天，可请事假7天、病假21天，这样斯里兰卡人每年的非工作日在150天以上。斯里兰卡主要的节日有：新年（1月1日）、国庆日（2月4日）、耶稣受难日（4月9日）、佛历新年（4月14日）、开斋节（5月7日）、祭典日（7月14日）、穆罕默德诞辰（10月13日）、圣诞节（12月25日）、节礼日（12月26日）。

（4）礼仪。斯里兰卡人喜欢社交，乐于助人，友善谦卑。大多数人信仰佛教，相见或告别时一般双手合十。接待客人时常为客人戴上花环。斯里兰卡受英国文化影响，保留了不少英式习惯，如讲礼貌、会谈或会议之前有向客人献茶的习惯。在农村，等级观念依然很强。斯里兰卡人以摇头形式表示同意，结婚习惯由女方出钱。

除此以外，还有几种传统的典礼仪式至今仍然为人们常用。一是燃灯礼仪：铜灯雕有雄鸡，里面放椰油，宾主将灯芯点燃，乐队随后击鼓。这种礼仪常用于城市中工程奠基、店铺开张或比较重大的宗教典礼。二是煮牛奶礼仪：在红色的瓦罐中盛满牛奶，煮沸，每人用一树枝蘸奶向四处点洒，以示繁荣昌盛。这种礼仪一般常用于农村中欢庆丰收和新年佳节。三是椰子礼仪：选一个成熟的椰子，放在木架或地上，用刀劈开或用力摔在地上，椰汁四溅，象征吉祥如意。这种礼仪常用于婚礼等喜庆的场合。

（5）喜忌。斯里兰卡人非常喜欢鲜花，特别是兰花等五彩缤纷的鲜花。斯里兰卡人喜欢大红色、白色、咖啡色、黄色、天蓝色、草绿色和黑色，而且还喜欢带有宗教和古代神话色彩的颜色和图案。乌鸦在斯里兰卡被视为神鸟和吉祥物，因而受到人们的敬仰和崇拜。

2.6.8 旅游资源、旅游业

1. 印度

（1）旅游资源。印度的自然旅游资源比较丰富，但历史、文化旅游资源更加突出，并具有独特性。主要有以下一些旅游城市、地区和旅游点。

1）新德里。印度的首都，位于恒河支流亚穆纳河畔，建于1929年。新德里是一座现代化花园城市，尤以不同风格的建筑著名。著名建筑有国会大厦、总统府、古天文台、甘地陵墓、尼赫鲁纪念博物馆。市内还有多座寺庙、博物馆和若干科研教育机构。

2）红堡。位于德里城，建于1638—1648年，是莫卧尔王朝沙贾汉大帝仿照亚格拉堡兴建的皇宫；用红色砂岩砌成，外形像城堡，故称红堡。

3）斋浦尔。位于德里西南190多公里处，是拉贾斯坦邦首府，也是印度教和耆那教的中心。全城建筑物普遍呈粉红色，故有"粉红城"之称，有许多古建筑。

4）马德拉斯。地处印度东南部，面对浩瀚的孟加拉湾，为印度第四大城市、最大的人工港。该市寺庙特别多，仅市内就有120座，故人们称其为"千庙城"。其他古建筑也很多。风光美丽的玛丽海滩是长度居世界第二位的著名海滩。

5）孟买。位于印度半岛西岸，濒临阿拉伯海，是印度最大的海港和第二大城市，有"印度的西大门"之称。该市最繁华区在孟买岛南部，东海岬是海军基地。巴克湾地带及其腹地一带集中着许多大商店、公司、银行和旅馆。此外，还有维多利亚花园、伊斯兰教和印度教建筑风格融合为一的"印度门"（其顶部的4座塔楼为孟买市的象征）、建于7世纪供奉湿婆神的石窟庙宇，以及许多清真寺、基督教教堂和天主教教堂。该市是印度各民族艺术与宗教的荟萃之地，居住着国内各族人民和数十个国家的侨民。

6）阿旃陀。位于马哈拉施特拉邦的文达雅山悬崖上，是世界闻名的石窟。一般认为开凿于公元前2世纪前后。中国唐代玄奘曾来到此地，并有过记述。后石窟湮没，无人知晓。欧洲人据玄奘的记载于1817年重新发现。在山腰部位共有29座石窟，内有壁画和石雕，艺术价值极高。

7）泰姬陵。位于北方邦西南部阿格拉市郊的一座古代陵墓，是世界七大建筑奇迹之一。该陵墓是莫卧尔王朝第五代皇帝沙贾汗为其爱妻建造的，始建于1631年，历时22年才竣工。陵墓全用大理石砌成，正方形的基座中部为寝宫，其四角各有一座40米高的圆塔。整座建筑风格独特，造型优美，被誉为建筑艺术史上一颗灿烂的"明珠"。

8）阿姆利则。地处印度西北边境，是旁遮普邦的最大城市，著名的锡克教圣地。建于1577年，因城内有阿姆利则·萨拉斯圣湖而得名。湖泊中心的小岛上有规模巨大的金庙。市内还有为纪念被殖民主义者杀害的爱国者而建的民族纪念碑，以及吉兰特·辛格夏宫和杜尔贾纳印度教庙宇等名胜。

9）那兰陀。规模巨大的佛教圣地遗址，在比哈尔邦首府巴特那附近。早在5世纪，这里即建有10余座佛寺，有当时世界最大的佛教学院。中国唐代僧人玄奘曾到过此地，并在其著作《大唐西域记》中有所记载。12世纪末13世纪初，被入侵者烧毁，之后湮没无闻。至19世纪，科学工作者根据玄奘的记载才使遗址重见天日。

（2）旅游业。在20世纪90年代，印度旅游业达到了成熟阶段；从2002年至今，在印度政府推出的"不可思议的印度"的旅游宣传后，印度旅游业又进入了新的发展阶段。印度入境旅游人数，从2000年的265万增加到2012年的665万，增加1倍多。在此期间，印度国内旅游的人数保持了两位数的增长比率（2005年和2008年除外）。印度旅游业的主要客源国为：英国、美国、孟加拉国、加拿大、法国。

2013年，到中国旅游的印度人达到60.8万，而同年到印度旅游的中国游客为17.5万，仅占印度国外游客的2.51%。另外值得一提的是，2015年是中国的印度旅游年，而2016年是印度的中国旅游年。印度商业和政界人士都表示希望印度放松签证制度，以便从中国吸引更多投资和游客。

2．巴基斯坦

（1）旅游资源。巴基斯坦的旅游资源包括都市风光、印度河流域的历史、文化遗址和独特的风土人情、歌舞艺术，特别是北部地区壮丽的高山自然景观。外国旅游者可以在城市参观和购物，也可乘船在印度河观光游览，还可以去北部兴都库什山和喀喇昆仑山开展登山和探险活动，到沙漠地区穿越"死亡之海"（沙漠）或者参加狩猎活动。巴基斯坦主要的旅游区和旅游点如下。

1）卡拉奇。该国第一大城市和最大港口，位于印度河三角洲西北部，面临阿拉伯海，1947—1959年期间曾经是该国首都。该市市中心的绿树丛中有巴基斯坦国父真纳（1876—1948年）的陵墓。著名的卡拉奇国家博物馆珍藏着从古代到现代的珍贵文物和艺术品。哈比卜银行大厦是该国最高的建筑物。该市有根希安艺术中心、甘地花园、克利夫顿海滩等旅游点或旅游度假胜地。

2）拉合尔。位于旁遮普平原的拉维河畔，是全国第二大城市，也是著名的历史古城。该市有许多古代建筑，如建于1634年的瓦泽·汗清真寺、拉合尔古堡、莫卧尔王朝的贾汗吉尔王陵。巴德夏希清真寺是世界最大的清真寺之一。拉合尔还是全国的文化中心，有全国最大的拉合尔博物馆、许多高等院校和研究所。

3）白沙瓦。西北边境省的首府，位于西北部。该市花草树木特别多，尤以玫瑰最为出名。自古以来，这里就是商旅的中心和交通要道，因而受到印度文化、希腊文化、波斯文化等多种影响。该市郊区有莫卧尔王朝时代建造的希萨城堡、16世纪的大清真寺、具地方色彩的白沙瓦清真寺等古迹和古建筑。

4）拉瓦尔品第。位于该国东北部，是商业中心、交通枢纽，也是军事重镇。市内环境优美，有美丽的拉瓦尔湖和阿尤布公园；既有现代化建筑，又有许多古堡。西郊的塔克西拉是古代佛教圣地。

5）伊斯兰堡。于1970年基本建成，是该国首都。它是一座现代化城市，但也具有传统色彩。该市布局合理，以方格形道路为构架，各个区域分别有不同功能，可分为行政区、公共事业区、住宅区等。在拉瓦尔湖附近有植物园、水族馆、茉莉花和玫瑰花园。有许多大学和研究所，城市南部的夏克巴利山是旅游胜地。

6）海德拉巴。该市是一座古城，也是该国第三大城市，位于该国南部。有建于1768年的海德拉巴城堡，城堡内外有石雕和花卉图案等艺术品。

（2）旅游业。巴基斯坦旅游业起步很晚，20世纪70年代初才成立旅游公司。近些年来，政府对旅游业的发展十分重视，制定了一系列的方针、政策和法律法规，投入了大量的人力和财力，注意简化入境手续、提高服务质量、收取费用合理，使旅游项目丰富多样，因而旅游业得到较为迅速的发展。

巴基斯坦的国际旅游者主要来自英国、美国、德国、伊朗、日本、沙特阿拉伯、加拿大、印度等国。其中欧洲旅游者实际上主要是居住于欧洲的巴基斯坦人。2003年巴基斯坦正式成为中国公民自费出国旅游目的地国。2014年巴基斯坦前往中国旅游的人数达到10.89万，同比增长2.17%。

3. 尼泊尔

（1）旅游资源。尼泊尔旅游资源丰富，除美丽的喜马拉雅山山地风光外，还有集中分布于加德满都河谷的众多历史、文化遗产和古迹，分布于原始森林中的多种野生动物，包括佛祖释迦牟尼诞生地在内的宗教朝圣地。其主要旅游区和旅游点在几个较大的城市和北部山区。

1）加德满都。城内寺庙特别多，达250多座，又被称为"寺庙城"。著名的建筑有哈努曼多卡宫（故宫）、纳拉扬希蒂宫（新宫）、中央政府大厦（狮宫）等。最著名的寺庙是市中心的加斯达满达尔寺。

2）帕坦。该国第二大城市，也是著名的古城，最早建于298年，18世纪时是帕坦王国的都城，同时也是古代大乘金刚佛教中心。城内故宫广场附近有许多庙宇、殿堂、佛塔、神像。著名的有克利希纳庙、黛姑塔莱珠庙、孔贝斯瓦尔寺、红观音庙等。

3）巴德冈。也名巴克塔普尔，是该国古城之一，现为该国东部地区的商业中心。市中心有著名的古迹巴德冈故宫，该宫殿为亚克希亚·马拉国王于1427年所建，其正门为镏金铜铸高8米的金门，金门东面是一座砖木结构的宫殿，该殿有55扇檀香雕花木窗，因而该宫又被称为"五十五窗宫"。由于宫内有许多建筑和艺术品，故有"中世纪尼泊尔艺术的精华和宝库"之誉。该城还有著名的尖顶"尼亚塔婆拉"塔，这座塔和巴德冈故宫是尼泊尔的两大著名古代建筑物。

4）兰毗尼。佛教创始人释迦牟尼的诞生地，佛教圣地，位于该国南部兰毗尼专区的鲁潘希县。相传公元前623年迦毗罗王国净饭王之妻摩耶夫人在兰毗尼花园中生下悉达多（释迦牟尼），在其诞生处今建有摩诃摩耶夫人庙。庙南有新建佛寺，内有释迦牟尼塑像。

（2）旅游业。近些年来，尼泊尔政府积极鼓励向旅游业的投资，使得旅游业不断发展，成为仅次于地毯业和成衣业的第三大外汇来源。入境游客居前三位的国家依次为印度、中国、英国和美国。2010年起，中国成为尼泊尔第二大旅游客源国，且所占比例逐年增加。2013年，中国赴尼泊尔旅游人数超过8.5万，占尼泊尔入境游客的比例超过10%。

2014年尼泊尔前往中国旅游的人数为5.36万。

4．斯里兰卡

（1）旅游资源。斯里兰卡是著名的"宝石之岛"，它有美丽的热带风光，各个民族的不同的风土人情，还有许多历史、文化古迹，吸引了来自世界各国的旅游者。

1）科伦坡。该国首都，位于斯里兰卡岛西海岸，濒临印度洋。该市树木繁茂，风景幽雅，气温虽高，但无酷暑。市中心区的福特区是议会、政府所在地，有许多银行和商场。此区以东是旧城，街道狭窄，房屋低矮，富有东方色彩。市区的东南部有举世闻名的纪念班达拉奈克国际会议大厦和国家博物馆，还有许多寺庙。另外，市内还有历史悠久的著名热带动物园，郊外有一些海滨胜地。

2）马哈努沃勒。全国第二大城市，也是一座古城。1592年，古康堤王国的一位国王曾在此修建了雄伟的城墙。现在它既是大米、茶叶和可可的集散地，也是著名的手工艺品产地。城内有佛牙庙和八角亭，保存着距今1 000多年前珍贵的贝叶经。培拉德尼亚热带公园是亚洲最大的植物园之一。

3）贾夫纳。位于斯里兰卡岛北端的海滨游览胜地。该市过去曾经是泰米尔人王国的首都，居民多为泰米尔人。沿海有许多优良海滩，最著名的是沙质细致、色泽洁白的卡苏亚里纳海滩。城内有著名的那露尔甘多萨米印度教神庙，还有建于17世纪的基督教堂。东南部有以鸟类众多闻名的冲迪库拉姆动物保护区。

4）密兴多列圣山。该国佛教圣地，斯里兰卡的"佛教摇篮"，在阿努拉德普勒以东13公里处。圣地是一座小山，相对高度约150米。从山麓至山顶有石阶1 840级。拾级而上，可观赏不同的寺塔和遗址。

5）波隆纳鲁沃。地处该国东北部的著名古都。曾多次成为都城，故留下许多古迹。有波罗迦罗摩海（人工湖）、波罗迦罗摩巴忽王宫遗址、湿婆天神石庙（庙中曾出土从南印度运来的湿婆铜雕像）、保存完好的睹波罗摩舍利塔。另外，距该古都不远的西格利斯岩壁画、丹布拉佛窟和法显石窟都十分有名。

6）亚当峰。也叫斯里帕达峰，该国的圣山，位于中南部。山体雄伟险峻，呈圆锥形，海拔2 243米。山顶有一小庙，庙内有一巨大足印状洼坑，长1.5米，宽0.75米。佛教、印度教、伊斯兰教、天主教和基督教教徒对此洼坑各有自己的解释，认为是本教圣人的"足迹"，故都以此山作为自己的圣地。该山也称圣足山。

（2）旅游业。旅游业是斯里兰卡经济的重要组成部分，其入境游客主要来自德国、英国等西欧国家和印度。斯里兰卡内战曾一度影响旅游业，但自和平进程取得进展以来，游客人数有所回升。2013年入境人数为127.5万人次，比2012年增长26.7%，旅游业收入17.15亿美元，比2012年增长65.2%。新华社引述数据显示，斯里兰卡2014年共接待150万外国游客，旅游创收17亿美元，中国目前已成为斯里兰卡增长最快的旅游客源地。受中国游客数量每年稳步增长推动，2016年斯里兰卡吸引游客数量预计将达到250万人次。

2014年斯里兰卡前往中国旅游的人数达到5万，同比增长1.1%。2015年，中国赴斯里兰卡旅游人数约22万人次，为斯里兰卡第二大旅游客源国。

2.7 澳大利亚、新西兰

2.7.1 国名、国旗、国徽、国歌

1. 澳大利亚

澳大利亚全名为澳大利亚联邦（Commonwealth of Australia）。澳大利亚一词，意即"南方大陆"，欧洲人在17世纪初叶发现这块大陆时，误以为这是一块直通南极的陆地，故取名"澳大利亚"，Australia即由拉丁文 terraaustralis（"南方的土地"）变化而来。澳大利亚很早就有人居住，但作为国家的历史却很短，故被称为"古老土地上的年轻的国家"，别称"骑在羊背上的国家"、"坐在矿车上的国家"。

澳大利亚国旗呈横长方形，长与宽之比为2∶1。旗地为深蓝色，左上方是红、白"米"字，"米"字下面为一颗较大的白色七角星。旗地右边为五颗白色的星，其中一颗小星为五角，其余均为七角。澳大利亚为英联邦成员国，英国女王为澳大利亚的国家元首。国旗的左上角为英国国旗图案，表明澳大利亚与英国的传统关系。一颗最大的七角星象征组成

澳大利亚联邦的六个州和联邦区（北部地区和首都直辖区）。五颗小星代表南十字星座（南天小星座之一，星座虽小，但明亮的星很多），为"南方大陆"之意，表明该国处于南半球。

澳大利亚国徽左边是一只袋鼠，右边是一只鸸鹋，这两种动物均为澳大利亚所特有，是国家的标志、民族的象征；中间是一个盾，盾面上有六组图案分别象征这个国家的六个州。红色的圣乔治十字形（十字上有一只狮子、四颗星），象征新南威尔士州；王冠下的南十字形星座代表维多利亚州；蓝色的马耳他十字形代表昆士兰州；伯劳鸟代表南澳大利亚州；黑天鹅象征西澳大利亚州；红色狮子象征塔斯马尼亚州。盾形上方为一枚象征英联邦国家的七角星。周围饰以澳国花金合欢，底部的绶带上用英文写着"澳大利亚"。

澳大利亚国歌为《前进，美丽的澳大利亚》，国花为金合欢，国树为桉树，国鸟为鸸鹋，国兽为袋鼠。货币为澳大利亚元。

2. 新西兰

新西兰（New Zealand）在荷兰语中意为"新的海中陆地"，别称"畜牧之国"、"绿色花园之国"。

新西兰的国旗呈横长方形，长与宽之比为2：1。旗地为深蓝色，左上方为英国国旗红、白色的"米"字图案，右边有四颗镶白边的红色五角星，四颗星排列均不对称。新西兰是英联邦成员国，红、白"米"字图案表明同英国的传统关系；四颗星表示南十字星座，表明该国位于南半球，同时还象征独立和希望。

新西兰国徽中心图案为盾徽。盾面上有五组图案：四颗五角星代表南十字星座，象征新西兰；麦捆代表农业；羊代表该国发达的畜牧业；交叉的斧头象征该国的工业和矿业；三只扬帆的船表示该国海上贸易的重要性。盾徽右侧为手持武器的毛利人，左侧是持有国旗的欧洲移民妇女；上方有一顶英国女王伊丽莎白二世加冕典礼时用的王冠，象征英国女王也是新西兰的国家元首；下方为新西兰蕨类植物，绶带上用英文写着"新西兰"。

新西兰国歌为《上帝保护新西兰》，国树为银蕨，国鸟为几维鸟，国石为绿石（又称绿玉）。货币为新西兰元。

2.7.2 地理位置、自然条件

1. 澳大利亚

澳大利亚位于南太平洋和印度洋之间，由澳大利亚大陆和塔斯马尼亚岛等岛屿和海外领土组成。它东濒太平洋的珊瑚海和塔斯曼海，西、北、南三面临印度洋及其边缘海，海岸线长约3.67万公里。面积769.2万平方公里，占大洋洲的绝大部分，面积仅次于俄罗斯、加拿大、中国、美国和巴西，是世界上唯一独占一个大陆的国家。

澳大利亚虽四面环水，沙漠和半沙漠却占全国面积的35%。全国分为东部山地、中部平原和西部高原三部分。全国最高峰科修斯科山海拔2 230米，最长河流墨尔本河长1 745公里。中部的埃尔湖是澳大利亚的最低点，湖面低于海平面12米。在东部沿海有全世界最大的珊瑚礁——大堡礁。北部属热带，大部分属温带。年平均气温北部27℃，南部14℃，内陆地区干旱少雨,年降水量不足 200 毫米,东部山区可达 500~1 200 毫米。

2. 新西兰

新西兰位于太平洋南部,介于南极洲和赤道之间。西隔塔斯曼海与澳大利亚相望,北与汤加、斐济相邻。新西兰由北岛、南岛、斯图尔特岛及其附近一些小岛组成,面积 27 万多平方公里,专属经济区 120 万平方公里。海岸线长 6 900 公里。

新西兰境内多山,山地和丘陵占其总面积的 75%以上,属温带海洋性气候,四季温差不大,植物生长茂盛,森林覆盖率达 29%,天然牧场或农场占国土面积的一半。广袤的森林和牧场使新西兰成为名副其实的绿色王国。

2.7.3 人口状况、发展简史

1. 澳大利亚

澳大利亚人口 2 346 万(2014 年),其中 70%是英国及爱尔兰后裔,18%为欧洲其他国家后裔,亚裔占 6%,土著居民约占 2.3%。居民大多信奉基督教,少数人信奉犹太教、伊斯兰教和佛教。澳大利亚的通用语言为英语。

澳大利亚是典型的移民国家,被社会学家比喻为"民族的拼盘"。自英国移民踏上这片美丽的土地之日起,已有来自世界 120 个国家、140 个民族的移民到澳大利亚谋生和发展。多民族形成的多元文化是澳大利亚社会的一个显著特征。

澳大利亚最早的居民为土著人。1770 年,英国航海家詹姆斯·库克抵达澳大利亚东海岸,宣布英国占有这片土地。1788 年 1 月 26 日,英国首批移民抵澳,开始在澳建立殖民地,后来这一天被定为澳大利亚国庆日。1900 年 7 月,英国议会通过《澳大利亚联邦宪法》和《不列颠自治领条例》。1901 年 1 月 1 日,澳各殖民区改为州,成立澳大利亚联邦。1931 年,澳成为英联邦内的独立国家。1986 年,英议会通过《与澳大利亚关系法》,澳获得完全立法权和司法终审权。

2. 新西兰

新西兰人口 447 万(2013 年),其中,欧洲移民后裔占 78.8%,毛利人占 14.5%,亚裔占 6.7%。75%的人口居住在北岛。奥克兰地区的人口占全国总人口的 30.7%。首都惠灵顿地区的人口约占全国总人口的 11%。奥克兰市是全国人口最多的城市;南岛克赖斯特彻奇市是全国第二大城市。官方语言为英语和毛利语。通用英语,毛利人讲毛利语。70%的居民信奉基督教新教和天主教。

毛利人是新西兰的第一批居民。14 世纪,毛利人从波利尼西亚来到新西兰定居,成为新西兰最早的居民。1769—1777 年,英国人詹姆斯·库克船长先后五次到新西兰并测量和绘制地图。此后英国向这里大批移民并宣布占领新西兰,把海岛的荷兰文名字"新泽兰"改成英文"新西兰"。1840 年英国迫使毛利人酋长签订《威坦哲条约》,把这片土地划入了英帝国的版图。1907 年英国被迫同意新西兰独立,成为英联邦的自治领,政治、经济、外交仍受英控制。1931 年,英国议会通过《威斯敏斯特法案》,根据这项法案,新西兰于

1947 年获得完全自主,但仍为英联邦成员。

2.7.4 资源状况、经济发展

1. 澳大利亚

澳大利亚矿产资源丰富,是世界重要的矿产资源生产国和出口国。澳大利亚已探明的矿产资源达 70 余种,其中铅、镍、银、钽、铀、锌的储量居世界首位。澳大利亚是世界上最大的铝矾土、氧化铝、钻石、铅、钽生产国,同时也是世界上最大的烟煤、铝矾土、铅、钻石、锌及精矿出口国,还是第二大氧化铝、铁矿石、铀矿出口国和第三大铝、黄金出口国。

澳大利亚农牧业发达,素有"骑在羊背上的国家"之称,是世界最大的羊毛和牛肉出口国。澳大利亚渔业资源也十分丰富,是世界第三大捕鱼区,最主要的水产品有对虾、龙虾、鲍鱼、金枪鱼、扇贝、牡蛎等。2014 年澳大利亚 GDP 总计 1.45 万亿美元,人均 GDP 为 61 887 美元。

2. 新西兰

新西兰的矿藏主要有煤、金、铁矿、天然气,还有银、锰、钨、磷酸盐、石油等,但储量不大。石油储量 3 000 万吨,天然气储量为 1 700 亿立方米。森林资源丰富,森林面积 810 万公顷,占全国土地面积的 30%。新西兰水力资源丰富,全国 80% 的电力为水力发电。

新西兰是经济发达国家,畜牧业是其经济的基础,农牧产品的出口量占其出口总量的 50%,羊肉、奶制品和粗羊毛的出口量均居世界第一位。新西兰还是世界上最大的鹿茸生产国和出口国,生产量占世界总产量的 30%。工业以农林牧产品加工为主,产品主要供出口。农业高度机械化,粮食不能自给,需从澳大利亚进口。新西兰渔产丰富,是世界第四大专属经济区,其 200 海里专属经济区内的捕鱼潜力每年约 50 万吨。2014 年新西兰 GDP 总计 1 858 亿美元,人均 GDP 为 41 557 美元。

2.7.5 首都、行政区划

1. 澳大利亚

澳大利亚首都堪培拉(Canberra),人口约 36.8 万(2012 年),年平均气温 20℃。

澳大利亚全国分为六个州和两个地区,各州有自己的议会、政府、州督和州总理。六个州是:新南威尔士、维多利亚、昆士兰、南澳大利亚、西澳大利亚、塔斯马尼亚。两个地区是:北部地方、首都直辖区。

2. 新西兰

新西兰首都惠灵顿(Wellington),是地球上最靠南的都城。人口约 45 万。

新西兰全国分为 12 个大区,设有 74 个地区行政机构(其中包括 15 个市政厅、58 个区议会和查塔姆群岛议会)。

2.7.6 政治、外交、与中国关系

1. 澳大利亚

英国女王是澳大利亚的国家元首,由女王任命的总督为法定的最高行政长官。总督在联邦行政会议的咨询下执掌联邦政府的行政权,为法定的最高行政长官。联邦议会是澳的最高立法机构,由女王(由总督代表)和参、众两院组成。

澳大利亚奉行独立自主的外交政策,重点是密切同亚太地区各国的关系,加强同澳有重要联系的发达国家的关系。外交政策宗旨是捍卫国家主权和独立,推进澳的经济和战略利益。重点是加强同美国的联盟关系,发展与亚洲尤其是东亚的关系;将与美国、日本、中国、印度尼西亚的关系作为澳最重要的四大双边关系;主张种族平等,消除种族歧视,改善人权状况,反对将人权与贸易挂钩。

1972年12月21日,中澳两国建交。几十年来,中澳关系稳步发展。近年来,两国高层互访不断。2013年4月7日,国家主席习近平在海南省博鳌会见澳大利亚总理吉拉德,双方一致同意构建相互信任、互利共赢的战略伙伴关系,并建立两国总理年度定期会晤机制。2013年,中澳双边贸易额为1363.8亿美元,同比增长11.5%,占同期中国对外贸易总额的3.3%。中国是澳第一大贸易伙伴、第一大进口来源地和第一大出口市场。

2. 新西兰

新西兰实行英国式的议会民主制。英国女王是新西兰的国家元首,女王任命的总督作为其代表行使管理权。总督与内阁组成的行政会议是法定的最高行政机构。内阁掌握实权,由议会多数党组成。议会只设众议院,由普选产生,任期3年。无成文宪法,其宪法是由英国议会和新西兰议会先后通过的一系列法律和修正案及英国枢密院的某些决定构成的。

新西兰外交政策的根本目的是维护世界,特别是太平洋地区的和平,以保障新西兰的主权与安全;促进新西兰经济繁荣及与其他国家的经济贸易关系。

1972年12月22日,新西兰与中国建交以来,两国友好合作关系不断发展。近年来,双边经贸关系发展迅速。中国是新西兰全球第四大贸易伙伴。新西兰是第一个承认中国市场经济地位的发达国家,也是第一个与中国开展双边自由贸易协定谈判的发达国家。2013年中新两国双边贸易总额为182.19亿新元,中国首次成为新西兰第一大贸易伙伴,取代了澳大利亚自1989年起连续保持23年的地位。同时中国也正式取代澳大利亚首次成为新西兰第一大出口市场。

2.7.7 文化传统、民俗风情

1. 澳大利亚

(1)服饰。澳大利亚人的服饰与西欧人一样,均为西装革履。达尔文服是流行于达尔文市的一种简便服装。妇女一年中大部分时间都穿裙子,在社交场合则套上西装上衣。无论男女都喜欢穿牛仔裤,他们认为穿牛仔裤方便、自如。

澳大利亚土著居民以狩猎为生，独特的狩猎武器为"飞去来器"，盛行图腾崇拜。土著居民往往赤身裸体，或在腰间扎一条围巾，或将围巾披在身上。有的佩戴臂环、项圈、前额箍和骨制鼻针，装饰品丰富多彩。节日时，他们还会在身上涂上各种颜色。

（2）饮食。澳大利亚盛产海鲜，乳类食品质量上乘，出产的葡萄酒饮誉全球。澳大利亚人在饮食上以吃英式西菜为主，一般喜欢吃牛肉、羊肉、鸡、鸭、蛋、野味等。菜要清淡，讲究花样，不吃辣，对中国菜颇感兴趣。爱吃各种煎蛋、炒蛋、冷盘、火腿、虾、鱼、西红柿等。西餐喜欢吃奶油烤鱼、炸大虾、什锦拼盘、烤西红柿等。他们爱喝牛奶和啤酒，对咖啡很感兴趣。

（3）节日。澳大利亚的主要节日有：元旦节（1月1日），建国日（1月27日），耶稣受难日和复活节（3月28日至3月31日），澳纽兵团日（4月25日），女王诞辰日（6月9日），圣诞节（12月25日），节礼日（12月26日）。

在澳大利亚其他全国性的节日中，有两个节日特别受到广泛重视：一个是4月25日的"恩沙克日"，即澳大利亚军人节；另一个是每年11月的第一个星期二，这是闻名世界的澳大利亚赛马墨尔本杯大奖赛的举行日。

（4）礼仪。澳大利亚人很讲究礼貌，在公共场合不大声喧哗，秩序井然。握手是一种相互打招呼的方式，拥抱亲吻的情况不多。澳大利亚社会同英国一样有"妇女优先"的习惯；他们非常注重公共场所的仪表，男子大多数不留胡须，出席正式场合时西装革履，女性是西装上衣加西装裙。澳大利亚人的时间观念很强，约会必须事先联系并准时赴约。澳大利亚人待人接物都很随和。

（5）喜忌。澳大利亚人对兔子特别忌讳，认为兔子是一种不吉利的动物，人们看到它都会感到倒霉。与他们交谈时，可多谈旅行、体育运动及到澳大利亚的见闻。

2. 新西兰

绝大多数新西兰人的住房是一层或两层结构，有庭院，房屋密度相对较低。大多数房屋以木材制作，占地超过150平方米，风格以英式为主。近几年来，新建住房的风格有国际化的趋势。

（1）服饰。新西兰人比较注重服饰，参加正式的集会时大都穿深色西服或礼服，但在一般场合人们的穿着趋于简便。妇女打高尔夫球时都习惯穿裙子。

（2）饮食。新西兰人用欧洲大陆的方式用餐，就是始终左手握叉，右手拿刀。新西兰对酒类限制很严，一般的经特许售酒的餐馆只能出售葡萄酒；在可售烈性酒的餐馆，客人必须买一份正餐，才被允许喝一杯。但啤酒销售量相当大，人均消耗量名列世界前茅。

（3）节日。新西兰的主要节日有：怀坦吉日（2月6日），复活节（4月14日至17日），澳新军团日（4月25日），女王诞辰日（6月5日[①]），劳动节（10月25日），圣诞节（12月25日），节礼日（12月26日）。

（4）礼仪。新西兰人见面和告别均行握手礼，习惯的握手方式是双方紧紧握手、目光

[①] 由于英国女王诞辰为6月的某个周六，故澳、新两国具体的日期不同。——编者注

直接接触，男士应等候妇女先伸出手来。鞠躬也是他们的通用礼节。初次见面，身份相同的人互相称呼姓氏，并加上"先生"、"小姐"等；熟识之后，互相直呼其名。

在新西兰，毛利人仍保留着浓郁的传统习俗。他们大都信奉原始的多神教，还相信灵魂不灭，尊奉祖先的精灵。每遇重大的活动，他们便照例要到河里去做祈祷，而且还要相互泼水，以此表示宗教仪式上的纯洁，他们有一种传统的礼节：当遇到尊贵的客人时，他们要行"碰鼻礼"，即双方要鼻尖碰鼻尖二三次，然后再分手离去。据说，按照其风俗，碰鼻子的时间越长，就说明礼遇越高、越受欢迎。毛利人的舞蹈别具一格，鲜艳的民族服装、美丽的花环、项上挂着的绿佩玉及腰上系着的蒲草裙充分展现了毛利人独特的民族风情，其迎宾舞蹈则成为新西兰官方迎接贵宾的最高礼仪。给毛利人拍照，一定要事先征得其同意。

（5）喜忌。新西兰人时间观念较强，约会需事先商定，准时赴约。交谈以气候、体育运动、国内外政治、旅游等话题为宜，避免谈及个人私事、宗教、种族等问题。应邀到新西兰人家里做客，可送给男主人一盒巧克力或一瓶威士忌，送给女主人一束鲜花。礼物不可过多，不可昂贵。

当地大部分居民是英国人的后裔，因此，这里流传着许多英国人的身势语和示意动作的习俗。他们对大声喧哗和过分地装腔作势都很不满，当众嚼口香糖或用牙签被认为是不文明的行为。新西兰人性格拘谨，即使观看电影，也往往男女分场观看。

2.7.8 旅游资源、旅游业

1．澳大利亚

澳大利亚是一个旅游资源十分丰富的国家，它的旅游资源有一系列独特的特点，这些特点是该国旅游业相当发达的重要因素。在自然旅游资源方面，有四个特点：季节与北半球相反，有利于吸引北半球的旅游者；许多地区气候条件比较优越，为旅游活动提供了良好的条件；有风光秀丽的优质海岸和沙滩，很受度假旅游者的青睐；由于澳洲大陆相对独立，因此形成了许多奇异特有的野生动植物。在人文旅游资源方面，也有两个特点：一是风格多样而独特的城市建筑，二是奇特悠久的土著文化。

澳大利亚拥有14个世界自然遗迹，著名的旅游城市和景点遍布全国，每年都吸引了大批国内外游客。

（1）旅游城市。

1）悉尼。悉尼是澳大利亚最大的城市和重要港口，也是新南威尔士州的首府，它位于大陆东南岸，人口约375万，是全国重要的经济、文化、金融和贸易中心，交通也很发达。该市气候温和，环境美丽，自然景观和人文景观都很丰富且极有特色。

悉尼的风景名胜众多，主要有悉尼歌剧院、悉尼塔、悉尼水族馆、悉尼镇、岩石区、邦迪海滩、澳洲野生动物园、澳洲奇趣乐园、蓝山、图加隆农庄等。

悉尼歌剧院也称海上歌剧院，由丹麦人耶尔恩·乌特松（Joem Utzon）设计，是澳大利亚全国表演艺术中心，有世界第八奇景之称。该建筑物造型奇特，像数个巨大的贝壳向后张开，又像张满的白色风帆，与周围景色十分和谐统一。这一世界著名的建筑于1973年建成，现已成为悉尼的标志。

悉尼塔是南半球最高的建筑，高305米，与悉尼歌剧院、港湾大桥并列为悉尼三大标志建筑。管状塔身高达230米。塔楼呈圆锥形，共9层，1层和2层是旋转式餐厅，3层和4层是瞭望层，在此可以观赏整个悉尼城的景色。

2）墨尔本。墨尔本位于亚拉河畔，为维多利亚州的首府，是澳洲的文化、运动、购物、餐饮中心，也是工业、交通和文化发达的现代化城市。人口约350万人，是澳大利亚第二大城市。该市是澳大利亚最早的牧场和牧羊业的发源地。1851年，该市附近发现大金矿，使美国旧金山也为之逊色，因而被称为"新金山"。目前市内仍保留着许多19世纪华丽的维多利亚式建筑，林荫茂盛，公园众多，是澳洲最具有欧洲风味的大城市。该市是气候宜人的花园城市，植物园和公园占全市面积的1/4。墨尔本的主要旅游景点有：疏芬山、大洋路、帕芬·比利蒸汽火车、菲利普岛等。

3）堪培拉。澳大利亚首都堪培拉坐落在大分水岭山间盆地内，人口40万人左右，是一个纯粹的政治中心。该城沿拦河坝后的人工湖布设，是一座美丽而繁华的现代化城市。市内仅有少量的轻工业，但文化科技发达，有藏书丰富的国家图书馆和许多科研机构，西南郊有宇宙卫星跟踪站。整个城市绿地面积占60%以上，是世界著名的花园城市。堪培拉的主要旅游景点有：里芬湖、国立水族馆、新国会大厦等。

4）布里斯班。布里斯班是昆士兰州的首府，也是澳洲的第三大城市，由于这里有不少树袋熊——考拉，因而人们又称它为"考拉之都"。它地处澳大利亚东南部，是澳大利亚一个重要的度假休闲胜地。布里斯班有着迷人的自然风光，多种多样的动植物生活在这里。此外，布里斯班的人文景观也很丰富，尤其在城市规划方面很有特色——分割区域的街道，南北方向以女性名字命名，东西方向则以男性名字命名。布里斯班的主要旅游景点有：乔治街、铁塔、市政厅、库沙山、孤松无尾熊保护区等。

5）珀斯。珀斯是西澳大利亚州的首府，位于该州的西南部，距离港口城市佛里曼特尔仅19公里，人口约202万人（2014年）。由于该市湖泊中有许多黑天鹅，因而珀斯有"黑天鹅城"的美誉。这里的气候十分有利于开展旅游，长达数公里的白色海滩，为人们提供了天然浴场。市内还有许多文化设施和办公大楼，如艺术博物馆、珀斯歌剧院、市政厅大厦等。交通也比较发达，向北有公路通向达尔文市，向东有铁路通向悉尼。主要的旅游点有：珀斯沙滩、水底世界、高欢旅树熊公园、科技展览中心等。

6）达尔文城。达尔文城是澳大利亚北部地区的首府，也是比较著名的旅游城市，因英国生物学家达尔文于1839年曾到此考察，故该市以他的名字而命名。达尔文市气候炎热多雨，树木繁茂，有许多特有的植物种类，东、西、北三面环绕着美丽的金色沙滩，旅游者在此可参加多种水上活动。市内有中国庙宇列圣宫，南郊的亚罗奥加公园有该国特有的野狗及鳄鱼、野牛等野生动物，东南郊有温泉，以及许多高3米的白蚁穴，每个蚁穴都有200万只蚂蚁，令人叹为观止。

（2）旅游景区。

1）黄金海岸。在澳大利亚的东部海岸中段、布里斯班以南，有一处绵延42公里、由数十个美丽沙滩组成的度假胜地，它就是著名的昆士兰黄金海岸，以金黄色的沙滩而得名。这里景色宜人，日照充足，海浪险急，适合于进行冲浪和滑水活动。这里旅游接待设施齐全，有各种各样的游乐场、赌场、酒吧、夜总会，以及华纳兄弟电影世界、梦幻世界、海洋世界和其他主题公园。

2）大堡礁。位于太平洋珊瑚海西部，沿澳大利亚东北海岸线绵延2 000余公里，这里的珊瑚礁沿海岸分布，像堡垒保卫着海岸，所以被称为"堡礁"。大堡礁距海岸约20～350公里，由600个珊瑚礁组成，总面积达8万平方公里，是世界上最大的珊瑚水族馆和海洋公园，其中包括1 500种鱼类、4 000种软体生物、350种珊瑚家族，以及多种鸟类和海龟等。大堡礁不利于航行，但游客在此可以开展多项水上运动或活动，还可以在水下观赏美丽的珊瑚和其他水下生物。这里是澳大利亚主要的旅游区之一，被誉为世界七大奇景之一。

3）卡卡杜国家公园。在达尔文城以东不远处。该国家公园以其自然景观和土著人的岩画艺术，以及沼泽湿地的水牛、鳄鱼与多种水鸟等野生动物闻名于世，现已被列为世界遗产地。

4）阳光海岸。位于布里斯班北部。从黄金滩至路水岬是一段美丽的度假区，环境自然典雅。主要旅游景点有：阳光农场、菠萝园、果园及其他农场，以及位于慕奴勒伯的海底世界。

（3）旅游业。旅游业是澳大利亚发展最快的行业之一，出国旅游、国内旅游、入境旅游都非常发达。之所以如此，除了该国旅游资源丰富以外，与澳大利亚各级政府为发展旅游业采取各种措施、开发和保护旅游资源有密切关系。

1）入境旅游。由于旅游资源的特点和优势，加上各级政府的重视，澳大利亚旅游业近20多年来发展迅速。2014年入境游客人数达640万人次，而中国游客人数达到78.4万人次，排名第二。目前，澳大利亚的外国旅游者中，来自新西兰、中国、日本、英国、美国的游客位居前列。

2）国内旅游。澳大利亚不仅喜爱出国旅游，也喜欢在国内旅游，国内旅游人数每年高达5 000万人次，国内游客仍是旅游业的主导。国内旅游以度假娱乐为主，交通工具以私人汽车为主。

3）出境旅游。澳大利亚经济发达，是高收入国家。该国国民每年有10天公假，还有18天的带薪假期，而且已实行每周工作五天、每天工作6小时的工作制，因此澳大利亚人有出国旅游的良好条件，出国旅游已成为他们生活中的重要内容。

近几十年来，澳大利亚出国旅游的人数持续增加，并保持较强劲的势头，已经成为人均出游率最高的国家，平均每5～6人中就有1人出国旅行。澳大利亚人出游的主要目的地为：新西兰、美国、英国、印度尼西亚。前往亚太地区旅游的人数增长最快。2012年澳大利亚共有77万人次来华，为中国经济创收约10亿美元。

2. 新西兰

新西兰环境优美、气候宜人，旅游胜地遍布全国。新西兰的地表景观富于变化，北岛多火山和温泉，南岛多冰河和湖泊。其中，北岛的鲁阿佩胡火山和周围14座火山的独特地貌形成了世界罕见的火山地热异常带，这里分布着1 000多处高温地热喷泉，这些千姿百态的沸泉、喷气孔、沸泥塘和间歇泉形成了新西兰的一大奇景。旅游业收入约占新西兰国内生产总值的10%，是仅次于乳制品业的第二大创汇产业。

新西兰和澳大利亚的自然旅游资源具有互补性，可以相互取长补短。正是由于这一点，它们的旅游业有很强的互为依存性。

（1）旅游资源。

1）奥克兰。新西兰最大的城市和港口，位于北岛北部的奥克兰半岛南部。奥克兰有许多毛利人遗迹和纪念物，火山遗迹特别多，公园和风景区众多。此外，还有大学、教堂、图书馆、天文馆、动物园及海滨浴场、游艇俱乐部等。

2）罗托鲁阿—陶波地热区。这个地区属于环太平洋火山地震带，游客在此可以看到许多与火山有关的现象和景观，是世界最大的地热区之一。这里有许多时停时喷的间歇泉、温度高达120℃的沸泉、沸腾的泥池、不断喷出高几十米蒸汽的蒸汽田等，故有"太平洋温泉奇境"的美誉。

3）汤加里罗国家公园。该公园是一个火山公园，是人们喜爱的登山、滑雪和观光胜地，有呈线状排列的15座过去活动过或现在还在活动的火山，其中最著名的是瑙鲁霍伊、鲁阿佩胡和汤加里罗火山。公园内有白雪皑皑的高山、郁郁葱葱的森林、雾气腾腾的火山湖，还有新西兰特有的国鸟几维鸟，以及从中国引进的猕猴桃（新西兰称为"奇异果"）。

4）库克峰国家公园。在南岛中西部、南阿尔卑斯山中段，公园占地7万公顷，有许多高山雪峰，其中库克峰海拔3 764米，是全国最高峰。该山多冰川和瀑布，著名的塔斯曼冰川长达29公里。此外，还有许多冰川湖。雪线以下，森林苍翠，有羚羊、野兔等野生动物出没其间。

5）峡湾国家公园。在南岛的西南部，面积达120余万公顷，尤以冰川侵蚀作用形成的峡湾著名。园内还有南岛最深的马纳波里湖和最大的蒂阿瑙湖。

6）昆士敦。又称基督城，位于瓦卡蒂普湖畔，是南岛的主要旅游中心和避暑胜地之一。它以早年的淘金遗迹吸引了许多游人。此外，城内还有南极探险家斯科特纪念碑和美丽的公园，附近的戈劳奈峰是全国著名的滑雪胜地。

（2）旅游业。新西兰不仅旅游资源丰富，而且旅游业历史悠久。该国很早就设立了旅游疗养机构来管理和促进旅游业。外国旅游者中，澳大利亚人、日本人和英国人位居前列，亚洲地区增长迅速。由于地缘和血缘关系，赴澳大利亚旅游的人数约占一半。此外，前往波利尼西亚、英国、爱尔兰、美国和加拿大的人也较多。2014年新西兰前往中国旅游的人数达到12.66万。根据新西兰经济研究所的数据，2013年，22.8万中国游客入境新西兰旅游，而这一数字有望在2019年翻番。

本章小结

日本是个东亚岛国，历史较长，人口众多，资源匮乏但经济发达，政治独特，文化受中国影响。茶道、花道、书道合称"三道"，有柔道、空手道、剑道、相扑等传统运动。大和民族服装为和服及木屐，饮食富有海洋特色。讲究礼仪，节日众多，习俗各异。国内旅游发达，出境旅游人数较多。韩国与朝鲜为东北亚半岛国家，韩国资源较少而朝鲜较为丰富，但是韩国经济发达而朝鲜经济落后。注重发展与中国的关系，文化深受中国影响。

蒙古国、哈萨克斯坦、吉尔吉斯斯坦均为中亚及东亚的内陆国家，民族众多，自然资源丰富，经济以农牧业为主，相对落后。住房、饮食、节庆和礼仪富于草原风情，旅游业的潜力尚待挖掘。新加坡、马来西亚、泰国、菲律宾、印度尼西亚、越南属于东南亚国家，地理位置优越，多数国家富于热带风光，旅游资源较为丰富，经济发展很快。新加坡、泰国等旅游业较为发达。

印度、巴基斯坦、尼泊尔、斯里兰卡等南亚国家人口众多，历史悠久，都属于农业国，资源丰富，属发展中国家。服饰、饮食、节庆和礼仪具南亚风情。旅游资源丰富，旅游业发展较快。澳大利亚和新西兰位于大洋洲，地广人稀，资源丰富，属经济发达国家。服饰、饮食、节日和礼仪受西方影响，旅游资源丰富，旅游业发达。

复习思考题

1. 能够代表日本文化传统和民俗风情的元素有哪些？
2. 原为一个国家的韩朝两国是如何陷入分裂的？
3. 哈萨克斯坦与吉尔吉斯斯坦的民俗风情有何异同？
4. 新加坡、马来西亚和泰国三者的相对地理位置如何？
5. 菲律宾、印度尼西亚和越南人的饮食各有何特点？
6. 印度著名的旅游城市和旅游景点有哪些？
7. 概述澳大利亚和新西兰的经济发展情况。

案例分析：他们到底去了哪里？

长假过后，小张和小李两个人在单位一见面，就聊起了这次他们各自出境旅游的经历。小张说："这是我第一次出国，感觉很新奇：吃泡菜，喝清酒，穿和服，睡榻榻米，看樱花，在迪士尼游玩，到济州岛钓鱼，好好体验了一下做外国人的感觉。"小李说："我们的感觉也非常好，过得很有意思。沙巴民族风情独特，鸡肉沙爹味道不错，水果很多，我特别喜欢吃榴梿和山竹。我还骑过了大象，买了几个鳄鱼皮包。"

思考题
1. 请问他们出境旅游分别去了哪些国家？
2. 这些国家还有哪些其他著名旅游景观？

第 3 章
欧洲地区主要客源国

引 言

欧洲是世界旅游业最发达的地区，中国重要的客源产生地。欧洲人口密度很大，城市人口比例很高，居民多信奉天主教、基督教新教和东正教。欧洲是资本主义经济发展最早的一个洲，工业生产水平和农业机械化程度均较高，生产总值在世界各洲中居于首位，对于中国入境旅游业的发展具有重要意义。

本章学习目标

> 熟悉欧洲地区主要客源国的地理、人口、历史、资源和经济发展状况。
> 了解欧洲地区主要客源国的行政区划、政治、外交及与中国关系。
> 掌握欧洲地区主要客源国的文化传统、民俗风情、旅游资源和旅游业发展状况。

3.1 英国

3.1.1 国名、国旗、国徽、国歌

1. 国名

英国全名为大不列颠及北爱尔兰联合王国（United Kingdom of Great Britain and Northern Ireland）。"不列颠"在克尔特语中为"杂色多彩"之意。因有部分不列颠人迁居法国，故将本土称为大不列颠。

2. 国旗

英国国旗呈横长方形，长与宽之比为 2∶1。为"米"字旗，由深蓝底色和红、白色"米"字组成。旗中带白边的红色正十字代表英格兰守护神圣乔治，白色交叉十字代表苏格兰守护神圣安德鲁，红色交叉十字代表爱尔兰守护神圣帕特里克。此旗产生于 1801 年，是由原英格兰的白地红色正十字旗、苏格兰的蓝地白色交叉十字旗和爱尔兰的白地红色交叉十字旗重叠而成的。

3. 国徽

英国国徽即英王徽，中心图案为一枚盾徽，盾面左上角和右下角为红地上三只金狮，象征英格兰；右上角为金地上半站立的红狮，象征苏格兰；左下角为蓝地上金黄色竖琴，象征爱尔兰。盾徽两侧各由一只头戴王冠、代表英格兰的狮子和一只代表苏格兰的独角兽支扶着。盾徽周围用法文写着一句格言，意为"恶有恶报"；下端悬挂着嘉德勋章，绶带上写着"天有上帝，我有权利"。盾徽上端为镶有珠宝的金银色头盔、帝国王冠和头戴王冠的狮子。

4. 国歌

英国国歌为《上帝保佑女王》（God Save the Queen）。如在位的是男性君主，国歌改为《上帝保佑国王》（God Save the King）。

英国国花为玫瑰花，国鸟为红胸鸽，国石为钻石。货币为英镑。

3.1.2 地理位置、自然条件

1. 地理位置

英国是位于欧洲西部的岛国，由大不列颠岛（包括英格兰、苏格兰、威尔士）、爱尔兰岛东北部和一些小岛组成，隔北海、多佛尔海峡、英吉利海峡与欧洲大陆相望，陆界与爱尔兰共和国接壤。

英国面积为24.36万平方公里（包括内陆水域），英格兰地区13.04万平方公里，苏格兰7.88万平方公里，威尔士2.08万平方公里，北爱尔兰1.36万平方公里。海岸线总长11 450公里。

2. 自然条件

英国全境分为四部分：英格兰东南部平原、中西部山区、苏格兰山区、北爱尔兰高原和山区。主要河流有塞文河（354公里）和泰晤士河（346公里）。北爱尔兰的讷湖（396平方公里）面积居全国之首。

英国属海洋性温带阔叶林气候，终年温和湿润。通常最高气温不超过32℃，最低气温不低于-10℃，平均气温1月4~7℃，7月13~17℃。多雨雾，秋冬尤甚。年平均降水量约1 000毫米。北部和西部山区的年降水量超过2 000毫米，中部和东部则少于800毫米。每年2月至3月最为干燥，10月至来年1月最为湿润。

3.1.3 人口状况、发展简史

1. 人口状况

英国人口约6 444.7万人（2014年），官方和通用语均为英语，威尔士北部还使用威尔士语，苏格兰西北高地及北爱尔兰部分地区仍使用盖尔语。居民多信奉基督教新教，主要分英格兰教会（亦称英国国教圣公会，其成员约占英成人的60%）和苏格兰教会（亦称长老会，有成年教徒66万）。另有天主教会和佛教、印度教、犹太教及伊斯兰教等较大的宗教社团。

2. 发展简史

大不列颠岛于7世纪开始形成，当时七个封建王国争雄达200年之久，史称"盎格鲁—撒克逊时代"。829年威塞克斯国王爱格伯特统一了英格兰。1066年诺曼底公爵渡海征服英格兰。1338—1453年英法进行"百年战争"，英国先胜后败。1588年英国击败西班牙"无敌舰队"，树立海上霸权。

1640年英国在全球第一个爆发资产阶级革命，1649年5月19日宣布成立共和国，1660年王朝复辟。1668年发生"光荣革命"，确定了君主立宪制。1707年英格兰与苏格兰合并，1801年又与爱尔兰合并。18世纪后半叶至19世纪上半叶，成为世界上第一个完成工业革命的国家。19世纪是大英帝国的全盛时期，1914年占有的殖民地比本土大111倍，是第一殖民大国，自称"日不落帝国"。

第一次世界大战后英国开始衰败，殖民体系逐步动摇。第二次世界大战中经济实力大为削弱，政治地位下降。随着1947年印度和巴基斯坦的相继独立，到20世纪60年代，英帝国殖民体系瓦解。1973年1月英国加入欧共体。

3.1.4 资源状况、经济发展

1. 资源状况

英国是欧盟中能源资源最丰富的国家，也是世界主要生产石油和天然气的国家。主要能源有煤、石油、天然气、核能和水力等。英国重视对新能源及可再生能源的研究开发。英国的非能源资源不丰富，主要工业原料依赖进口。英国开发核能有几十年的历史，目前供发电的核电站有14座。

2. 经济发展

英国是世界经济强国之一，其国内生产总值在西方国家中居前列。英国制造业在国民经济中的比重有所下降；服务业和能源所占的比重不断增大，其中商业、金融业和保险业发展较快。英国的服务业从业人口占其就业总人口的77.5%，产值占国内生产总值的63%以上。

英国主要工业有采矿、冶金、机械、电子仪器、汽车、食品、饮料、烟草、轻纺、造纸、印刷、出版、建筑等。此外，英国的航空、电子、化工等工业比较先进，海底石油开采、信息工程、卫星通信、微电子等新兴技术近年有较大发展。主要农牧渔业有畜牧业、粮食业、园艺、渔业。服务业包括金融保险业、零售业、旅游业和商业服务（提供法律及咨询服务等），近年来发展迅速。

英国是世界第四大贸易国，贸易额占世界贸易总额的5%以上，商品和劳务出口约占国内生产总值的25%。英国主要出口机械、汽车、航空设备、电器和电子产品、化工产品和石油，主要进口原材料和食品。英国还是世界第六大海外投资国和第六大对外援助国。伦敦是世界最大的国际外汇市场和国际保险中心，也是世界上最大的金融和贸易中心之一。2014年，英国的GDP总计为2.94万亿美元，人均GDP为45 603美元。

3.1.5 首都、行政区划

1. 首都

英国首都为伦敦（London），跨泰晤士河下游两岸，包括附近29个城镇，统称大伦敦，人口860万（2015年），是世界性大城市之一。

2. 行政区划

英国的行政区划分为英格兰、威尔士、苏格兰和北爱尔兰四部分。英格兰划分为43个郡，威尔士下设22个区，苏格兰下设29个区和3个特别管辖区，北爱尔兰下设26个区。

3.1.6 政治、外交、与中国关系

1. 政治

英国的宪法不同于绝大多数国家的宪法，它不是一个独立的文件，而是由成文法、习惯法、惯例组成的。主要有大宪章（1215年）、人身保护法（1679年）、权利法案（1689年）、议会法（1911年、1949年），以及历次修改的选举法、市自治法、郡议会法等。苏格兰另有自己独立的法律体系。

政体为君主立宪制。国王是国家元首、最高司法长官、武装部队总司令和英国圣公会的"最高领袖"，但实权在内阁。议会是最高司法和立法机构，由国王、上院和下院组成。政府实行内阁制，由国王任命在议会选举中获多数席位的政党领袖出任首相并组阁。

2. 外交

英国为联合国安理会常任理事国，是世界核大国之一，也是欧盟、北约、英联邦、西欧联盟等120个国际组织的重要成员。主张同美国加强关系，重视发展与其他大国的关系，努力改善同中国、俄罗斯、印度、日本等国的关系。努力维系同英联邦国家的传统联系，保持和扩大在发展中国家的影响。积极参与全球事务，保持强大的国防力量，强调自由贸易。加强在环境保护、人权、可持续发展等问题上的国际合作。将人权问题作为其外交政策的核心。

3. 与中国关系

1950年1月，英国政府宣布承认中华人民共和国。1954年6月17日，中英达成互派代办的协议。1972年3月13日，两国签订了升格为大使级外交关系的联合公报。1984年12月，撒切尔夫人再访中国，两国共同签署了关于香港问题的中英联合声明。1997年7月1日，中英顺利完成香港回归的政权交接。2004年，中英两国从"全面伙伴关系"迈入"全

面战略伙伴关系"。1998年,两国政府首脑成功互访,并建立了全面伙伴关系。2015年10月21日,中国国家主席习近平与英国首相卡梅伦在唐宁街10号首相府举行会晤,决定共同构建中英面向21世纪全球全面战略伙伴关系,开启持久、开放、共赢的中英关系"黄金时代"。

3.1.7 文化传统、民俗风情

1. 服饰

英国是绅士之国,讲究文明礼貌,注重修养,同时也要求别人对自己有礼貌。注意衣着打扮,什么场合穿什么服饰都有一定惯例。在穿戴上,英国人是最讲究的,在交际应酬中非常重视"绅士"、"淑女"之风。男士在参加宴会时,要穿燕尾服,头戴高帽,手持文明棍或雨伞,这是他们的标准行头。女士是穿深色套裙或素雅的连衣裙,庄重、肃穆的黑色服装是首选。英国最传统的男子服装是"基尔特",是由腰至膝的花格短裙,穿着时,还要配上很宽的腰带。英国人在重要场合穿着很正规,而平时则追求简单、舒适的服饰。

2. 饮食

英国人的饮食样式简单,注重营养。早餐通常是麦片粥冲牛奶或一杯果汁,涂上黄油的烤面包片,熏咸肉或煎香肠、鸡蛋。英国人不愿意吃带黏汁的菜肴,忌用味精调味,也不吃狗肉。口味不喜欢太咸,爱甜、酸、微辣味,对烧、煮、蒸、烙、焗和烘烤等烹调方法制作的菜肴偏爱。喜欢中国的京味菜、川菜、粤菜。

在英国,"烤牛肉加约克郡布丁"被称为国菜。其主料是牛腰部位的肉,先以鸡蛋加牛奶和面,再将面与牛肉、土豆一起放在烤箱中烤制而成。上桌时,还要另配些单煮的青菜,即为"烤牛肉加约克郡布丁"。普通家庭一日三餐(早餐、午餐、晚餐),以午餐为正餐。阔绰人家则一日四餐,即早餐、午餐、茶点和晚餐。

英国人普遍喜爱喝茶,妇女更是嗜茶成癖。"下午茶"几乎成为英国人的一种必不可少的生活习惯,即使遇上开会,有的也要暂时休会而饮"下午茶"。英国人不喝清茶,要在杯里倒上冷牛奶或鲜柠檬汁,加点糖,再倒茶制成奶茶或柠檬茶。如果先倒茶后倒牛奶会被认为缺乏教养。他们还喜欢喝威士忌、苏打水,喝葡萄酒和香槟酒,有时还喝啤酒和烈性酒,彼此间不劝酒。

3. 节日

英国的主要节日有:新年(元旦,1月1日),情人节(2月14日),愚人节(4月1日),耶稣受难日(复活节前的星期五),复活节(春分月圆后第一个星期日,4月),Easter Monday(复活节后的第一个星期一),耶稣升天节(复活节后40天的第一个星期四),五一劳动节,春假(5月的最后一个星期一),母亲节(5月第二个星期日),夏季公假(8月最后一个星期一),万圣节前夕(10月31日),万圣节(11月1日),感恩节,圣诞节前夜(12月24日),圣诞节(12月25日),节礼日(圣诞节次日,如遇星期日则推迟一天)。

4. 礼仪

英国人见面时不爱讲个人私事，而爱谈论天气，否则会受到冷遇。

英国人见面时对尊长、上级和不熟悉的人用尊称，并在对方姓名前面加上职称、衔称或先生、女士、夫人、小姐等称呼。亲友和熟人之间常用昵称。初次相识的人相互握手、微笑，并说"您好"。在大庭广众之下，人们一般不行拥抱礼，男女之间除热恋情侣外一般不手拉手走路。

英国人不轻易动感情或表态。他们认为夸夸其谈是缺乏教养的，认为自吹自擂是低级趣味的表现。人们交往时常用"请"、"对不起"、"谢谢"等礼貌用语，即使家庭成员间也一样。

在英国，送礼时最好送较轻的礼品。由于所费不多就不会被误认为是一种贿赂。英国人也像其他大多数欧洲人一样，喜欢高级巧克力、名酒和鲜花。对于饰有客人所属公司标记的礼品，他们大多并不欣赏。

在英国，人们在演说或别的场合伸出右手的食指和中指，手心向外，构成 V 形手势，表示胜利。在英国，如果有人打喷嚏，旁人就会说"上帝保佑你"，以示吉祥。在英国，翘大拇指是拦路要求搭车之意。所有车辆均沿马路的左侧行驶。英国人遵守纪律，即便是只有几个人等车，他们也会自觉地排队上车。

英国老人讲究独立，不喜欢别人称自己老，走路时不喜欢别人搀扶。

5. 禁忌

称呼所有英国人为"英国人"，他们是不愿意接受的。因为"英国人"原意是"英格兰人"，而你接待的宾客，可能是英格兰人、威尔士人或北爱尔兰人，而"不列颠"这个称呼则能让所有的英国人都感到满意。

英国人忌讳用人像、大象、孔雀做服饰图案和商品装潢，他们认为大象是愚笨的，孔雀是淫鸟、祸鸟，连孔雀开屏也被认为是自我吹嘘和炫耀。忌讳"13"这个数字，还忌讳"3"这个数字，忌讳用同一根火柴连续给三个人点烟。和英国人坐着谈话时忌讳两腿张得过宽，更不能跷起二郎腿。如果站着谈话，不能把手插入衣袋。忌讳当着他们的面耳语和拍打肩背，忌讳有人用手捂着嘴看着他们笑，他们认为这是嘲笑人的举止。忌讳送人百合花，他们认为百合花意味着死亡。

3.1.8 旅游资源、旅游业

1. 旅游资源

英国旅游资源以人文资源最丰富、最具特色，其中又以历史文化遗迹与建筑最有吸引力。自然旅游资源虽然并不丰富，但却得到良好保护。被联合国教科文组织列为自然与文化遗产的有：伦敦塔、威斯敏斯特宫、巴斯城、布莱尼姆宫、达勒姆大教堂和城堡、圭内斯的爱德华国王城堡、汉德里案防御墙、亨德森岛、皇家种马场公园和方廷斯修道院、"巨人之路"、"巨石阵"和埃夫伯利的石头城。

英国历史悠久，文化灿烂。至今仍完好地保留着许多王宫、城堡和教堂。英国的博物馆比比皆是，平均不到 4 万人就有一座，仅伦敦市就有大小 100 座博物馆。此外，还有著名的大学城、名人故居等。

英国共有 11 个国家公园，它们是洛森伯兰、北约克禁猎地、湖区、约克郡溪谷、山峰区、斯洛多尼亚、彭布罗克郡海滨、布莱肯、比科落、埃克斯禁猎地和达特禁猎地。

英国海岸线漫长，多优美海滨。全国没有一个城镇距离海滨超过 130 公里。英国是世界上最早流行海滨度假的国家，有海滨浴场 400 多个，因此海滨度假是英国人最主要的旅游方式。

（1）旅游城市。

1）伦敦。英国政治、经济、文化和交通中心，最大海港和首要工业城市，是近代议会政治及金融体系的发源地，其股票交易市场是当今世界经济的晴雨表之一。主要旅游景点有：白金汉宫、唐宁街 10 号（首相府）、议会大厦、大英博物馆、圣保罗教堂、威斯敏斯特教堂、伦敦塔、大本钟、格林尼治、名人蜡像馆、中国城、海德公园和马克思城。

2）利物浦。位于英格兰西北部的西海岸，扼守着默西河通往大西洋的出海口，曾经是英国最重要的远洋运输港口，最富足时是英帝国时代仅次于伦敦的大都市。

3）伯明翰。仅次于伦敦的英国第二大城市，位于英国工业革命兴起的中心地区，距首都伦敦仅 160 公里。伯明翰是世界最大的工业城市之一，工业产值占英国工业总产值的 1/5 左右，享有"世界车间"之美称。

4）曼彻斯特。英国第三大城市，位于英格兰西北部兰开夏郡内，是英国中部地区的工商业、金融和文化中心。曼彻斯特是英国工业革命的故乡，为英国新闻业的第二中心。

5）南安普顿。以航海史和在国际港口中的重要角色而著称，是一座富有活力的现代化城市。有许多的娱乐项目和大面积的娱乐设施。

6）爱丁堡。位于苏格兰东海岸入海口，雄踞于绵延的火山灰和岩石峭壁上。市中心分为两部分：旧城由闻名世界的城堡占据，新城则呈现了优雅杰出的佐治亚设计风格。爱丁堡拥有博物馆、美术馆及许多历史久远的建筑，爱丁堡节和新年庆典吸引了来自世界各地的游人。

（2）旅游景点。

1）白金汉宫。建于 1703 年，位于伦敦威斯敏斯特区，是英国王权的象征。自 1837 年维多利亚女王登基起，英国历代君王都居住于此。它是一座规模宏大的三层长方形建筑群，属意大利建筑风格。每天中午 11:15—12:10，白金汉宫前举行的禁卫军交接仪式是伦敦的一大景观。

2）唐宁街 10 号。由唐宁爵士在 17 世纪所建。自 1937 年后，历任首相都在此办公和居住。其地上建筑为首相办公室、接待室、会议室和首相及其家眷的寝室。地下室有地道通往政府各重要部门，第二次世界大战期间国王乔治和首相丘吉尔常在此进餐，共商国是。

3）大英博物馆。建于 1753 年，坐落在伦敦鲁塞尔大街上，以收藏古罗马遗迹、古希腊雕像和埃及木乃伊而闻名于世，是世界上最大最著名的博物馆之一。它是综合性博物馆，设有埃及艺术馆、希腊和罗马艺术馆、南亚艺术馆、欧洲中世纪艺术馆、东方艺术和民族学馆等。它以展品丰富多样而著名，仅珍贵图书藏品就达1 000多万册。

4）威斯敏斯特宫。位于泰晤士河畔，建于11世纪中叶，初为王宫，1547年开始成为议会大厦。占地3万多平方米，主体是三排宫廷大楼，两端和中间由七幢横楼相连，是世界上最大的哥特式建筑。东北角有一座高97米的钟楼，举世闻名的"大本钟"就安放于此。在大厦前的议会广场上，伫立着前首相丘吉尔等历史人物的雕像。

5）伦敦塔。位于泰晤士河畔、伦敦塔桥北侧，是由20余个塔楼组成的建筑群，高189米。始建于1078年，曾作为堡垒、王宫、监狱、皇家铸币厂和伦敦档案馆。塔内皇家珍宝馆藏有历代君主的皇冠、王权球和权杖等国宝。

6）格林尼治天文台。地处伦敦市东南郊，建于1675年，英国皇家天文台曾设于此，现已辟为天文博物馆。馆内共16个展厅，陈列着英国早期使用的天文观测仪、天文时钟、天象图和航海图等。"子午馆"里有划分地理经度的本初子午线，即零度经线。馆外砖墙上有1851年安装的巨钟，该钟所报时间就是当今世界各国通用的格林尼治标准时间，各国以此校对本国时间。

7）圣保罗大教堂。位于泰晤士河北岸，是伦敦规模最大的教堂，为一座两层的十字形绿色圆顶巨型建筑，顶端矗立着一个镀金十字架，建筑物总高约111.56米。教堂建有欧洲最大的地下室，内有英国名将纳尔逊、威灵顿和建筑师雷恩的坟墓，还停放着历代国王的大理石浮雕卧像。

8）海德公园。坐落在伦敦市区西部，占地160公顷，为伦敦第一大公园。该公园原属海德采邑，1536年起成为皇家花园，1635年成为查理一世的赛车和赛马场。海德公园享誉全球，主要因为其东北角入口处的"自由讲演者之角"。19世纪以来，每逢星期日的下午，英国人喜欢站在那里的肥皂箱上发表演讲，这被称为"肥皂箱上的民主"，旅游者对此颇感新鲜。

9）布赖特。英国最早出现的海滨胜地，位于英格兰南部海滨。1750年，英国医生拉塞尔著书赞美此处海水具有保健与医疗作用，摄政王（后来的乔治四世）及其追随者慕名而来，使该地名声远扬。这里有皇家行宫、皇家剧院、水族馆、高尔夫球场和欧洲最大的游艇码头。

10）布莱克普尔。英国最大的海滨避暑胜地，有"欧洲娱乐之都"的美称。主要游览和娱乐场所包括布莱克普尔塔、温特公园、高尔夫球场和银色海滩等。

2. 旅游业

英国是世界上最富裕的国家之一，在近100多年的时间里，它经历了旅游发展阶段的全过程，因而具有典型意义。王室文化和博物馆文化，以及古老的城堡、宁静的乡村、美丽的湖泊使英国一直是最有魅力的旅游目的地之一。2014年，英国旅游业收入居世界第五位，仅次于美国、西班牙、法国和意大利，从业人员约270万，占就业人口的9.1%。2012年来英游客达3 108万人次，收入达186亿英镑，约合295亿美元。美国游客居海外游客之首，其他依次为法国、德国、爱尔兰、西班牙、荷兰、意大利和波兰。

英国国内旅游异常活跃，每年进行国内旅游的人数约为该国人口的 2.5 倍，国内旅游地密集，旅游基础设施非常完善。英国人的旅游有三个特点：一是偏爱度假而不是旅游，二是非常喜欢远足，三是非常喜欢野餐。英国的国内旅游高度集中于英格兰，且主要集中于英格兰南部。

英国是世界性的旅游客源大国，是仅次于美国、德国和日本的世界第四大旅游客源国。英国人每年出境旅游的人次约相当于该国人口的一半，大大超过其入境的国际旅游人次，而且出境旅游时间长、花费高。有良好的经济发展作为支撑，英国来华旅游市场的潜力非常巨大。

3.2 德国

3.2.1 国名、国旗、国徽、国歌

1. 国名

德国全名为德意志联邦共和国（Federal Republic of Germany），国名意为"人民的国家"。

2. 国旗

德国国旗呈横长方形，长与宽之比为 5∶3。自上而下由黑、红、黄三个平行相等的横长方形相连而成。三色旗的来历很复杂，最早可追溯到 1 世纪的古罗马帝国，在后来 16 世纪的德国农民战争和 17 世纪的德国资产阶级民主革命中，代表共和制的三色旗也飘扬在德意志大地上。1918 年德意志帝国垮台后，魏玛共和国也采用黑、红、黄三色旗为国旗。1949 年 9 月德意志联邦共和国成立，依然采用魏玛共和国时期的三色旗；同年 10 月成立的德意志民主共和国也采用三色旗，只是在旗面正中加了包括锤子、量规、麦穗等国徽图案，以示区别。1990 年 10 月 3 日，统一后的德国仍沿用德意志联邦共和国国旗。三色国旗可在机场、宾馆、宴会和其他场合悬挂，联邦政府机构和驻外使馆等悬挂带有黑鹰图案的国旗。

3. 国徽

德国国徽为金黄色的盾徽。盾面上是一头红爪红嘴、双翼展开的黑鹰，黑鹰象征着力量和勇气。

4. 国歌

德国国歌为《德意志之歌》。

德国国花为矢车菊（又名蓝芙蓉、荔枝菊、翠蓝），国树为爱支栋，国鸟为白鹳，国石为琥珀。货币原为德国马克，现通用欧元。

3.2.2 地理位置、自然条件

1. 地理位置

德国位于欧洲中部，东与波兰、捷克相邻，南接奥地利、瑞士，西接荷兰、比利时、卢森堡、法国，北与丹麦相连并临北海和波罗的海，是欧洲邻国最多的国家。

2. 自然条件

德国面积为 357 021 平方公里。地势北低南高，可分为四个地形区：北德平原，平均海拔不到 100 米；中德山地，由东西走向的高地块构成；西南部莱茵断裂谷地区，两旁是山地，谷壁陡峭；南部的巴伐利亚高原和阿尔卑斯山区，其间拜恩阿尔卑斯山脉的主峰祖格峰海拔 2 963 米，为全国最高峰。主要河流有莱茵河（流经境内 865 公里）、易北河、威悉河、多瑙河。较大湖泊有博登湖、基姆湖、阿莫尔湖、里次湖。

德国西北部海洋性气候较明显，往东、南部逐渐向大陆性气候过渡。7 月平均气温为 14～19℃，1 月为–5～1℃。年降水量 500～1 000 毫米，山地则更多。

3.2.3 人口状况、发展简史

1. 人口状况

德国人口为 8 110 万（2014 年年底），主要是德意志人，有少数丹麦人和索布族人。有 728.8 万外籍人，占人口总数的 8.8%。通用德语。居民中 31.75% 的人信奉基督教，32.06% 的人信奉罗马天主教，另有少数人信奉东正教和犹太教。

2. 发展简史

公元前境内就居住着日耳曼人，10 世纪形成了德意志早期封建国家。18 世纪初奥地利和普鲁士崛起，根据 1815 年的维也纳会议，它们组成了德意志邦联。1871 年统一的德意志帝国建立。该帝国于 1914 年挑起第一次世界大战，1918 年因战败而宣告崩溃。1919 年 2 月德意志建立魏玛共和国，1933 年希特勒上台实行独裁统治。德国于 1939 年发动第二次世界大战，1945 年 5 月 8 日德国战败投降。

第二次世界大战后，根据《雅尔塔协定》和《波茨坦协定》，德国分别由美、英、法、苏四国占领。1948 年 6 月，美、英、法三国占领区合并。翌年 5 月 23 日，合并后的西部占领区成立了德意志联邦共和国。同年 10 月 7 日，东部的苏占区成立了德意志民主共和国。德国从此正式分裂为两个主权国家。1990 年 10 月 3 日，民主德国正式加入联邦德国，民主德国的宪法、人民议院、政府自动取消，原 14 个专区为适应联邦德国建制改为 5 个州并入了联邦德国，分裂 40 多年的两个德国重新统一。

3.2.4 资源状况、经济发展

1. 资源状况

德国自然资源贫乏，除硬煤、褐煤和盐的储量丰富之外，在原料供应和能源方面很大程度上依赖进口，2/3 的初级能源需要进口。德国的工业以重工业为主，汽车、机械制造、化工、电气等占全部工业产值的 40%以上。食品、纺织与服装、钢铁加工、采矿、精密仪器、光学及航空与航天工业也很发达。中小企业多，工业结构布局均衡。农业发达，机械化程度很高，农业产品可满足本国需要的 80%。旅游业、交通运输业发达。德国是啤酒生产大国，其啤酒产量居世界前列。它还是最早研制成功磁悬浮铁路技术的国家。2002 年 2 月 28 日 24 时，德国马克正式停止流通，欧元成为德国法定货币。德国是首批使用欧元的 11 个国家之一。

2. 经济发展

德国为高度发达的工业国家，经济实力居欧洲首位，是世界第三大经济强国。德国是商品出口大国，工业产品的一半销往国外。德国的出口额现居世界第二位，近 1/3 的就业人员在出口行业工作。主要出口产品有汽车、机械产品、电器、运输设备、化学品和钢铁。进口产品主要有机械、电器、运输设备、汽车、石油和服装。主要贸易对象是西方工业国。政府奉行整顿国家财政、减少预算赤字、进行税制改革、刺激个人投资、进一步实行非国有化、减少国家干预、充分发挥市场机制作用的政策，使德国经济持续稳定增长。同时积极采取措施，推动信息技术的发展并调整经济结构。2014 年，德国的 GDP 总计为 3.85 万亿美元，人均 GDP 为 47 627 美元。

3.2.5 首都、行政区划

1. 首都

德国首都为柏林（Berlin），人口约 356 万人（2014 年 12 月），年平均气温约 8.6℃。柏林是著名的欧洲古都，始建于 1237 年。建城人是勃兰登堡边疆伯爵阿伯特，因伯爵的绰号叫"熊"，后人就一直以一只站立的黑熊作为柏林城的城徽。

2. 行政区划

德国行政区划分为联邦、州、地区三级，共有 16 个州，14 808 个地区。

3.2.6 政治、外交、与中国关系

1. 政治

德国是联邦制国家，外交、国防、货币、海关、航空、邮电属联邦管辖。国家政体为议会共和制，联邦总统为国家元首，议会由联邦议院和联邦参议院组成，联邦总理为政府

首脑，联邦政府由联邦总理和联邦部长等人组成。

联邦宪法法院是最高司法机构，此外设有联邦法院（负责民事和刑事案件）、联邦行政法院（负责一般行政司法案件）、联邦惩戒法院（负责公职人员违纪案件）、联邦财政法院（负责财政案件）、联邦劳工法院（审理劳工案件）、联邦社会法院（审理社会福利纠纷）和联邦专利法院（审理有关专利问题的案件）。各级法院设检察机关，不受法院的管辖，不干预法院的审判工作，也不独立行使职权，而受各级司法部门的领导。

德国的政党有：德国社会民主党、联盟90/绿党、基督教民主联盟、基督教社会联盟、自由民主党、民主社会主义党、德国共产党、共和党等。

2. 外交

德国奉行与西方结盟的外交政策，外交政策的重点依次是：推动深化和扩大欧盟，巩固与北约的关系并致力于建立欧洲独立安全和防务体系，保持同美国的紧密联盟，保持和发展与俄罗斯的关系，大力开拓中东欧，加强与发展中国家的关系，谋求在国际组织中发挥更大作用。

3. 与中国关系

1949年10月27日，民主德国与中国建交。1972年10月11日，联邦德国与中国建立外交关系。2013年5月，李克强总理访问德国。2014年3月，习近平主席对德国进行国事访问。近年来，中德两国在各领域的互利友好合作不断取得新进展，在国际事务中的磋商与合作日益加强。在经贸合作方面，德国已经成为中国在欧洲最大的合作伙伴。

3.2.7 文化传统、民俗风情

1. 文化传统

受意大利文艺复兴的影响，德国的文学在18世纪走向顶峰。歌德、海涅、席勒、莱辛和格林兄弟都是杰出的代表。20世纪最著名的作家有托马斯·曼、海因利希·曼和贝托尔特·布莱希特。作家海因里希·伯尔和贡特·格拉斯分别于1972年和1999年获得诺贝尔文学奖。

德国有3 000多座博物馆，收藏内容十分丰富。此外，每年都举行各种艺术节、博览会和影展等。法兰克福和莱比锡是德国图书出版业中心。德国图书出版量在世界上仅次于美国，居第二位。音乐是德国人生活中不可缺少的组成部分。德国造就了各个不同时期的音乐大师，如贝多芬、巴赫、门德尔松、瓦格纳等。柏林爱乐乐团更是享誉世界。教堂、宫殿和古堡是德国重要的文化遗产。著名大学有科隆大学、慕尼黑大学、亚琛工业大学、海德堡大学等。

德国的教育和文化艺术事业由联邦和各州共同负责，联邦政府主要负责教育规划和职业教育，并通过各州文教部长联席会议协调全国的教育工作，在中小学教育、高等教育及成人教育和进修方面，主要的立法和行政管理权归属于各州。全国性的文化艺术活动由联邦政府予以资助。对外文化交流由外交部负责协调。大、中、小学和职业教育发达，实行12年制的义务教育，公立学校学费全免，教科书等学习用品部分减免。小学学制4~6年，中学学制5~9年。高等学校享有一定自主权，原则上实行自由入学，对部分学科采取名额限制。职业教育实行"双元制"，即职业学校理论学习和企业中的实践相结合，成人教育和业余教育普及。教师为终身公职人员，必须受过高等教育。

2. 民俗风情

（1）服饰。德国人不喜欢花哨的服装，但都很注重衣冠的整洁，穿西装一定要系领带。在赴宴或到剧院看文艺演出时，男士经常穿深色礼服，女士则穿长裙，并略施粉黛。在东部地区，已婚者都戴上金质戒指。

（2）饮食。德国人的饮食具有自己的特色。每人每年的猪肉消费量居世界首位，人均面包消费量也高居世界榜首。德国是当今世界上著名的啤酒王国，人均啤酒消费量居世界首位。

德国的早餐比较丰盛。午餐和晚餐一般是猪排、牛排、烤肉、香肠、生鱼、土豆和汤类等。德国人招待客人讲究节约、简单，饭菜仅够主客吃饱，营养足够即可。

（3）节日。德国的节日众多，而且各具特色，主要节日有：圣诞节（12月25日）、元旦（1月1日）、复活节（春分月圆后第一个星期日），国庆节（10月3日）等。

此外，德国还有不少民间节日，比较著名的有狂欢节、啤酒节。

狂欢节流行于德国西部和西南部地区，是从当年的11月11日11时11分开始，一直到次年复活节的前40天结束，但是高潮只有三天。在这三天里，科隆、美因茨、杜塞尔多夫等地会举行大规模的狂欢节游行，人们身着奇装异服，脸戴夸张的假面具，扮成小丑、狂人，载歌载舞地在街上游行，兴高采烈地过节。

啤酒节是慕尼黑的传统节日，最早起源于1810年。从每年9月的最后一个星期开始，到10月的第一个星期结束，又被称为"十月节"，特别受来自世界各地游客的欢迎。人们用华丽的马车运送啤酒，在巨大的啤酒帐篷里开怀畅饮，欣赏巴伐利亚铜管乐队演奏的民歌乐曲和令人陶醉的情歌雅调。人们在啤酒节上品尝美味佳肴的同时，还会举行一系列丰富多彩的娱乐活动，如赛马、射击、杂耍、各种游艺活动及戏剧演出、民族音乐会等。在啤酒节开幕的那天还有盛大的花车游行。

（4）礼仪。德国人比较注重礼节形式。在社交场合与客人见面时，一般行握手礼。与朋友或亲人见面时，一般行拥抱礼。德国人在与客人打交道时，总乐于对方称呼他们的头衔，但并不喜欢听恭维话。对刚相识者不宜直呼其名。

德国人对工作一丝不苟，在社交场合举止庄重，讲究风度。德国妇女的特点是"素"，这不光体现在穿着打扮上，也体现在言谈举止上。与德国人相处时，几乎见不到他们有皱眉头等漫不经心的动作，因为他们把这些动作视为对客人的不尊重，是缺乏礼貌和教养的表现。

德国人非常注重规则和纪律，干什么都十分认真。德国人时间观念比较强，无论是在商务上还是在私人交往上，他们都很注重准时。德国人重视商业信誉，一般不轻易更换合作伙伴。他们在谈判时态度明朗，谈生意时一般使用商业名片。德国出产的货物品质好，服务质量也属上乘。

德国人有严格遵守交通规则的习惯，不随便停车，更不会闯红灯。在列车上，大多有禁烟或可抽烟的标志。

（5）禁忌。德国人忌讳数字"13"和"星期五"，忌讳在公共场合窃窃私语，不喜欢他人过问自己的私事。

3.2.8 旅游资源、旅游业

1. 旅游资源

（1）旅游城市。

1）柏林。柏林是德国第一大城市，也是德国主要的工业城市，还是国际交通的枢纽。柏林是欧洲的旅游胜地，拥有很多古典建筑和现代建筑群。柏林也是德国文化最大的对外窗口，拥有3座歌剧院、150家剧场和剧院、170座博物馆、300座画廊、130家电影院和400家露天剧场。柏林爱乐乐团更是享誉世界。历史悠久的洪堡大学和柏林自由大学都是世界著名学府。此外，柏林每年都举行各种艺术节、博览会和影展等。柏林的主要旅游景点有：柏林墙、波茨坦广场、勃兰登堡门、圣母玛丽亚教堂、国会大厦、威廉皇帝纪念堂、柏德博物馆、柏林大教堂、柏林电影博物馆等。

2）汉堡。汉堡位于易北河与比勒河汇流处，是德国第二大城市，也是德国及欧洲最大的港口城市。汉堡被称为"德国通往世界的大门"，拥有欧洲最繁忙的现代化货运码头。汉堡是世界上著名的"水上城市"之一，桥梁数量超过2 300座，是欧洲拥有桥梁最多的城市，比威尼斯的桥梁数量还多。这里到处绿草如茵，环境十分优美，可算是德国最绿的城市。汉堡的主要旅游景点有：市政厅、阿尔斯特湖、圣·米歇尔教堂、美术馆、汉堡港、电视塔、阿伦斯堡宫、哈根贝克动物园、植物园等。

3）法兰克福。法兰克福是德国商业及制造业的中心，也是重要的国际金融城市。法兰克福还是欧洲最重要的交通枢纽，法兰克福机场是欧洲第二大机场。法兰克福拥有"德国最大的书柜"——德意志图书馆，德国法律规定凡是1945年以后出版的德语印刷物都有义务提交它保存。大约有500个出版公司集中于此地，法兰克福称得上是世界图书业的中心。此外法兰克福还是德国的著名展会城市，每年举办很多世界著名的行业国际博览会，如图书博览会、汽车展等。法兰克福的主要旅游景点有：罗马贝格广场、歌德故居、棕榈公园、法兰克福大教堂、德国电影博物馆、现代艺术美术馆、历史博物馆和犹太人博物馆。

4）慕尼黑。慕尼黑是巴伐利亚州的文化中心兼首府，人口130万，现为德国第三大城市，是一座依山傍水、景色秀丽的山城，也是世界著名的博览会之城。12世纪初叶，这里定居有许多爱尔兰僧侣，故慕尼黑的德语语意为"僧侣之地"。这里有大约50个公共博物馆、众多的古建筑，以及40多个剧院。此外，慕尼黑还有"四多"，这就是博物馆多、公园喷泉多、雕塑多和啤酒多。其中尤以啤酒出名，故被人们称为"啤酒之都"。慕尼黑的主要旅游景点有：玛丽亚广场、弗劳恩教堂、老王宫、巴伐利亚国家歌剧院、国王广场、老绘画馆和新绘画馆、宁芬堡、德意志博物馆、奥林匹克公园、英国花园等。

5）斯图加特。斯图加特位于德国西南部，四周有小山丘环绕，山丘上种满了果树和葡萄树，是著名的葡萄酒出产地，这里也是巴符州首府。同时还是奔驰汽车、保时捷汽车的原产地，堪称高科技之城。斯图加特是欧洲经济最发达、人均产值最高的大城市之一。斯图加特的主要旅游景点有：新王宫及旧王宫、保时捷汽车博物馆、奔驰汽车博物馆、斯图加特电视塔、斯图加特州立绘画馆。

6）科隆。科隆位于莱茵河中段，是西欧十分重要的交通枢纽。今天的科隆最早由罗马人建成，是德国最古老的大城市之一，2000年的历史赋予了这座城市十分独特的人文魅力。科隆的主要旅游景点有：科隆大教堂、罗马日耳曼博物馆、东亚艺术博物馆、展览中心等。

7）海德堡。海德堡是德国巴符州著名的旅游城和大学城，人口15万左右（2013年），环山绕水，景色奇美。1386年成立的海德堡大学是德国最古老的大学。古堡、石桥、古意盎然的老城与青山绿水交相辉映，折射出浪漫和迷人的色彩。海德堡的主要旅游景点有：古城堡、老桥、集市广场、骑士之家、主街、海德堡大学、学生监狱、哲人小道。

（2）旅游景观。

1）勃兰登堡门。位于柏林市中心菩提树大街和6月17日大街的交会处，是柏林市区著名的游览胜地和德国统一的象征。1753年，普鲁士国王弗里德利希·威廉一世定都柏林，下令修筑共有14座城门的柏林城，因为此门坐西朝东，弗里德利希·威廉一世便以国王家族的发祥地勃兰登命名。此门建成之后曾被命名为"和平之门"。

2）无忧宫。位于勃兰登堡州首府波茨坦市北郊，宫名取自法文，原意为"无忧"或"莫愁"。无忧宫及其周围的园林是普鲁士国王腓特烈二世仿照法国凡尔赛宫的建筑式样建造的。整个园林占地290公顷，坐落在一座沙丘上，故也有"沙丘上的宫殿"之称。无忧宫全部建筑工程前后延续了约50年之久，为德国建筑艺术的精华。

3）科隆大教堂。世界上最完美的哥特式教堂，位于德国科隆市中心的莱茵河畔。教堂东西长144.55米，南北宽86.25米，厅高43.35米，顶柱高109米，中央是与门墙连砌在一起的高达157.38米的双尖塔。整座建筑物全部由磨光石块砌成，占地8 000平方米，建筑面积6 000多平方米。

2．旅游业

德国吸引了大量国际旅游者，入境旅游者主要来自美国、英国、法国、瑞士和日本。2014年，外国游客在德国的住宿次数达到约7 550万晚，年增长率达到5%。此外，还有不少北欧国家的旅游者途经德国到南欧去旅行，在德国并不过夜。

德国是世界上最大的旅游消费国之一，也是欧洲旅游客源地的核心。其出境旅游一直都在稳定增长，近年来德国的旅游消费占世界的 1/6 左右，许多欧洲国家的旅游业都高度依赖德国客源市场。前往意大利、西班牙、奥地利、瑞士旅游的德国人很多，前往美国、日本、新加坡、泰国旅游的德国人也不少。

3.3 法国

3.3.1 国名、国旗、国徽、国歌

1. 国名

法国全名为法兰西共和国（Republic of France）。"法兰西"一词由法兰克部落名演变而来，"法兰克"在日耳曼语中意为"勇敢的、自由的"。

2. 国旗

法国国旗呈长方形，长与宽之比为3∶2。旗面由三个平行且相等的竖长方形构成，从左至右分别为蓝、白、红三色。法国国旗的来历有多种，其中最具代表性的是：1789年法国资产阶级革命时期，巴黎国民自卫队就以蓝、白、红三色旗为队旗。白色居中，代表国王，象征国王的神圣地位；红、蓝两色分列两边，代表巴黎市民；同时这三色又象征法国王室和巴黎资产阶级联盟。三色旗曾是法国大革命的象征，据说三色分别代表自由、平等、博爱。

3. 国徽

法国没有正式国徽，但传统上采用大革命时期的纹章作为国家的标志。纹章为椭圆形，上绘有大革命时期流行的标志之一——束棒，这是古罗马高级执法官用的权标，是权威的象征。束棒两侧饰有橄榄枝和橡树枝叶，其间缠绕的绶带上用法文写着"自由、平等、博爱"。整个图案由带有古罗马军团勋章的绶带环饰。

4. 国歌

法国国歌为《马赛曲》，国花为鸢尾花，国鸟为雄鸡，国石为珍珠。货币原为法郎，现通用欧元。

3.3.2 地理位置、自然条件

1. 地理位置

法国面积为551 602平方公里。位于欧洲西部，与比利时、卢森堡、瑞士、德国、意大利、西班牙、安道尔、摩纳哥接壤，西北隔拉芒什海峡与英国相望，濒临北海、英吉利海峡、大西洋和地中海四大海域。

2. 自然条件

法国地势东南高西北低。平原占总面积的2/3。主要山脉有阿尔卑斯山脉、比利牛斯山脉、汝拉山脉等。法意边境的勃朗峰海拔4 810米，为欧洲最高峰。河流主要有卢瓦尔河（1 010公里）、罗讷河（812公里）、塞纳河（776公里）。地中海上的科西嘉岛是法国最大

岛屿。边境线总长度为5 695公里，其中海岸线为2 700公里，陆地线为2 800公里，内河线为195公里。

法国西部属海洋性温带阔叶林气候，南部属亚热带地中海式气候，中部和东部属大陆性气候。平均降水量从西北往东南由600毫米递增至1 000毫米以上。

3.3.3 人口状况、发展简史

1. 人口状况

法国人口为6 661万人（2014年），包括400多万外国侨民，其中200万人来自欧盟各国。通用法语。居民中90%的人信奉天主教，另有约400万人穆斯林及少数新教、犹太教、佛教、东正教徒。

2. 发展简史

公元前高卢人在此定居，公元前1世纪被罗马的高卢人总督恺撒占领，统治达500年之久。5世纪法兰克人征服高卢，建立法兰克王国。15世纪末到16世纪初形成中央集权国家。1789年法国爆发大革命，废除君主制，并于1792年9月22日建立第一共和国。1799年11月9日（雾月18日），拿破仑·波拿巴夺取政权，1804年称帝，建立第一帝国。1848年2月爆发革命，建立第二共和国。1851年路易·波拿巴总统发动政变，翌年12月建立第二帝国。1870年法国在普法战争中战败后，于1871年9月成立第三共和国，直到1940年6月法国政府投降德国，至此第三共和国覆灭。第一次、第二次世界大战期间法国遭德国侵略。1946年通过宪法，成立第四共和国。1958年9月通过新宪法，第五共和国成立。

3.3.4 资源状况、经济发展

1. 资源状况

法国铁矿蕴藏量约为10亿吨，但品位低、开采成本高，所需的铁矿石大部分依赖进口。煤储量已近枯竭，铝土矿储量约9 000万吨。有色金属储量很少，几乎全部依赖进口。所需石油的99%、天然气的75%依赖进口，能源主要依靠核能、水力资源和地热的开发。森林面积约1 530万公顷，森林覆盖率为28.2%。法国是欧盟最大的农业生产国，也是世界主要农副产品出口国，粮食产量占全欧洲粮食产量的1/3，农产品出口仅次于美国，居世界第二位。机械化是法国提高农业生产率的主要手段，已基本实现了农业机械化。农业食品加工业是法国外贸出口获取顺差的支柱产业之一，法国的农副产品出口居世界第一，占世界市场的11%。

2. 经济发展

法国经济发达，国内生产总值居世界前列，主要工业部门有矿业、冶金、钢铁、汽车制造、造船、机械制造、纺织、化学、电器、动力、日常消费品、食品加工和建筑业等。核能、石油化工、海洋开发、航空和宇航等新兴工业部门近年来发展较快，在工业产值中所占比重不断提高。核电设备能力、石油和石油加工技术居世界第二位，航空和宇航工业居世界第三位，钢铁工业、纺织业占世界第六位，钢铁、汽车、建筑为三大经济支柱。工业在国民经济中的比重逐步减少，第三产业所占比重逐年上升，其中电信、信息、旅游服务和交通运输部门业务量增幅较大，服务业从业人员约占总劳动力的70%。

法国是世界著名的旅游国，平均每年接待外国游客 7 000 多万人次，超过本国人口。法国也是世界贸易大国，其进口大于出口，进口商品主要有能源和工业原料等，出口商品主要有机械、汽车、化工产品、钢铁、农产品、食品、服装、化妆品和军火等。法国葡萄酒享誉全球，酒类出口占世界出口的一半。法国时装、法国大餐、法国香水都在世界上闻名遐迩。2014 年，法国的 GDP 总计为 2.83 万亿美元，人均 GDP 为 42 736 美元。

3.3.5 首都、行政区划

1. 首都

法国首都为巴黎，人口为 248 万（2013 年），包括市区和郊区的巴黎大区人口约 1 149 万人。

2. 行政区划

法国行政区划分为大区、省和市镇。省下设专区和县，但不是行政区域。县是司法和选举单位。法国本土共划为 22 个大区、96 个省、4 个海外省、4 个海外领地、2 个具有特殊地位的地方行政区。

3.3.6 政治、外交、与中国关系

1. 政治

总统是国家元首和武装部队统帅，任期 5 年，由选民直接选举产生。议会由国民议会和参议院组成。

2. 外交

法国是联合国安理会常任理事国、欧盟创始国及重要成员、北约成员（但不参加北约军事一体化机构）。自 1958 年建立法兰西第五共和国以来，历届政府一直沿袭戴高乐将军制定的独立自主外交政策，维护民族独立。欧盟是法国外交的立足之本。法国致力于推动欧洲建设，发挥法国在欧盟的核心作用；推动多极化，发展、加强欧亚等区域间合作；努力协调与大国的关系；保持并发展与非洲国家的传统关系，推动发达国家增加对非援助；积极参与中东和平进程及有关热点事务；加强同亚洲、拉美的政治、经济关系。

3. 与中国关系

1964 年 1 月 27 日，法国同中国建交。法国是在西方大国中第一个与新中国建立大使级外交关系的国家。近几年来，两国高层互访不断。2004 年 1 月，胡锦涛主席对法国进行

国事访问，两国元首签署《中法联合声明》。2004 年 10 月，希拉克总统对中国进行国事访问，两国发表联合新闻公报。2006 年 10 月 25 日至 28 日，希拉克总统对中国进行国事访问，中法签署联合声明和 14 项合作协议。2008 年，中法关系因涉藏问题出现重大波折。2009 年 4 月 1 日，中法发表新闻公报，中法关系逐步恢复良好发展势头，各领域合作进展顺利。2012 年 5 月，奥朗德总统上任后，两国关系继续稳定发展。

3.3.7 文化传统、民俗风情

1. 文化传统

17 世纪开始，法国的古典文学迎来了自己的辉煌时期，相继出现了莫里哀、司汤达、巴尔扎克、大仲马、雨果、福楼拜、小仲马、左拉、莫泊桑、罗曼·罗兰等文学巨匠。他们的作品成为世界文学的瑰宝。其中的《巴黎圣母院》《红与黑》《高老头》《基督山伯爵》《悲惨世界》和《约翰·克利斯朵夫》等，已被翻译成多国语言，在世界广为流传。

近现代，法国的艺术在继承传统的基础上颇有创新，不但出现了罗丹这样的雕塑艺术大师，也出现了莫奈和马蒂斯等印象派、野兽派的代表人物。

从 17 世纪开始，法国在工业设计、艺术设计领域的世界领先地位早已为世人所共睹。有关实用美术、建筑、时装设计、工业设计专业的学校也早已凭借其"法国制造"的商业硕果而闻名海外。

法国人喜爱体育运动，比较流行的体育运动项目有足球、网球、橄榄球、地滚球、帆船、游泳、滑雪和自行车环形赛等。

法国比较有名的大学有巴黎大学、里昂大学等。

戛纳国际电影节是世界五大电影节之一，每年 5 月在法国东南部海滨小城戛纳举行，它是世界上最早、最大的国际电影节之一，为期两周左右。

2. 民俗风情

（1）服饰。法国时装在世界上享有盛誉，选料丰富，设计大胆，制作技术高超，使法国时装一直引导世界时装潮流。在巴黎有 2 000 家时装店，老板们的口号是：时装不卖第二件。而在大街上，几乎看不到两个妇女穿着一模一样的服装。法国人对于衣饰的讲究，在世界上是最为有名的。所谓"巴黎式样"，在世人耳中即与时尚、流行含意相同。

在正式场合，法国人通常要穿西装、套裙或连衣裙，颜色多为蓝色、灰色或黑色，质地则多为纯毛。在出席庆典仪式时，法国人一般要穿礼服，男士所穿的多为配以蝴蝶结的燕尾服或黑色西服套装，女士所穿的则多为连衣裙式的单色大礼服或小礼服。

对于穿着打扮，法国人认为重在搭配是否得法。在选择发型、手袋、帽子、鞋子、手表、眼镜时，都十分强调要使之与自己的着装相协调、相一致。

（2）饮食。作为举世皆知的世界三大烹饪王国之一，法国人十分讲究饮食。法国饮食源远流长，品种繁多，用料讲究，颇具特色，其烹调技术在西餐中首屈一指。法国菜的口味特点是香浓味原、鲜嫩味美，注重色、形和营养。法国人烹调时喜欢用酒，肉类菜通常不会烧得太熟，牡蛎一般都喜欢生吃，配料喜欢用蒜、丁香、香草、洋葱、芹菜、胡萝卜等，不吃辣味食品。

在肉食方面，他们爱吃牛肉、猪肉、鸡肉、鱼子酱、鹅肝，不吃肥肉、宠物、肝脏之外的动物内脏、无鳞鱼和带刺骨的鱼。法国人爱吃面食，面包的种类很多；他们大都爱吃奶酪，奶酪消费量居全球之首，有"奶酪王国"之称。

法国人一年到头离不开酒，但饮酒不过量。一日三餐，除早餐外，顿顿离不开酒。他们习惯于餐前饮用开胃酒，饭后喝干邑白兰地之类的烈性酒，佐餐时，吃肉类配红葡萄酒，吃鱼虾等海味时配白葡萄酒；玫瑰红葡萄酒系通用型，既可用于吃鱼，也可用于吃肉。法国人不仅看菜下酒，什么酒用什么杯子也很有讲究。除酒水之外，法国人平时还爱喝生水和咖啡。

法国人用餐时，两手可放在餐桌上，但却不许将两肘支在桌子上。在放刀叉时，他们习惯于将其一半放在碟子上，一半放在餐桌上。法国女士有化妆的习惯，所以一般不欢迎服务员为她们送香巾。

（3）节日。法国的主要节日有：元旦（1月1日），复活节（3月22日至4月25日），劳动节（5月1日），第二次世界大战胜利纪念日（5月8日），耶稣升天节（复活节后40天），圣灵降临节（复活节后第七个星期日），国庆日（7月14日），圣母升天节（8月15日），万圣节（11月1日），第一次世界大战休战纪念日（11月11日），圣诞节（12月25日）。

（4）礼仪。法国人在社交场合与客人见面时，一般以握手为礼，少女和妇女也常施屈膝礼。男女之间或女士之间见面时，还常以亲面颊或贴面礼来代替握手。法国人还有男性互吻的习俗，一般要当众在对方的面颊上分别亲一下。在法国一定的社会阶层中，"吻手礼"也颇为流行。施吻手礼时，注意嘴不要触到女士的手，也不能吻戴手套的手，不能在公共场合吻手，更不得吻少女的手。

法国人在餐桌上敬酒先敬女后敬男，哪怕女宾的地位比男宾低也是如此。走路、进屋、入座，都要让妇女先行。拜访告别时也是先向女主人致意和道谢；介绍两人相见时，一般职务相等时先介绍女士。按年龄先介绍年长的，按职位先介绍职位高的。若介绍客人有好几位，一般是按座位或站立的顺序依次介绍。有时介绍者一时想不起被介绍者的名字，被介绍者应主动自我介绍。到法国人家里做客时别忘了带鲜花。

法国人在交谈时习惯于用手势来表达或强调自己的意思，但他们的手势与我们的有所不同。例如，我们用拇指和食指分开表示"八"，他们则表示"二"；表示"是我"这个概念时，我们指鼻子，他们指胸膛。他们还把拇指朝下表示"坏"和"差"的意思。

在人际交往之中，法国人对送礼物十分看重，但又有其特别的讲究。宜选具有艺术品位和纪念意义的物品，不宜以刀、剑、剪、餐具或带有明显的广告标志的物品作为礼物。在接受礼品时若不当着送礼者的面打开包装，则是一种无礼的表现。

（5）喜忌。法国人为每一种花都赋予了一定的含义，所以送花时要格外小心。忌送菊花，因在当地送菊花是表示对死者的哀悼。忌送黄色花，因为黄花象征不忠诚。玫瑰花只能送单数。除了表达爱情外，不能送红色花。不能送杜鹃花、纸花，他们认为不吉利。送花的支数不能是双数,男人不能送红玫瑰给已婚女子。

男人忌讳送香水或化妆品给恋人、亲属之外的女人,因为这有过分亲热和图谋不轨之嫌;忌讳对老年妇女称呼"老太太",她们会很不高兴的。

法国人忌讳数字"13"和"星期五",认为它们隐含着凶险。忌讳黑桃图案,认为不吉祥。忌讳墨绿色,因第二次世界大战期间德国纳粹军服是墨绿色。忌讳仙鹤图案,认为是蠢汉和淫妇的象征。视孔雀为恶鸟,并忌讳乌龟。

法国人视鲜艳色彩为高贵,视马为勇敢的象征,认为蓝色是"宁静"和"忠诚"的色彩,粉红色是积极向上的色彩。

3.3.8 旅游资源、旅游业

法国拥有丰富的旅游资源、悠久的历史文化和保护完好的文物古迹。近年来,法国旅游部门和相关行业注意旅游市场的开发,增强市场竞争力,将旅游产品拉开档次,以吸引更多的人加入旅游大军,使旅游业得到了新的发展。

1. 旅游资源

(1) 旅游城市。

1) 巴黎。巴黎为历史名城,是世界上接待游客最多的城市和最繁华的大都市之一,素有"世界花都"之称,也是西欧的一个政治、经济和文化中心。巴黎位于法国北部盆地的中央,横跨塞纳河两岸。巴黎的工业生产总值约占全国的1/4,工人数量约占全国的1/5,汽车工业居全国首位。在轻工业产品中,巴黎有传统的服装、化妆品、装饰品和时髦家具等,这些产品都享有世界声誉。巴黎香水享誉全球,有"梦幻工业"之称,被法国人视为国宝。

巴黎的主要旅游景点有:阿尔卑斯山区、巴黎圣母院、凡尔赛宫、枫丹白露、凯旋门、卢浮宫、亚历山大三世桥、塞纳河、圣心教堂、埃菲尔铁塔、香榭丽舍大街、协和广场等。此外,巴黎市还有约70座博物馆。

2) 马赛。马赛是法国第二大城市和第一大贸易港口,法国重要工业中心,世界最大的客运港之一。马赛景色秀丽,气候宜人。圣母加德大教堂是马赛的象征,旧港区是整个马赛地区的中心和精华所在,伊夫城堡因为大仲马的著名小说《基督山伯爵》而声名大噪。

马赛的主要旅游景点有:伊夫岛、圣母加德大教堂、旧港、马赛美术馆、隆尚宫、圣维克多修道院等。

3) 里昂。里昂为法国第三大城市,为欧洲最重要的丝绸产地和贸易中心,又因拥有几百幅壁画而被称为"壁画之都"。在十字架—鲁斯街口,有一幅面积为1 200平方米的名为《卡尼》的壁画,是目前欧洲最大的城市壁画;全市有博物馆21个,最出名的有丝织博物馆、艺术博物馆等。里昂四季温和,非常适合旅游。

里昂的主要旅游景点有:圣让首席大教堂、高卢—罗马文化博物馆、卢米埃尔纪念馆、印刷博物馆、丝织博物馆、古罗马大剧院、里昂装饰艺术博物馆、白莱果广场等。

4）尼斯。尼斯是法国第二大旅游胜地，最近40年，已发展成为全欧洲最具魅力的度假胜地——黄金海岸。尼斯是北欧王公贵族避暑的胜地，狂欢节是欣赏"更美的尼斯"的大好时机。到香水之城葛拉斯，一定要参观"国际香水博物馆"。英国人漫步大道、俄国东正教大教堂、马塞纳广场、马蒂斯博物馆、夏加尔美术馆、圣雷帕拉特大教堂等都是旅游的好去处。

尼斯的主要旅游景点有：蒙特卡罗、葛拉斯、亲王宫、大赌场、尼斯当代美术馆、埃兹、尼斯歌剧院、海洋学博物馆。

5）普罗旺斯—埃克斯。普罗旺斯是法国著名旅游胜地，薰衣草的故乡，位于法国东南部地区，法国人称之为"蓝色海岸"。从山巅到海滨，那里处处阳光普照。农民在田间种植上层层叠彩的玫瑰、石竹、紫罗兰，香溢百里。紫色的薰衣草海浪更是如梦似幻，令人如入仙境，流连忘返。

埃克斯是法国南部的旅游热点城市之一，是近代绘画之父——保罗·塞尚的出生地。圆形竞技场是一座可容纳2万人的巨型竞技场，也是亚耳的标志性建筑；古罗马剧场是与圆形竞技场齐名的古罗马建筑；米拉波大道被誉为世界上最优美的大道；格兰特美术馆是当地最重要的博物馆之一。

普罗旺斯—埃克斯的主要旅游景点有：圆形竞技场、塞尚画室、梵高医院、米拉波大道、古罗马剧场、圣苏维尔大教堂、梵高的吊桥、亚耳古代博物馆。

6）戛纳。戛纳是欧洲著名旅游胜地，国际名流社交场所，与临近的尼斯、摩纳哥的蒙地卡罗并称南欧旅游三大胜地。戛纳位于尼斯以南25公里，濒临地中海，是阿尔卑斯省会城市。这里海滩蔚蓝、棕榈青翠、气候温和、风光明媚；占据了阳光、大海、橄榄园等得天独厚自然环境的戛纳，是日光浴者的天堂，也是弄潮儿和划船者的乐园。那里大型活动和节庆颇多，除了作为世界影城的国际电影节，每年2月有金合欢节，还有国际赛船节、国际音乐唱片节、含羞草节等。戛纳有近9万名常驻居民，而每年要接待超过24万名游客。

戛纳的主要旅游景点有：城堡美术馆、影节宫、列航群岛等。

（2）旅游名胜。

1）巴黎凯旋门。坐落在巴黎市中心星形广场（现称戴高乐将军广场）的中央，是法国为纪念拿破仑1806年2月在奥斯特尔里茨战役中打败俄、奥联军而建的，12条大街以凯旋门为中心，向四周辐射，气势磅礴，形似星光四射。

2）埃菲尔铁塔。在巴黎市中心塞纳河南岸，是世界上第一座钢铁结构的高塔，被视为巴黎的象征。因法国著名建筑师斯塔夫·埃菲尔设计建造而得名。建于1887—1889年。塔高300余米，塔身重达9 000吨，分三层。

3）卢浮宫。法国最大的王宫建筑之一，位于巴黎市中心塞纳河右畔、巴黎歌剧院广场南侧。原是一座中世纪城堡，16世纪后经多次改建、扩建，至18世纪形成现存规模。占地约45公顷。

4）巴黎圣母院。最著名的中世纪哥特式大教堂，以其规模、年代和在考古、建筑上的价值而著称。

5）巴士底狱遗址。位于巴黎市区东部、塞纳河右岸，这里曾是 1369—1382 年建立的一座军事堡垒。在法国人民心目中，巴士底狱已成为法国封建专制统治的象征。1789 年 7 月 3 日，巴黎人民奋然起义，14 日攻占了巴士底狱，揭开了法国大革命的序幕。1880 年 6 月，法国将 7 月 14 日巴黎人民攻占巴士底狱这一天定为法国国庆日。

6）先贤祠。位于巴黎市中心塞纳河左岸的拉丁区，于 1791 年建成，是永久纪念法国历史名人的圣殿。它原是路易十五时代建成的圣·热内维耶瓦教堂，1791 年被收归国有脱离宗教后，改为埋葬"伟人"的墓地。至今，共有 72 位对法兰西做出非凡贡献的人享有这一殊荣，其中仅有 11 位政治家。

7）乔治·蓬皮杜国家艺术文化中心。坐落在巴黎拉丁区北侧、塞纳河右岸的博堡大街，当地人常简称其为"博堡"。这座设计新颖、造型特异的现代化建筑是已故总统蓬皮杜于 1969 年决定兴建的，1977 年建成开馆。整座建筑占地 7 500 平方米，建筑面积共 10 万平方米，地上 6 层。整座建筑分为工业创造中心、大众知识图书馆、现代艺术馆，以及音乐音响谐调与研究中心四大部分。

8）巴黎协和广场。位于巴黎市中心、塞纳河北岸，是法国最著名的广场和世界上最美丽的广场之一。

9）香榭丽舍大街。东起协和广场、西至星形广场，全长约 1 800 米，街道最宽处约 120 米，是横贯巴黎且最具特色、最繁华的街道之一。在法文中"香榭丽舍"是"田园乐土"的意思。法国的一些重大节日——7 月 14 日国庆阅兵式、新年联欢等都在这条著名的街道上举行。

2．旅游业

法国位于欧洲中心，地理位置得天独厚，拥有非常丰富的自然与文化遗产，这使得法国旅游业高度繁荣，处于世界旅游发展的最高级阶段。法国是世界上第一大旅游目的地国家，旅游接待量非常惊人，2014 年接待的外国游客总数为 8 370 万人次，2014 年欧洲游客赴法旅游人数下降了 1.7%，而亚洲游客赴法旅游人数增加了 16%，其中中国游客占主流。法国的国内旅游有以下几个特征：法国的度假旅游者当中参加国内旅游的人数占绝对多数，出境旅游水平比大多数西欧国家低得多；度假旅游的高峰期十分集中，即集中于夏季的 7 月至 8 月；度假旅游的交通工具高度依赖于私人汽车，绝大多数人是驾车旅游；城市的度假旅游人口比例高于农村的比例。

法国人主要的出境旅游目的地国家是西班牙、意大利、德国、英国、美国等。法国与中国旅游经贸往来密切，每年来华旅游规模大约 50 万人次，在来华旅游客源国中处于前 20 位。2014 年，法国来华旅游人数达到 51.7 万人次，在来华旅游客源国中位列 17，位居西欧客源国的第三位（仅次于德国、英国）。

3.4 意大利

3.4.1 国名、国旗、国徽、国歌

1. 国名

意大利全名为意大利共和国（Republic of Italy），国名由南部一部落名演变而来，原意为"牧羊场"。

2. 国旗

意大利国旗呈长方形，长与宽之比为3∶2。旗面由三个平行相等的竖长方形相连构成，从左至右依次为绿、白、红三色。意大利原来国旗的颜色与法国国旗相同，1796年才把蓝色改为绿色。据记载，1796年拿破仑的意大利军团在征战中曾使用由拿破仑本人设计的绿、白、红三色旗。1946年意大利共和国建立，正式规定绿、白、红三色旗为共和国国旗。

3. 国徽

意大利国徽呈圆形。中心图案是一个带红边的五角星，象征意大利共和国；五角星背后是一个大齿轮，象征劳动者；齿轮周围由橄榄枝叶和橡树叶环绕，象征和平与强盛。底部的红色绶带上用意大利文写着"意大利共和国"。

4. 国歌

意大利国歌为《马梅利之歌》，国花为雏菊，国树为五针松，国石为珊瑚。货币原为里拉，现通用欧元。

3.4.2 地理位置、自然条件

1. 地理位置

意大利面积301 318平方公里，位于欧洲南部，包括亚平宁半岛及西西里岛、撒丁岛等岛屿。北以阿尔卑斯山为屏障与法国、瑞士、奥地利和斯洛文尼亚接壤，东、西、南三面临地中海的属海亚德里亚海、爱奥尼亚海和第勒尼安海。

2. 自然条件

意大利海岸线长7 200多公里。全境4/5为山丘地带。有阿尔卑斯山脉和亚平宁山脉。意、法边境的勃朗峰海拔4 810米，居欧洲第二位；有著名的维苏威火山和欧洲最大的活火山——埃特纳火山。最大河流是波河。较大湖泊有加尔达湖、马焦雷湖等。大部分地区属亚热带地中海式气候。1月平均气温为2~10℃，7月为23~26℃。年平均降水量500~1 000毫米。

3.4.3 人口状况、发展简史

1. 人口状况

意大利人口为 6 134 万（2014 年），94%的居民为意大利人，少数民族有法兰西人、拉丁人、罗马人、弗留里人等。居民讲意大利语，个别地区讲法语和德语。大部分居民信奉天主教。

2. 发展简史

公元前 2000—前 1000 年，不断有印欧民族迁入境内。公元前 27—476 年为罗马帝国时期。1861 年建立意大利王国。第一次世界大战，意大利加入协约国并取得胜利。第二次世界大战，意大利加入德国一方向英、法宣战。1943 年墨索里尼被推翻，意大利无条件投降。1946 年宣告废除君主制，成立意大利共和国。战后意政府更迭频繁，但政府的内外政策具有相对的稳定性和连续性。

3.4.4 资源状况、经济发展

1. 资源状况

同其他西方发达国家相比，意大利存在着资源贫乏、工业起步较晚的劣势。但意大利注意适时调整经济政策，重视研究和引进新技术，促进经济发展。矿产资源仅有水力、地热、天然气、大理石、汞、硫黄等资源，还有少量铅、铝、锌和铝矾土等。

2. 经济发展

意大利的工业主要以加工工业为主，所需能源和原料依赖外国进口，工业产品的 1/3 以上供出口。意大利的原油年加工能力为 1 亿吨左右，有"欧洲炼油厂"之称；钢产量居欧洲第二；塑料工业、拖拉机制造业、电力工业等也位居世界前列。

中小企业在经济中占有重要地位，近 70%的国内生产总值由这些企业创造，因此被世人称为"中小企业王国"。制革、制鞋、纺织、家具、首饰、酿酒、机械、大理石开采及电子工业等部门均占优势。

意大利农业可耕地面积约占全国总面积的 10%。

对外贸易是意大利经济的主要支柱，外贸连年顺差，是继日本、德国之后世界第三大贸易顺差国。进口主要以石油、原料和食品等为主，出口以机械设备、化工产品、家用电器、纺织、服装、皮鞋、金银首饰等轻工产品为主。2014 年，意大利的 GDP 总计为 2.14 万亿美元，人均 GDP 为 34 960 美元。

3.4.5 首都、行政区划

1. 首都

意大利首都为罗马，人口约 283 万人（2013 年），是国家政治、经济、文化和交通中心,世界著名的历史文化名城,古罗马帝国发祥地,因建城历史悠久而被称为"永恒之城"。

2. 行政区划

意大利全国划分为 20 个行政区,共 103 个省、8 088 个市(镇)。

3.4.6 政治、外交、与中国关系

1. 政治

总统对外代表国家,由参、众两院联席会议选出。总理由总统任命,对议会负责。议会是最高立法和监督机构,由参议院和众议院组成。

2. 外交

意大利对外政策的基本点是立足西欧,积极推动欧洲一体化进程,主张欧洲应有共同的外交和防务政策;依靠北约,重视同美国的传统关系;强调建立公正合理的国际新秩序,主张世界多极化和加强地区性合作;认为联合国应在世界新格局中发挥主导作用。

3. 与中国关系

1970 年 11 月 6 日,意大利与中国建交。两国自建交以来双边关系发展顺利,高层互访不断。意大利佩尔蒂尼总统、卡尔法罗总统、钱皮总统、阿马托总理、贝卢斯科尼总理、普罗迪总理等曾访问中国。中国李先念主席、江泽民主席、李鹏总理、朱镕基总理等也曾先后应邀访问过意大利。2004 年 5 月,温家宝总理对意大利进行正式访问,双方签署联合公报,决定建立中意政府委员会。2011 年 6 月 8 日时任国家副主席习近平抵达意大利,会见纳波利塔诺总统,出席"意大利统一 150 周年"庆典。

3.4.7 文化传统、民俗风情

1. 服饰

意大利人在正式社交场合一般是穿西式服装。尤其是在参加一些重大的活动时,他们十分注意着装整齐,喜欢穿三件式西装。在婚礼上,新娘喜欢穿黄色的结婚礼服。在一些节庆活动中,常举行规模盛大的化装游行,从小孩到老年人,都穿各式各样的奇装异服。

2. 饮食

意大利人用餐十分讲究,几样菜要分道吃。首先是冷盘,头盘一般是各种面食、米饭、汤或其他主食等。第二盘是各种肉、鱼等,接着是各种蔬菜等。然后是甜品、水果和冰激凌等,最后是咖啡。意大利的比萨饼美味无比,真正的比萨饼是在烧木材的炉子上烤出来的,再加上莫兹阿勒奶酪。意大利人把各种面食类如葱卷、馄饨、通心粉、炒饭等作为菜用,而不作为粮食食用。

意大利盛产葡萄酒,酒的名目繁多,是家庭的必备饮料。午饭和晚饭时,男女老少很

少不喝葡萄酒,客人来了也以酒相待。意大利人年均饮酒量大约120升,但人们很少酗酒,席间也不劝酒,各人量力而为。意大利人习惯吃西餐,以法式菜为主,大多数人也都喜欢中国饮食。他们一般重视晚餐,用餐时往往边喝酒边聊天,一顿饭往往要吃一两个小时甚至更长时间。

在意大利,进餐的习惯是男女分开就座。在用餐过程中,不要把刀叉弄得叮当作响,在吃面条时,用叉子将面条卷起来往嘴里送,不可用嘴吸,尤其是在喝汤时不要发出响声。每道菜用完后,要把刀叉并排放在盘里,表示这道菜已用完,即使有剩的服务员也会撤走盘子。

3. 节日

意大利全年有大约 1/3 的日子属节日。意大利节日与宗教有着密切关系,因此可分为宗教节日和非宗教节日。除了公共节日外,各地还有许多地方性节日。

意大利的宗教节日如下。

(1) 圣诞节(12月25日)。圣诞节是意大利最隆重的节日。一般放假至元旦后,或放至主显节,共有1~2个星期的假期。12月24日晚是圣诞之夜,人们要进行守夜,通宵达旦地举行庆祝活动。意大利人过圣诞节要全家团聚,所以是个团圆节。

(2) 主显节(1月6日)。亦称"显现节",原是纪念"东方三博士前来朝拜圣婴耶稣"的节日,也是意大利的儿童节。传说这天骑着扫帚的巫婆会从屋顶的烟囱钻进屋里来,把礼物装在靴子里送给小孩。于是,大人们就把给孩子的各种礼物装在长筒靴中,放在壁炉上,而淘气的孩子会收到样子像黑炭块的糖。

(3) 狂欢节(复活节前41天)。亦称"谢肉节",在大斋前一天举行。根据基督教教义,大斋期间基督教徒不应食肉,也不应该举行婚礼和其他娱乐活动,所以在大斋开始前举行一次狂欢活动。现在的人对教规不是很在意,狂欢节的传统反而延续下来了。

(4) 复活节(每年春分月圆后的第一个星期日,一般在4月初)。庆祝耶稣死后三天又复活的节日,时间在春分月圆后的第一个星期天。这是圣诞节后意大利的又一重要节日,一般放假一星期,人们习惯利用这个假期外出旅游。彩蛋、兔子和小鸡是这个节日的象征,代表着新生命的诞生。

(5) 八月节(8月15日)。古罗马时代沿袭下来的节日,庆祝圣母升天。一般要举办盛大的八月节舞会。在这一天,意大利的城市里从市中心到郊区,都将举办专业的舞蹈表演,音乐由乐队现场演奏,观众也被邀请加入到舞蹈表演中来。人们要在八月节前后度假,避过一年中最热的时候。

(6) 万圣节(11月2日)。类似于我们的清明节,是一个怀念故人的日子,意大利人要扫墓并以菊花祭奠逝者。美国风格的万圣节活动在意大利并不流行。

意大利的非宗教节日主要有:

1月1日的元旦节、2月14日的情人节、3月8日的妇女节、4月25日的意大利解放日、5月1日的劳动节、每年5月的第二个星期日的母亲节、6月2日的国庆节等。

4. 礼仪

意大利人开朗、热情，十分注重礼貌，见面有互致问候和拥抱的习惯。问候时，按情况分别称对方为"先生"、"夫人"、"小姐"等。对待长辈、上级以"您"尊称。如果是较熟的朋友则以"你"相称，以表示亲近。意大利人的姓名通常由两部分组成，前一部分为名，后一部分为姓。意大利人有称名而不称姓的习惯，对长者、有地位的人或不太熟悉的人，则称呼他们的姓。意大利妇女结婚后，一般都保留自己的名字而改姓丈夫的姓。游客在意大利遇到困难，一般都会得到意大利人不求回报的热情帮助。

在意大利，互相赠送礼物也是很普遍的。意大利人交谈的话题一般有足球、家庭事务、公司事务及当地新闻等，应避免谈美式足球和政治。

女士受到尊重，特别是在各种社交场合，女士处处优先。宴会时，要让女士先吃，只有女士先动刀叉进餐，先生们才可用餐。进出电梯时，要让女士先行。

意大利习惯对死者进行土葬。各地都有公墓。大城市的公墓十分讲究，就像一座花园，里面还有许多精美的雕刻。

意大利人时间观念上的要求不是很严格，特别是出席宴会、招待会等活动时，他们习惯迟到。

5. 禁忌

意大利人忌讳数字"13"和"星期五"，认为"13"这一数字象征着凶兆，"星期五"也是不吉利的象征。

意大利人忌讳菊花。因为菊花是丧葬场合使用的花，是放在墓前为悼念故人用的花，是扫墓时用的花。因此，人们把它视为"丧花"。如送鲜花，切记不能送菊花，如送礼品切记不能送带有菊花图案的礼品。

如送其他鲜花时要注意送单数。红玫瑰表示对女性的一片温情，一般不宜送。

意大利人忌讳用手帕作为礼品送人。认为手帕是擦泪水用的，是一种令人悲伤的东西。所以，用手帕送礼是失礼的。

意大利人还忌讳别人用目光盯视他们。认为这是对人的不尊敬，盯人者可能还有不良的企图。在与不认识的人打交道时，忌讳用食指侧面碰击额头，因为这是骂人"笨蛋"、"傻瓜"。一般也忌讳用食指指着对方，讲对方听不懂的语言，这样做造成的后果将不可收拾。

意大利人忌紫色，也忌仕女像、十字花图案。意大利人对自然界的动物有着浓厚的兴趣，喜爱动物图案，尤其对狗和猫都异常偏爱。

3.4.8 旅游资源、旅游业

1. 旅游资源

意大利旅游资源丰富，气候湿润，风景秀丽，文物古迹很多，有良好的海滩和山区，公路四通八达，旅馆多为中小型。主要旅游城市是罗马、佛罗伦萨和威尼斯。

（1）罗马。罗马是意大利重要的历史、艺术和文化中心。罗马有"三多"，即雕塑多、教堂多和喷泉多。梵蒂冈在罗马市内，是世界天主教中心。罗马既具备现代化城市特征，又遍布历史遗迹，特别是古罗马时代的废墟，还有许多文艺复兴时代的巴洛克式美丽建筑。罗马的科洛塞奥姆大斗兽场已有 1 900 年的历史。市内帝国大道两旁，集中了大部分罗马帝国的古都遗迹，矗立着罗马帝国的元老院、神殿、贞女祠和一些皇帝的宗庙。

（2）佛罗伦萨。意大利重要的文化、历史旅游中心（在亚平宁山脉北段范围内），其未受破坏的城市中心，遍布 12 世纪至 17 世纪的建筑物。市内的乌菲齐美术馆有"文艺复兴的艺术宝藏"之誉，藏有世界最杰出的艺术品，包括达·芬奇、波提切利和米开朗基罗的著名绘画。在佛罗伦萨美术学院存有米开朗基罗的大卫雕像。在教堂和历史建筑物中，还有其他许多艺术品。

（3）威尼斯。作为文艺复兴时代的艺术宝库，威尼斯有着独一无二的魅力。它保留着中世纪的曲折街巷、开阔的圣马可广场和城市内运河系统。威尼斯号称"水都"，106 条河流和水港将全城分割成 118 个小岛街区，而 400 多座拱桥则将各街区连为一体。市内没有汽车，游览该市只能乘交通船、小汽艇或步行，这些可使旅游者体验到工业革命前的城市生活。

（4）米兰。在米兰的众多古迹中，教堂是一大艺术特色。其中以杜奥莫广场旁的杜奥莫教堂最负盛名，这所教堂是哥特式建筑的典范，为欧洲三大教堂（其余二者为罗马的圣彼得大教堂、佛罗伦萨的佛罗伦萨大教堂）之一。在斯加广场有达·芬奇全身雕像。在米兰艺术博物馆珍藏着著名大型装饰油画《最后的晚餐》。金碧辉煌的拉斯加拉歌剧院素有"歌剧圣地"之称。

（5）帕拉迪索国家公园。位置接近意、法边界，以其稀有动物著称于世。滑雪中心集中于奥斯塔谷地，主要有切尔维尼亚和库马约尔。

（6）里维埃拉海岸。利古里亚沿海的意、法边界与拉斯佩齐亚之间的一段海岸，是意大利著名的海岸游憩胜地。该段海岸以山地为背景，海岸地形多为悬崖峭壁，间有沙质海滩，许多地方也有卵石分布，冬季气温较高，几乎没有霜冻，这里可开展的旅游形式多种多样。

（7）西西里岛。在意大利南部，隔墨西拿海峡与亚平宁半岛相望。西西里岛多山，人口集中于海岸一带，内地酷似沙漠。该岛历史悠久，有丰富的艺术宝藏，在阿格里真托有希腊神庙，在锡腊库萨有罗马废墟，在卡塔尼亚有中世纪城堡。此外，岛上还拥有优良的沙滩和疗养旅游胜地，如切法卢、陶尔米纳、巴勒莫等。

2. 旅游业

旅游业在意大利成为一个成熟的产业，已有 100 多年的历史。现在，旅游业已成为意大利重要的外汇来源和带来就业机会的一个行业。2011 年意大利旅游收入达到 2 700 亿美元左右，位居世界第四，接待外国游客达 4 400 万。其中 2010 年意大利外国游客中中国入境旅游人数环比暴涨一倍以上。

意大利以其优良的气候、地中海海岸、湖泊风景、历史名城和各种体育运动胜地强烈地吸引着大量的国际旅游者。外国旅游者中，有将近一半的人选择其艺术、历史旅游地，也有相当多的人是为了进行几种体育运动，还有的选择了这里的风景旅游地。国际旅游者高度集中于意大利北半部，其到达人数可达全国国际旅游到达人数的2/3，意大利中部的罗马大约拥有国际到达人数的1/10。这说明，意大利的湖泊、山地、历史和文化资源更受国际旅游者的青睐。

目前，到国外度假旅游的意大利人数量相对较少。出境人数估计仅为入境的外国旅游者的十几分之一。意大利旅游资源的多样性意味着大多数旅游者的需求可在国内得到满足。然而，意大利的经济发展带来了购买力的日益增强，因此也推动其出境旅游极其迅速地增长。意大利的出境旅游者以去法国、西班牙、巴尔干半岛者最多，其次是去英国、德国、瑞士和奥地利。

3.5 俄罗斯

3.5.1 国名、国旗、国徽、国歌

1. 国名

俄罗斯的全称是俄罗斯联邦（Russian Federation）。9世纪，在建立以基辅为中心的古罗斯国家过程中，逐步形成了俄罗斯人的祖先古罗斯部族人，这也成为此后国家名称的来源。

2. 国旗

俄罗斯国旗呈横长方形，长与宽之比约为3∶2。旗面由三个平行且相等的横长方形相连而成，自上而下分别为白、蓝、红三色。俄罗斯幅员辽阔，国土跨寒带、亚寒带和温带三个气候带。三色横长方形平行相连，表示了俄罗斯地理位置上的这一特点：白色代表寒带一年四季白雪茫茫的自然景观；蓝色既代表亚寒带气候区，又象征俄罗斯丰富的地下矿藏和森林、水力等自然资源；红色是温带的标志，也象征俄罗斯历史的悠久和对人类文明的贡献。

3. 国徽

俄罗斯的国徽为盾徽。1993年11月30日，俄罗斯决定采用十月革命前伊凡雷帝时代的、以双头鹰为图案的国徽：红色盾面上有一只金色的双头鹰，鹰头上是彼得大帝的三顶皇冠，鹰爪抓着象征皇权的权杖和金球。鹰胸前是一个小盾形，上面是一名骑士和一匹白马。

双头鹰的由来可追溯到15世纪。双头鹰原是拜占庭帝国君士坦丁一世的徽记。拜占庭帝国曾横跨欧亚两个大陆，双头鹰一头望着西方，另一头望着东方，象征着两块大陆间的统一及各民族的联合。1453年，曾辉煌一时的拜占庭帝国被奥斯曼土耳其帝国灭亡，拜占庭皇帝君士坦丁十一世英勇战死。他的两个弟弟，一个臣服于奥斯曼帝国，另一个带着两

个儿子和女儿索菲娅·帕列奥洛格逃到罗马。后来，这两儿一女在其父死后被罗马教皇抚养成人。当时的罗马政治家们为了借助俄罗斯的军事力量抵御土耳其人，便用联姻的方式将索菲娅许配给了莫斯科大公伊凡三世。索菲娅由此佩戴着拜占庭帝国威严的双头鹰徽记来到了俄罗斯。索菲娅后来协助夫君伊凡三世把俄罗斯的土地基本上联合到一起，形成了一个疆域辽阔的统一的国家。

1497 年，双头鹰作为国家徽记首次出现在俄罗斯的国玺上，直至 1918 年。1993 年 11 月 30 日，这只象征俄罗斯国家团结和统一的双头鹰又"飞"回到俄罗斯的国徽上。20 世纪末，国家杜马从法律上确定了双头鹰是俄罗斯的国家象征。

4．国歌

俄罗斯国歌为《俄罗斯联邦国歌》，国花为葵花。货币为卢布。

3.5.2 地理位置、自然条件

1．地理位置

俄罗斯面积为 1 707.54 万平方公里（占苏联领土面积的 76%），居世界第一位。位于欧洲东部和亚洲北部，其欧洲领土的大部分是东欧平原。北临北冰洋，东濒太平洋，西接大西洋。东西最长为 9 000 公里，南北最宽为 4 000 公里。陆地邻国西北面有挪威、芬兰，西面有爱沙尼亚、拉脱维亚、立陶宛、波兰、白俄罗斯，西南面是乌克兰，南面有格鲁吉亚、阿塞拜疆、哈萨克斯坦，东南面有中国、蒙古国和朝鲜。东面与日本和美国隔海相望。

2．自然条件

俄罗斯的地势总的说来东高西低。地形复杂多样，但以平原为主，平原面积约占全国 70%。主要平原大体以乌拉尔山脉为界分为东欧平原和西西伯利亚平原。东部为崇山峻岭盘踞的山地，南部边境也多高大山脉绵延。

俄罗斯海岸线长 33 807 公里，河流与湖泊众多，注入北冰洋的主要大河有北德维纳河、伯朝拉河、鄂毕河、叶尼塞河和勒拿河，注入太平洋的大河为阿穆尔河，属于大西洋水系的河流有涅瓦河、顿河等。俄罗斯著名河流伏尔加河为内陆河，它注入里海。最主要湖泊除里海外还有贝加尔湖，它是世界最深（最深处达 1 620 米）和蓄水量最大（23 000 立方千米）的淡水湖。

俄罗斯所处纬度较高，大部分地区处于北温带，气候多样，以大陆性气候为主。温差普遍较大，1 月平均气温为 -37 ~ -1℃，7 月平均气温为 11 ~ 27℃。年降水量平均为 150 ~ 1 000 毫米。北部沿海和岛屿属寒带气候，南部的黑海沿岸属亚热带气候。西部沿海小面积的地区有温带海洋性气候的一些特征，远东地区有温带季风气候，广大地区为温带大陆性气候，许多山区为山地气候。总体上讲，俄罗斯的气候特征是夏季短促凉爽，冬季漫长寒冷，气温的日和年较差都比较大，空气较干燥，降水较少，气温和降水有自西向东递减的趋势。

3.5.3 人口状况、发展简史

1. 人口状况

俄罗斯人口约 1.43 亿（2014 年）。全国有 130 多个民族，其中俄罗斯人占 82.95%，主要少数民族有鞑靼、乌克兰、楚瓦什、巴什基尔、白俄罗斯、摩尔多瓦、日耳曼、乌德穆尔特、亚美尼亚、阿瓦尔、马里、哈萨克、奥塞梯、布里亚特、雅库特、卡巴尔达、犹太、科米、列兹根、库梅克、印古什、图瓦等。人口分布极不均衡，西部发达地区平均每平方公里 52～77 人，个别地方达 261 人；而东北部苔原带平均每平方公里不到 1 人。高加索地区的民族成分最为复杂，有大约 40 个民族在此生活。居民多信奉东正教，其次为伊斯兰教。俄语是俄罗斯联邦全境内的官方语言，各共和国有权规定自己的国语，并可在该共和国境内与俄语一起使用。主要少数民族都有自己的语言和文字。

2. 发展简史

俄罗斯人的祖先为东斯拉夫人的罗斯部族。15 世纪末，大公伊凡三世建立了中央集权制国家——莫斯科大公国。1547 年，伊凡四世自封为"沙皇"，其国号称俄国。17 世纪中期乌克兰和俄罗斯合并为统一的国家。经过 1700—1721 年的北方战争，俄罗斯得到了通往波罗的海的出海口，从内陆国变为濒海国。1812 年俄罗斯消灭了入侵的拿破仑军队。

俄罗斯于 1905 年发生了第一次俄国革命，1917 年发生二月革命。1917 年 11 月 7 日俄国人民取得十月社会主义革命的胜利，建立了世界上第一个社会主义国家——苏维埃联邦社会主义共和国。1922 年 12 月 30 日，苏维埃社会主义共和国联盟正式成立，俄罗斯联邦同乌克兰、白俄罗斯和外高加索联邦（包括阿塞拜疆、亚美尼亚和格鲁吉亚）一起加入。后来，苏联解体。1992 年俄罗斯决定使用两个同等地位的正式国名"俄罗斯联邦"和"俄罗斯"。

3.5.4 资源状况、经济发展

1. 资源状况

俄罗斯的自然资源十分丰富，种类多、储量大、自给程度高。石油探明储量 65 亿吨，占世界探明储量的 12%～13%。森林覆盖面积 8.67 亿公顷，占国土面积的 50.7%，居世界第一位。木材蓄积量 807 亿立方米。天然气已探明蕴藏量为 48 万亿立方米，占世界探明储量的 1/3 强，居世界第一位。水力资源 4 270 立方千米/年，居世界第二位。核电占俄电力的 10%。煤蕴藏量 2 000 亿吨，居世界第二位。铝蕴藏量居世界第二位，铁蕴藏量居世界第一位，铀蕴藏量居世界第七位，黄金储藏量居世界第四至第五位。

2. 经济发展

俄罗斯工业基础雄厚，部门齐全，以机械、钢铁、冶金、石油、天然气、煤炭、森林工业及化工等为主，纺织、食品和木材加工业也较发达。农牧业并重，主要农作物有小麦、大麦、燕麦、玉米、水稻和豆类。经济作物以亚麻、向日葵和甜菜为主。畜牧业主要为养牛、养羊、养猪业。出口商品主要有石油、天然气、电力、煤、机器设备、黑色及有色金属等，进口商品主要有机器设备、食品、化工产品等。2014年俄罗斯的GDP总计为1.86万亿美元，人均GDP为12 937美元。

3.5.5 首都、行政区划

1．首都

俄罗斯首都为莫斯科，人口约1 211万（2015年）。莫斯科是俄罗斯的政治、经济、文化、金融、交通中心以及最大的综合性城市，是一座国际化大都市。

2．行政区划

俄罗斯由88个联邦主体组成，包括21个共和国、7个边疆区、48个州、2个联邦直辖市（莫斯科和圣彼得堡）、1个自治州（犹太自治州）、9个民族自治区。

3.5.6 政治、外交、与中国关系

1．政治

俄罗斯实行总统制的联邦国家体制，各联邦主体的权利、地位平等。俄罗斯联邦总统是国家元首，是国家武装力量的最高统帅。俄罗斯联邦会议是俄罗斯联邦的代表与立法机关，由联邦委员会（上院）和国家杜马（下院）两院组成。国家杜马是俄罗斯的立法机构，俄罗斯联邦政府是俄罗斯联邦的执行权力机构。

2．外交

俄罗斯开展全方位外交，以独联体为战略重点，以与西方关系、特别是与欧洲关系为优先，同时加强亚太外交，加大对中、印等亚太大国的借重。其宗旨是积极推动多极化进程，力主重振俄大国地位，突出维护国家利益，着眼点是为俄国的经济复兴创造有利的外部条件。

3．与中国关系

1949年10月2日，中国与苏联建交。苏联解体后，1991年12月27日，中俄两国在莫斯科签署《会谈纪要》，解决了两国关系的继承问题。2001年7月，江泽民主席对俄罗斯进行国事访问，双方签署了《中俄睦邻友好合作条约》。2005年6月2日，中国和俄罗斯在符拉迪沃斯托克互换《中华人民共和国和俄罗斯联邦关于中俄国界东段的补充协定》批准书，这标志着两国彻底解决了所有历史遗留的边界问题。近年来，两国高层交往不断，经贸交流不断加强。

3.5.7 文化传统、民俗风情

1. 服饰

俄罗斯人大都讲究仪表，注重服饰。俄罗斯人穿戴与欧洲流行的穿戴已无多大差别，男子多穿西服、戴呢帽，冬天则罩长外衣、戴皮帽。女子穿连衣裙，西服上衣或西服裙，秋冬两季戴呢帽或皮帽、罩长大衣，夏天系花头巾。

在俄罗斯民间，已婚妇女必须戴头巾，并以白色的为主；未婚姑娘则不戴头巾，但常戴帽子。在城市里，俄罗斯人多穿西装或套裙。前去拜访俄罗斯人时，进门之后务必立即自觉地脱下外套、摘下手套和帽子，并且要摘下墨镜。

2. 饮食

在饮食习惯上，俄罗斯人讲究量大实惠、油大味厚。他们喜欢酸、辣、咸味，偏爱炸、煎、烤、炒的食物，尤其爱吃冷菜。

俄罗斯人一般以面包为主食，很爱吃用黑麦烤制的黑面包。他们喜爱牛、羊肉，但不大爱吃猪肉。俄罗斯人的早餐一般较简单，吃上几片黑面包、喝一杯酸奶就可以了。但中餐和晚餐很讲究，他们要吃肉饼、牛排、红烧牛肉、烤羊肉串、烤山鸡、鱼肉丸子、炸马铃薯、红烩的鸡和鱼等。他们爱吃中国的许多菜肴，对北京的烤鸭很欣赏，但不吃海蜇、海参、乌贼和木耳之类的食物，有的人还不吃虾和鸡蛋。不禁酒，也不禁食猪肉。

俄罗斯人在中餐和晚餐一定要喝汤，并且要求汤汁浓，鱼片汤、肉丸汤、鸡汁汤等都深受他们的喜爱。凉菜小吃中，俄罗斯人喜吃生西红柿、生洋葱、酸黄瓜、酸白菜、酸奶渣和酸奶油拌色拉等，他们吃凉菜的时间较长。他们喝啤酒佐餐，酒量也很大。喜欢烈性的伏加特酒，对中国的"二锅头"等白酒也是爱不释手。他们在喝红茶时有加柠檬和糖的习惯，通常不喝绿茶。酸奶和果子汁则是妇女儿童喜爱的饮料。吃水果时，他们多不削皮。

用餐时，俄罗斯人多用刀叉。他们忌讳用餐发出声响，并且不能直接用匙饮茶，或让其直立于杯中。通常，他们吃饭时只用盘子，而不用碗。

3. 节日

俄罗斯的法定节日有：元旦（1月1日）、东正教圣诞节（1月6日）、妇女节（3月8日）、劳动节（5月1日）、胜利节（5月9日）、独立日（6月12日）、十月革命节（11月7日）、宪法日（12月12日）。

4. 礼仪

俄罗斯人性格豪放开朗，喜欢谈笑，组织纪律性强，习惯统一行动。他们与人见面先问好，再握手致意。亲人和好友间见面和告别时，习惯于接吻和拥抱，要在对方面颊上连吻三下，顺序是左—右—左。在迎接贵宾时，俄罗斯人通常会向对方献上面包和盐，这是给予对方的一种极高的礼遇，来宾必须对其欣然接受。称呼俄罗斯人要称其名和父名，不能只称其姓。目前在俄罗斯"先生"、"同志"、"公民"三种称呼并存。

俄罗斯人与人相约讲究准时。他们尊重女性，在社交场合，男性还帮女性拉门、脱大衣、在餐桌上为女性分菜等。他们爱清洁，不随便在公共场所扔东西。他们重视文化教育，喜欢艺术品和艺术欣赏。当代俄罗斯青年中也有不少人开始崇拜西方文化。他们普遍习惯洗蒸汽浴，洗法也很特别，洗时要用桦树枝抽打身子，然后用冷水浇身。

俄罗斯人酷爱鲜花，无论是生日、节日还是平常做客，都离不开鲜花。赠送鲜花，少则一枝，多则数枝，但是必须是单数。三八妇女节时，给女友送相思花；送给男人的花一般是高茎、颜色艳丽的大花；有人去世时，则要送双数的鲜花，可以送康乃馨或郁金香。

5．禁忌

通常情况下，俄罗斯人在寒暄、交谈时，对人的外表、装束、身段和风度都可以夸奖，对人的身体状况则不能恭维，这习惯正好与中国人不同。在俄罗斯，几乎听不到诸如"您身体真好"、"您真健康、不生毛病"这类恭维话，因为在俄罗斯人的习惯中，这类话是不准说的，人们觉得说了就会产生相反的效果。

与俄罗斯人交往不能说他们小气。初次结识不可问对方私事。不能在背后议论人。对妇女忌问年龄。

俄罗斯人认为，如果在路上看见有人手提空桶或者挑着两只空桶，是不祥之兆。如果遇见桶里盛满了水，就是好兆头。俄罗斯人也不喜欢"666"这个数字，认为它是魔鬼。俄罗斯人特别忌讳"13"这个数字，认为它是凶险和死亡的象征。相反，认为"7"意味着幸福和成功。俄罗斯人忌讳黑色，不喜欢黑猫，认为它不会带来好运气。俄罗斯人认为镜子是神圣的物品，打碎镜子意味着灵魂的毁灭。但是如果打碎杯、碟、盘则意味着富贵和幸福，因此在喜筵、寿筵和其他隆重的场合，他们还特意打碎一些杯盘表示祝贺。俄罗斯人通常认为马能驱邪，会给人带来好运气，尤其相信马掌是表示祥瑞的物体，认为它代表威力，又具有降妖的魔力。

在俄罗斯，被视为"光明象征"的向日葵最受人们喜爱，被称为"太阳花"，并被定为国花。

3.5.8 旅游资源、旅游业

1．旅游资源

（1）旅游城市。

1）圣彼得堡。位于波罗的海芬兰湾的尽头、涅瓦河入海口处。全市河道纵横，400多座桥梁把100多个小岛连为一体，有"北方威尼斯"之称。主要景点有：彼得保罗大教堂，彼得大帝夏花园和夏宫，斯莫尔尼宫，冬宫，大理石宫，塔夫列奇宫，喀山大教堂，伊萨克基辅大教堂等。

2）索契。俄罗斯著名的旅游、疗养城，黑海沿岸旅游地的代表。这里依山面海，年平均气温13.3℃，夏季平均气温为21℃，日照充足，并有"汤水"矿泉和"幸运泉路"。索契有50余座疗养院、休养所，错落有致地散布在小祖古河左岸的亚热带绿荫中；沿海有海滨浴场。花园、花坛、公园遍设，剧院、广场、车站等新颖别致，附近的大阿洪山瀑布美丽壮观。

3）莫斯科。俄罗斯的首都，市区跨莫斯科河及其支流雅乌扎河两岸，市内有7座小山丘罗列。莫斯科具有800多年的辉煌历史，市区著名的古老遗迹与气势磅礴的现代建筑交相辉映。莫斯科以红场和克里姆林宫为中心，宫墙前建有列宁陵墓，宫墙里有教堂广场，邻街有瓦西里·拉普仁内教堂。莫斯科近郊有新圣母修道院、特罗伊察东正教修道院、西蒙诺夫修道院等。1917年十月革命以后莫斯科的建筑更多，气势更宏伟，并且具有自己的独特风格和现代气息；同时，城市也由以红场为主要中心向多中心化方向发展。

4）喀山。在伏尔加河中游左岸。四周青山环抱，河水似练，景色秀丽，城中也有建于16世纪的规模略小的克里姆林宫，宫墙外有一座苏尤姆别卡塔。在喀山的古建筑中，既有欧洲格调的教堂，又有亚洲风格的喇嘛庙。斯拉夫式拱门、罗马式尖顶、蒙古包式圆穹、中国式飞檐大顶，五光十色颇富情趣。著名建筑有彼得巴夫洛夫教堂、喀山博物馆等。城郊有伊凡雷纪念碑，城东莽莽山林中建有休养所和疗养院。

5）伏尔加格勒。在伏尔加河下游右岸。曾是军事要塞，现为重要河港、交通枢纽和工业与贸易中心。著名的伏尔加—顿运河流经南部，伏尔加水电站近在咫尺，绿色防护林带屏障于北，人工湖上有水上运动场。列宁大街两旁楼房鳞次栉比，烈士广场上有无名烈士陵和尖塔。第二次世界大战期间的主战场马马耶夫山上耸立着象征祖国母亲的妇女雕像（高85米），不远处有座圆形的阵亡烈士纪念大厅。

（2）旅游景点。

1）克里姆林宫。在莫斯科市中心，濒莫斯科河，曾为莫斯科公国和18世纪以前的沙皇皇宫。"十月革命"胜利后，成为苏联党政领导机关所在地。克里姆林宫为一古老建筑群，主要有大克里姆林宫、多宫、圣母九天教堂、参议院大厦、伊凡大帝钟楼等。宫内塔楼中最宏伟的有斯巴达克、尼古拉、特罗伊茨克、保罗维茨、沃多夫兹沃德等塔楼。

2）彼得大帝夏宫。位于芬兰湾南岸的森林中，距圣彼得堡市约30公里，占地近千公顷，是历代俄国沙皇的郊外离宫，是圣彼得堡的早期建筑，被人们誉为"俄罗斯的凡尔赛"。18世纪初，俄国沙皇彼得大帝下令兴建夏宫，其外貌简朴庄重，内部装饰华贵。当时的许多大型舞会、宫廷庆典等活动都在这里举行。1934年以后，夏宫被辟为民俗历史博物馆。

3）冬宫。坐落在圣彼得堡宫殿广场上，原为俄国沙皇的皇宫，十月革命后被辟为圣彼得堡国立艾尔米塔奇博物馆的一部分。在冬宫宽敞明亮的展厅里，共有各类文物270万件。藏品分原始文化史、古希腊罗马文化与艺术、东方民族文化与艺术、俄罗斯文化、西欧艺术史、钱币、工艺7个部分，并按地域、年代顺序陈列在350多间展厅里，展览路线加起来有30公里长，因而有"世界最长艺廊"之称。

4）斯莫尔尼宫。位于圣彼得堡市，是一座外观典雅的三层建筑。建于1806—1808年，原为贵族女子学院。1917年"十月革命"期间，布尔什维克党军事革命委员会设在斯莫尔尼宫，为十月革命司令部。1917年11月7日，列宁在斯莫尔尼会议大厅发表对俄国公民的号召书，宣布一切政权归苏维埃。

5）莫斯科大彼得罗夫大剧院。始建于 1776 年，是俄罗斯历史最悠久的剧院，坐落在莫斯科斯维尔德洛夫广场上，几经焚毁和修建，成为 19 世纪中叶俄罗斯建筑艺术的典范，也是欧洲最大的剧院之一，并于 1919 年起成为国立示范大剧院。它的建筑既雄伟壮丽，又朴素典雅，内部设施完善，具有极佳的音响效果。

6）普希金广场。位于莫斯科市中心，旧称苦行广场，因旧时广场上建有苦行修道院而得此名。1937 年，为纪念俄国伟大诗人普希金逝世 100 周年，当时的苏联政府把苦行广场改名为普希金广场，广场上耸立着 4 米多高的普希金青铜纪念像，纪念像采用了后来获"超等艺术家"称号的雕刻师奥佩库申的设计。

7）莫斯科地铁。世界上规模最大的地铁之一，一直被公认为是世界上最漂亮的地铁，享有"地下的艺术殿堂"之美称。如今，莫斯科地铁总共有 9 条线，全长 300 公里，有 150 个站台，4 000 列地铁列车在地铁线上运行。地铁站的建筑造型各异，华丽典雅。每个车站都由国内著名建筑师设计，仅铺设的大理石就有几十种。设计师还广泛采用大理石、马赛克、花岗石、陶瓷和五彩玻璃，装饰出具有不同艺术风格的大型壁画及各种浮雕、雕刻，再配以各种别致的灯饰，使地铁站像富丽堂皇的宫殿，令人流连忘返。

8）伏尔加河。欧洲最大河流，干流全长 3 530 公里，流域面积 136 万平方公里。它发源于东欧平原的瓦尔代丘陵，沿途接纳 100 条支流，最后注入黑海。伏尔加河水量充足，长期以来既是航运大道，也是滋润沿岸城市和沃野的甘泉，无愧于"母亲伏尔加"的誉称。

9）五层湖。即麦奇里湖，位于巴伦支海上风景优美的小岛上。该湖的水明显分为五个层次，各具不同的水质、颜色和生物群。第一层，淡水层和与之相适应的生物群。第二层，咸淡混合水层，有多种适应咸淡水的生物，如水母、虾、蟹等，是全湖的繁华世界。第三层，咸水层，水的盐度大，有星鱼、鳆鱼等，它们不往上蹿，不向下潜，否则会遭杀身之祸，因而很守规矩。第四层，樱汁层，水色红似樱汁，此层只有一些微生物、细菌，它们以吸收湖底产生的硫化氢气体为营养，从而消除这种"毒气"，成为湖中"居民"的"保护神"。第五层，混合泥土层，由各生物残体和泥水形成，这层的"居民"多是氧性细菌，它们是硫化氢的生产者。

10）贝加尔湖。位于西伯利亚南部，中国古称"北海"，它是断裂地层陷落而成的构造湖。湖长 636 公里，平均宽 48 公里（最宽处 79.4 公里），面积 3.15 万平方公里，湖中有 27 个小岛，汇水区面积 55.7 万平方公里，有 336 条河流注入。叶尼塞河的支流安加拉河即由此湖流出，富含水能。湖中动物超千种，大部分为该湖所特有，如贝加尔海豹、凹目鲑、奥木尔鱼等。周围群山环抱，林木葱葱，湖水清澈，空气分外洁净，景色宜人，是极富特色的旅游地。

2. 旅游业

俄罗斯政府将旅游业确定为国家社会经济发展优势项目之一，并制订了长期的发展计划，即"俄罗斯联邦旅游业的发展"。目前，俄罗斯旅游者占世界旅游者总数的 1%。但是，根据世界旅游组织的预测，到 2020 年，俄罗斯有可能进入世界旅游国家排名的前十位。

2014年中国赴俄旅游人数逾110万人次，中国超过德国成为俄罗斯入境游的最大客源国。其中，边境旅游者占了较大比例。

3.6 西班牙、葡萄牙

3.6.1 国名、国旗、国徽、国歌

1．西班牙

西班牙全称为西班牙王国（Kingdom of Spain）。国名源于腓尼基语，意为"野兔"。因古迦太基人在伊比利亚半岛海岸一带发现很多野兔而得名。西班牙别称"旅游王国"、"橄榄王国"。

西班牙的国旗呈长方形，长与宽之比为3∶2。旗面由三个平行的横长方形组成，上下均为红色，各占旗面的1/4；中间为黄色。黄色部分偏左侧绘有西班牙国徽。红、黄两色是西班牙人民喜爱的传统颜色，并分别代表组成西班牙的四个古老王国。

西班牙国徽的中心图案为盾徽。盾面上有六组图案：左上角是红地上黄色城堡；右上角为白地上头戴王冠的红狮，城堡和狮子是古老西班牙的标志，分别象征卡斯蒂利亚和莱昂；左下角为黄、红相间的竖条，象征东北部的阿拉贡；右下角为红地上金色链网，象征位于北部的纳瓦拉；底部是白地上绿叶红石榴，象征南部的格拉纳达；盾面中心的蓝色椭圆形中有三朵百合花，象征国家富强、人民幸福、民族团结。盾徽上端有一顶大王冠，这是国家权力的象征。盾徽两旁各有一根海格立斯柱子，亦称大力神银柱。左、右柱顶端分别是王冠和帝国冠冕，缠绕着立柱的绶带上写着"海外还有大陆"。

西班牙的国歌为《皇家进行曲》，国花为石榴花，国石为绿宝石。货币原为比塞塔，现通用欧元。

2．葡萄牙

葡萄牙的全名为葡萄牙共和国（Portuguese Republic），国名在拉丁语中意为"温暖的港口"。葡萄牙别称"软木王国"。

葡萄牙的国旗呈长方形，长与宽之比为3∶2。旗面由左绿右红两部分组成，绿色部分是一个竖长方形，红色部分接近正方形，其面积为绿色部分的1.5倍。红、绿连线的中间绘有葡萄牙国徽。红色表示对1910年成立第二共和国的庆贺，绿色表示对被称为"航海家"的亨利亲王的敬意。

葡萄牙国徽的主体部分是一个金色的浑天仪，这是古老的航海仪器，代表葡萄牙人的航海成就。浑天仪中央为一面白盾，盾面上五个蓝色小盾组成十字形，每个小蓝盾上有五个白色圆堡。五个小蓝盾是纪念阿尔丰沙一世在奥利基战役中击败摩尔人的五个君主所取得的胜利；白色圆堡是葡萄牙古老的标志，也象征耶稣基督打败异教徒的力量。白色盾形重叠于大红盾中，红盾周边有七个城堡，纪念葡萄牙从摩尔人手中收复的土地。浑天仪周围饰有橄榄枝。

葡萄牙的国歌为《葡萄牙共和国国歌》，国花为薰衣草。货币原为葡萄牙埃斯库多，现通用欧元。

3.6.2 地理位置、自然条件

1. 西班牙

西班牙面积为 505 925 平方公里，位于欧洲西南部伊比利亚半岛，北濒比斯开湾，西与葡萄牙相邻，南隔直布罗陀海峡与非洲的摩洛哥相望，东北与法国、安道尔接壤，东和东南临地中海。

西班牙海岸线长约 7 800 公里。境内多山，是欧洲高山国家之一。全国35%的地区海拔 1 000 米以上，平原仅占 11%。主要山脉有坎塔布连、比利牛斯等。南部的木拉散峰海拔 3 478 米，为全国最高峰。中部高原属大陆性气候，北部和西北部沿海属海洋性温带气候，南部和东南部属地中海型亚热带气候。

2. 葡萄牙

葡萄牙面积为 9.19 万平方公里，位于欧洲伊比利亚半岛西南部，东、北与西班牙毗邻，西南濒临大西洋。

葡萄牙海岸线长 800 多公里，地形北高南低，多为山地和丘陵。北部是梅塞塔高原；中部山区平均海拔 800～1 000 米，埃什特雷拉峰海拔 1 991 米；南部和西部分别为丘陵和沿海平原。主要河流有特茹河、杜罗河（流经境内 322 公里）和蒙特古河。葡萄牙北部属海洋性温带阔叶林气候，南部属亚热带地中海式气候。平均气温 1 月为 7～11℃，7 月为 20～26℃。年平均降水量 500～1 000 毫米。

3.6.3 人口状况、发展简史

1. 西班牙

西班牙人口约 4 650 万（2014 年），主要是卡斯蒂利亚人（西班牙人），少数民族有加泰罗尼亚人、巴斯克人和加里西亚人。官方语言和全国通用语言为卡斯蒂利亚语，即西班牙语。少数民族语言在本地区亦为官方语言。96%的居民信奉天主教。

公元前 9 世纪，凯尔特人从中欧迁入境内。公元前 8 世纪起，伊比利亚半岛先后遭外族入侵，长期受罗马人、西哥特人和摩尔人的统治。西班牙人于 1492 年取得"光复运动"的胜利，建立了欧洲最早的统一中央王权国家。此后，西班牙逐渐成为海上强国，在欧、美、非、亚均有殖民地。1588 年"无敌舰队"被英国击溃，从此开始衰落。

1873 年，西班牙爆发资产阶级革命，建立第一共和国。1874 年 12 月王朝复辟。在 1898 年的西美战争中，失去在美洲和亚太的最后几块殖民地——古巴、波多黎各、关岛和菲律宾。在第一次世界大战中保持中立。1931 年 4 月王朝被推翻，第二共和国建立。1936 年 2 月成立有社会党和共产党参加的联合政府。同年 7 月佛朗哥发动叛乱，经三年内战，于 1939 年 4 月夺取政权，实行独裁统治达 36 年之久。1943 年 2 月与德国缔结军事同盟，参加侵苏战争。1947年7月佛朗哥宣布西班牙为君主国，自任终身国家元首。1975年11月佛朗哥病死，胡安·卡洛斯一世登基，恢复君主制。1976年7月，国王任命原国民运动秘书长阿·苏亚雷斯为首相，开始向西方议会民主政治过渡。

2．葡萄牙

葡萄牙人口约1 049万（2013年），其中99%以上为葡萄牙人，其余为西班牙人等。官方语言为葡萄牙语。97%以上的居民信奉天主教。

葡萄牙为欧洲古国之一，长期受罗马人、日耳曼人和摩尔人统治。1143年成为独立王国。15世纪至16世纪开始向海外扩张，成为海上强国。葡萄牙于1580年被西班牙吞并，1640年摆脱西班牙统治。1703年沦为英国附属国。1891年成立第一共和国。1910年10月成立第二共和国。第一次世界大战期间参加协约国。1926年5月，第二共和国被推翻，建立军人政府。1932年，萨拉查就任总理，在葡萄牙建立法西斯独裁统治。1974年4月，一批中下级军官组成的"武装部队运动"推翻统治葡40余年的极右政权，开始民主化进程，同时放弃在非洲的殖民地。1986年经选举产生了60年来的第一位文人总统。葡萄牙于1986年加入欧共体，1999年成为首批加入欧元区的国家之一。

3.6.4 资源状况、经济发展

1．西班牙

西班牙是中等发达的资本主义工业国，国内生产总值居世界第11位左右。主要矿产有煤88亿吨、铁19亿吨、黄铁矿5亿吨、铜400万吨、锌190万吨、汞70万吨。森林总面积1 179.2公顷。主要工业部门有造船、钢铁、汽车、水泥、采矿、建筑、纺织、化工、皮革、电力等行业。服务业是西班牙国民经济的重要支柱，包括文教、卫生、商业、旅游、科研、社会保险、运输业、金融业等，其中尤以旅游和金融业较为发达。旅游业是西经济的重要支柱和外汇的主要来源之一。2014年，西班牙的GDP总计为1.40万亿美元，人均GDP为30 262美元。

2．葡萄牙

葡萄牙森林面积360万公顷，占国土面积的1/3，其软木产量占世界总产量的一半以上，出口占世界第一位，因而有"软木王国"之称。葡萄牙矿产资源较丰富，主要有：钨、铜、黄铁、铀、赤铁、磁铁矿和大理石，钨储量为西欧第一位，大理石出口占世界第二位。

葡萄牙是世界上主要的葡萄酒生产国之一，北部的波尔图是著名的葡萄酒产地。葡萄牙的西红柿酱闻名欧洲，是欧洲市场的最大供应者。葡萄牙海洋捕捞业较发达，以捕捞沙丁鱼、金枪鱼、鳕鱼为主。

葡萄牙的主要工业部门有纺织、服装、食品、造纸、软木、电子器械、陶瓷、酿酒等，服务业发展迅速，服务业产值在国民经济中的比重及该行业在全部就业人口中的比例已接近欧洲发达国家水平。2014年,葡萄牙的GDP总计为2 295亿美元,人均GDP为22 081美元。

3.6.5 首都、行政区划

1. 西班牙

西班牙首都为马德里,人口约452万。

西班牙全国划分为17个自治区、50个省、8 000多个市镇。

2. 葡萄牙

葡萄牙首都为里斯本,人口约56万,全年平均气温16.9℃,最高气温37.2℃(7月),最低气温2.1℃(1月)。

葡萄牙全国分为18个行政区,另有马德拉和亚速尔2个自治区。

3.6.6 政治、外交、与中国关系

1. 西班牙

宪法规定,西班牙是社会与民主的法治国家,实行议会君主制。王位由胡安·卡洛斯一世及其直系后代世袭。国王为国家元首和武装部队最高统帅,代表国家。议会由参、众两院组成,行使国家立法权,审批财政预算,监督政府工作。政府负责治理国家并向议会报告工作。

西班牙对外主张和平与安全,奉行以"和平、裁军、保护人权、国际合作与团结"为主导原则的"欧洲化、西方化和民主化"外交政策。

1973年3月9日,西班牙与中国建交。2005年4月西班牙参议长罗霍·加西亚访华。2005年7月,西班牙首相萨帕特罗对中国进行正式访问。2004年双边贸易额达72.23亿美元。2005年11月,中国国家主席胡锦涛对西班牙进行国事访问,两国宣布建立全面战略伙伴关系。此后,两国之间的高层领导互访不断。

2. 葡萄牙

葡萄牙宪法规定:总统、议会、政府和法院是国家权力机构;总统为武装部队最高司令,根据政府提名任免总长和三军将领。总统在听取各党派、国务委员会的意见后才能解散议会,只有在"必要时"才能解散政府和免去总理。议会为一院制,议员230人,任期四年。

葡萄牙主张在平等互利基础上同世界各国普遍发展友好合作关系,将同欧美的传统关系作为其对外政策的基石,把积极参与和促进欧洲一体化、履行北约义务及加强同非洲和拉美葡语国家关系作为其外交重点。主张同东欧和独联体国家发展关系,继续努力发展与拉美及北非地区国家的传统关系。日益重视发展同亚洲国家平等互利的合作关系。

中葡交往历史悠久。1502年,葡萄牙就向明朝政府派遣了使节。1979年2月8日,葡

萄牙与中国建交。1999年澳门问题顺利解决，为两国关系的全面发展翻开了新的一页。2005年1月，桑帕约总统对中国进行国事访问，两国发表联合新闻公报。2005年12月，温家宝总理对葡萄牙进行正式访问，中葡宣布建立全面战略伙伴关系。此后，两国之间的高层领导互访不断。

3.6.7 文化传统、民俗风情

1. 西班牙

（1）服饰。西班牙人在正式社交场合通常穿保守式样的西装，内穿白衬衫，打领带。他们喜欢黑色，因此一般穿黑色的皮鞋。西班牙妇女外出有戴耳环的习俗，否则会像没有穿衣服一般被人嘲笑。

（2）饮食。西班牙人爱吃各种海鲜食品，主食以面食为主，也吃米饭，喜食酸辣味的食品，一般不吃过分油腻和咸味太重的菜，特色菜有马德里肉汤、蔬菜冷汤、香肠煮豆子等。西班牙人早餐习惯喝酸牛奶，午餐和晚餐通常要喝啤酒、葡萄酒或白兰地酒，饭后则喝咖啡、吃水果。

肉菜饭是一种巴伦西亚地区乃至整个西班牙的百姓经常食用的食物。它是用米、肉、鱼及豆角等制成的，颇受外国旅游者的欢迎。

（3）节日。西班牙的主要节日有：元旦（1月1日），东方三圣节（1月6日），劳动节（5月1日），圣母升天日（8月15日），国庆节（10月12日），万圣节（11月1日），宪法节（12月6日），圣母受孕日（12月8日），圣诞节（12月25日）等。

此外，西班牙还有一些具有地方特色的节庆，如奔牛节、法雅节、殉难节。

奔牛节是潘普罗纳市的特殊节庆，从7月6日中午开始，一直到7月14日止，是为了纪念圣佛明保护神而来的。节庆期间每天早上八点都有奔牛的节目。所谓的"奔牛"是指群众和牛从牛栏沿着街道一路奔向斗牛场。奔牛是项危险的活动，每年都有人被牛顶伤，甚至死亡。到了下午，参与奔牛的牛会在斗牛场中表演。斗牛被认为是西班牙的"国粹"、"国技"，西班牙素有"斗牛王国"之称。

法雅节（火节）源自中世纪。当时木匠为了纪念他们的保护神圣荷西而举行活动，后来就演变成法雅节。一整年中，瓦伦西亚的艺术家都在为了雕塑法雅而努力工作。所谓的法雅是指用上过彩的木头或纸板雕塑而成的作品。其题材取自时下的人物或社会现象、问题，极具讽刺性及幽默感。庆典期间法雅陈设在街道上，到了3月19日圣荷西生日当天，除了一尊法雅得以进入博物馆陈列外，其余的法雅都遭到焚烧的命运。

殉难节（妇女当政日）源于1227年，当时摩尔人攻占了萨马拉的塞哥维亚城堡，在人们束手无策之际，圣阿格达等妇女挺身而出，率领男子和其他一些妇女与敌人展开殊死搏斗，终于赶走敌人，夺回城堡，不少妇女英勇牺牲。后人为纪念在这次家乡保卫战中殉难的妇女，决定每年2月用两天作为"殉难节"，并由妇女当政，举行各种纪念活动，亦称"妇女当政日"。

（4）礼仪。西班牙人在正式社交场合与客人相见时，通常行握手礼。与熟人相见时，男性朋友之间常紧紧地拥抱。西班牙人的姓名常有三四节，前一二节为本人姓名，倒数第二节为父姓,最后一节为母姓。通常口头称呼称父姓。

西班牙巴斯克人的婚礼沿袭着一套传统的习俗。人们习惯上认为星期二是吉日,因此婚礼一般选在这一天举行。典礼要在教堂里按天主教教会规定的仪式进行。随后还要举办宴会和舞会。西班牙的节日繁多,如狂欢节、烹调节、复活节等。为了纪念西班牙著名作家塞万提斯,每年4月23日人们都会纪念他。

西班牙人在元旦之夜全家团聚,夜12点时,以教堂钟声为号,大家争着吃葡萄。每敲一下钟,必须吃下一颗,要连续吃下12颗,预祝来年一帆风顺、大吉大利。

(5)禁忌。在西班牙,不要对斗牛活动有非议。西班牙女人上街必定要戴耳环,如果没戴耳环,简直跟没穿衣服一样。

西班牙人过年时,手上一定要拿一枚金币,才算有福气。穷人没有金币,常用铜币代替。他们认为,小孩在元旦那天打架、骂人和啼哭是不祥之兆,因此,大人在这一天为了换得孩子的笑颜,几乎必须满足他们提出的一切要求。

当地妇女有"扇语"。如果妇女打开扇子,把脸的下半部遮起来,意思就是"我爱你,你喜欢我吗";若一会儿打开一会儿合上,则表示"我很想念你"。

2. 葡萄牙

(1)服饰。葡萄牙人在正式社交场合十分注意着装整洁,男子身穿深色西服,打领带或系蝴蝶结,风度很好。女子多穿华丽套服或连衣裙。在日常生活中,葡萄牙人在穿着上有着明显的职业和性别特点,男性青年职员喜欢穿一种宽松式西服,男大学生多穿运动衫和牛仔裤,女教师多穿套装。

(2)饮食。葡萄牙人以面食为主,喜食面包,有时也吃米饭。爱吃牛肉、猪肉及水产品,常吃土豆、胡萝卜等。爱喝葡萄酒是葡萄牙人的一种嗜好,特别是波尔图酒,不论是成年人还是儿童,用餐时都要喝上几杯这种酒,它被葡萄牙人列为恢复体力的补酒。每年圣诞节,葡萄牙人还要烤制面包分给大家。

(3)节日。葡萄牙的主要节日有:元旦(1月1日)、基督显圣节(1月6日)、复活节(4月23日)、自由纪念日(4月25日)、劳动节(5月1日)、国庆节(6月10日)、圣安东尼奥庆祝节(6月12日)、基督圣体节(6月22日)、圣母升天节(8月15日)、共和纪念日(10月5日)、万圣节(11月1日)、圣诞节(12月25日)。

(4)礼仪。葡萄牙人相见时,男子习惯热情拥抱并互拍肩膀为礼,女子在熟人之间相见时则以亲吻对方的脸为礼。在与外国友人相见时,他们有时也行握手礼。葡萄牙人待人热情,如有客人来访,他们总是早早地到门口迎接,客人离去时他们总要亲自送到门口。

葡萄牙人比较讲究礼仪,与人交谈时,他们坐的姿势端正,尤其是女子,入座时注意双腿并拢。他们不喜欢久久盯视别人,在他们看来这是一种不良的行为。

斗牛是葡萄牙人十分喜爱的一种娱乐活动,每年元旦前后都要举行斗牛表演。与西班牙斗牛不同的是,不将牛在场内杀死,只将牛按倒在地即告胜利,人们称这种斗牛为文明的斗牛。

(5)禁忌。葡萄牙人忌讳数字"13"和"星期五"。

3.6.8 旅游资源、旅游业

1. 西班牙

（1）旅游资源。

1）旅游城市。

① 巴塞罗那。西班牙文化古城和最大海港。面积 480 平方公里，人口 300 万，是仅次于马德里的西班牙第二大城市。有"伊比利亚半岛的明珠"之称。巴塞罗那依山濒海，历史悠久，海滩平坦宽阔，气候舒适宜人。市内古建筑与现代化楼群交相辉映。巴塞罗那于 1992 年夏季举办了第 25 届奥运会。主要景点有：天主教大教堂、和平门广场、兰布拉斯大街、静思女神石像、西班牙广场、西乌达德拉公园、神圣家族教堂及各种博物馆 20 多处。

② 阿维拉。西班牙中部古城，阿维拉省首府，旅游中心。为西班牙历史上著名的卡斯提尔女王伊萨伯拉的出生地，故又称"王城"。海拔 1 116 米，是西班牙境内地势最高的城市。背依雪峰皑皑的格雷多斯山，风景优美。建于 12 世纪的古城，工程浩大，造型奇特。城内有众多的教堂和修道院。

③ 巴伦西亚。为西班牙第三大城，东部工业城市和重要港口，巴伦西亚省首府。风景秀丽，气候宜人。城内外钟楼林立，共 300 座，有"百钟楼城"之称。因花簇似锦、果园遍地，又有"果城"和"花城"之称。城中央大教堂的米格莱特钟楼，建于 1381—1424 年，被誉为巴伦西亚的象征。主要景点有：大教堂、圣卡捷琳娜钟楼、省立艺术博物馆、国立陶器博物馆、阿拉梅达花园、蒙福尔特花园、考迪略广场、萨莱尔海滩、特里尼达桥等。

2）旅游景点

① 马德里皇宫。欧洲第三大皇宫，仅次于凡尔赛宫及维也纳的皇宫，建于 18 世纪中叶加尔罗斯三世，是波尔梦王朝代表性的文化遗迹，其豪华壮丽程度，在欧洲各国皇宫中数一数二。西班牙皇宫建在曼萨莱斯河左岸的山冈上，是世界上保存最完整而且最精美的宫殿之一。

② 丽池公园。在 17 世纪由菲利浦四世下令兴建，是皇室成员的娱乐场所，占地 1.42 平方公里，种植的植物超过了 15 000 株。园内有许多重要的纪念碑，还有一座美丽的玻璃宫，另外还有一座委拉斯盖兹宫，这两座宫殿均建于 19 世纪末，目前都已经成为展览馆。

③ 圣家赎罪堂。又名神圣家族大教堂，由西班牙最伟大的建筑设计师高迪设计。这是一座象征主义建筑，分为三组，描绘出东方的基督诞生、基督受难及西方的死亡，南方则象征上帝的荣耀；它的四座尖塔代表了十二位基督圣徒；圆顶覆盖的后半部则象征圣母玛丽亚。它的墙面主要以当地的动植物形象作为装饰，正面的三道门以彩色的陶瓷装点而成。整个建筑华美异常，令人叹为观止，是建筑史上的奇迹。现在这里已经成为一间小型的博物馆，里面陈列着高迪的相片及生平介绍。

④ 基拉尔达大教堂。1401—1511 年在清真寺基础上兴建，规模位居世界第三，也是世界最大型的哥特式教堂。内部有 25 个小堂，王室专用的礼拜堂是国王王妃的墓葬

地。无论石刻还是木雕都极为精美的主堂内,有从1482年起雕刻了82年的世界最高大的包金木祭坛,45个基督故事场景的木刻浮雕达220平方米。最令人瞩目的是大厅内航海探险家哥伦布的棺椁陵墓。教堂也是收藏哥伦布及其他美洲大陆探险者的地图、手稿文献等印第安人资料的档案馆。

⑤ 斗牛博物馆。斗牛博物馆在瓜达尔基维尔河边,里边还有大型斗牛场。场内的拱门,看台的造型,都是精湛的工艺作品。斗牛博物馆有文字介绍斗牛的历史。斗牛的历史可追溯到2 000多年前克里特岛的米诺斯文明,代表原始的人兽之争。18世纪起,西班牙各地兴建斗牛场,斗牛表演蔚然成风。博物馆陈列了各种斗牛场面的图片,各色精工刺绣的斗牛士服装,著名斗牛士生平介绍,甚至还有被刺死的牛的头与角赫然高挂在墙。

⑥ 马略卡岛。西班牙在地中海的巴利阿里群岛,有个最大的马略卡岛,风光绮丽,气候宜人。20世纪50年代中期,法国有100对青年男女集体结婚。他们久慕马略卡岛迷人的景色,相约一起到这里欢度蜜月。事后,欧洲许多新婚青年男女都视此地为最好的蜜月旅行之处。久而久之,该岛便被称为"蜜月岛"。

(2)旅游业。西班牙旅游业发达,是国民经济的重要支柱之一。旅游入境人数和收入均居世界第二,2013年西班牙入境旅游人数为6 066万。西班牙旅游业贡献了11%的国内生产总值,创造了16%的就业机会。2014年前往西班牙旅游的中国游客数量达到30万人次,与上年相比增长18.4%。

2. 葡萄牙

(1)旅游资源。

1)里斯本。葡萄牙的首都及最大的港口,坐落在特茹河入海口北岸的七个山丘上,有"七丘城"之称。濒临大西洋,是风光秀丽的海滨城市。里斯本是葡萄牙的政治和文化中心。市内有许多著名的古建筑,市郊点缀着别墅、村舍、葡萄园、花园、公园和林地。西郊大西洋沿岸有海滨浴场,是著名的旅游区。主要旅游景点有:帝国广场、圣乔治城堡、圣若热城堡、奥古斯丁修道院、卡马尔教堂等。

2)波尔图。葡萄牙重要海港,位于西北部的杜罗河北岸,市内宫殿教堂、博物馆、画宫、纪念碑、雕塑群像比比皆是。城市建筑古色古香,有波尔图大教堂、僧侣塔、交易所、水晶宫、克莱里科钟楼。波尔图大学、地区档案馆、市立图书馆等是波尔图文化的重要象征。波尔图的葡萄久负盛名,全市有十几家酒厂,酿造的葡萄酒味美醇厚,远销欧洲和世界各地,使波尔图有"酒市"之称。

3)马德拉岛。有"大西洋明珠"美誉的马德拉岛,位于葡萄牙首都里斯本以南800公里,1402年成为葡萄牙领土。本来以出口葡萄酒、香蕉及糖为主,近年转以手工业及旅游业为经济支柱。马德拉岛全长56公里,内陆地区大都无人居住,北岸以农地为主。八成居民集居于岛的南岸。马德拉岛的首府是工商业中心丰沙尔,不但风景秀丽,气候温和,更是酿制当地名产马德拉葡萄酒的地点。

4）卡斯卡伊斯市。位于里斯本市以西 30 公里，面积约 100 平方公里，人口 18.4 万，是葡萄牙第三大城市，交通便利，旅游业发达，是葡萄牙著名的海滨旅游胜地。卡斯卡伊斯曾是一个渔村，从 14 世纪开始发展，成为一个繁忙的港口城市。海滩是当地最吸引人的地方，可以开展旅游和冲浪、帆板等运动。

（2）旅游业。旅游业是葡萄牙外汇收入的重要来源和弥补外贸赤字的重要手段，每年接待的外国游客都超过其人口。2015 年葡萄牙接待的外国游客人数达到 1 018 万，旅游收入接近 25 亿欧元。2014 年中国赴葡萄牙旅游人数同比增长幅度达 70%，2015 年中国赴葡旅游人数约 10 万。

葡萄牙的国内旅游市场较小，出境旅游人数不多。葡萄牙人在国内旅游时更喜欢北部海岸，客流方向是自南向北；而国际旅游者喜欢南部海岸和岛屿，方向是自北向南。

3.7 比利时、荷兰、奥地利、瑞士

3.7.1 国名、国旗、国徽、国歌

1. 比利时

比利时全称为比利时王国（Kingdom of Belgium）。国名源于克尔特族比利其部落名，"比利时"在克尔特语中意为"勇敢、尚武"或"多沼泽的林地"。比利时别称"西欧的十字路口"。

比利时国旗呈长方形，长与宽之比为 15∶13。旗面从左到右由黑、黄、红三个平行相等的竖长方形相连构成。黑色是庄重而具有纪念意义的色彩，表示悼念在 1830 年独立战争中牺牲的英雄；黄色象征国家的财富和畜牧业与农业的丰收；红色象征爱国者的生命和热血，还象征独立战争取得的伟大胜利。比利时是世袭君主立宪制国家。国王乘坐的汽车悬挂王旗，王旗与国旗不同，为四方形，旗地近似咖啡色，旗中间有比利时国徽，旗地四角处各有一顶王冠和在位国王名字的第一个字母。

比利时国徽为斗篷式。整个图案中心为盾面上一只直立的狮子，其后为交叉的君王节杖，象征王权。盾形图案由利奥波德勋章绶带环绕，两侧各有一只举着国旗的狮子，上端为一顶王冠，饰环之下悬挂着一枚利奥波德（比利时第一代君主）勋章，底部的绶带上写着"团结就是力量"。斗篷上端装饰着王冠和代表比利时九个省的九面旗帜。

国歌为《布拉班人之歌》，国花为虞美人，国鸟为红隼。货币原为比利时法郎，现通用欧元。

2. 荷兰

荷兰的全称为荷兰王国（Kingdom of the Netherlands），"荷兰"在日耳曼语中意为"森林之地"。荷兰别称"风车之国"、"低洼之国"、"花卉之国"。

荷兰国旗呈长方形，长与宽之比为 3∶2。自上而下由红、白、蓝三个平行相等的横长

方形相连而成。蓝色表示国家面临海洋，象征人民的幸福；白色象征自由、平等、民主，还代表人民淳朴的性格特征；红色代表革命胜利。

荷兰国徽即奥伦治·拿骚王室的王徽，为斗篷式。顶端带王冠的斗篷中有一盾徽，蓝色盾面上有一只头戴三叶状王冠的狮子，一爪握着银色罗马剑，一爪抓着一捆箭，象征团结就是力量。盾徽上面有一顶王冠，两侧各有一只狮子，下边的蓝色绶带上写着威廉大公的格言"坚持不懈"。

荷兰国歌为《威廉·凡·那叟》《谁脉中流着荷兰血》，国花为郁金香，国鸟为琵鹭，国石为钻石。货币原为荷兰盾，现通用欧元。

3. 奥地利

奥地利的全称为"奥地利共和国"（Republic of Austria），"奥地利"在德语中意为"东方王国"，因查理曼帝国时期它地处帝国的东方。

奥地利国旗呈长方形，长与宽之比为3：2。自上而下由红、白、红三个平行相等的横长方形相连而成，旗面正中是奥地利国徽图案。此旗的来历可追溯到奥匈帝国时期，据说当时的巴本堡公爵在与英王理查一世激战时，公爵的白色军衣几乎全被鲜血染红，只有佩剑处留下一道白痕。从此，公爵的军队采用红—白—红为战旗颜色。1786年约瑟夫国王二世把此旗作为全军战旗，1919年正式定为奥地利国旗。奥地利政府机构、部长、总统等官方代表和政府驻外机构均使用带国徽的国旗，一般场合不用带国徽的国旗。

奥地利国徽为一只鹰。黑色的雄鹰头戴金冠，两爪分别握着金色的锤子和镰刀，胸前的盾面上为国旗图案，鹰爪上还套有被打断的锁链。鹰是奥地利的标志，金冠象征市民，镰刀和锤子象征农工，锁链被打断象征奥地利人民获得自由、解放。

奥地利国歌为《让我们拉起手来》，国花为火绒草，国鸟为家燕，国石为贵蛋白石。货币原为奥地利先令，现通用欧元。

4. 瑞士

瑞士全名为瑞士联邦（Swiss Confederation）。瑞士国名源于国内的一个州名——施维茨。在古高德语中，"施维茨"有"焚烧"之意。因这一地区原为一片森林，放火烧荒后，当时的瑞士民族便在此地开始居住。瑞士别称"钟表王国"。

瑞士国旗呈正方形。旗地为红色，正中一个白色十字。瑞士国旗图案的来历众说纷纭，其中有代表性的说法就有四种。至1848年，瑞士制定了新联邦宪法，正式规定红地白十字旗为瑞士联邦国旗。白色象征和平、公正和光明，红色象征着人民的胜利、幸福和热情；国旗的整组图案象征国家的统一。这面国旗在1889年曾做过修改，原来的红地白十字横长方形被改为正方形，象征国家在外交上采取公正和中立的政策。

瑞士国徽为盾徽，图案和颜色与国旗相同。

瑞士国歌为《瑞士诗篇》，国花为火绒草，国石为水晶。货币为瑞士法郎。

3.7.2 地理位置、自然条件

1. 比利时

比利时面积为 3.05 万平方公里，位于欧洲西北部，东与德国接壤，北与荷兰比邻，南与法国交界，西临北海。

比利时海岸线长 66.5 公里。全国面积 2/3 为丘陵和平坦低地，最低处略低于海平面。全境分为西北部沿海佛兰德伦平原、中部丘陵、东南部阿登高原三部分。最高点海拔 694 米。主要河流有马斯河和埃斯考河。属海洋性温带阔叶林气候。

2. 荷兰

荷兰面积 41 528 平方公里，位于欧洲西部，东面与德国为邻，南接比利时。西、北濒临北海，地处莱茵河、马斯河和斯凯尔特河三角洲，海岸线长 1 075 公里。

荷兰境内河流纵横，主要有莱茵河、马斯河。西北濒海处有艾瑟尔湖。其西部沿海为低地，东部是波状平原，中部和东南部为高原。"荷兰"在日耳曼语中叫尼德兰，意为"低地之国"，因其国土有一半以上低于或几乎水平于海平面而得名。荷兰的气候属海洋性温带阔叶林气候。由于地低土潮，荷兰人接受了法国高卢人发明的木鞋，并在几百年的历史中赋予其典型的荷兰特色。

3. 奥地利

奥地利面积为 83 858 平方公里，是位于中欧南部的内陆国，东与斯洛伐克和匈牙利相邻，南接斯洛文尼亚和意大利，西连瑞士和列支敦士登，北与德国和捷克接壤。

山地占全国面积的 70%。东阿尔卑斯山脉自西向东横贯全境，大格罗克纳山海拔 3 797 米，为全国最高峰。东北部是维也纳盆地，北部和东南部为丘陵、高原。多瑙河流经东北部境内，长约 350 公里。有与德国和瑞士共有的博登湖及奥匈边界的新锡德尔湖。属海洋性向大陆性过渡的温带阔叶林气候，年平均降水量约 700 毫米。

4. 瑞士

瑞士面积 41 284 平方公里，是位于欧洲中部的内陆国家，东与奥地利和列支敦士登为邻，南面与意大利为邻，西面与法国接壤，北部与德国交界。

瑞士地势高峻，平均海拔约 1 350 米，最高点是接近意大利的杜富尔峰（海拔 4 634 米）。瑞士山清水秀，其森林面积占全国面积的 30% 左右。如果再加上农业、绿地面积，则全国一半以上的土地被绿地覆盖。瑞士是欧洲大陆三大河流发源地，有"欧洲水塔"之称。主要河流有莱茵河、阿尔河、罗纳河。瑞士湖泊众多，有 1 484 个，最大的日内瓦湖（莱蒙湖）面积约 581 平方公里。瑞士地处北温带，各地气候差异很大。阿尔卑斯山以北受温和潮湿的西欧海洋性气候和冬寒夏热的东欧大陆性气候的交替影响，变化较大；阿尔卑斯山以南则属地中海气候，全年气候宜人。瑞士年降雨量为 1 500 毫米，但各地分布不均。瑞士年平均气温为 8.6℃。

3.7.3 人口状况、发展简史

1. 比利时

比利时人口约 1 123 万（2014 年），其中，讲荷兰语的弗拉芒大区人口占 57.3%，讲法语的瓦隆大区人口占 32.3%，布鲁塞尔首都大区人口占 10.4%，是西欧地区人口密度最高的国家之一。官方语言为法语和弗拉芒语。80%的居民信奉天主教。

公元前，克尔特族的比利其人在境内居住，先后多次被外国统治。1815 年维也纳会议将比利时并入荷兰。1830 年 10 月 4 日比利时独立，定为世袭君主立宪王国。翌年，伦敦会议确定其中立地位。比利时在两次世界大战中均被德国占领，第二次世界大战后加入北约。1958 年比利时加入欧洲共同体，并与荷兰、卢森堡结成经济联盟。1993 年完成国家体制改革，正式实行联邦制。比利时是北大西洋公约组织创始国，也是欧洲联盟的成员国。

2. 荷兰

荷兰人口 1685 万（2014 年），90%以上为荷兰族，此外还有弗里斯族。官方语言为荷兰语，弗里斯兰省讲弗里斯语。居民 31%信奉天主教，21%信奉基督教。

荷兰在 16 世纪前长期处于封建割据状态，16 世纪初受西班牙统治。1648 年西班牙正式承认荷兰独立。荷兰在 17 世纪曾为海上殖民强国，18 世纪后殖民体系逐渐瓦解。1795 年法军入侵荷兰，1810 年荷兰并入法国。1814 年荷兰脱离法国，翌年成立荷兰王国。1848 年荷兰成为君主立宪国。荷兰在第一次世界大战期间保持中立，第二次世界大战初期宣布中立。荷兰于 1940 年 5 月被德国军队侵占，王室和政府迁至英国，成立流亡政府。战后荷兰放弃中立政策，加入北约和欧共体及后来的欧盟。

3. 奥地利

奥地利人口 853 万（2014 年），绝大多数为奥地利人，其中外国人占 9.3%左右。少数民族有斯洛文尼亚人、克罗地亚人和匈牙利人，约占人口的 0.52%。官方语言为德语，98%的人讲德语。78%的居民信奉天主教。

公元前 400 年，克尔特人在境内建立了诺里孔王国，公元前 15 年被罗马人占领。12 世纪中叶巴本堡家族统治时期形成公国，成为独立国家。1866 年在普奥战争中失败，翌年与匈牙利签订协议，成立二元制的奥匈帝国。第一次世界大战中，奥军战败，帝国随即瓦解。1918 年 11 月 12 日奥地利宣布成立共和国。1938 年 3 月被纳粹德国吞并，第二次世界大战中作为德国的一部分参战。德国投降后，奥地利又被苏、美、英、法军占领，全境划分为 4 个占领区。1955 年，4 国与奥地利签署条约，宣布尊重奥地利的主权和独立，撤走占领军。

4. 瑞士

瑞士人口 823 万（2014 年），其中外籍人口约占 19%。官方语言为德、法和意大利语。居民中讲德语的占 63.6%，讲法语的占 19.2%，讲意大利语的占 7.6%，拉丁罗曼语 0.6%，其他语言9%。信奉基督教的居民占44%，信奉天主教的占48%，信奉其他宗教的占5%。

3世纪阿勒曼尼人（日耳曼民族）迁入瑞士东部和北部，勃艮第人迁入西部并建立了第一个勃艮第王朝。11世纪受神圣罗马帝国的统治。1648年摆脱神圣罗马帝国的统治，宣布独立，奉行中立政策。1798年，拿破仑一世侵吞瑞士，将其改为"海尔维第共和国"。1803年，瑞士恢复联邦。

1815年，维也纳会议确认瑞士为永久中立国，1848年瑞士制定新宪法，设立联邦委员会，从此成为统一的联邦制国家。在两次世界大战中，瑞士均保持中立。2002年9月10日，第57届联合国大会通过决议，正式接纳瑞士联邦为联合国新的会员国。

3.7.4 资源状况、经济发展

1. 比利时

据估测，比利时煤的蕴藏量为37亿吨，此外尚有少量铁、锌、铅、铜等。核电站7座，发电量占总发电量的65%。森林及绿地面积6 070平方公里。主要工业部门有钢铁、机械、有色金属、化工、纺织、玻璃、煤炭等行业。

比利时是发达的资本主义工业国家，经济高度对外依赖，80%的原料靠进口，50%以上的工业产品供出口。天然的地理优势使比利时成为西欧的"十字路口"。历届政府因地制宜，大力发展交通和航运，并以此带动商业和外贸的繁荣，为国家经济的发展奠定了坚实的基础。比利时是世界十大商品进出口国之一，按人均出口量计算排名世界第一。1998年5月，欧盟首脑会议确定比利时为首批加入欧元区的国家。2014年，比利时的GDP总计为5 333亿美元，人均GDP为47 516美元。

2. 荷兰

荷兰自然资源相对贫乏，但天然气储量丰富，2001年开采天然气约743亿立方米，自给有余，还能出口。

荷兰是发达的资本主义国家，西方十大经济强国之一。荷兰工业发达，主要工业部门有食品加工、石油化工、冶金、机械制造、电子、钢铁、造船、印刷、钻石加工等。荷兰的农业也发达，是世界第三大农产品出口国，并跻身于世界畜牧业最发达国家的行列。花卉栽培是荷兰的支柱性产业，该国享有"欧洲花园"的美称，花卉出口占国际花卉市场的40%~50%。荷兰金融服务和保险业、旅游业都很发达。2014年，荷兰的GDP总计为8 695亿美元，人均GDP为51 590美元。

3. 奥地利

奥地利矿产主要有石墨和镁，另有褐煤、铁、石油和天然气等。森林、水力资源丰富。森林占国土面积的42%，有林场400万公顷，木材蓄积量约9.9亿立方米。

奥地利地处欧洲中心，是欧洲重要的交通枢纽。主要工业部门是采矿、钢铁、机械制造、石油化工、电力、金属加工、汽车制造、纺织、服装、造纸、食品等。农业发达，农产品自给有余，机械化程度高。服务业从业人员约占劳动力总数的56%，其中旅游业是最重要的服务行业。奥地利的对外贸易在经济中占重要地位。主要出口产品是钢铁、机械、交通工具、化工制品和食品。进口产品主要是能源、原料和消费品。2014年，奥地利的GDP总计为4 363亿美元，人均GDP为51 127美元。

4. 瑞士

瑞士水力资源丰富，利用率达95%。森林面积120万公顷，覆盖率为25%。国土面积小，自然资源特别是生产用原材料资源缺乏，主要依靠进口。在日用消费品方面，属劳动密集型的消费品也大多从国外进口。

瑞士号称"世界上最富有的国家"，是高度发达的资本主义工业国。工业是瑞士国民经济的主体，工业产值约占国内生产总值的50%。瑞士的主要工业部门包括钟表、机械、化学、食品等部门。瑞士素有"钟表王国"之称。从1587年日内瓦开始生产手表到今天，400多年中，瑞士一直保持着在世界钟表业的领先地位。农业产值约占国内生产总值的4%，农业就业人数约占全国就业总人数的6.6%。

瑞士是世界金融中心，银行业和保险业是其最大的部门，旅游业长期保持稳定和强劲的发展势头，为旅游相关行业的发展提供了市场。2014年，瑞士的GDP总计为7 082亿美元，人均GDP为86 542美元。

3.7.5 首都、行政区划

1. 比利时

比利时首都为布鲁塞尔，人口约107万，有"欧洲首都"之称，是欧洲联盟、北大西洋公约组织等多个国际组织的总部所在地，每年有众多国际会议在此召开，另有200多个国际行政中心和超过1 000个官方团体在此设有办事处。

比利时全国划分为弗拉芒行政区、瓦隆行政区、布鲁塞尔首都行政区三个联邦行政区，同时全国又划分为三个社区。其中前两个行政区再分别划分为5个省，省以下再进一步设市镇。全国分为10个省和589个市镇。

2. 荷兰

荷兰首都为阿姆斯特丹，有人口约110万。阿姆斯特丹为荷兰第一大城市和第二大港口，也是荷兰最大的工业城市和经济中心。

1806年，荷兰将首都迁到阿姆斯特丹，但王室、议会、首相府、中央各部和外交使团仍留在海牙，海牙人口约有47万。

荷兰全国分为12个省，省下设489个市镇。

3. 奥地利

奥地利首都为维也纳，面积414平方公里，有人口约176万，是奥地利政治、经济和文化的中心，也是欧洲最古老和最重要的文化、艺术和旅游城市之一。

奥地利全国分为9个州，15个有自主权的城市，84个区和最低一级的2 355个乡镇。

4．瑞士

瑞士首都为伯尔尼，位于瑞士国土中间偏西，面积（包括郊区）230多平方公里，市区人口约13万。传说为给城市取名，当时的统治者扎灵根公爵决定外出打猎，以打到的第一只野兽作为城市名，结果打死一头熊，于是以"熊"字为该城命名。伯尔尼这一名称从德文"熊"字演绎而来，"熊"也成了伯尔尼的城徽，进而又变为伯尔尼州的标志。伯尔尼主要是瑞士行政和银行业的中心，同时也是一个文化和旅游城市。

瑞士的行政区划分为三级，即联邦、州和市镇。瑞士联邦由26个州组成，各州规模不一，面积和人口相差很大。

3.7.6 政治、外交、与中国关系

1．比利时

1994年2月17日，比利时国王阿尔贝二世正式签署了新宪法文本。宪法规定，比利时实行世袭君主立宪的联邦制。国王为国家元首、三军最高统帅。国王和议会共同行使立法权，和政府共同行使行政权，实权在政府，政府对议会负责。议会实行两院制，众议院行使立法权，参议院仅有立法建议和咨询权，只在修宪和国家体制改革方面仍与众议院享受同等权力。同时扩大地区政府的内政和外交权力。

比利时推行积极的欧洲政策，主张加快欧洲一体化建设步伐；支持和参与联合国维和行动与人道主义援助；重视与美国的关系；主张加强与独联体和东欧国家的交往；在积极推动发展中国家民主化进程的同时，注意缓和与它们的关系。

1971年10月25日，比利时与中国建交。几十年来，两国关系发展顺利。

2．荷兰

荷兰于1814年3月29日颁布宪法，1848年修改宪法，规定荷兰是世袭君主立宪王国。立法权属国王和议会，行政权属国王和内阁。枢密院为最高国务协商机构，主席为女王本人，其他成员由女王任命。议会由一院和二院组成。二院拥有立法权；一院有权同意或拒绝批准法案，但不能提出或修改法案。

荷兰为欧盟和北约成员国。对外政策以欧洲为重点，主张在加强北约的同时，西欧国家制定共同外交、安全政策以加强北约的欧洲安全支柱。

荷兰也是最早承认中国的西方国家之一，1954年11月19日与中国建立代办级外交关系，1972年5月18日升格为大使级外交关系。2004年4月，首相巴尔克嫩德对中国进行工作访问。2004年12月，温家宝总理对荷兰进行正式访问。近年来两国友好交往增加，经贸关系也有较大发展，双方政府先后签订了包括海运、航空、经济、技术、文化在内的一系列双边协定和协议。

3. 奥地利

1945年奥地利重建后，宣布1920年宪法和两个附则继续有效。宪法规定，奥地利为联邦制共和国。总统是国家元首，行使国家最高权力，由普选产生，任期6年。议会为两院制，由国民议会和联邦议会组成。国民议会制定法律，按比例代表制产生，任期4年。联邦议会代表各州的利益，其议员由各州按人口比例选派。国民议会和联邦议会联合组成联邦会议，主要职能是接受总统就职宣誓，以及在必要时决定对外宣战。总理为政府首脑。

奥地利于1955年10月宣布永久中立。冷战之后，奥地利对其以中立政策为核心的外交政策进行了调整，致力于开展积极的全方位外交。

1971年5月28日，奥地利与中国建交。此后，两国关系不断发展。

4. 瑞士

瑞士是联邦制国家，各州为主权州，有自己的宪法。联邦委员会是国家最高行政机构。联邦议会由具有同等权限的国民院和联邦院组成，是联邦的立法机构。只有两院取得一致，法律或决议才能生效。联邦委员会是国家最高行政机构，联邦委员会主席为瑞士联邦主席，是国家元首兼政府首脑。任期一年，不得连任。根据宪法规定，瑞士实行"公民表决"（公民投票）和"公民倡议"形式的直接民主。凡修改宪法条款、签订期限为15年以上的国际条约或加入重要国际组织，必须经过公民表决并由各州通过后方能生效。

瑞士为"永久中立国"，奉行积极的中立政策。"普遍性"、"善良服务"和"国际合作"是构成其外交政策的三要素。2005年6月，瑞士公民表决批准加入《申根协定》。

1950年9月14日，瑞士与中国建交，并互派公使。1956年1月和1957年4月中瑞各自将公使馆升格为大使馆。中国已成为瑞士在亚洲的最大贸易伙伴，瑞士是中国在欧洲第七大贸易伙伴和第六大外资来源国。2012年中瑞双边贸易额为263亿美元。

3.7.7 文化传统、民俗风情

1. 比利时

（1）服饰。比利时人在服饰上比较讲究，喜欢穿质地高贵色彩柔和的服装，通常是西装笔挺，领带鲜艳。服装款式也各式各样，千变万化。在发式和首饰上，男子喜欢理较为标准的平头、分头和包头。女子花样更多，令人眼花缭乱，特别喜欢佩戴首饰，有的妇女浑身珠光宝气，以显示自己的雍容华贵。

（2）饮食。比利时人一般不吃过分油腻的菜。典型的比利时菜肴有炸牛排、海蚌和炸土豆条，其他特产还有奶油葡萄面包和以糖、米及奶酪为原料制成的馅饼。芦笋、野鸡、干酪屑和烤苣菜也深受人们喜爱。比利时人早晨习惯喝酸牛奶、果汁，进餐时喜喝啤酒、白兰地，习惯餐前喝饮料，餐后喝咖啡。蛋糕、蛋奶烘饼品种多样，闻名世界。比利时的巧克力作为特产，与瑞士巧克力齐名。比利时啤酒也很著名。

（3）节日。比利时多市集和地方性节日，全国各地每三天必有一个市集、一个节日或一个嘉年华会。比利时的主要节日有：新年节（1月1日），复活节（春分后第一次月圆之后的第一个星期日，复活节后的星期一也放假），国际劳动节（5月1日），耶稣升天节（复活节40天后的第一个星期四），圣灵降临节（复活节后第七个星期日，星期一也放假），法兰德斯纪念日（7月11日），国庆节（7月21日），圣母升天节（8月15日），瓦隆节（9月27日），万圣节（11月1日），第一次世界大战停战纪念日（11月11日），国王日（11月15日），圣诞节（12月25日，26日也放假）。

另外，比利时还有一些独特的节日，如班什狂欢节和抛猫节。

每年2月举行的班什狂欢节是与法国尼斯、德国科隆和意大利威尼斯的狂欢节齐名的欧洲四大著名狂欢节之一。传说班什狂欢节起源于16世纪中叶，当时罗马帝国皇帝的妹妹玛利亚在班什造城池、建宫殿。1554年，玛利亚为欢迎外甥菲利普二世举行盛大宴会，宫廷官员化装成各种达官贵人参加宴会。班什狂欢节最热闹的是化装游行，以其别具风格的小丑服装而名扬欧洲。2003年11月，班什狂欢节被列入联合国教科文组织世界文化遗产名录，成为当地人最为自豪的一项活动。

每年5月的第二个星期日，比利时易泊镇都要举行抛猫节庆祝活动。人们穿上节日盛装，从四面八方来到广场。广场上有一座高塔，从塔顶抛下一只彩色布花猫。谁能接到这只布花猫，谁就会交好运。据说这个镇以前曾发生过鼠疫，老百姓十分憎恨老鼠，便普遍养起了猫，并以抛猫节来感谢猫为人类消除鼠害而做出的贡献。

（4）礼仪。比利时人喜欢说笑，富有幽默感，在正式场合很注意各种礼节，姿态端正，举止端庄。比利时人常行的见面礼节是握手礼，有时也行亲吻礼和拥抱礼，相见时一般称呼先生、女士、夫人和小姐。

（5）禁忌。比利时人忌讳数字"13"和"星期五"，认为这都是灾难的象征。他们最忌讳蓝色，视蓝色为魔鬼的色彩。因此，凡遇不祥之事，他们都惯用蓝色作为标志。他们还忌讳墨绿色，因为墨绿色会使他们联想起纳粹的军服。送花时忌讳送菊花，他们认为菊花意味着死亡。

2．荷兰

（1）服饰。大部分荷兰人的穿着打扮和欧洲大陆的其他国家大同小异，在正式社交场合男子穿着都较庄重，女士衣着典雅秀丽。最富特色的是荷兰马根岛上居民的服饰，该岛女孩的衬衣都呈红绿间隔的条纹。

（2）饮食。荷兰人对早餐、午餐要求简单，重视晚餐，一般他们在餐前都习惯喝些饮料。他们的国菜不是山珍海味，而是胡萝卜、土豆和洋葱混合烹调而成的"大烩菜"，据说这是为了纪念前人的难忘历史。

荷兰人饮食讲究菜肴嫩滑清爽，注重菜多、量足、质高。一般不喜太咸，爱甜、酸味道。主食以面食为主，也爱吃米饭。爱喝啤酒，喜爱红茶。

（3）节日。荷兰的主要节日有：狂欢节（2月），国庆日（4月30日），解放日（5月4日），郁金香节（5月最接近15日的星期三），风车日（5月的第二个星期六），荷兰节（6月），海牙爵士乐节（7月），国菜节（10月3日），圣诞节（12月25日），新年除夕（12月31日）。

（4）礼仪。荷兰人在社交场合与客人相见时，一般习惯行握手礼。拜访结束时，应与在场的所有人一一握手告别。荷兰人的时间观念强、守时，讲究信用。荷兰人喜欢骑自行车，85%的居民有自行车，故有"自行车王国"的别称。

（5）禁忌。荷兰人忌讳数字"13"和"星期五"。他们认为"13"象征着厄运，"星期五"象征着灾难。他们忌讳交叉式握手和交叉式的谈话，认为这些都是极不礼貌的举止。他们在相互交往中，不愿谈论美国的政治、经济和物价等方面的问题。

荷兰人忌讳有人询问他们的宗教信仰、工资情况、婚姻状况、个人去向等问题，他们认为私人事宜不需要他人过问。他们喝咖啡忌讳一杯倒满，视倒满为失礼的行为和缺乏教养，认为只有倒到杯子的2/3处才合适。

3. 奥地利

（1）服饰。奥地利男子平时着装随便，喜欢穿羊皮短裤或马裤，正式场合则穿西装。在山区，天气寒冷时，很多人穿着马裤和罗登尼料做的夹克。观看歌剧时着装特别正式，不穿便服和牛仔服之类的服装，而大都穿着高级礼服出入歌剧院。节庆时，男子爱穿白色礼服，女子多穿红色衣裙。

（2）饮食。奥地利人讲究菜肴丰盛典雅，注重菜品营养成分。口味一般都偏重，喜欢咸、辣、甜味。奥地利人主食以面食为主，调料喜用香辣粉，喜欢喝白葡萄酒，而且酒量也大。

（3）节日。奥地利的主要节日有：新年（1月1日），主显节（1月6日），复活节（4月13日），劳动节（5月1日），耶稣升天节（5月21日），圣神降临节（复活节后第七个星期一），圣体节（6月11日），圣母升天日（8月15日），国庆节（10月26日），万圣节（11月1日），圣诞节（12月25日）。

奥地利历史上产生了众多名扬世界的音乐家：海顿、莫扎特、舒伯特、约翰·施特劳斯，还有生在德国但长期在奥地利生活的贝多芬等。建于1869年的皇家歌剧院（现维也纳国家歌剧院）是世界最有名的歌剧院之一，而维也纳爱乐乐团则是举世公认的世界上首屈一指的交响乐团。奥地利萨尔茨堡音乐节是世界上历史最悠久、水平最高、规模最大的古典音乐节之一，一年一度的维也纳新年音乐会可谓世界上听众最多的音乐会。

（4）礼仪。奥地利人姓名的顺序是名在前，姓在后，但在书写时却要颠倒过来，姓在前名在后，中间用逗号分开。通常情况下要称呼其姓，并将爵位职务等冠在姓名之前。奥地利人相见时，一般以握手为礼。说话时双方相距半米左右，声音不高。一些地区还习惯用一种古老的寒暄语——"愿神降福于你"。

（5）禁忌。与奥地利人交谈，可谈历史，但不要谈战争；可谈文化，但不要谈荒唐淫秽的东西。大多数人忌讳数字"13"和"星期五"，喜欢绿色而不喜欢黑色。奥地利人不喜欢在新年期间食用虾类，因为虾会倒着行走，象征不吉利，若吃了虾新的一年就难以进取。

4. 瑞士

瑞士素有"世界花园"或"欧洲花园"之称，房屋修建也十分精致豪华。

（1）服饰。瑞士人在正式社交场合一般是穿西服，在日常生活中则穿各式各样朴素大方的服装。在瑞士人看来，青春本身就是美的，不用穿红戴绿，也不用化妆。

民族服装在瑞士人心目中占有特殊的地位，专门设有"瑞士服装协会"和"民族服装节"。在瑞士人的发祥地施维茨，男性一般穿过膝的长裤、袖子宽大的衬衫和短夹克，女性穿着丝质上衣、长裙和天鹅绒背心。

（2）饮食。瑞士士人讲究菜肴的色、香、味、形，注重菜肴的精烹细作。一般口味喜清淡，爱稍带甜味。以面为主食，也喜欢米饭。瑞士人乐于吃类似中国涮羊肉一样的菜肴，非常喜欢吃土豆。

（3）节日。瑞士的主要节日有：新年（1月1日），耶稣受难日（4月14日），复活节（每年3月末4月初左右），国际劳动节（5月1日），圣神降临节（5月5日），耶稣升天日（5月25日），国庆节（8月1日），圣诞节（12月25日至26日）。

（4）礼仪。瑞士人酷爱清洁，不但个人居室住所干净整齐，也十分注意保持公共场所的卫生，无论城市乡间，都绝少有乱扔废物的现象。他们也十分重视环境污染问题，因此在保护环境卫生、防止污染方面有许多严格而具体的规定。

（5）喜忌。瑞士人喜欢红、黄、蓝、橙、绿、紫色，以及红白相间、浓淡相间的二重色。他们对数字"11"倍加偏爱与崇拜，视其为吉祥的数字，据说与古索洛图因成为瑞士联邦的第11个州有关。

像其他西方人一样，瑞士人忌讳数字"13"和"星期五"，认为它们会给人们带来不幸或灾祸。他们忌讳猫头鹰，认为它是一种祸鸟。瑞士人忌讳别人打听自己的私事，尤其是不愿谈论减肥、节食、年龄、工资、金钱、家庭情况和私生活等话题，喜欢谈论体育、旅游、政治及有关瑞士的话题。瑞士人不习惯接受别人送的3枝红玫瑰，因为3枝带有浪漫色彩。若以1枝或20枝为礼，还是可以接受的。

3.7.8 旅游资源、旅游业

1. 比利时

比利时是一个富裕的国家，旅游资源不太丰富，但它却在欧洲旅游客源国之列。

（1）旅游资源。

1）布鲁塞尔。比利时首都，当代西欧的名城。它不仅是欧洲联盟总部所在地，而且还是北大西洋公约组织秘书处和荷兰、比利时、卢森堡经济联盟等100多个国际组织所在地，因此人们又称布鲁塞尔为"欧洲的首都"。主要景点有：王宫、中心大广场、"布鲁塞尔第一公民"男孩铜像、比利时王宫、市政厅厅塔、欧洲联盟总部大厦、滑铁卢古战场，以及众多博物馆和图书馆等。

2）安特卫普。安特卫普是比利时的第二大城市，位于斯凯尔特河的下游，优越的地理位置使安特卫普成为世界第四、欧洲第二、比利时第一的港口城市。安特卫普是著名的世界钻石之都，一年可加工全世界近50%的钻石。安特卫普是比利时的第二大经济中心，设有众多的商业机构、进出口贸易公司、银行、保险公司及近300家船运公司。安特卫普有三大看点：一是保存完好、充满中世纪情调的旧市区古老建筑；二是神秘的钻石加工和交易；三是有世界声誉的绘画艺术和众多的博物馆。其主要旅游景点有：圣母大教堂、安特卫普大教堂、圣保罗教堂、广场钟楼、鲁本斯博物馆、国家美术馆、皇家艺术博物馆、民间艺术博物馆、国家海运博物馆及钻石博物馆等。

3) 布鲁日。布鲁日是个未受破坏的中世纪城市。其狭窄曲折的街道、美丽如画的古老建筑物和拱形桥，与意大利的威尼斯有某些类似之处。城内有几座12世纪至14世纪的建筑物和教堂，还有几座珍藏有精美艺术品的博物馆。

4) 根特。根特城建于1180年，但也有14世纪和15世纪的建筑物。

(2) 旅游业。比利时的国内旅游很活跃，在出外旅游者中约有一半以上的人出境进行国际旅游，到比利时的外国旅游者多来自邻近国家。比利时人出境旅游的主要目的地是法国、西班牙、意大利，以及巴尔干半岛西北部和阿尔卑斯山。比利时的旅游业收入约占国内生产总值的2%，每年接待约670万游客，大多来自法、德、荷、英等欧洲邻国。

2. 荷兰

(1) 旅游资源。

1) 阿姆斯特丹。市内地势低于海平面1~5米，是荷兰的首都和商业、金融及工业中心。如同蜘蛛网一般的160多条大小水道，几乎穿过市区每一条街道，全城有桥梁1 000多座。被称为"北方威尼斯"。位于西南郊的阿斯梅尔花卉市场是世界上最大的花市，花卉销往100多个国家。阿姆斯特丹的旅游业十分发达，是欧洲文化艺术的名城，全市有40家博物馆。主要景点有：王宫、新教堂、老教堂、证券交易大厦、奥林匹克体育馆、雷伊克斯国立博物馆。

2) 鹿特丹。当今世界第一大港、荷兰第二大城市，欧洲最大的炼油中心。自欧洲共同体建立以来，许多西欧国家的进出口货物都由鹿特丹港转运，故鹿特丹有"欧洲门户"之称。主要景点有："毁坏了的城市"人体塑像、音乐厅、民俗博物馆、伊拉斯诺大学、"欧洲桅杆"空中饭店、世界贸易中心。

3) 围海造田景观。荷兰广大地区原为沼泽地，为了生存和发展，荷兰人竭力保护原本不大的国土，避免在海水涨潮时遭"灭顶之灾"。他们长期与海搏斗，围海造田。早在13世纪就筑堤坝拦海水，再用风动水车抽干围堰内的水，改造成为肥美的田园。几百年来荷兰修筑的拦海堤坝长达1 800公里，增加土地面积60多万公顷。如今荷兰国土的20%是人工填海造出来的。因而，荷兰具有世界著名的"围海造田"景观。

(2) 旅游业。荷兰人热爱旅游，由于本国领土面积小，其他旅游资源不足，因而其居民大量去国外旅游，为国际性的欧洲旅游客源国。近些年来，每年分别有500多万荷兰人进行国内或出国旅游，其出境旅游的客流指向中欧、南欧各国，德国、法国、奥地利和瑞士为其主要旅游目的地。2014年前往荷兰的外国游客数量上升了10%，达到了1 400万。

3. 奥地利

(1) 旅游资源。

1) 维也纳。维也纳有"多瑙河的女神"之称，环境优美，景色诱人，是奥地利的政治和文化中心，地处该国东北部，多瑙河南岸。1974年联合国决定维也纳为其第三（另两个为纽约和日内瓦）会议城市。它还是世界音乐城市和国际博览会城市，许多著名音乐家在这里诞生或在这里进行创作。每年一度的维也纳音乐会，把世界各地的音乐家和音乐爱好者吸引到这里。主要景点有：维也纳歌剧院、维也纳音乐厅、维也纳多瑙塔、维也纳舍恩布龙宫、艺术博物馆、圣斯丹芬大教堂、维也纳大学等。

2）萨尔茨堡。奥地利西北部萨尔茨堡州首府，濒临多瑙河支流萨尔察赫河，是奥地利北部交通、工业及旅游中心。这里是大作曲家莫扎特的出生地，历史上就以音乐之城闻名，该城每年都举行国际音乐节活动，素有"音乐艺术中心"之称。这里的建筑艺术堪与意大利的威尼斯和佛罗伦萨相媲美，有"北方罗马"之称。城市分布在萨尔察赫河两岸，偎依在白雪皑皑的阿尔卑斯山峰之间。城市被苍郁的陡山围绕，充满魅力。主要旅游点有：莫扎特故居、霍尔亨萨尔茨堡、本尼狄克隐修道院、圣方济会教堂、米拉贝尔宫、皇家花园等。

（2）旅游业。德国是奥地利最重要的游客来源国，来奥地利的旅游者中德国游客约占60%。

4．瑞士

瑞士有"世界公园"的美誉，旅游业和国际贸易是其资金积累的重要来源。全国有60%的土地用于旅游业，从事旅游业的人口占劳动力的14%，旅游业收入相当于国民收入的8%，若按每平方公里到达的旅游者人数计，瑞士居世界首位。瑞士有400多条专为登山服务的地面索道和电动缆车线路，有1 200多架滑雪缆车。

（1）旅游资源。

1）苏黎世。苏黎世市是苏黎世州首府，在克里特语里的意思是"水乡"。它是瑞士最大的城市，也是全欧洲最富裕的城市，坐落在苏黎世湖畔北岸，已有两千年的历史，是全国的工业、金融、文化中心。苏黎世是重要的国际金融中心和黄金市场之一，享有"欧洲百万富翁都市"的称号。苏黎世的主要景点有：馥劳教堂、酒业公会、苏黎世大教堂、班霍夫街、市政厅，以及50多处博物馆、美术馆。

2）日内瓦。日内瓦市是日内瓦州的首府，为瑞士第二大城市，坐落在风景宜人的莱蒙湖畔。北、西、南三面与法国交界，依山傍水，景色秀丽，夏无酷暑，冬无严寒。日内瓦是瑞士第二大金融市场，拥有120多家银行。日内瓦尤以国际组织所在地和国际会议城市著称于世，是继纽约之后联合国机构和国际组织最多的城市。日内瓦的主要景点有：万国宫、宗教改革国际纪念碑、圣—皮埃尔大教堂、大剧院、艺术与历史博物馆、日内瓦大学、莱蒙湖等。

3）巴塞尔。巴塞尔市位于瑞士、法国和德国的三国交界处，系瑞士第三大城市。世界著名的诺华、罗氏等化工集团都设在巴塞尔，在这两家集团就业的职工几乎占全市就业人口的一半。巴塞尔也是瑞士重要的金融市场之一，是国际清算银行和国际重建与发展银行的所在地。巴塞尔既是瑞士的铁路枢纽，也是瑞士唯一通向海洋的河运港口，年货物吞吐量占瑞士全部外贸货运量的一半。巴塞尔的主要景点有：巴塞尔大学、巴塞尔大教堂、圣马丁教堂、巴塞尔市政厅、金星饭店、巴塞尔美术博物馆、巴塞尔博览会展览馆、巴塞尔广播电视塔。

4）洛桑。洛桑市是沃州的首府，位于莱蒙湖畔。市区人口12万，主要讲法语，是瑞士第五大城市。洛桑，一种解释为"水流"，另一种解释为"石头"。洛桑是瑞士法语区最重要的交通枢纽，也是沃州工业的集中地。洛桑是国际奥林匹克委员会总部的所在地，并建有奥林匹克博物馆。洛桑气候温和，依山傍水，风景宜人，是瑞士的游览胜地之一，旅游业是该地收入的重要来源。主要景点有：圣—弗郎索瓦教堂、市政厅、圣—梅尔城堡、自然疗养站、吕密纳尔宫、罗马博物馆等。

（2）旅游业。瑞士的旅游业十分发达，每年的外国游客达到数百万人次，全年的旅游收入近10亿美元。全国旅游行业的从业人员约24万，占就业总人数的6.2%，是仅次于机械制造和化工医药的第三大创汇行业。2012年，瑞士拥有旅馆4 742家，床位24.7万张，接待过夜游客数为3 477万人次。

3.8 瑞典、丹麦、挪威、芬兰

3.8.1 国名、国旗、国徽、国歌

1．瑞典

瑞典全称为瑞典王国（Kingdom of Sweden），"瑞典"在瑞典语中有"亲属"之意，别称"欧洲锯木场"。

瑞典国旗旗地为蓝色，有一黄色十字略向左侧。蓝、黄颜色来自瑞典皇徽的颜色。

瑞典大国徽为斗篷式，饰有王冠的蓝盾被黄十字一分为四：左上和右下部绘有3顶王冠；右上和左下部绘有戴王冠的金狮。大盾中有一小盾，左面由蓝、银白、红三色斜纹和一个金瓶组成；右面绘有一个城堡式的钟楼和一只金鹰。蓝盾两旁是金狮，下端为勋章。小国徽为一带王冠的蓝盾，盾面上3顶金冠是瑞典王国的象征，也象征着当年组成卡尔马联盟的丹麦、瑞典和挪威。

瑞典国歌为《你古老的光荣的北国山乡》，国花为白菊、睡莲，国鸟为乌鸫（百舌），国石为水晶。货币为瑞典克朗。

2．丹麦

丹麦全称为丹麦王国（Kingdom of Denmark），"丹"为"沙滩、森林"之意，"麦"是"土地、国家"之意。

丹麦国旗是世界上最古老的国旗，被称为"丹麦人的力量"。呈长方形，长与宽之比为37∶28。旗地为红色，旗面上有白色十字形图案，稍偏左侧。据丹麦史诗记载，1219年丹麦国王瓦尔德玛·维克托里斯（也称胜利王）率军对爱沙尼亚异教徒进行征战。在6月15日的隆达尼斯战斗中，丹军陷入困境。突然，一面带有白色十字的红旗从天而降，并伴随着一个响亮的声音："抓住这面旗帜就是胜利！"在这面旗帜的鼓舞下，丹军奋勇作战，转

败为胜。此后白色十字红旗就成为丹麦王国的国旗。至今，每年 6 月 15 日，丹麦都要庆祝"国旗日"，即"瓦尔德玛日"。

丹麦国徽为盾徽，金色的盾面上横置着三只头戴王冠的蓝色狮子，周围点缀着九颗红心。狮子和红心象征勇敢、忠诚、善良。盾上端是一顶华丽的王冠，象征丹麦是一个古老的王国。

丹麦国歌为《有一处好地方》、《基里斯当挺立桅杆旁》，国花为冬青，国鸟是云雀。货币为丹麦克朗。

3. 挪威

挪威全称为挪威王国（Kingdom of Norway），"挪威"含有"通往北方之路"的意思。挪威又有"万岛之国"（沿海岛屿多达 50 000 个）、"半夜太阳国"（国土的 1/3 在北极圈内，夏季时有一段"永昼期"，没有黑夜）之称。

挪威国旗呈长方形，长与宽之比为 11∶8。旗地为红色，旗面上有蓝、白色的十字形图案，略偏左侧。挪威曾在 1397 年与丹麦、瑞典结成卡尔马联盟，为丹麦所统治，所以国旗上的十字源自丹麦国旗的十字图案。挪威国旗有两种，政府机构悬挂燕尾式国旗，其他场合悬挂上述横长方形国旗。

挪威国徽为盾徽，红色的盾面上直立着一只金色狮子，头戴王冠，持金柄银斧。金狮是力量的象征，银斧是挪威自由的保护者圣奥拉夫的武器。盾徽上端是一顶镶嵌着圆球和十字的金色王冠。

挪威国歌为《挪威之歌》，国树为挪威云杉，国鸟为河鸟。货币为挪威克朗。

4. 芬兰

芬兰全称为芬兰共和国（Republic of Finland），"芬兰"在芬兰语中意为"湖沼之国"。芬兰别称"千湖之国"、"森林之国"。

芬兰国旗呈长方形，长与宽之比为 18∶11，旗地为白色，稍偏左侧的十字形蓝色宽条将旗面分为四个白色长方形。芬兰以"千湖之国"著称，西南临波罗的海，旗上的蓝色象征湖泊、河流和海洋；另一说象征蓝天。芬兰有 1/3 的领土在北极圈内，气候寒冷，旗上的白色象征白雪覆盖着的国土。旗面上的十字代表了芬兰历史上与北欧其他国家的密切关系。该国旗是 1860 年前后根据芬兰诗人托查里斯·托佩利乌斯的建议制作的。

芬兰国徽为红色盾徽。盾面上为一只头戴王冠的金色狮子，前爪握着一把剑，后爪踩着一把弯刀。九朵白色的玫瑰花点缀在狮子周围。狮子象征芬兰人民的勇敢和力量，九朵玫瑰花代表芬兰历史上的九个省。

芬兰国歌为《祖国》。国花为铃兰、绣球菊。货币原为芬兰马克，现通用欧元。

3.8.2 地理位置、自然条件

1. 瑞典

瑞典位于北欧斯堪的纳维亚半岛东部，东北部与芬兰接壤，西部和西北部与挪威为邻，东濒波罗的海,西南临北海,领土面积为44.99万平方公里(不包括领海面积),海岸线长约2 181公里。

瑞典的领土比较狭长,地势自西北向东南倾斜。北部为诺尔兰高原,南部及沿海多为平原或丘陵,沿海低地的海拔一般在100米以下,海岸较平直。主要河流有约塔河、达尔河、翁厄曼河。湖泊众多,约9.2万个。最大的维纳恩湖面积5 585平方公里,居欧洲第三位。瑞典国土大部分在高纬度范围内,约15%的土地在北极圈内。但受大西洋暖流影响,冬季不太寒冷,大部分地区属温带针叶林气候,最南部属温带阔叶林气候。一年之中,夏季7月至8月降水最多,降雨形式往往是雷阵雨。夏季7月平均气温为18℃左右,日最高气温可达25~30℃。

2. 丹麦

丹麦位于日德兰半岛,处于欧洲北部波罗的海与北海之间,是西欧、北欧陆上交通的枢纽,被人们称为"西北欧桥梁"。由日德兰半岛的大部及西兰、菲英、洛兰、法尔斯特和波恩荷尔姆等406个岛屿组成,面积43 096平方公里(不包括格陵兰和法罗群岛)。南部与德国接壤,西濒北海,北与挪威和瑞典隔海相望,海岸线长7 314公里。

丹麦全境地势低平,平均海拔约30米,日德兰半岛中部稍高,最高点海拔173米。境内多湖泊河流,最长河流为古曾河,最大湖泊阿里湖面积40.6平方公里。气候温和,属海洋性温带阔叶林气候,年均降水量约860毫米。

3. 挪威

挪威面积为385 155平方公里(包括斯瓦尔巴群岛、扬马延岛等属地),位于北欧斯堪的纳维亚半岛西部,东与瑞典为邻,东北与芬兰和俄罗斯接壤,南同丹麦隔海相望,西濒挪威海,海岸线长2.1万公里(包括峡湾),多天然良港。

斯堪的纳维亚山脉纵贯挪威全境,高原、山地、冰川占全境2/3以上,南部小丘、湖泊、沼泽广布,大部分地区属温带海洋性气候。

4. 芬兰

芬兰面积为33.814 5万平方公里,位于欧洲北部,北面与挪威接壤,西北与瑞典为邻,东面是俄罗斯,南临芬兰湾,西濒没有潮汐的波的尼亚湾。

芬兰地势北高南低,北部曼塞耳基亚丘陵海拔200~700米,中部为200~300米的冰碛丘陵,沿海地区为海拔50米以下的平原。南部的塞马湖面积达4 400平方公里,是芬兰第一大湖。芬兰有岛屿约17.9万个,湖泊约18.8万个,素以"千湖之国"著称。芬兰的海岸线曲折,长达1 100公里。芬兰鱼类资源丰富。芬兰有1/3的地区位于北极圈内,北部气候寒冷、多积雪。芬兰属温带海洋性气候,平均气温冬季-14~3℃,夏季13~17℃,年平均降雨600毫米。

3.8.3 人口状况、发展简史

1. 瑞典

瑞典人口有 969 万（2014 年），90%为瑞典人（日耳曼族后裔），外国移民及其后裔超过 100 万（其中 52.6%为外籍侨民）。北部萨米族是唯一的少数民族，约 1 万人。官方语言为瑞典语，90%的国民信奉基督教路德宗。

瑞典于 1100 年前后开始形成国家。1654—1719 年为瑞典的强盛时期，领土包括现芬兰、爱沙尼亚、拉脱维亚、立陶宛，以及俄国、波兰和德国的波罗的海沿岸地区。1805 年参加拿破仑战争，1809 年败于俄国后被迫割让芬兰，1814 年从丹麦取得挪威，并与挪威结成瑞挪联盟。1905 年挪威脱离联盟独立。瑞典在两次世界大战中均保持中立。

2. 丹麦

丹麦人口有 564 万（2014 年），丹麦人约占 95%，外国移民约占 5%。丹麦官方语言为丹麦语，英语为通用语。86.6%的居民信奉基督教路德宗，0.6%的居民信奉罗马天主教。

约在 985 年丹麦形成统一的王国。丹麦曾于 11 世纪 20 年代征服整个英格兰和挪威，成为欧洲强大的海盗帝国，1042 年帝国瓦解。14 世纪丹麦走向强盛，疆土包括现丹麦、挪威、瑞典和芬兰的一部分。1849 年丹麦颁布第一部宪法，建立君主立宪政体。两次世界大战中丹麦均宣布中立。1940 年 4 月至 1945 年 5 月被纳粹德国占领，德军投降后组成联合政府，此后由各政党单独或联合执政。

3. 挪威

挪威有人口 514 万（2014 年），96%为挪威人，外国移民约占 4.6%。少数民族有萨米族约 3 万人，主要分布在北部。官方语言为挪威语，英语为通用语。90%的居民信奉国教基督教路德宗。

挪威于 9 世纪形成统一的王国。在 9 世纪至 11 世纪曾不断向外扩张，进入鼎盛时期，14 世纪中叶开始衰落。1814 年，丹麦把挪威割让给瑞典，换取西波美拉尼亚。1905 年挪威独立，成立君主国，并选丹麦王子卡尔为国王，称哈康七世。挪威在第一次世界大战中保持中立，第二次世界大战中被德国占领，哈康国王及其政府流亡英国。1945 年获得解放。1957 年哈康七世逝世，其子即位，称奥拉夫五世。战后由工党、保守党单独执政或与其他政党联合执政。

4. 芬兰

芬兰有人口约 546 万（2014 年），大部分居住在气候比较温和的南部。其中，芬兰族占 92.4%，瑞典族占 5.6%，还有少量萨米人（又称拉普人）。官方语言为芬兰语和瑞典语。84.9%的居民信奉基督教路德宗，1.1%的人信奉东正教。

约 9 000 年前的冰河末期，芬兰人的祖先从南方和东南方迁居至此。12 世纪后半叶芬兰开始隶属于瑞典，1581 年起成为瑞典的一个公国。1809 年俄国、瑞典战争后被俄国占领，并成为沙俄统治下的一个大公国。1917年10月革命后，芬兰于同年12月6日宣布独立，1919年成立共和国。1939—1940年芬苏战争（芬兰称"冬战"）之后，芬兰被迫同前苏联签订了向苏联割让领土的芬苏和约。1941—1944年纳粹德国进攻苏联，芬兰参与了对苏战争（芬兰称"续战"）。1944年2月，芬兰作为战败国与苏联等国签订了巴黎和约。1948年4月，又与苏联签订了"友好合作互助条约"。冷战结束后，芬兰于1995年加入欧盟。

3.8.4 资源状况、经济发展

1. 瑞典

瑞典实行发达的私营工商业与比较完善的国营公共服务部门相结合的"混合经济"，以高工资、高税收、高福利著称。

瑞典具有丰富的森林、铁矿、水力三大自然资源，形成了采矿冶金、林业造纸、电力和机械制造四大传统工业体系，着重发展以出口为导向的工业化经济，82%的工业品出口到国外。瑞典主要出口产品有汽车及运输设备、机械和仪器、电子产品、木浆纸张、医药化工和钢铁及金属制品。能源工业在瑞典经济中居于十分重要的地位，是一个能源高消费国家。

20世纪70年代中期以后，瑞典工业结构发生了显著变化，高科技产业迅速发展，交通、通信、医药保健、信息、环保领域在世界上具有较强的竞争力，机械制造、电子精密仪器和汽车制造等成为主要出口部门。瑞典的农业和服务业也较为发达。瑞典经济主要依赖对外贸易，主张市场开放和自由贸易。2014年，瑞典的GDP总计为5 705亿美元，人均GDP为58 887美元。

2. 丹麦

丹麦是发达的西方工业国家，人均国民生产总值长年居世界前列。自然资源较贫乏，除石油和天然气外，其他矿藏很少，所需煤炭全部靠进口。北海大陆架石油蕴藏量估计为2.9亿吨，天然气蕴藏量约2 000亿立方米，为欧洲第三大石油输出国。森林覆盖面积43.6万公顷，覆盖率10%。

丹麦农牧渔业及食品加工业高度发达，农牧业特点是农牧结合，以牧为主。有耕地267.6万公顷，农场5.35万个，农业科技水平和生产效率居世界先进国家之列，农畜产品65%供出口，猪肉、奶酪和黄油出口量居世界前列。丹麦也是世界上最大的貂皮生产国。丹麦畜牧业占农业总产值的66%，有大量肉类、奶品、禽蛋出口，其制冷技术及食品的加工、储藏、运输、销售等都很发达。丹麦是欧盟最大的渔业国，捕鱼量约占欧盟捕鱼总量的36%，北海和波罗的海为其近海重要渔场。

丹麦工业在国民经济中占主导地位，企业以中小型为主。主要工业部门有食品加工、机械制造、石油开采、造船、水泥、电子、化工、冶金、医药、纺织、家具、造纸和印刷设备等，产品61.7%供出口，占出口总额的75%。船用主机、水泥设备、助听器、酶制剂和人造胰岛素等产品享誉世界。

丹麦第三产业发达，包括中央政府和市政的公共及私营服务、金融、保险及其他服务，产值占年国民生产总值的70%以上。2014年，丹麦的GDP总计为3 419亿美元，人均GDP为60 634美元。

3．挪威

挪威是拥有现代化工业的发达国家。现有可开采原油蕴藏量为42.8亿立方米，天然气4万多亿立方米。其他矿产资源有：煤2亿~5亿吨，铁0.3亿吨，钛0.18亿吨。水力资源丰富，可开发的水电资源约1 870亿度，已开发63%。北部沿海是世界著名渔场。农业用地面积10 463平方公里，其中牧草地6 329平方公里。副食基本可自给，粮食主要靠进口。

工业在挪威国民经济中占有重要地位，主要传统工业部门有机械、水电、冶金、化工、造纸、木材加工、鱼产品加工和造船。挪威是西欧最大的铝生产国和出口国，镁的产量居世界第二位，硅铁合金产品大部分供出口。20世纪70年代兴起的近海石油工业已成为国民经济重要支柱，为西欧最大产油国、世界第三大石油出口国。2014年，挪威的GDP总计为5 001亿美元，人均GDP为97 363美元。

4．芬兰

芬兰森林资源极其丰富，全国森林面积达2 600万公顷，森林覆盖率达66.7%，居欧洲第一位和世界第二位，人均森林占有量达5公顷，有"绿色金库"的美称。芬兰的木材加工、造纸和林业机械等行业成为其经济支柱，并具有世界领先水平。芬兰是世界第二大纸张、纸板出口国和第四大纸浆出口国。

第二次世界大战以后，芬兰依靠森林工业和金属工业走上强国之路。芬兰在能源、电信、生物和环保等领域的技术及设备均处于世界领先地位。芬兰信息产业发达，不仅以最发达信息社会闻名于世，而且在全球国际竞争力排名榜上名列前茅。2014年，芬兰的GDP总计为2 706亿美元，人均GDP为49 541美元。

3.8.5　首都、行政区划

1．瑞典

瑞典首都为斯德哥尔摩，人口约186万，其中市区约79万。

瑞典全国划分为21个省和289个市。省长由政府任命，市级领导机构由选举产生，省、市均有较大自主权。

2．丹麦

丹麦首都哥本哈根是北欧最大的城市，人口约67万，原意为"商人港口"，有自由港和航空港，是世界交通的枢纽。由于统治欧洲时间最久的女皇玛格丽特二世皇族居住于此，因此，它还有一个别称——"女皇之城"。这个城市因丰富的艺术与文化特质而在1996年被评为欧洲文化之都。

丹麦全国分为14个郡、275个县和格陵兰、法罗群岛两个自治领（其国防、外交、司法和货币由丹麦负责）。

3. 挪威

挪威首都为奥斯陆，人口约56万，是挪威最大的城市及政治、经济、文化、交通中心和主要港口，是挪威王室和政府的所在地，位于挪威东南部。

挪威全国设1市18郡，下设454个市政。

4. 芬兰

芬兰首都为赫尔辛基，市区人口约62万，夏季平均气温16℃，冬季平均气温-5℃。芬兰人把白色看成和平、纯洁、公正的象征，在首都赫尔辛基境内，无论是终年积雪的山峰，还是市内的建筑，都为白色所包裹，因此赫尔辛基又被称为"欧洲的白都"。

芬兰全国分为5个省和1个自治区：南芬兰省、东芬兰省、西芬兰省、奥鲁省、拉毕省和奥兰岛自治区。

3.8.6 政治、外交、与中国关系

1. 瑞典

瑞典现行宪法由政府法典（1809年制定，1974年修订）、王位继承法（1810年制定，1979年修订）和新闻自由法（1949年制定）三个基本法组成，此外还有议会组织法（1866年制定，1974年修订）。宪法规定瑞典实行君主立宪制。国王是国家元首和武装部队统帅，作为国家象征仅履行代表性或礼仪性职责，不能干预议会和政府工作。议会是国家唯一的立法机构，由普选产生。政府是国家最高行政机构，对议会负责。国王的最年长子女是法定王位继承人。议会为一院制。

瑞典奉行"和平时期军事不结盟，以求邻近地区发生战争时守中立"的外交政策。在邻近地区、欧洲和世界事务三个层面积极参与国际合作。认为合作即安全，邻近地区是自身的安全基础，欧盟在欧安事务中发挥着越来越重要的作用，承认北约在欧安事务中的主导地位，视参与联合国事务为外交基石之一。1994年6月，加入北约"和平伙伴关系"。1995年1月1日成为欧盟正式成员国。瑞典还主张发挥联合国作用，积极促进缓和与裁军。瑞典是欧洲委员会、北欧理事会、欧洲自由贸易联盟成员国。

1950年5月9日，瑞典与中国建交，是第一个与中国建交的西方国家。建交后，两国关系平稳发展，在政治、经济、文化等各领域、各层次的交流与合作日益增多并取得显著成果。

2. 丹麦

丹麦现行宪法于1915年制定，1920年、1953年两度修改。宪法规定，丹麦实行君主立宪制，国王与议会共同拥有立法权，国王通过由其任命的内阁部长行使行政权。国王即国家元首，议会为一院制。

冷战结束后，丹麦对传统上以北约、欧共体、北欧合作和联合国为支柱的外交政策进

行了调整，突出以欧盟为重点，增加了"共同安全、民主和人权、经济和社会发展及环保"等新内容，重视欧盟建设，坚持依托北约，加强欧洲安全合作，积极拓展以北欧合作为基础的环波罗的海合作，重视联合国的地位和作用，积极参与联合国维和行动。

1950年5月11日，丹麦与中国建交。1956年2月15日，两国将公使馆升格为大使馆。建交后，两国在各个领域的交流与合作逐步开展。2008年10月，中丹建立全面战略伙伴关系。丹麦是继瑞典之后第二个同中国建交的西方国家，也是率先同中国建立全面战略伙伴关系的北欧国家。两国高层互访频繁，政治互信不断增强，经贸合作日益深化。

3. 挪威

挪威现行宪法于1814年5月17日通过，后经多次修订。宪法规定，挪威实行君主立宪制，国王为国家元首兼武装部队统帅，并提名首相人选，但无权解散议会。议会分上下两院，除制定法律先由下院后由上院讨论外，其他问题均由两院合并讨论。

挪威以同北约合作为其外交和安全政策的基础。积极发展与欧盟及北欧的合作，同时与邻国俄罗斯维持睦邻关系。近年来，进一步加强与欧盟、美国、俄罗斯及周边国家的关系，更加重视发展与亚太国家的联系，努力拓展外交空间，通过联合国积极参与国际事务。挪威是北大西洋公约组织、欧洲委员会、北欧理事会、欧洲自由贸易联盟成员国。

1954年10月5日，挪威与中国建交。

4. 芬兰

芬兰宪法规定，国家立法权由议会和共和国总统共同行使。总统是国家元首，拥有任命政府、掌管外交、统率三军等实权，每6年选举一次。1999年芬议会通过新宪法，加强了议会和政府在国家政治生活中的作用，削减了总统的部分权力。议会为一院制，是国家最高权力机关和立法机关。最高司法机关为最高法院和最高行政法院。起诉机关是各级检察院。另设有国家法律监察官，有权出席内阁会议，监督总统、内阁和政府各部门的决定是否符合宪法规定。

第二次世界大战后芬兰长期奉行同苏联保持睦邻友好关系、不介入大国冲突、同各国发展友好关系的"积极的和平中立政策"。冷战结束、苏联解体后，芬兰对其外交政策进行了重大调整，将发展同欧盟的关系作为外交重点。1995年1月1日起成为欧盟正式成员，芬兰仍坚持奉行军事不结盟和独立可靠的防务政策，密切与北约的合作，同时继续与俄罗斯保持睦邻关系，支持俄融入国际社会。

1950年10月28日，芬兰与中国建交。1951年互设公使馆，1954年升格为大使馆。近年来，中芬两国经贸发展迅速。中国现已成为芬兰在亚洲的最大贸易伙伴，芬兰则是中国在北欧地区的第一大贸易伙伴。

3.8.7 文化传统、民俗风情

1. 瑞典

（1）服饰。瑞典的传统民族服装是：男子上身穿短上衣和背心，下身穿紧身裤子；少女一般不戴帽子，已婚的妇女则戴式样不一的包头帽。在正式场合，男子一般是西装革履，加上一件长外套；女子一般是西服上衣配短裙，或穿低胸露肩的长裙。

（2）饮食。瑞典人习惯于欧式西餐，以面食为主，爱吃烧卖、面包，对香肠、牛肉等也乐于食用。参加瑞典人主办的宴请活动时，要按主人排定的座次入席，同时要注意帮助座位旁的女伴入座。用餐时不要发出响声。一定要等到主人、年长者或比你级别高的人向你敬酒后才能向他们敬酒。

（3）节日。瑞典的主要节日有：元旦（1月1日），显现节（2月6日），受难节（复活节前一个星期五），复活节（4月），五朔节（5月1日的前一天晚上），劳动节（5月1日），基督升天节（5月末），复活节后的第七个星期一（5月末或6月初），仲夏节（夏至），吃虾节（8月），圣人纪念日（10月末或11月初的星期六），露西娅女神节（12月13日），圣诞节（12月25日），节礼日（12月26日）。

（4）礼仪。瑞典人文化素质较高、热情好客、淳朴诚实、谈吐文明、行为规矩、重诺守时，他们十分重视环境保护，爱花、爱鸟和其他野生物，热爱大自然。

在瑞典，熟人见面时都会主动打招呼并互相问候。与外国客人相见时，他们通常以握手为礼，有时也行接吻礼，在一般情况下，互不相识的人初次交往时要做自我介绍。

瑞典人的婚礼有宗教婚礼和非宗教婚礼两种形式。宗教婚礼一般按福音路德教的礼仪进行；非宗教婚礼则由法官或其他有权主持婚礼的人主持，同时要有两位证婚人。

（5）禁忌。瑞典人忌讳陌生人询问他们的政治倾向和年龄，忌讳黄色和蓝色。瑞典人在家饮酒需持特许证去指定地点购买，并缴纳可观的税款。瑞典法律对酒后开车的罚款很重。

2. 丹麦

（1）服饰。丹麦人在正式社交场合很注意着装整齐，通常西装革履，衣冠楚楚。举行盛大晚宴时，人们还习惯穿晚礼服。但是，在日常生活中他们衣着较随便，穿各式流行服装的都有，不少人喜爱着运动服。在夏季，丹麦的一些海滨胜地，到处可见穿着游泳衣裤的游客。

（2）饮食。丹麦人的主食以面食为主，尤爱吃面包，副食爱吃牛肉、羊肉，蔬菜则常吃西红柿、洋白菜等。丹麦人喜欢喝酒，所以每次宴请客人时，总要指定一人为司机，此人滴酒不沾，否则不论喝多少，谁都不准开车。他们平时常饮咖啡、酸牛奶和花茶。

在丹麦，应邀到私人家中做客时，应于约定时间的15分钟内到达。按惯例应给女主人送一束鲜花，或以巧克力、酒等作为礼物。在餐桌上，丹麦人敬酒有许多规矩。客人不应先敬酒，要等主人敬酒后才能敬酒。另外，主人没说"请"之前，任何人不应碰酒杯。

（3）节日。丹麦的主要节日有：元旦（1月1日）、国庆节（4月16日）、劳动节（5月1日）、宪法日（6月5日）。此外，还有一些宗教节日，如大祈祷日（复活节后的第四个星期五）、耶稣升天日（复活节40天之后的第一个星期四）、降灵节（复活节后的第七个星期日）。

（4）礼仪。丹麦人举止大方，性格豪放，约束较少，行为较自由，但也有不少的规矩。譬如，你到当地人家中拜访，进门后如果主人请你脱大衣，则表明主人愿意久留你；否则就是主人不想久留你。

丹麦人在社交场合与客人相见时，一般都以握手为礼。有的丹麦姑娘还保留一种古老的习俗。她们在高雅的场合与有身份的男子见面时，常施屈膝礼，有的还将手伸出，手掌自然下垂，这是让对方施吻手礼的表示。

丹麦人在社交场合举止优雅，从不大声说话，也从不显出焦急慌张。在餐厅里，在公共汽车里或在火车站的候车室里，甚至在通电话时，他们都放低声音说话，从不指手画脚、旁若无人。丹麦人认为在大众面前暴露自己是缺乏教养的粗俗行为。

丹麦人喜欢以鲜花作为礼物，特别喜欢用三四朵康乃馨代表感谢的意思。白色的花除了葬礼、结婚典礼时的新娘和举行洗礼时使用外，其他时候均被视为禁忌。宜给客人送黄色的花，给出门旅行的人送红色的花。

（5）禁忌。丹麦人忌讳数字"13"和"星期五"，认为遇到这些数字或日期是令人懊丧的，是灾祸将要降临的兆头。不喜欢甚至忌讳四人交叉握手，还认为用一根火柴或用打火机打一次火给三个以上的人点烟是不吉利的。他们忌讳有人打扰他们，找他们谈公事。他们不喜欢谈论有关政治和社会问题的话题，也不喜欢别人打听他们的私事。

3. 挪威

（1）服饰。挪威女子喜欢穿紧身上衣和裙子搭配的服装，有些地区的女子喜爱穿超短裙。她们的发型很简单：已婚的妇女把头发束起；未婚女子则戴一顶小帽或无边女帽，帽带系在下巴处，或在头发上扎根彩带。在挪威最流行的是红色，女孩的大衣、儿童的滑雪衫或男式毡帽的镶边全是红色的。

（2）饮食。挪威拥有广大的国土，却有1/3位于北极圈内，因此分量充足又能提供热能的饮食，便形成日常生活的餐饮模式。挪威人的饮食大都很简单，早餐量足，多是干酪、熏鲑鱼、鸡蛋、麦片、面包、咖啡、红茶等；午餐用得不多；晚餐可以品尝烧烤驯鹿肉或雷鸟，不过著名的维京料理却是一种以冷食为主的餐点。挪威人最爱喝啤酒，葡萄酒和威士忌价钱很高。

（3）节日。挪威的主要节日有：元旦（1月1日）、棕榈主日（复活节前的星期天）、濯足节（复活节前的星期四）、复活节（4月的第一个星期天）、劳动节（5月1日）、耶稣升天节（复活节40天以后的第一个星期四）、独立日（5月17日）、降灵节（复活节后第七个星期日）、圣诞节（12月25日）、节礼日（12月26日）。

（4）礼仪。挪威人非常喜欢握手，陌生人相见总要握手及互道姓名。挪威人在与人谈话时，习惯距离稍远一点，认为相距1.2米是最佳距离。太近或太远都会被看成不礼貌的举动，会使谈话气氛冲淡或出现不愉快的拘谨。

挪威人在饮酒时若进行敬酒的话，有一套复杂的注目仪式：先举起杯子，凝视着对方的眼睛；然后说"skal"，互碰玻璃杯；再一次凝视对方的眼睛，之后一饮而尽。

第一次拜访或应邀登门做客时，客人如能带去一束花或糖果作为礼物送给女主人，那将是非常受欢迎的。在吃饭期间，客人应向主人祝酒，但这只限于客人在6位以下的时候，如果超过6位，就不可以向女主人祝酒，因为如果客人都向女主人祝酒，无疑会使她喝醉。

（5）禁忌。挪威忌讳数字"13"和"星期五"，故不要谈与"13"和星期五有关的话题。在室内不要戴帽子，这也是挪威的习俗。不要惊吓河鸟，因为河鸟是挪威的国鸟。挪威人民非常爱这种鸟，政府规定不准捕捉或伤害河鸟。

4．芬兰

（1）服饰。芬兰人在上班时常穿保守式样的西装，在正式社交场合更注意衣着要与自己的身份相称，通常是男装笔挺，女装华丽。在日常生活中，芬兰人爱好体育运动。当地的运动服式样很多。芬兰的拉普人有式样别致的民族服装，基本色调为三种耀眼的色彩——海蓝、火红和金黄，象征着只有在极地才能见到的五彩缤纷的北极光。

（2）饮食。芬兰菜风味独特，特别讲究色香味俱全。乡土名菜是汤，有浓汤及清汤之分，多半是以黄豆加上牛肉蔬菜煮成的。其他有代表性的菜是驯鹿舌，以及用鱼或猪肉制成的肉派。

（3）节日。作为一个以基督教为主要宗教的国家，芬兰绝大多数的节日都跟宗教有关系。除此之外，芬兰全国各地每年还举行各种各样的文化、体育庆祝活动。可以说芬兰是一个节庆繁多的国度。

芬兰的主要节日有：元旦节（1月1日），神灵节（1月6日），劳动节（5月1日），耶稣升天日（复活节40天以后的第一个星期四），降灵节（5月或6月，具体日期随基督教年历而定），仲夏节（6月夏至那一个星期的星期五、星期六），万圣节（11月中离11月1日最近的星期六），独立日（12月6日），圣诞节（12月25日），节礼日（12月26日）。

在芬兰，大多数人都习惯过"仲夏节"，对于这个节日，他们像过圣诞节一样重视。这个传统的节日本是一种宗教性活动，是为了纪念基督教施洗者约翰的生日而举行的庆祝活动。

（4）礼仪。芬兰人相见时，通常不相互拥抱。在与芬兰人交往时，注意不要向对方靠得太近。

应邀到芬兰人家中做客时，可以给女主人送上一束鲜花。芬兰人很爱喝酒，在吃饭时会向客人敬酒，如果你不善饮酒的话，就要谨慎小心。芬兰人在礼仪上不很讲究，除请客人吃饭外也请客人一起洗芬兰浴，但男女同浴的不多。

对芬兰人来说洗桑拿浴有着特殊的意义，这是芬兰人代表性的民俗。每户人家造屋，必考虑桑拿浴室。通常是在湖边建一个简陋的小房子，房内只有一个玻璃窗，密不透风。

"入浴"前先把蒸汽室内放在火炉上的卵石堆烧热,泼上一桶凉水,水蒸气顿时充满室内,浴者坐在靠墙的木梯上任凭灼热的蒸汽将自己熏得大汗淋漓,同时用带叶的白桦树枝在身上拍打,以促进血液循环,使汗出透。年轻人还要冲出浴室,到雪堆里翻滚,借此锻炼抗寒能力。

(5)禁忌。芬兰人忌讳数字"13"和"星期五",视其为不吉利的数字与日期,认为它们会给人们带来厄运和灾难,因此人们都不愿意接触这些数字和日期。他们很忌讳交叉式的握手或交叉式的相互谈话。认为这两种方式均属不礼貌的行为。在与客人攀谈时,一般都不愿相互间的距离过近。若按他们的待客心理习惯,距离在1.2米左右较为适当。

芬兰信奉伊斯兰教的教徒禁食猪肉,忌讳使用猪制品,同时也忌讳谈论有关猪的话题。芬兰人在饮食上不习惯吃稀奇古怪的海味,也不爱吃姜和香菜;一般人不吃动物内脏。

3.8.8 旅游资源、旅游业

1. 瑞典

(1)旅游资源。

1)斯德哥尔摩。瑞典首都,北欧第二大城,位于梅拉伦湖与波罗的海的交汇处,由14个岛屿组成,被称为"水中之城"、"众桥之城"、"梅拉伦湖王后"。"斯德哥尔摩"在英语中是 "木头岛"的意思。斯德哥尔摩既有典雅、古香古色的风貌,又有现代化城市的繁荣。主要景点有:市政厅、瑞典王宫、诺贝尔故居、大教堂、地铁站、电视塔、瓦萨沉船博物馆、皇后岛上的德洛特宁王宫和中国宫、斯康森露天民俗博物馆、骑士岛、球形体育场等。

2)哥德堡。位于瑞典西部,是瑞典第二大城市,也是最重要的工商业城市,人口约85万。1621年6月4日由当时的瑞典国王古斯塔夫二世阿道夫钦准建立,已有380年历史。哥德堡港是北欧地区最大的港口,该市也是世界最大的纸浆、新闻纸交易中心之一。哥德堡的主要景点有:古斯塔夫阿道夫广场、小博门码头、哥塔广场、园艺协会花园、植物园、利萨堡游乐园、沃尔沃汽车博物馆、哥德堡号帆船、阿尔弗斯城堡。

3)马尔默。位丁瑞典南端,人口约50万,是该国第三大城市。马尔默市集海港、工业、商业、科技、娱乐于一体,是一个工作效率高、生活条件舒适的城市。与瑞典的其他城市相比,马尔默市人均拥有的公园、花园和饭店的数量位居第一。主要景点有:厄勒海峡大桥、大广场、圣彼得大教堂、小广场、马尔默博物馆、马尔默胡斯城堡、柳塘公园、里伯斯堡海滩等。

(2)旅游业。瑞典的出境旅游支出大于入境旅游收入。2011年,瑞典共接待外国旅客约775万人次。就入境旅游与国内旅游的比例而言,旅游设施和服务主要以满足国内需求为主。入境游的主要客源地为挪威、德国、丹麦、英国,出境游的主要目的地为西班牙、挪威、法国。2014年,中国赴瑞典旅游的过夜人数已经超过20万,同比增长8.1%。

2. 丹麦

（1）旅游资源。丹麦乡村的农业人文景观占主要地位，海岸是较重要的旅游资源。东侧的波罗的海海岸及岛屿提供了大小不等的海湾与优良的海滩，为帆船运动和其他水上运动提供了理想条件。

1）哥本哈根。哥本哈根原意为"商人的港口"，位于西兰岛东部。大市区人口约138万，是北欧第一大城市。哥本哈根市容整洁、美观，高大的建筑既有古老的教堂和宫殿式城堡，又有现代化的大楼。主要景点有：蒂沃利公园、市政厅钟楼、安徒生坐像、美人鱼铜像、圆塔及众多的博物馆和公园。

2）西兰。西兰是丹麦著名的岛屿和旅游风景区，长129公里，宽116公里，面积7 016平方公里。这里有魅力无穷的森林和海滩，历来是丹麦皇室和贵族的度假胜地。岛上有很多著名的建筑物，大都保留着文艺复兴时期的建筑艺术风格。主要景点有：菲顿斯堡行宫、罗斯乔大教堂、博物馆、法特里斯堡等。

3）奥德赛。位于哥本哈根市以西180公里处，地处丹麦东西交通的中心点。该城建于10世纪，现为丹麦第三大城市，面积约53平方公里，人口约17万。该市具有悠久的文化传统，世界著名童话家安徒生和丹麦著名作曲家卡尔尼尔森出生在这里。奥德赛经常举办艺术展览、电影节和音乐会等文化活动。

（2）旅游业。旅游业是丹麦服务行业中的重要产业，2009年旅游业收入385.6亿克朗，年均外国游客约200万人。2011年共有酒店599家，客床12.9万张，外国游客入住4 360万间夜。旅游业是丹麦服务行业中的第一大产业。

3. 挪威

（1）旅游资源。

1）奥斯陆。位于挪威东南部，奥斯陆峡湾北端，面积453平方公里，市区人口约60万（2013年）。据说，奥斯陆原意为"上帝的山谷"，又一说意为"山麓平原"。这里苍天映绿水，丘陵围绕，大小湖泊、沼地星罗棋布，山间小道交织成网，自然环境十分优美。奥斯陆是挪威的航运、工业、政治、文化和旅游中心。主要景点有：市政厅、王宫、阿克斯教堂、阿克斯城堡、圣哈尔瓦大教堂、弗格洛纳公园、霍尔门科伦山、比斯雷特速度滑冰场、航海博物馆。

2）卑尔根。面积465平方公里，是挪威的第二大城市，是西部经济、文化、商业、航运和渔业中心，对外重要的通商口岸，人口约23万。位于挪威西海岸，濒临大西洋，七座高山环绕在城市周围，又被称为"七山之都"。卑尔根，挪威语意为"山中牧场"、"山城"。由于降雨量多，下雨时间长，卑尔根被人们称为"带雨伞的城市"。主要景点有：富乐园、胡斯城堡、圣马玛丽教堂、十字架教堂、水族博物馆、实用艺术博物馆、卑尔根剧院、格里格音乐厅等。

（2）旅游业。挪威的主要旅游客源国为：德国、瑞典和丹麦。另外，荷兰、意大利、法国和西班牙来挪威旅游的人数也有所增加。

4．芬兰

（1）旅游资源。

1）赫尔辛基。位于芬兰湾北部的维隆奈米半岛上，地处北纬60°，是世界最北边的首都。赫尔辛基三面环海，一面背山，港湾分外多，岛屿星罗棋布，被称为"波罗的海的女儿"。城市被森林包围，森林又被海洋拥抱。市内街道宽阔，美丽清洁，到处是苍翠的树木和如茵的草坪。市内建筑物风格独特，多用浅色花岗岩建成，故赫尔辛基有"北方洁白城市"之称。主要景点有：芬兰城堡、芬兰大厦、赫尔辛基大教堂、岩石教堂、南码头露天市场、阿曼达雕像、城堡山游乐场、动物园、乌斯别斯基东正教堂、伴侣岛、西贝柳斯公园。

2）罗瓦涅米。芬兰北部拉毕省省会，世界上唯一设在北极圈上的省会，被誉为"北方女皇"，林木青葱，秀丽而宁静。罗瓦涅米扮演着通往"拉普兰的大门"的角色，是北部政治、经济、文化与旅游中心，人口5万多。罗瓦涅米被称为"圣诞老人的故乡"，其圣诞老人村、圣诞乐园、驯鹿公园非常出名，其他景点有：极地中心暨省立博物馆、拉普兰森林博物馆、拉努阿野生动物园、人类学博物馆、罗凡涅米艺术馆、欧恩阿斯瓦拉滑雪中心等。

3）拉赫蒂。位于首都赫尔辛基北部，是芬兰的著名冬季运动之乡，耸立在那里的跳雪跳台成为这座城市的标志，每年冬天这里都举行全国和国际性的滑雪、跳雪比赛。拉赫蒂不仅是芬兰的冬季体育运动中心，也是一个工业、商业和旅游城市，家具业最为发达，是北欧的最大的家具产地。该市卡里湾畔的拉努公园，也以其特有的雕塑艺术吸引游客慕名而来。

4）萨翁林纳。由一群岛屿组成的萨翁林纳，位于还未曾受到污染的湖区。如今的萨翁林纳已经是芬兰的主要旅游城市，该城堡每年一度的大型歌剧节，更给这处色彩缤纷美丽无比的湖水锦上添花。萨翁林纳的主要景点包括：萨翁林纳城堡、省立博物馆、庄园、教堂、轮渡博物馆、萨翁林纳贸易集市。

5）图尔库。位于赫尔辛基西北部，是芬兰第二大城市，波里省的省府所在地。始建于1229年的港口城市图尔库，曾是芬兰政治、经济的中心，素有"芬兰文化摇篮"之称。这座芬兰最古老的城市在1812年之前一直是芬兰的首都，至今仍保留着许多历史古迹。主要景点有：图尔库古城堡、图尔库大教堂、黄金海岸等。

（2）旅游业。芬兰的主要旅游客源国为瑞典、俄罗斯、德国、英国、美国等。

本章小结

本章主要介绍欧洲这一世界上最重要的旅游客源地区。英国、法国、德国和意大利为欧洲强国，并对其他国家发挥重要影响，现已进入后工业化时代，经济高度发达，人们生活水准很高，文化积淀深厚，代表了欧洲主流文化，拥有众多旅游城市和景点，是世界上最重要的国际旅游客源产生地。俄罗斯是世界上占地面积最大的国家，地形复杂，资源丰富，工业基础雄厚，经济部门齐全，人口众多，服饰、饮食、节庆和礼仪形成了自己的特点。

西班牙、葡萄牙、比利时、荷兰位于欧洲西部，资本主义发展较早，经济发达。西班牙的旅游业非常发达，奔牛和斗牛活动极富特色。奥地利、瑞士为中欧国家，地处内陆，但经济发达，瑞士的旅游业发展程度很高。瑞典、丹麦、挪威、芬兰为北欧国家，人口不多，资源丰富，经济发达。

复习思考题

1. 英国人在社交礼仪方面有何讲究？
2. 德国何以能成为最大的旅游消费国之一？
3. 法国有哪些主要的旅游城市和旅游景观？
4. 意大利人在日常生活中有何禁忌？
5. 俄罗斯人的日常饮食习惯有何特点？
6. 西班牙有哪些具地方特色的节庆？
7. 瑞士的经济发展有何成功之处？
8. 斯德哥尔摩有哪些主要旅游景观？

案例分析：第一次接待外宾

某次对外交流活动中，我邀请了三位来自英国、法国和俄罗斯的姑娘到家里做客。由于是第一次接待外国人，我有点兴奋，也有点紧张，很早就开始准备了。

经过商议，我的家人一致认为，当天的晚餐尤其重要，既要体现热情好客的特色，还要表现得轻松自然，富于家庭气氛。因此，我们决定安排一起包饺子，让她们亲自动手来参与。中国菜肴有"山珍海味"一说，所以菜单里要有当地的特产海参和木耳。正值秋冬时节，螃蟹和狗肉也必不可少。有了这几道主菜，再加上几盘爽口的青菜豆腐，晚餐就应该没有多大的问题了。晚餐后的饮品，我们首选龙井茶。

到机场欢迎时可以送束百合花，女孩子最喜欢了。但是馈赠礼物用什么好呢？清凉油、中国结、红木筷子还是真丝围巾？对了，我还在商店里看到孔雀图案的旗袍，非常漂亮！朋友们，你们有什么好的建议可以告诉我，不过时间紧迫，望尽早告之！

思考题

1. "我"的安排计划有何问题？
2. 对于此次接待你有什么建议？

第 4 章 中东及非洲地区主要客源国

引 言

中东地区盛产石油，一些产油国较为富裕，但是地区冲突频繁，政局不大稳定。非洲是世界上经济发展水平最低的洲，人口众多，多数国家经济较为落后。中东和非洲地区作为中国的旅游客源地，在中国入境旅游市场上所占的份额还很小，仍有很大的发展潜力和增长空间。

本章学习目标

- 熟悉中东及非洲地区主要客源国的地理、人口、历史、资源和经济发展状况。
- 了解中东及非洲地区主要客源国的行政区划、政治、外交与中国关系。
- 掌握中东及非洲地区主要客源国的文化传统、民俗风情、旅游资源和旅游产业发展状况。

4.1 沙特阿拉伯

4.1.1 国名、国旗、国徽、国歌

沙特阿拉伯王国（Kingdom of Saudi Arabia）简称沙特。"沙特"在阿拉伯语中意为"幸福的沙漠"，沙特别称"世界石油王国"。

沙特国旗呈长方形，长与宽之比为 3∶2。绿色的旗地上用白色的阿拉伯文写着伊斯兰教的一句名言："万物非主，唯有真主，穆罕默德是安拉的使者。"下方绘有宝刀，象征圣战和自卫。绿色象征和平，是伊斯兰国家所喜爱的一种吉祥颜色。国旗的颜色和图案突出地表明了该国的宗教信仰，沙特阿拉伯是伊斯兰教的发源地。

沙特国徽呈绿色。由两把交叉着的宝刀和一棵枣椰树组成。绿色是伊斯兰国家喜爱的颜色。宝刀象征圣战和武力，象征捍卫宗教信仰和保卫祖国的决心和意志；枣椰树代表农业，象征沙漠中的绿洲。另外，沙特人民最喜爱枣椰树，并把它作为捍卫宗教信念的象征。

国歌为《沙特阿拉伯王国国歌》，货币为沙特里亚尔。

4.1.2 地理位置、自然条件

沙特面积 225 万平方公里。位于亚洲西南部的阿拉伯半岛，东濒波斯湾，西临红海，同约旦、伊拉克、科威特、阿联酋、阿曼、也门等国接壤。

沙特地势西高东低。西部是希贾兹—阿西尔高原，其南段的希贾兹山脉海拔达 3 000 米以上。中部为纳季德高原，东部为平原。红海沿岸地区是宽约 70 公里的红海低地。沙漠约占全国面积的一半。无常年流水的河流、湖泊。西部高原属地中海式气候，其他广大地区属亚热带沙漠气候，炎热干燥。

4.1.3 人口状况、发展简史

沙特人口 3 152 万（2015 年），其中外籍人口约占 30%，绝大部分为阿拉伯人。官方语言为阿拉伯语，通用英语。伊斯兰教为国教，逊尼派教徒约占全国人口的 85%，什叶派教徒约占 15%。

沙特是伊斯兰教的发源地。7 世纪，伊斯兰教创始人穆罕默德的继承者建立了阿拉伯帝国，8 世纪为鼎盛时期，版图横跨欧、亚、非三洲。16 世纪，阿拉伯帝国被奥斯曼帝国统治。19 世纪，英国入侵，并把这片土地分为汉志和内志两部分。1924 年，内志酋长阿卜杜勒—阿齐兹·沙特兼并汉志，随后逐渐统一了阿拉伯半岛，并于 1932 年 9 月宣告建立沙特阿拉伯王国。

4.1.4 资源状况、经济发展

沙特素以"石油王国"著称，石油储量和产量均居世界之首，石油和石化工业是其经济命脉。沙特已探明的石油储量为 2 612 亿桶，占世界石油储量的 26%。沙特年产原油 4 亿~5 亿吨，石化产品外销 70 多个国家和地区，石油收入占国家财政收入的 70% 以上，石油出口占出口总额的 90% 以上。按目前的石油产量估算，沙特石油仍可开采 80 年左右。沙特的天然气储量也极为丰富，已探明的天然气储量为 6.75 万亿立方米，居世界前列。

此外，沙特还有金、铜、铁、锡、铝、锌等矿藏，是世界第四大黄金市场。水力资源以地下水为主。沙特是世界上最大的淡化海水生产国，全国的海水淡化总量占世界海水淡化量的 21% 左右。蓄水池共有 184 个，拥有 6.4 亿立方米蓄水能力。沙特特别重视农业，全国有可耕地 3 200 万公顷，耕种面积 360 万公顷。在中东地区各国中，沙特的国内生产总值最高，在发展中国家里堪称高水平。

近年来，沙特大力推行经济多元化政策，努力发展采矿业、轻工业和农业等非石油产业，依赖石油的单一经济结构有所改观。沙特进口的主要是机械设备、食品、纺织等消费品和化工产品。沙特是高福利国家，实行免费医疗。2014 年，沙特 GDP 总计为 7 524 亿美元，人均 GDP 为 24 454 美元。

4.1.5 首都、行政区划

沙特首都利雅得有人口约 426 万（2011 年），年均气温 25℃。

沙特全国分为 13 个地区，地区下设一级县和二级县，县下设一级乡和二级乡。

4.1.6 政治、外交、与中国关系

1. 政治

沙特是政教合一的君主制王国，无宪法，禁止政党活动。国王是国家元首，又是教长，沙特王室掌握着国家的政治、经济、军事大权。内阁决议、与外国签订的条约和协议均需国王最后批准。《古兰经》和穆罕默德的《圣训》是国家执法的依据。国王亦称"两个圣地（麦加和麦地那）的仆人"，并兼任武装部队总司令和大臣会议主席（内阁首相）等职务。国王行使最高行政权和司法权，任命高级行政官员和军队上校以上的军官，有权解散或改组内阁，各部大臣直接向首相负责。国王有权批准和否决内阁会议决议及与外国签订的条约、协议。内阁由副首相、各部大臣及任命的国务大臣和国王顾问组成，任期 4 年。国王有权立、废王储，解散协商会议。沙特王国由其缔造者阿卜杜勒—阿齐兹·拉赫曼·费萨尔·沙特国王的子孙中的优秀者出任国王。1992 年 3 月 1 日，法赫德国王决定成立协商会议，它是国家政治咨询机构，负责向国王提出改革建议，委员由国王任命，任期 4 年，可连任。

2. 外交

沙特奉行中立、不结盟的对外政策，主张国与国之间互相尊重、睦邻友好、互不干涉内政。提倡各国为实现和平、稳定与繁荣进行合作。致力于加强阿拉伯和伊斯兰国家的团结与合作。近年来逐步调整对外政策，实行多方位外交方针，积极发展与西欧、日本的关系，重视发展同中国的关系。沙特是阿拉伯国家联盟、海湾阿拉伯国家合作委员会、石油输出国组织和阿拉伯石油输出国组织的成员国。

3. 与中国关系

中国和沙特友谊源远流长。早在 7 世纪，穆罕默德的弟子就曾远涉重洋来到中国传播伊斯兰教。15 世纪，明朝著名航海家郑和下西洋时曾到过沙特。1990 年 7 月 21 日，沙特同中国建交。自建交以来，中沙两国友好合作关系稳步发展，合作领域逐步扩大。中沙双边贸易额突破 722 亿美元，沙特连续 10 年成为中国在西亚非洲地区最大的贸易伙伴，而中国也是沙特第二大贸易伙伴，2013 年从沙特进口石油超过 5 300 万吨。

4.1.7 文化传统、民俗风情

1. 服饰

身着大袍、外加披风、包头巾上戴头箍，为沙特阿拉伯男子的形象。大袍多为白色，

衣袖宽大，袍长至脚，做工简单，无尊卑等级之分。大袍具有宽松舒适的特点，其做工装饰因地区不同而存在细微差异。

头戴黑面纱、身穿黑大袍是沙特阿拉伯妇女的形象。妇女的黑面纱很薄，戴上面纱，外人见不着主人的脸，主人却能通过纱网视物如常。黑纱有大小，小的罩住头及脖子，大的蒙在头上，四角可垂至胸部，甚至腿部。多数妇女除戴黑纱外，里面还戴有做工精细、镶嵌饰物的帽子。

2. 饮食

按穆斯林的习俗，该国以牛、羊为上品，忌食猪肉，忌食有贝壳的海鲜和无鳞鱼，肉食不带血。以前沙特阿拉伯人多用右手抓饭，现在招待客人多用西餐具。

3. 节日

穆斯林宗教活动很多，每逢节日都要隆重庆祝。信徒要履行五功（念、礼、斋、课、朝）。每天五次单独礼拜，每星期五集体礼拜，教徒都要朝着麦加方向跪拜。

沙特实行每周五天工作制，星期四、星期五为休息日。根据《伊斯兰法》，沙特每年有两个重大节日，一是开斋节（回历10月的第一天），政府机关的假日从回历9月25日开始至10月5日止；二是宰牲节（回历12月10日），政府机关假日从回历12月5日开始至15日止。

4. 礼仪

沙特阿拉伯人打招呼的礼仪很讲究，见面时首先互相问候，说"撒拉姆，阿拉库姆"（你好），然后握手并说"凯伊夫？哈拉克"（身体好）。如果双方（男子）信仰一致或比较友好，双方左右贴面三次。有时候主人为表示亲切，会用左手拉着对方右手边走这说。交换物品时，用右手或用双手，忌单用左手。

沙特人会面须预约，但不是很守时。即使是约定的时间去拜会，对方晚到15~30分钟也正常。在洽谈业务时沙特人常被来往人员打断，但他们认为这是家庭的延伸，而不认为是失礼。

5. 喜忌

沙特阿拉伯人崇尚白色（纯洁）、绿色（生命），而忌用黄色（死亡）。国王身着土黄色长袍，象征神圣和尊贵。一般人不能"黄袍加身"。各种设计忌用猪、熊猫、十字架、六角星等作为图案。

沙特阿拉伯人热情好客，应邀做客时可以带些小礼品，但不要送酒类礼品，不能单独给女主人送礼，也别送东西给已婚女子，忌送妇女图片及妇女形象的雕塑品。与阿拉伯人初次见面就送礼可能会被认为是行贿，切勿把用旧的东西送给他们。

在沙特，无酒、无电影、无夜总会，市面虽有香烟出售，但不能在公共场合、街上及主人宴会上抽烟，当地更没有抽烟的习惯。到主人家时要脱鞋，除非主人提出不用脱鞋。

不要随便进入清真寺，入寺必须先脱鞋。忌讳用鞋底后跟面对人，忌用脚踩桌椅板凳，因为阿拉伯人认为这是侮辱人的行为。

一般会见和宴请的场合，往往只有男性，女性没有什么社会地位。沙特妇女外出戴面纱，在外面抛头露面的妇女多为外籍人。不要在沙特拍摄宗教仪式的照片，更不要给妇女拍照。

沙特阿拉伯禁邮一切偶像，如工艺品中的人物雕像、儿童玩具娃娃等。因为崇拜偶像与伊斯兰教戒律背道而驰。

4.1.8 旅游资源、旅游业

全世界的穆斯林都知道的圣城麦加和麦地那，位于沙特阿拉伯国土腹地，是伊斯兰教诞生的圣地，穆斯林都希望在有生之年到那里朝觐一次。非伊斯兰世界也对沙特阿拉伯有浓厚的兴趣，希望看看那个沙漠王国，地下冒出的"黑金"使这个国家神奇地进入世界最富裕国家的行列，是伊斯兰最纯正的世界中心。

1．旅游资源

（1）麦加。麦加是"先知"穆罕默德的诞生地，是伊斯兰教第一圣城，穆斯林们常把麦加称为"圣城麦加"。麦加古老的大清真寺也称禁寺，是世界著名的伊斯兰教圣寺，位于麦加城中心。该寺占地 16 万平方米，可同时容纳 30 万穆斯林做礼拜。禁寺中有 25 道雕刻精美的大门和 7 座高达 92 米的尖塔，24 米高的围墙将门和尖塔连接起来。禁寺广场中央稍南是圣殿克尔白（意为"方形房屋"、"真主的房子"），它拥有 15 米高的立方形结构、镀金的门帘、黑色锦缎覆盖的屋顶，是伊斯兰教最古老的符号之一。每年伊斯兰教历 12 月，来自全世界的穆斯林到麦加朝觐时，都要围着圣殿游转。

（2）麦地那。伊斯兰教第二圣城，位于西部汉志境内，距麦加约 450 公里。该城的先知寺为朝觐者主要拜谒的地方，伊斯兰教创始人穆罕默德参加过该寺的建造。寺院占地 1.63 万平方米，有三道门和五座尖塔，有豪华宽大的礼拜殿和精致的神龛。寺东南角有穆罕默德的陵墓，北面是伊斯兰教历史上第一任哈里发阿布贝克休和第二任哈里发奥马尔的陵墓。城郊还有不少伊斯兰的遗址，如卡巴清真寺和伍候德山。

（3）德拉亚古城。位于利雅得市西北部 20 公里，是沙特第一王朝重要的历史遗迹。德拉亚古城主要由堡海里区、萨利哈区等组成。

（4）阿西尔国家公园。为了维护美丽的自然景观和动植物群落，1976 年沙特政府划出一片陆地和海洋，形成了阿西尔国家公园。阿西尔国家公园，是沙特唯一的国家公园。它于 1981 年对外开放，游客在此可享受到各种大自然及生动的日落奇观。

2．旅游业

得益于较高的收入水平和消费能力，沙特国民有着强劲的旅游需求，每年都为周边阿拉伯国家、欧洲、美国、东南亚等国家和地区带来大量的旅游收入。2011 年沙特国民旅游花费总计 610 亿里亚尔（约合 163 亿美元），其中境外旅游消费占比超过 40%。2012 年沙特的旅游业是全球增长最快的市场之一，尽管近年来中东旅客数量在下降。但沙特旅游业却保持了强劲的增长，2012年增长率达到了14%，是全球排名第五位的国家。

据2014年度英国《每日邮报》报道，沙特阿拉伯游客境外购物额达平均每年1 400万英镑（约合人民币1.3亿元），跃居世界最大旅游消费群体。调查显示，沙特阿拉伯游客平均每次旅行消费为4 500英镑（约合人民币4.2万元），为此该国正在积极开发国内旅游业。沙特阿拉伯人出境旅游的主要目的地是埃及、叙利亚、黎巴嫩、约旦、摩洛哥和突尼斯等。沙特阿拉伯人出游的远程目的地是欧洲的英国、法国、瑞士和北美的美国。

4.2 以色列

4.2.1 国名、国旗、国徽、国歌

以色列（State of Israel）的国名在希伯来语中意为"神的勇士"。

以色列国旗呈长方形，长与宽之比约为3∶2。旗地为白色，上下各有一条蓝色宽带。蓝白两色来自犹太教徒祈祷时用的披肩的颜色。白色旗面正中是一个蓝色的六角星，这是古以色列国王大卫王之星，象征国家的权力。

以色列国徽为长方形盾徽。蓝色盾面上有一个七杈烛台，据记载此烛台为耶路撒冷圣殿中照亮祭坛的物件。烛台两旁饰有橄榄枝，象征犹太人对和平的渴望。烛台下方用希伯来文写着"以色列国"。

以色列国歌为《希望之歌》。货币为新谢克尔。

4.2.2 地理位置、自然条件

根据1947年联合国关于巴勒斯坦分治决议的规定，以色列国的面积为1.49万平方公里。位于亚洲西部，北与黎巴嫩交界，东北部与叙利亚接壤，东面是约旦，西濒地中海，南连亚喀巴湾，是亚、非、欧三大洲的结合处。

沿海为狭长平原，东部有山地和高原。属地中海型气候。

以色列西部沿岸为平原，地势平坦，土地肥沃，全国半数以上居民住在沿海平原。以色列的北部和中部全是莽莽大山；约旦河谷和阿拉瓦谷地纵贯整个东部地区；南方大片地区气候干燥，人烟稀少，基本上是沙漠地区。

以色列各地区气候条件迥异，有温带气候，也有热带气候。一年只有两个差别明显的季节。从11月到来年的3月为多雨冬季，接着的4月至10月为干旱夏季。以色列的北部和中部年降雨量相对较大，为500~1 250毫米；南部地区的雨量稀少，仅为25毫米。沿海平原夏季炎热潮湿，冬季温暖湿润；中部山区夏季干燥，冬季不大冷。约旦河谷地区夏季炎热干燥，冬季气候宜人；内盖夫地区则长年为半干旱气候，白天或暖或热，夜晚凉爽。

4.2.3 人口状况、发展简史

以色列人口为835.1万（2015年统计，包括约旦河西岸、加沙地带和东耶路撒冷的犹

太居民），其中犹太人占 76.7%，阿拉伯人、德鲁兹人及其他人占 23.3%。希伯来语为国语，与阿拉伯语均为官方语言，通用英语。犹太教为国教，居民中约85%的人信奉犹太教，13%的人信奉伊斯兰教。

以色列历史悠久，是世界主要宗教犹太教、伊斯兰教和基督教的发源地。公元前20世纪至公元前11世纪，腓力斯人和犹太人曾在本地区各自建立国家，后遭周围大国侵占。公元前63年，罗马人入侵，绝大部分犹太人流向世界各地。7世纪本地区成为阿拉伯帝国的一部分，阿拉伯人成为当地居民的绝大多数。16世纪至第一次世界大战，先后为奥斯曼帝国和英国所统治。19世纪末在英国的支持下，欧洲犹太复国主义运动兴起，大批犹太人移居巴勒斯坦地区，与当地阿拉伯居民不断发生冲突。1947年11月29日，联合国大会通过决议，决定在巴勒斯坦分别建立阿拉伯国和犹太国。1948年5月14日以色列国正式成立。以色列建国后与周边阿拉伯国家之间发生过大规模战争，占领了按分治决议应属阿拉伯国的领土及周边国家部分领土。1988年11月巴勒斯坦国在阿尔及尔宣布成立，其疆界尚未确定。

4.2.4 资源状况、经济发展

50多年来，土地贫瘠、资源短缺的以色列，坚持走科技强国之路，重视教育和人才的培养，使经济得以较快发展，以色列高新技术产业发展举世瞩目，特别是在电子、通信、计算机软件、医疗器械、生物技术工程、农业及航空等方面拥有先进的技术和优势。

以色列地处沙漠地带边缘，水资源匮乏。严重缺水使以色列在农业方面形成了特有的滴灌节水技术，充分利用现有水资源，将大片沙漠变成了绿洲。不足总人口5%的农民不仅养活了国民，还大量出口优质水果、蔬菜、花卉和棉花等。2014年，以色列GDP总计为3 042.26亿美元，人均GDP高达37 032美元。

4.2.5 首都、行政区划

以色列建国时首都在特拉维夫，1950年迁往耶路撒冷，未得到普遍承认。1980年7月30日以色列议会通过法案，宣布耶路撒冷是以色列"永恒的与不可分割的首都"，但它的政府所在地仍在特拉维夫。耶路撒冷市人口约80.1万（2011年）。

以色列全国划分为6个区，30个分区，31个市，115个地方委员会，49个地区委员会。

4.2.6 政治、外交、与中国关系

以色列是议会制国家，议会是最高权力机构，拥有立法权，负责制定和修改国家法律，对政治问题进行表决，批准内阁成员的任命并监督政府工作，以及选举总统和议长。议员候选人以政党为单位竞选。以色列没有宪法，只有议会法、总统法和内阁法等基本法。总统是象征性的国家元首，职能基本上是礼仪性的。议会有权解除总统职务。内阁向议会负责。

以色列开展全方位外交。保持与西方国家传统的友好关系；维护与美战略盟友地位；

积极发展与独联体各国和东欧国家的关系；推动中东和平进程，力图实现同阿拉伯国家的和解；拓展与非洲、亚洲各国的关系。

1950年1月9日，以色列宣布承认中华人民共和国。1992年1月24日，以色列与中国建立大使级外交关系。2003年12月，以色列总统卡察夫对中国进行国事访问。2007年1月，奥尔默特总理对中国进行正式访问。2005年11月，以色列政府正式承认中国的完全市场经济地位。2014年，中国以色列双边贸易总额已突破一百亿美元。以色列主要向中国出口电脑芯片、医疗设备、信息技术和化学技术，中国向以色列出口电子产品、纺织品及生活用品。

4.2.7 文化传统、民俗风情

1．服饰

以色列人穿着随便，基本不穿西服，极少打领带，即使是在正式场合也少有人西装革履。这既是由于以色列多数时间气候炎热，也是受建国几十年来习惯的影响。女性则与世界各地的现代女性差不多，但相比较而言其衣着更富随意性。按照犹太教规定，男性应头带小圆帽。而犹太教的"拉比"（相当于牧师）则应全身穿黑色服饰，头戴黑色毡帽，并在耳朵上沿留着长而卷曲的鬓发。

2．饮食

犹太人的主食是饼，用小麦或大麦面制成。饼被犹太人视为生命线，所以人们吃饼通常不用刀切，只用手掰，唯恐用刀割断了生命线。

信奉犹太教的以色列人在饮食方面有严格的规定，在当地这种饮食方式被称为"Kosher"。他们禁食猪肉和其他某些肉类、贝类、无鳞鱼，也不吃任何种类的食腐动物的肉；凡被勒死或没有放过血的动物也不能吃，更不能吃动物血，因为他们认为血是神圣的、代表生命。另外，肉类与奶制品不能同时摆上餐桌，他们认为这有悖于天伦。这些以色列人一般不吃动物大腿上的筋，这源于《圣经》记载：先祖雅各（又名以色列）某一次与神人摔跤时虽然得胜，但却被那人摸了一下大腿，从此成了瘸腿。这些人在外就餐只能去符合"Kosher"规定的餐馆，而餐馆需每年从犹太教拉比组成的专门机构那里申领证书。

3．节日

以色列人是以犹太教信仰为中心的民族，许多节日是宗教性的。"逾越节"从犹太历的正月14日（在公历的3月至4月）开始，为期8天，每家都吃羊肉和无酵饼，以纪念以色列人离开埃及。

"周节"（收割节）后来称为"五旬节"（在5月），在逾越节后50天时庆祝，原意为把初熟的土产敬献给上帝，并纪念"十诫"的颁布。犹太历的7月1日是新年（在公历9月），人们要吹角并作为期10天的悔罪和反省；第10日为"赎罪日"，人人要祈祷、忏悔并禁食。

紧接着就是"住棚节",大家在树枝搭的帐篷内住 7 日,并举行大的集会,以纪念先祖们在旷野漂流受苦 40 年。"哈努卡节"("修殿节",在 11 月至 12 月)为期 8 天,以庆祝公元前 164 年玛喀比起义胜利,将耶路撒冷圣殿重光献给上帝;除了庆祝活动外,每家都还要在家门前点燃油灯,而且每天增加一盏,直到第 8 天;到了晚上,到处灯光闪烁,蔚为壮观,所以又叫"灯节"。

4．礼仪

传统的犹太人婚礼由祭师主持,它既严肃又热闹。在婚礼上有为新郎、新娘戴花冠的风俗,花冠通常用玫瑰花和爱神木枝条编成。能戴上表示贞洁的花冠,新娘及其父母都有好名声。参加婚礼的客人在婚礼完成后被请进洞房检查被单,作为新娘贞操的证明。婚礼上的歌唱为应答式唱法,每一个体面的客人必须即兴唱出一两句吉祥的话,其他人接着应答或附和,以增添喜庆气氛。

在葬礼中犹太人同样用应答式的挽歌来表达对逝者的哀思,这一习惯深受犹太宗教传统的影响。按传统,不留尸体过夜,一般当天就埋葬。并且不用火葬,认为火烧尸体是很残忍的事。

犹太人是个能歌善舞的民族。有三个犹太节日总是伴随着舞蹈,加入者甚多,很是热闹:一是逾越节,二是五旬节,三是收割节。根据不同场合,人们的舞姿有很大差别:节日舞欢快、热烈;迷狂舞带有浓厚的宗教内涵;婚礼舞则形式多样,意在向新人表示恭贺。

5．禁忌

以色列男人不剃胡须和毛发,即使理发,也从不剃光头,因为戒律中有这类规定。所有犹太人都必须行"割礼",只有行过割礼的人才算真正的犹太人。按《圣经》十诫中的规定,犹太人必须守安息日(星期六)。这一天,犹太人不工作、不做生意、不娱乐,也不旅行,所能做的是读圣经、唱诗、祷告和休息。

4.2.8 旅游资源、旅游业

1．旅游资源

以色列面积虽然不大,但是古迹不少,特别是有一些独特的旅游地,旅游资源相当丰富。

(1)特拉维夫—雅法。本地区最大城市和工商业及文化中心,位于西部的沙龙平原上。雅法距特拉维夫仅 5 公里,具有 3 000 多年的历史。特拉维夫原是雅法郊区的蔬菜生产地,后与雅法合并成为一市。该市工业发达,按产值占全地区工业产值的一半左右。市区南部为金融和商业集中地区;北部有出土文物区。此外还有犹太民族博物馆、特拉维夫历史博物馆等。

(2)海法。北部的重要海港和工业、交通中心,也是重要旅游城市。人口 30 万左右。城市濒临地中海的阿克湾,港阔水深,并有沿海铁路由此经过。这里气候宜人,森林茂密,景色秀丽，滨海沙滩风景尤佳。附近有许多与先知耶利米有关的古迹，如耶利米修道院、玛利亚纪念堂等。

（3）拿撒勒。基督教的圣地之一，具有悠久的历史，但曾先后被多国占领。相传这里是耶稣基督的故乡，他在这里度过了童年时期。该城有圣母领报洞、约瑟作坊、圣母井、圣母玛利亚和耶稣常在此活动的萨福里亚村及村内的古修道院遗址等古迹。圣母领报洞的洞顶有一座于1730年建成的大教堂，是中东地区最大的天主堂。

（4）耶路撒冷。世界著名城市之一，犹太教、基督教和伊斯兰教的圣地。该城分新旧两区。西区是19世纪起新建的市区，布局别致，景色秀丽。东区的面积为西区的两倍。城内有许多宗教圣迹，如摩利斯山岩顶，顶上建有伊斯兰教的岩石殿和阿克萨清真寺，以及被视为犹太人团结象征的"哭墙"、基督教的圣墓教堂、锡安山犹太教的圣殿等。该市有许多文化设施，以及希伯来大学、博物馆、艺术馆、图书馆等。

（5）伯利恒。世界著名的犹太教和基督教圣地，在耶路撒冷以南不远。该城最著名的宗教古迹是坐落在马赫德广场一个山洞中的耶稣诞生教堂。从伯利恒向南通往哈利莱的大道旁有所罗门池，是古耶路撒冷的水源。这一带环境幽雅，树木葱郁，是游憩的佳境。

2．旅游业

以色列复杂的地形地貌、古迹和宗教场所，几乎一年四季都有的灿烂阳光和地中海沿岸的现代休假设施，以及基内雷特湖（加利利海）、红海和死海，每年都吸引着无数旅游观光者。以色列的旅游业深受国际政治气候的影响，旅游业在经济中占重要地位，是赚取外汇的一个主要来源。

以色列的国内旅游业相当发达。人们多利用节日和假日外出旅行。交通工具多以私家汽车为主，坐火车和坐飞机旅游的人占很大比例。以色列人的出境旅游率高达44%，出境旅游的目的地为：欧洲地区主要是土耳其、英国、法国、意大利和德国；北美地区主要是美国和加拿大；周边国家为约旦、埃及等。

据以色列国家旅游部的统计数据，2012年，以色列接待游客达350万人，收入90多亿美元，年增4%，其中美国游客61万人，俄罗斯游客59万人，年增20%。2014年，中国赴以色列旅游人数超过3.5万人，与2013年同期相比增幅超过30%，而较2012年增幅更是在60%以上。

4.3 埃及

4.3.1 国名、国旗、国徽、国歌

埃及全称阿拉伯埃及共和国（Arab Republic of Egypt）。埃及别称"金字塔之国"、"棉花之国"。

国旗呈长方形，长与宽之比为3∶2。自上而下由红、白、黑三个平行相等的横长方形组成，白色部分中间有国徽图案。红色象征革命，白色象征纯洁和光明前途，黑色象征埃

及过去的黑暗岁月。

埃及国徽为一只金色的鹰，称萨拉丁雄鹰。金鹰昂首挺立、舒展双翼，象征胜利、勇敢和忠诚，它是埃及人民不畏烈日风暴、在高空自由飞翔的化身。鹰胸前为盾形的红、白、黑三色国旗图案，底部基座的绶带上写着"阿拉伯埃及共和国"。

埃及国歌为《阿拉伯埃及共和国国歌》，国花为莲花，国石为橄榄石。货币为埃及镑。

4.3.2 地理位置、自然条件

埃及面积约100万平方公里，地跨亚、非两洲，西与利比亚为邻，南与苏丹交界，东临红海，并与巴勒斯坦、以色列接壤，北临地中海。埃及大部分领土位于非洲东北部，只有苏伊士运河以东的西奈半岛位于亚洲西南部。埃及有约2 900公里的海岸线，但却是典型的沙漠之国，全境96%为沙漠。

世界最长的河流尼罗河从南到北贯穿埃及（1 350公里），被称为埃及的"生命之河"。尼罗河两岸形成的狭长河谷和入海处形成的三角洲，是埃及最富饶的地区。虽然这片地区仅占国土面积的4%，但却聚居着全国99%的人口。苏伊士运河扼欧、亚、非三洲交通要冲，沟通红海和地中海，连接大西洋和印度洋，具有重要的战略意义和经济意义。埃及主要湖泊有大苦湖和提姆萨赫湖，以及阿斯旺高坝形成的非洲最大的人工湖——纳赛尔水库（5 000平方公里）。

埃及全境干燥少雨。尼罗河三角洲和北部沿海地区属地中海型气候，1月平均气温12℃，7月26℃；年平均降水量50~200毫米。其余大部分地区属热带沙漠气候，炎热干燥，沙漠地区气温可达40℃，年平均降水量不足30毫米。每年4月至5月常有"五旬风"，夹带沙石，使农作物受害。

4.3.3 人口状况、发展简史

埃及人口8 670万（2014年），其中绝大多数生活在河谷和三角洲。居民主要是阿拉伯人。伊斯兰教为国教，信徒主要是逊尼派，占总人口的84%。科普特基督徒和其他信徒约占16%。官方语言为阿拉伯语，通用英语和法语。

埃及历史悠久。公元前3200年就出现了奴隶制的统一国家。但在漫长的历史长河中，埃及曾多次遭受外来入侵，先后被波斯人、希腊人和罗马人、阿拉伯人、土耳其人征服。19世纪末，埃及被英军占领，成为英国的"保护国"。1952年7月23日，以纳赛尔为首的"自由军官组织"推翻了法鲁克王朝，掌握了国家政权，结束了外国人统治埃及的历史。1953年6月18日，埃及共和国宣布成立，1971年更名为阿拉伯埃及共和国。

4.3.4 资源状况、经济发展

埃及主要资源有石油、天然气、磷酸盐、铁等，此外还有锰、煤、金、锌、铬、银、铝、铜和滑石等。2003年，埃及首次在地中海深海发现了原油，在西部沙漠发现了迄今最大的天然气田。阿斯旺水坝是世界七大水坝之一，全年发电量超过100亿度。埃及是非洲工业较发达国家之一，但工业基础较为薄弱，纺织和食品加工为传统工业。近十几年来，成衣及皮制品、建材、水泥、肥料、制药、陶瓷和家具制造等发展较快，化肥可自给，石油工业产值占国内生产总值的18%左右。

埃及经济以农业为主，农业人口约占全国总人口的56%，农业产值约占国民生产总值的18%。尼罗河谷地和三角洲是埃及最富庶的地区，盛产棉花、小麦、水稻、花生、甘蔗、椰枣、水果和蔬菜等农产品，长纤维棉花和柑橘驰名世界。政府极为重视农业发展和扩大耕地面积，主要农产品有棉花、小麦、水稻、玉米、甘蔗、高粱、亚麻、花生、水果、蔬菜等。但随着人口的增长，埃及仍需进口粮食，是世界上最大的食品进口国之一。农产品主要出口棉花、土豆和大米。

旅游收入是埃及外汇收入的主要来源之一。财政来源除税收外，运河收入、旅游收入、侨汇和石油收入构成了埃及国民经济的四大支柱。2014年，埃及GDP总计为2 865.38亿美元，人均GDP为3 436美元。

4.3.5 首都、行政区划

埃及首都开罗，人口912万（2011年），是阿拉伯和非洲国家人口最多的城市，位于尼罗河三角洲顶点以南14公里的尼罗河畔。开罗历史悠久，有"千年古都"和"千塔城"之称，也是西亚、北非地区的文化中心。

埃及全国划分为26个省，省下设县、市、区和村。

4.3.6 政治、外交、与中国关系

1. 政治

宪法规定埃及是"以劳动人民力量联盟为基础的民主和社会主义制度的国家"，总统是国家元首兼武装部队最高统帅，人民议会是最高立法机关，协商会议与人民议会并立存在，但无立法权和监督权的咨询机构。

2. 外交

埃及外交奉行独立自主、不结盟政策，主张在相互尊重和不干涉内政的基础上建立国际政治和经济新秩序，加强南北对话和南南合作。

3. 与中国关系

中国和埃及两国有着传统的友谊，2 000多年前就有了友好的交往。1956年5月，埃及与中国建交，成为第一个承认新中国的阿拉伯、非洲国家。建交以来，中埃两国友好合作关系不断发展。1999年，两国建立面向21世纪的战略合作关系，双边关系的发展进入了一个新阶段。2006年6月，温家宝总理对埃及进行正式访问，双方共同签署了《中埃关于深化战略合作关系的实施纲要》。2014年12月22日至25日应中华人民共和国主席习近平阁下邀请，阿拉伯埃及共和国总统阿卜杜勒·法塔赫·塞西阁下对中华人民共和国进行国事访问。

据统计，2014年埃及与中国之间的贸易额达到111.6亿美元（中方统计为116亿美元），比2013年增加13.8%。2014年埃及前十大贸易伙伴分别为：中国、美国、德国、意大利、沙特阿拉伯、印度、土耳其、科威特、俄罗斯和乌克兰。

4.3.7 文化传统、民俗风情

1. 服饰

埃及的传统服装是阿拉伯大袍，在农村不论男女仍以穿大袍者为多，城市贫民也有不少是以大袍加身。20世纪20年代后期，西方服装逐步进入埃及。当地妇女喜欢戴耳环、手镯等。在一些边远地区，女子外出还保留着蒙面纱的习俗。

此外，长短袖的两用衫（猎装）也是埃及人夏季正式和半正式的礼服。一般政府官员、职员、学生大多穿衬衣、长裤、牛仔裤、毛衣、夹克等。

2. 饮食

埃及人的主食有米饭、面包等，荤菜有牛肉、羊肉，素菜有洋葱、黄瓜等。埃及人通常以"耶素"（不发酵的平圆形埃及面包）为主食，进餐时与"富尔"（煮豆）、"克布奈"（白乳酪）、"摩酪赫亚"（汤类）一并食用。他们喜食羊肉、鸡、鸭、鸡蛋及豌豆、洋葱、南瓜、茄子、胡萝卜、土豆等。在口味上，一般要求清淡、甜、香、不油腻。串烤全羊、烤全羊是他们的佳肴。

他们习惯用自制的甜点招待客人，客人如果谢绝一点也不吃，会让主人失望，也是失礼的行为。埃及人在正式用餐时忌讳交谈，否则会被认为是对神的亵渎。他们习惯用右手就餐，认为左手不洁净，忌用左手与他人接触或给别人递送食物及其他物品。

埃及人一般都遵守伊斯兰教教规，忌讳喝酒，喜欢喝红茶。他们有饭后洗手、饮茶聊天的习惯。他们爱喝一种加入薄荷、冰糖、柠檬的绿茶，认为这是解渴提神的佳品。他们忌吃猪、狗肉，也忌谈猪、狗。不吃海参、虾、蟹等海味，不吃除肝以外的动物内脏，不吃鳝鱼、甲鱼等形状怪异的鱼。埃及人还不吃红烧带汁和没熟透的菜，不喜欢吃整鱼和带骨刺的鱼。他们绝对禁食自死之物、血液和猪肉，以及非诵真主之名而宰的动物，也禁止使用猪制品。

当地人就餐前一般都要口诵"以大慈大悲真主的名义"。请客时菜肴丰盛，气氛热烈，主人总是希望客人能多吃点。

3. 节日

埃及的主要节日有：元旦（1月1日）、独立日（2月28日）、西奈解放日（4月25日）、五月节（5月1日）、国庆节（7月23日）、建军节（10月6日）。

此外，按照伊斯兰教教历，还有一些伊斯兰教节日：穆罕默德诞辰（3月12日）、斋月（9月）、开斋节（10月1日至3日）、朝圣日（12月10日至13日）等。

4. 礼仪

埃及人与朋友相见时，常称呼对方为"阿凡提"，意思是"先生"，原来这一称呼只限于王室，现在这一称呼已被广泛使用。

埃及人与宾朋相见或送别时，一般都惯以握手为礼，或施拥抱礼。还时兴亲吻礼，并有多种亲吻礼节：如男女间亲昵性的亲吻、抚爱性亲吻、敬重性亲吻、崇敬性亲吻。"亲手礼"往往是对恩人的亲吻礼的另一种形式。"飞吻"为情人间的一种亲吻礼。"吻脸"多是妇女们相见时的一种礼节，即先亲一下右颊，再亲一下左颊；若亲戚或关系密切者，还要再亲一下右颊；男人间也互相亲吻，不过他们是先亲左颊、再亲右颊；若是亲戚或关系密切者，再亲一下左颊。

埃及人谈话时习惯站得靠近些，他们会用目光注视对方但不盯视。他们认为用手指招呼人是不礼貌的。

5. 喜忌

在埃及，忌讳夸人身材苗条，因为他们认为体态丰腴才算美。埃及人忌讳称道别人家里的东西，忌讳谈论宗教纠纷、中东政局及男女关系；男士不主动和妇女攀谈。

埃及人喜欢金字塔形莲花图案，喜爱绿色、白色、红色、橙色，忌讳蓝色和黄色，认为蓝色是恶魔，黄色是不幸的象征，因此他们常把蓝天说成是绿色的。禁穿有星星图案的衣服，有星星图案的包装纸也不受欢迎。忌讳猪、狗、猫、熊。埃及人喜爱数字3、5、7、9，忌讳13。他们忌讳左手传递东西或食物，认为左手是肮脏、下贱之手，是承担清扫厕所任务的，因此使用左手为他人服务是蔑视人的做法，并有侮辱人的意思。他们忌讳当众吐唾沫，认为那是对仇人的诅咒举动。埃及人特别忌讳谈"针"这个字和借针使用。一到了下午3点至5点，商人决不卖针，人们也不买针，即使有人愿出10倍的价钱买针，店主也会婉言谢绝、绝不出售。

按伊斯兰教义，妇女的"迷人之处"是不能让丈夫以外的人窥见的。即使是同性之间，也不应相互观看对方的私处，因此，短、薄、透、露的服装是禁止穿的。哪怕是婴儿的身体也不应无遮无盖，街上也看不见公共澡堂。在埃及，人们看不见袒胸露背或穿短裙的妇女，也看不到穿背心和短裤的男人。在埃及，穿背心、短裤和超短裙的人是被禁止到清真寺去的。人们进伊斯兰教清真寺时务必脱鞋、举止恭敬、态度虔诚，忌讳踩祈祷用的垫子。

埃及人讨厌打哈欠，认为哈欠是魔鬼在作祟。埃及人打哈欠时会如同犯罪似的急忙说："请真主宽恕。"而打喷嚏倒不一定是坏事，一个人如果在众人面前打喷嚏，则应说："我作证，一切非主，唯有真主。"而旁边的人说："真主怜爱你。"打喷嚏者应接着说："真主宽恕我和大家。"

4.3.8 旅游资源、旅游业

埃及是举世闻名的四大文明古国之一，历史悠久、文化灿烂，有丰富的文物古迹、风景优美的海滨，加上地理位置优越，因而成为世界上旅游业相当发达的国家之一，其旅游业的规模长期居非洲各国首位。

1. 旅游资源

（1）开罗。开罗是一座古城，古埃及许多王朝都以此为统治中心，并在附近修建了金字塔和大批陵墓。开罗的主要景点有：埃及博物馆、金字塔、尼罗河、古城堡、汗·哈利里市场、法老村等。金字塔是埃及的象征，它是古代埃及国王的陵墓。最著名的是开罗西南郊的吉萨金字塔，以胡夫王金字塔即大金字塔最大。此金字塔旁的斯芬克斯狮身人面像也是极为著名的古埃及文明遗迹，狮身人面像和吉萨金字塔距今约有4 700年的历史。

（2）苏伊士运河。位于埃及东北部，扼欧、亚、非三洲交通要冲，沟通红海和地中海、大西洋和印度洋，具有重要战略意义和经济意义。

（3）亚历山大。位于尼罗河三角洲西部，临地中海，面积100平方公里，人口305万，是埃及和非洲第二大城市，也是埃及和东地中海的最大港口。亚历山大有诸多名胜古迹，风景优美，气候宜人，是埃及的"夏都"和避暑胜地，被誉为"地中海新娘"。主要景点有夏宫、卡特巴城堡、"自由"号游艇、珍宝馆、孔姆地卡等。

（4）卢克索。位于埃及中东部的尼罗河上游，这里有卢克索神庙和卡尔纳克神庙，以及雄伟的圆柱大殿和画廊。卢克索地区有古墓500多座，乘船可达著名的帝王谷。

（5）阿斯旺。阿斯旺是阿斯旺省首府，是埃及街道最清洁、最漂亮的城市。它是埃及与非洲其他国家进行贸易的重镇，也是通往苏丹的门户。市内保留了大量寺庙和陵墓，埃莱方丁博物馆藏有本省的历史文物。这里有世界最大最高的水坝阿斯旺高坝，以及世界最大的人工湖纳赛尔湖。

2. 旅游业

埃及是世界上旅游资源最丰富的国家之一，地理位置优越，气候宜人，各项服务设施齐备。旅游业是埃及经济重要支柱之一和重要外汇收入来源，正常年份旅游收入占埃及国内生产总值的10%以上，直接从业人数达400万人。

2010年埃及接待外国游客约1 500万人次，旅游业收入达到125亿美元。但2011年政局陷入动荡后，外国游客数量大幅下降，旅游业收入也急剧萎缩。埃及2014年接待外国游客约1 000万人次，旅游业收入达到75亿美元，较2013年的59亿美元大幅增长27%。

2010年中国赴埃游客数量超过10万人，2014年为7万人，2015年重回10万人大关。

4.4 南非

4.4.1 国名、国旗、国徽、国歌

南非的全称是南非共和国（Republic of South Africa），因地处非洲南部而得名，别称"黄金之国"。

1994年3月15日南非多党过渡行政委员会批准了新国旗。新国旗呈长方形，长与宽之比约为3∶2，由黑、黄、绿、红、白、蓝六色的几何图案构成，象征种族和解、民族团结。

1995年5月，南非正式通过新的国歌，新国歌的歌词用祖鲁、哲豪萨、苏托、英语和南非荷兰语5种语言写成，包括原国歌《上帝保佑非洲》的祈祷词，全歌长1分35秒，并

以原国歌《南非之声》雄壮的高音曲调做结尾。原国歌名为《上帝保佑非洲》，歌曲由黑人牧师诺克·桑汤加在 1897 年谱写，1912 年首次在南非土著人国民大会上作为黑人民族主义赞歌被歌唱出来，在非洲深受广大黑人欢迎。

南非国歌为《南非的呐喊》、《上帝保佑南非》。国石为钻石。货币为兰特。

4.4.2 地理位置、自然条件

南非位于非洲大陆最南端，东、西、南三面濒临印度洋和大西洋，北与纳米比亚、博茨瓦纳、津巴布韦、莫桑比克和斯威士兰接壤。地处两大洋间的航运要冲，其西南端的好望角航线历来是世界上最繁忙的海上通道之一，有"西方海上生命线"之称。国土面积约 122 万平方公里，全境大部分为海拔 600 米以上的高原。卡斯金峰高达 3 660 米，为全国最高点。西北部为沙漠，是卡拉哈里盆地的一部分；北部、中部和西南部为高原；沿海是狭窄平原。

南非大部分地区属热带草原气候，东部沿海为热带季风气候，南部沿海为地中海式气候。全境气候分为春夏秋冬四季。12 月至次年 2 月为夏季，最高气温可达 32～38℃；6 月至 8 月是冬季，最低气温为 -10～-12℃。全年降水量由东部的 1 000 毫米逐渐减少到西部的 60 毫米，平均 450 毫米。

4.4.3 人口状况、发展简史

南非人口 5 397 万（南非统计局 2014 年估计），主要由黑人、白人、有色人和亚裔四大种族构成，分别占总人口的 79.5%、9.1%、8.9% 和 2.5%。黑人主要有祖鲁、科萨、斯威士、茨瓦纳、北索托、南索托、聪加、文达、恩德贝莱 9 个部族，主要使用班图语。白人主要是荷兰血统的阿非利卡人（约占 57%）和英国血统的白人（约占 39%），语言为阿非利卡语和英语。有色人是殖民时期白人、土著人和奴隶的混血后裔，主要使用阿非利卡语。亚洲人主要是印度人（约占 99%）和华人。有 11 种官方语言，英语和阿非利卡语（南非荷兰语）为通用语言。居民主要信奉基督教新教、天主教、伊斯兰教和原始宗教。

南非最早的土著居民是桑人、科伊人和后来南迁的班图人。17 世纪后，荷兰、英国相继入侵南非。20 世纪初，南非一度成为英国的自治领地。1961 年 5 月 31 日，南非退出英联邦，成立南非共和国。由于南非白人当局在国内推行种族歧视和种族隔离政策，南非人民在以曼德拉为首的非洲人国民大会的领导下，为推翻种族隔离制度进行了英勇的斗争，并最终取得胜利。1994 年 4 月，南非举行首次由各种族参加的大选，曼德拉当选为南非首任黑人总统。

4.4.4 资源状况、经济发展

南非矿产资源丰富，是世界五大矿产国之一。黄金、铂族金属、锰、钒、铬、钛和铝硅酸盐的储量均居世界第一位，蛭石、锆居世界第二位，氟石、磷酸盐居世界第三位，锑、铀居世界第四位，煤、钻石、铅居世界第五位。南非是世界上最大的黄金生产国和出口国，黄金出口额占全部对外出口额的 1/3，因此又被誉为"黄金之国"。

南非属于中等收入的发展中国家，国民生产总值占非洲国民生产总值的 20%左右。矿业、制造业、农业和服务业是南非经济的四大支柱，深矿开采技术在世界上处于领先地位。南非的制造业门类齐全，技术先进，产值占国内生产总值的近 1/5。南非的电力工业较发达，拥有世界上最大的干冷发电站，发电量占全非洲的 2/3。2014 年，南非 GDP 总计为 3 498.17 亿美元，人均 GDP 为 6 478 美元。

4.4.5 首都、行政区划

南非是世界上唯一同时存在 3 个首都的国家：行政首都比勒陀利亚是南非中央政府所在地，人口约 235 万；立法首都开普敦是南非国会所在地，也是全国第二大城市和重要港口，人口约 350 万；司法首都布隆方丹为全国司法机构的所在地，人口约 50 万。

南非全国分为 9 个省，各省有立法、任免公务人员的权力，负责本省经济、财政和税收等事务。根据 2000 年通过的《地方政府选举法》，全国划有 284 个地方政府，包括 6 个大都市、47 个地区委员会和 231 个地方委员会。

4.4.6 政治、外交、与中国关系

1994 年 4 月，南非颁布了历史上第一部体现种族平等的临时宪法。1996 年 5 月，南非制宪议会通过了在临时宪法基础上起草的新宪法，新宪法于同年 12 月开始生效。根据新宪法，南非总统是国家元首和政府首脑，议会由国民议会和全国省级事务委员会组成。新宪法规定实行总统内阁制，内阁由总统、副总统及总统任命的 27 名部长组成，总统和内阁成员共同行使行政权。

南非奉行独立自主的全方位外交政策，主张在尊重主权、平等互利和互不干涉内政的基础上同一切国家保持和发展双边友好关系。其外交政策六大支柱是：保证人权；在全世界促进自由、民主；尊重公正原则及国际法；维护世界和平，参加解决冲突的国际机制；在国际舞台上维护非洲利益；促进相互依赖的世界。

中国与南非于 1998 年 1 月 1 日建立外交关系。建交以来，两国关系全面、快速发展。2004 年，两国确立了平等互利、共同发展的战略伙伴关系。2010 年 8 月，祖马总统访华期间，两国将双边关系提升为全面战略伙伴关系。2013 年 3 月，习近平主席对南非进行国事访问，中南全面战略伙伴关系迈上新台阶。近年来，中国与南非的经贸往来日益紧密，2014 年，两国双边贸易额突破 600 亿美元，南非连续五年成为中国在非洲最大的贸易伙伴，中国连续六年成为南非最大的贸易伙伴、最大的出口市场和最大的进口来源地。

4.4.7 文化传统、民俗风情

1. 服饰

在城市之中，南非人的穿着打扮基本西化。在正式场合，他们都讲究着装端庄、严谨。因此进行官方交往或商务交往时，最好穿样式保守、色彩偏深的套装或裙装，不然就会被对方视为失礼。城市外，南非黑人通常还有穿着本民族服装的习惯。不同部族的黑人。在

着装上往往会有自己不同的特色。

2. 饮食

南非当地白人平日以吃西餐为主，经常吃牛肉、鸡肉、鸡蛋和面包，爱喝咖啡与红茶。黑人喜欢吃牛肉、羊肉，主食是玉米、薯类、豆类。他们不喜生食，爱吃熟食。

南非著名的饮料是如宝茶。在南非黑人家做客，主人一般会送上刚挤出的牛奶或羊奶，有时是自制的啤酒。客人一定要多喝，最好一饮而尽。

3. 节日

南非的主要节日有人权日（3月21日）、独立日（5月31日），国庆日（5月31日），自由日（4月27日），青年日（6月16日，纪念1976年索韦托惨案），妇女日（8月9日），遗产日（9月24日），和解日（12月16日，阿非利卡人的节日，祖鲁人称之为和解日）。

4. 礼仪

南非社交礼仪可以概括为"黑白分明"、"英式为主"。所谓"黑白分明"是指：受到种族、宗教、习俗的制约，南非的黑人和白人所遵从的社交礼仪不同。"英式为主"是指：在很长的一段历史时期内，白人掌握南非政权，白人的社交礼仪特别是英国式社交礼仪广泛地流行于南非社会。

目前，在社交场合，南非人所采用的普遍见面礼节是握手礼，他们对交往对象的称呼则主要是"先生"、"小姐"或"夫人"。在黑人部族中，尤其是在广大农村，南非黑人往往会表现出与社会主流不同的风格。比如，他们习惯以鸵鸟毛或孔雀毛赠予贵宾，客人此刻得体的做法是将这些珍贵的羽毛插在自己的帽子上或头发上。

5. 喜忌

南非人视羊为宠物，对双角卷曲的羚羊尤为喜爱。信仰基督教的南非人，忌讳数字13和星期五。南非黑人非常敬仰自己的祖先，他们特别忌讳外人说到自己的祖先时言行失敬。跟南非人交谈，有4个话题不宜涉及：一是不要为白人评功摆好，二是不要评论不同黑人部族或派别之间的关系及矛盾，三是不要非议黑人的古老习惯，四是不要为对方生了男孩表示祝贺。

4.4.8 旅游资源、旅游业

南非旅游资源丰富多样，居民的人种构成复杂，有高原、山地、丘陵、平原和沙漠，气候也属多种类型。当地非洲人的风土人情、音乐舞蹈颇具特色，有许多旅游点和旅游城市。

1. 旅游资源

（1）比勒陀利亚。南非的政治中心和第四大城市，也是南非最古老的城市，环境优美，绿树成荫。该市有伏特莱克纪念碑、比勒陀利亚美术博物馆、迈尔罗斯大厦、天文台、国家动物园和3处市立自然保护区。

（2）约翰内斯堡。约翰内斯堡由于盛产金矿，故称"黄金城"。旅游景点有非洲博物馆、地质博物馆、铁路博物馆、美术馆和天文台，以及斯特里登塔、德兰士瓦蛇类公园、黑曼伊斯坦公园等。

（3）金伯利。以盛产金刚石闻名于世。此地的金刚石最早发现于1871年。在此可参观矿井，如深100多米的"巨洞"矿井。附近有金伯利露天采矿博物馆。威廉汉弗莱美术馆藏有许多文物。

（4）开普敦。南非最大的省开普省的行政中心。该市背山面海，风光绮丽，气候宜人，多文化古迹，是重要的海滨游览胜地。这里有壮观的峡谷、美丽的沙滩、高山和港口，还有海军基地、渔村和葡萄园。

（5）德班。位于东海岸，是全年阳光灿烂的旅游胜地。在南部海滨和北部海滨，可以进行冲浪运动，有咖啡馆、公园、剧场、游泳池和水族馆。

（6）克鲁格国家公园。世界最大的动物禁猎地之一，位于东北部德兰士瓦省。最好的旅游时间是冬季和春季，此时草类植物的高度比较低，容易观察到各种动物。

2．旅游业

南非自然风光绮丽多姿，人文景观丰富灿烂，素有"游览一国如同环游世界"的美誉。旅游业的收入占南非国民生产总值逾9%，并支撑着全国逾150万个工作岗位。根据南非统计局发布的数据，2013年南非入境游人数为1 510万人次，较上一年增长140万人次，在经济前景疲弱的背景下，旅游业表现超出预期。南非入境游人群中有71.9%来自非洲大陆。南非本地人国内游的比例也很高，其中64.3%选择公路出行。

近几年，中国赴南非的游客人数增长势头稳劲。2012年中国成为南非第四大海外客源国，2014年中国成为南非核心客源市场。愈来愈多的中国游客前往南非感受其优美的景色，接触其友好热情的人民，享受当地多姿多彩的独特体验。2013年，中国（含香港）赴南非游客人数达到151 847，比2012年增长了14.7%，标志着中国市场连续第五年保持涨势。

本章小结

本章主要介绍中东和非洲四个重要旅游客源国家的概况。沙特位于亚洲西南部，是伊斯兰教的发源地，素以"石油王国"著称，国家较为富裕，政治、文化和生活深受伊斯兰教的影响，服饰、饮食、节庆、礼仪都打上了伊斯兰教的烙印。沙特拥有很多的伊斯兰教景观和遗迹，已成为阿拉伯国家最大的旅游国。以色列是犹太教、伊斯兰教和基督教的发源地，资源短缺，但经济发展很快，服饰、饮食、节庆和礼仪主要受犹太教的影响，旅游资源丰富，国内旅游业发达，出境旅游比例较高。

埃及位于北非及西亚，历史悠久，文化灿烂，生活习俗也受到伊斯兰教的影响，有风景优美的海滨、丰富的文物古迹，金字塔名扬天下，旅游业的规模居非洲首位。南非位于非洲大陆最南端，矿产资源丰富，被誉为"黄金之国"，属于中等收入的发展中国家，旅游资源丰富多样，居民人种构成复杂，地貌和气候类型多样，风土人情和音乐舞蹈颇具特色，旅游业发展速度很快。

复习思考题

1. 伊斯兰教对沙特阿拉伯的民俗风情有何影响？
2. 沙特阿拉伯为何能成为阿拉伯国家中最大的旅游国？
3. 犹太教对以色列的民俗风情有何影响？
4. 埃及境内有哪些闻名世界的旅游资源？
5. 南非的资源状况和经济发展有何特点？

案例分析：让笔记"对号入座"

张莉是某跨国公司的驻华商务代表，因公司将要开拓非洲市场而前往埃及和南非进行考察。为了避免旅游途中遇到不可预见的麻烦，她就这两国旅行的注意事项专门咨询了有旅游经验的朋友。不知是由于朋友讲述得太快，还是张莉记录太慢，事后她对自己的记录感到了迷惑，不知自己所记的内容究竟分属哪个国家了。以下是她的简要笔记：

1. 金字塔之国，棉花之国，沙漠之国；
2. 黄金之国，有三个首都，游览一国如同环游世界；
3. 好望角是最繁忙的海上通道，西方海上生命线；
4. 尼罗河，苏伊士运河，纳赛尔水库；
5. 约翰内斯堡，黄金之城；
6. 千年古都开罗，千塔城，非洲人口最多的城市，有开罗塔；
7. 传统服装为大袍，妇女爱戴耳环、手镯，猎装是半正式礼服；
8. 喜爱羚羊，敬仰祖先；
9. 正式用餐时忌讳交谈，忌讳使用左手，忌讳喝酒，喜欢喝红茶；
10. 忌吃猪、狗肉，不吃海参、虾、蟹，不吃鳝鱼、甲鱼；
11. 喝如宝茶、刚挤出的牛奶或羊奶、自制的啤酒；
12. 忌讳夸人身材苗条，忌讳称道别人家里的东西，忌讳谈论宗教纠纷；
13. 喜欢莲花图案，喜爱绿色、白色、红色、橙色，忌讳蓝色和黄色；
14. 以鸵鸟毛或孔雀毛赠贵宾，宾客要将羽毛插在帽子上或头发上；
15. 忌讳猪、狗、猫、熊，喜爱数字3、5、7、9，忌讳数字13；
16. 进清真寺时务必脱鞋，忌讳踩坐垫、穿背心、短裤和超短裙。

思考题

已知上述内容与埃及和南非两个国家有关，这16条记录应分别对应哪个国家？

第 5 章 美洲地区主要客源国

引 言

美洲是南美洲和北美洲的合称，也是"亚美利加洲"的简称，又称"新大陆"。从 1492 年开始，意大利航海家哥伦布三次西航。他到达了现在美洲的巴哈马群岛，自己以为到了印度，就把自己发现的岛屿称为"西印度群岛"，并称那里的土著为"印第安人"，意即印度人。

"亚美利加"是由一位探险者的名字演变而来的。1499—1504 年，意大利探险家亚美利哥到美洲探险，到达了南美洲北部地区。他证明 1492 年哥伦布发现的这块地方只是欧洲人所不知道的"新大陆"，而不是印度。后来意大利历史学家彼得·马尔太尔在他的著作中首先用"新大陆"称呼美洲。德国地理学家华尔西穆勒在他的著作中以"亚美利加"的名字称这块大陆为"亚美利加洲"，并一直沿用到今天。

本章学习目标

> 熟悉美洲地区主要客源国的地理、人口、历史、资源和经济发展状况。
> 了解美洲地区主要客源国的行政区划、政治、外交及与中国关系。
> 掌握美洲地区主要客源国的文化传统、民俗风情、旅游资源和旅游产业发展状况。

5.1 美国

5.1.1 国名、国旗、国徽、国歌

1. 国名

美国是美利坚合众国的简称。"美利坚"和"亚美利加"在英语中是一个词，只是汉译不同。18 世纪前，英国在北美大西洋沿岸陆续建立了 13 个殖民地，当时称为北美 13 州联合殖民地。1775 年这些殖民地的人民发动了反对英国殖民统治的独立战争。1776 年 7 月 4 日，殖民地人民发表了独立宣言，宣布成立美利坚合众国。美国一建国就想使自己在美洲居于统治地位，因此，把美洲的名称作为自己的名称。1787 年美国宪法正式肯定了这一名称。

2. 国旗

美国国旗是星条旗，旗面左上角为蓝色星区，区内共有9排50颗白色五角星，以一排6颗、一排5颗交错。星区以外是13道红白相间的条纹。50颗星代表美国50个州，13道条纹代表最初的北美13块殖民地。据华盛顿说：红色条纹象征英国，白色条纹象征脱离它而获得自由。更普遍的说法认为，红色象征勇气，白色象征自由，蓝色则象征忠诚和正义。

3. 国徽

国徽的图案正中是一只象征独立、自由精神的白头鹰，前面盾牌状的国旗，代表1777年加入美国联邦的13个州。白头鹰的右爪持着希望和平的橄榄枝，左爪握着决心自卫的利箭。白头鹰衔着一条用拉丁文写着"合众国"字样的彩带，国徽顶端则是透过云雾、闪闪发光的13颗金星。

4. 国歌

美国国歌是《星条旗永不落》（曾译为《星条旗》歌），诞生在巴尔的摩。1931年，美国国会正式将《星条旗永不落》定为国歌，曲子由著名的"进行曲之王"苏萨创作。

5. 其他

美国的国花是玫瑰，国鸟是白头鹰，货币为美元。

5.1.2 地理位置、自然条件

美国位于北美洲南部，东临大西洋，西濒太平洋，北接加拿大，南靠墨西哥及墨西哥湾，面积约963万平方公里，本土东西长4 500公里，南北宽2 700公里，海岸线长22 680公里。全国分为50个州和1个直辖特区。

美国本土大陆分为3个地形区：东部山区和大西洋沿海低地，中部平原，西部山区。东部沿海平原与阿巴拉契亚山相接，阿巴拉契亚山脉从东向西扩展，走向与大西洋平行；西部山区由4条山脉组成，紧靠太平洋沿岸的是海岸山脉，从海岸山脉向东是两条连接的山脉，北部是喀斯喀特山脉，南部是内华达山脉。落基山是靠中部平原最近的山脉，落基山山体宽大、雄伟，被誉为"北美的脊骨"。在东部山区和西部山区之间是一望无际的平原，从北到南贯穿整个美国中部，约占美国全部土地面积的1/2，是美国最重要的农业区。

美国本土位于北温带，大部分地区属于大陆性气候。全国大致可分为五大气候区：东北部沿海和五大湖地区是冬冷夏凉的大陆性温带阔叶林气候；东南部沿海和墨西哥湾沿岸属亚热带森林气候，冬季温暖少雨，夏季凉爽湿润；中部平原属大陆性气候，冬季寒冷多雪，夏季炎热多雨；西部内陆高原和山地属内陆性气候，内陆高原地区气候干燥，冬季寒冷少雪，夏季炎热少雨；太平洋沿岸地区属海洋性气候，北部地区冬暖夏凉、雨量充沛，南部地区冬季温暖多雨、夏季干燥闷热。

5.1.3 人口状况、发展简史

1. 人口状况

截至 2014 年,美国的人口数量为 3.178 亿,为世界上人口第三多的国家,美国人口高度城镇化,在 2008 年时约有 82%的人口居住在城市及其郊区(同时期世界城镇化率为 50.5%),这使得美国有许多广袤土地上无人居住。加利福尼亚州与得克萨斯州是人口最多的两个州,美国人口中心持续向西南倾斜。纽约市则是美国人口最多的城市。

美国是一个传统的移民国家。美国智库皮尤研究中心 2013 年 12 月 17 日发布的报告《全球移民和汇款模式的改变》显示,从 1990 年到 2013 年,美国居住的移民人数 20 年翻了一倍,达到 4 600 万,遥遥领先于其他国家。即使不计非法移民,从 2001 年以来,每年大约有 88.4 万外国人移民美国,每 26 秒就有一名新移民踏上美国领土。在发达国家中,美国是唯一人口仍在增长、甚至是较为快速增长的世界主要经济体。除了良好的生育率,持续增加的移民人数也功不可没。据美国人口普查局统计,2011 年居住在美国的中国移民(包括出生在中国大陆及港澳台地区)为 223.1 万人,占全部移民总数的 5.5%,是美国最大的亚裔群体。中国成为仅次于墨西哥的美国第二大海外移民来源国。

随着新来的移民群体不断将自己的宗教信仰带到美国,并且随着美国人日甚一日地寻求表达自己信念的全新而混合的方式,美国的宗教状况正在发生着根本的变化。有着悠久的犹太教与基督教传统的美国,如今正迅速成为世界上最具宗教多样性的国家。

2. 发展简史

美国从建国至今只有 200 多年的短暂历史。在哥伦布发现美洲大陆及欧洲各国大规模殖民之前,印第安人世代生息在这块土地上。18 世纪 30 年代,英国通过与荷兰、法国的激烈争夺,在北美建立了 13 块殖民地,继而对印第安人进行大规模驱赶、屠杀,此后又从非洲贩来大批黑奴,逐渐形成统一的市场和共同的语言——美式英语。到 18 世纪中叶,美利坚民族正式形成。

1775 年 4 月 19 日北美独立战争爆发,1776 年 7 月 4 日美利坚宣告脱离英国而独立。大陆军在华盛顿总司令的领导下,在 1781 年 10 月 19 日迫使英军放下武器投降。1783 年,英美在巴黎签订和约,英国被迫承认美国独立,美利坚合众国正式成立。

1861 年 4 月 15 日,南北战争爆发。1865 年 4 月,战争终于以北部的胜利而结束。19 世纪 80 年代,美国工业生产超过英国,跃居世界首位。进入 20 世纪,经过两次世界大战的刺激,美国在战争中聚集了大量的财富,国力大增,是当今世界上唯一的超级大国。

5.1.4 资源状况、经济发展

美国的自然资源丰富,森林覆盖率达 33%。美国是世界上第一大生产国,其工业品制造以加州为首。美国年产占世界 18%的天然煤与石油,还有占世界 45%的天然气。美国也是世界上重要的农业国家之一,其农场每年生产价值超过 900 亿美元的农产品,并生产了占世界50%的玉米、20%的燕麦，以及15%的鸡肉、猪肉、棉花、烟草和小麦。

由于美国长期奉行凯恩斯经济思想，其负面作用随着时间的推移日趋明显，而美国推行全球战略对经济发展带来的消极影响也越发严重。同时，由于日本和西欧国家的经济得到恢复，对美国竞争的能力不断加强，在这种情况下，美国对外竞争的优势地位被大大削弱，在世界经济中的主导地位也逐渐动摇。现在美国虽然仍为世界头号经济强国，但经济增长速度已经减缓。2014年，美国GDP总计为17.42万亿美元，居世界第一位，人均GDP达54 629美元。

5.1.5 首都、行政区划

1. 首都

美国首都华盛顿，全称为"华盛顿哥伦比亚特区"（Washington D.C.），是为纪念美国开国元勋乔治·华盛顿和发现美洲新大陆的哥伦布而命名的，市区面积174平方公里，特区总面积6 094平方公里，2012年特区人口为64.6万，位列全美各州第49位。华盛顿在行政上由联邦政府直辖，不属于任何一个州。

2. 行政区划

全国分为50个州和1个特区（哥伦比亚特区），有3 042个县。联邦领地包括波多黎各和北马里亚纳；海外领地包括关岛、美属萨摩亚、美属维尔京群岛等。

5.1.6 政治、外交、与中国关系

1. 政治

美国现行的《联邦宪法》是1788年制定的。根据联邦宪法的规定，美国建立联邦共和国。国家权力分为立法权、行政权和司法权，分别由国会、总统和联邦最高法院行使。总统是国家元首、行政首脑和陆、海、空三军的总司令，掌管国家行政大权，拥有的主要权力有行政权、外交权、军事指挥权和立法权，除此之外还管辖联邦政府。国会是美国的最高立法机构，行使国家立法大权，由参议院和众议院组成。联邦最高法院行使国家司法大权，联邦最高法院法官由总统提名，经参议院批准后任命。国会不向总统负责，总统也没有解散国会的权力；总统不向国会负责，国会也没有要求政府辞职的权力。它们之间又互相制衡，总统可以否决国会的议案，国会也可以弹劾总统。

美国国内存在众多的党派，但在国内政治生活中影响最大的是共和党和民主党。美国民主党、共和党不仅在美国轮流执政，同时还瓜分国会议席，控制国会立法。

2. 外交

美国政府宣称，美国要建立的"世界新秩序"的基本目标是"和平、安全、自由和法治"，美国应担任"重大领导作用"。主张发挥联合国维护和平的作用，提出以美国领导下的"集体介入"来解决国际危机。"安全"战略的重点转向对付地区冲突，突出经济因

素在国际关系中的作用。维持同西欧国家的盟国关系,坚持以北约为欧洲安全防务的核心。日本是美国在亚洲地区最重要的盟国,美国支持日本进入联合国安全理事会任常任理事国。对俄罗斯和独联体各国的重点是维持地区稳定和防止核扩散,建立与俄罗斯的"伙伴"关系,推进该地区的"民主化"、"私有化"进程。同加拿大的政治经济关系密切,维持"传统的特殊盟友"关系。大力推进美国、加拿大和墨西哥的经济一体化进程。截至2015年7月,美国与全世界除不丹、伊朗和朝鲜三个国家外的其他国家全部建立了外交关系。

3. 与中国关系

1972年尼克松总统访华,打开中美关系正常化的大门,双方发表了上海公报,并于1973年5月互设联络处。1978年12月16日,中美两国发表了《中华人民共和国和美利坚合众国关于建立外交关系的联合公报》。1979年1月1日,两国正式建立大使级外交关系。

2009年4月,在胡锦涛与美国奥巴马总统的首次会晤中,双方一致同意共同努力建设21世纪积极合作全面的中美关系。2013年12月应李源潮副主席邀请,美国副总统拜登对中国进行正式访问。习近平主席、李克强总理、李源潮副主席与拜登就中美关系和其他共同关心的重大问题交换了意见,双方就中美加强对话、交流、合作,努力推进中美新型大国关系建设达成重要共识。2015年9月22日至25日,国家主席习近平对美国进行国事访问。

中国在休斯敦、旧金山、纽约、芝加哥和洛杉矶,美国在上海、广州、沈阳和成都互设了总领事馆。

5.1.7 文化传统、民俗风情

1. 服饰

美国人除在正式场合穿着正规外,平时穿着打扮追求舒适、无拘无束,十分随便,主要根据自己的喜好决定穿着,体现自己的独特审美观与气质、风度。

美国人在正式社交场合十分注重穿着,如果参加宴会、集会和其他社交活动,一定要根据请柬上的服装要求选择好服装,以免失礼。在非社交场合,也要讲究礼仪,一般不能穿着背心进入公共场所,不能穿睡衣出门。

2. 饮食

美国人早餐一般在家中吃,比较简单,有果汁、麦片、咖啡、香肠、鸡蛋等。午餐一般食用快餐,像三明治、汉堡包、热狗等,加上一些蔬菜和饮料。晚餐是一天中最丰盛的,如在家中吃饭,通常的主菜是牛排、猪排、烤肉、炸鸡等,再配以青菜、面包、黄油等。

许多人有到餐馆中吃晚餐的习惯,晚餐的最后一道菜是甜食,最后再喝一杯咖啡。此外美国人还喜欢在睡觉前吃些小吃,孩子们大都是喝牛奶、吃块小甜饼,而成年人则吃些水果和糖。

美国人用餐一般不追求精细,但追求快速和方便。主食是肉、鱼、菜类,面包、面条、米饭是副食。美国人一般喜欢比较清淡的口味。喜欢凉拌菜,还喜吃嫩肉排。

美国人的主要饮料是咖啡,茶也大受欢迎。除此之外,可乐和各种果汁也是美国人的主要饮料。美国人喝饮料时大都喜欢放冰块,如不加冰块必须事先声明。美国人还喜欢喝啤酒、葡萄酒或其他酒类饮品。加州所产的优质酒很受欢迎,但更多的美国人喜欢鸡尾酒。

3. 节日

(1)复活节。每年的日期各不相同,通常是在春天的一个星期天。对基督徒来说,复活节是一个宗教礼拜和家庭团聚的日子。许多美国人按照传统,把煮熟的鸡蛋涂上颜色,并将装在篮子里的糖果送给孩子们。

(2)圣诞节。在12月25日,是另一个基督教节日,纪念耶稣的诞生。许多非基督徒美国人也会在这一天来临前,用彩灯装饰屋子和院子,并买来圣诞树。在节日里互送礼物和贺卡,已成为美国人的传统习俗。

(3)新年。新年当然是1月1日。这一节日的庆祝始于除夕夜,届时美国人全家团聚在一起,预祝来年幸福和发达。

(4)感恩节。在11月的第四个星期四,但许多美国人在第二天星期五也休假一天,以便过一个四天的周末,可以长途旅行和探亲访友。这个节日可上溯到1621年,清教徒们来到马萨诸塞,经历了一个严酷的寒冬后他们中有一半人死去。于是剩下的人便求助于邻近的印第安人,印第安人教他们种植玉米及其他农作物。第二年秋天的大丰收使这些清教徒深受鼓舞,他们大摆宴席以示感恩之情。时至今日,感恩节宴会几乎总少不了在首次感恩节宴会上摆出的几样食品:烤火鸡、红莓苔子酱、马铃薯和番瓜馅饼。宴会开始前,人们通常都要停顿一下,对欢聚之类的幸事表示感恩。

(5)独立日。时间为每年7月4日,为纪念1776年7月4日发表的《独立宣言》所标志的美国的诞生而设。这一天有野餐和爱国主义游行,晚上则举办音乐会和放焰火,到处飘扬着美国国旗。

(6)马丁·路德·金纪念日。马丁·路德·金牧师是非洲裔美国神职人员,被认为是一位伟大的美国人,因为他不遗余力地通过非暴力手段来争取所有人的公民权。自1968年他遭暗杀以来,人们每年都在他的生日1月15日举行各种悼念活动。1986年,这一天被1月的第三个星期一取代,这个星期一被宣布为全国性的节日。

(7)阵亡将士纪念日。定在5月的第四个星期一,这一节日意在缅怀死者。它起源于美国内战结束之后,现在已成为在墓地、教堂及其他公共集会场所举行特别仪式,缅怀历次战争的死难者乃至一般死者的日子。

(8)劳工节。9月的第一个星期一,这一节日旨在向美国的工人们表示敬意,通常要举行游行。对大多数美国人来说,它标志着夏天假期的结束;而对许多学生来说,它意味着新学年的开始。

4. 礼仪

一般而言,美国人以不拘礼节、自由自在著称,习惯主动和人打招呼。只在正式场合行握手礼,一般场合见面时相视一笑,说声"Hi"或"Hello"即为见面礼节。

初次见面,相互介绍也很简单,介绍后握手须简短有力。若女士无意主动伸手握手,则男士点头或鞠躬致意。关系密切的亲朋之间,可行亲吻礼。对于别人的握手、拥抱、吻手、注目、点头等礼节,美国人也以同样方式回礼。告别时也不必握手,挥挥手说声"再见"即可。

美国人相互称呼时通常直呼姓名,一般不用"先生"、"太太"、"小姐"等称呼,也不称正式头衔。只对法官、医生、高级官员、教授、高级神职人员称呼头衔。称呼长者忌用"老"字。

美国人十分重视隐私权,最忌打听别人的私事。交谈时重视礼貌用语,注意保持一定距离,声音不可太大,不可大笑。惊讶时不可伸舌头,这是侮辱他人之举。美国人交谈、示意喜欢用手势,习惯于打过招呼即谈正事,不把互赠名片视为礼节,送名片只为便于日后联系,并不期待他人回送。

美国人重视生日,尤其是孩子的生日,应邀出席生日聚会的客人应送礼以示祝贺。

5. 禁忌

美国人认为数字"13"不吉利,因而回避这个数字。星期五也被认为是不吉利的日子。美国人讨厌蝙蝠,认为是凶神恶煞的象征。黑猫也被看成不吉利的动物,认为如果黑猫从面前经过就会倒霉。美国虔诚的清教徒最忌讳轻慢地谈论上帝,甚至连"浑蛋"、"该死"之类的词也被看成对上帝不恭而属于禁说之语。美国人出于礼貌不会用一根火柴为 3 个人点烟。在街道上行走,脚踏得啪啪作响是没修养的行为。美国人忌讳穿着睡衣出门或会客,因为他们认为穿着睡衣会客等于没有穿衣服,是一种没有礼貌的行为。

5.1.8 旅游资源、旅游业

1. 旅游资源

美国具有比较优越和复杂多样的自然环境和景观,既有高大的山地,又有广阔的平原;既有世界著名长河密西西比河,又有风光美丽的五大湖;既有可开展冬季运动的高山环境,又有为夏季度假服务的优美海滩。美国重视对自然环境的保护,多年来全国建立了大量的国家公园和自然保护区,此外,还有 321 处国家游览地,面积达 31.16 万平方公里。这些都为美国旅游业的发展奠定了坚实的基础。

(1)旅游城市。美国重要的旅游城市有政治中心华盛顿、世界名城纽约、加利福尼亚、佛罗里达和世界赌城拉斯维加斯等。

1)华盛顿。华盛顿是一座世界名城,也是美国的政治中心,城市布局整齐,市内美丽、整洁、宁静,鲜花、碧草、水池布满整个城市。著名建筑有国会大厦、华盛顿纪念碑、林肯纪念堂、杰斐逊纪念堂。白宫是一座世界闻名的建筑,是美国总统工作和居住的地方。此外,华盛顿还有许多纪念馆、博物馆和美术馆等。

2)纽约。地处东北大西洋沿岸,是美国最大最繁华的城市,同时也是世界最大的城市之一。截至 2012 年纽约市区人口 800 万，居住在 789 平方千米的土地上。纽约是美国的金融、经济中心，也是全国最大的对外贸易中心和港口。市区内鳞次栉比的摩天大楼构成纽约的特有街景。自由女神像坐落在纽约港口的自由岛上。纽约的唐人街是世界上最大的一条唐人街，保存着浓郁的中国文化习俗。

3）洛杉矶。洛杉矶是一座位于美国西海岸的城市，又称为"天使之城"，是仅次于纽约的美国第二大城市，也是美国最受人们喜爱的旅游城市。其北郊有著名的电影城好莱坞，市区的迪士尼乐园是美国最大和现代化水平最高的游乐中心之一，洛杉矶湖人队大当家科比是城市招牌之一。

4）拉斯维加斯。地处内华达州南端，是克拉拉县的首府，也是世界闻名的大赌城。在美国，虽然许多州都禁止赌博，但内华达州于 1931 年制定法律，保护赌博业。从此，赌博业开始成为拉斯维加斯的一大经济支柱。

经过几十年的发展，拉斯维加斯（Las Vegas）已经形成了以赌博业为中心的庞大的旅游、购物、度假产业发展格局，是世界知名的度假胜地之一，拥有"世界娱乐之都"和"结婚之都"的美称。2014 年，拉斯维加斯成为全球最多新婚夫妇选择的蜜月旅行目的地。

（2）其他旅游业较发达的州。美国其他旅游业比较发达的州主要有夏威夷、得克萨斯、科罗拉多、犹他、怀俄明、爱达荷、蒙大拿等。

1）夏威夷州。夏威夷州是美国唯一的群岛州，它位于太平洋的夏威夷群岛。该群岛由 132 个岛屿构成，首府为火奴鲁鲁，即檀香山。该州地处热带，气候宜人，森林覆盖率达 48%。对旅客最有吸引力的，是它长夏无冬的气候和四季常青的景观，秀丽的热带海滨风光，以及独特的火山奇观。此外，还有鲸鱼回游、响沙等自然奇迹，具浓烈乡土气息的土风舞和土著歌曲，以及每年 2 月的檀香山狂欢节，也都别具一格，令人神往。

2）得克萨斯州。得克萨斯州位于美国南部，濒临墨西哥湾。其景观十分多样，有许多优良的旅游休养区。达拉斯市，建于 1841 年，现在是重要的商业和金融中心、著名的石油城，也是重要的旅游目的地。市内有艺术博物馆、欧文美术中心、藏有西班牙绘画的草地博物馆、波腊克艺术馆、体育馆，以及 30 多所大学。该市是美国三大会议中心之一，主要旅游点有得克萨斯六面旗公园、大转弯国家公园等。

（3）国家级旅游地。美国有 42 处国家公园和 80 多处国家名胜，其中最著名的有黄石国家公园、红杉和金斯峡谷国家公园、大峡谷国家公园、尼亚加拉大瀑布、麦金莱山和拉什莫尔峰。

1）黄石国家公园。黄石国家公园是美国建立最早、规模最大的国家公园，建于 1872 年，面积 8 956 平方公里。由于发源于此地的黄石河两侧峡谷崖壁为黄色，因而称为黄石国家公园。公园以自然风光雄奇美丽而著名，仅间歇泉就有 300 处之多，占世界间歇泉总数的一半以上。黄石河下切形成的黄石峡谷，十分壮观。园内还有美国最大的高山湖泊黄石湖。野生动物数量众多，有羚羊、野牛、鹿及白鹭、天鹅、沙丘鹤等。

2）红杉和金斯峡谷国家公园。红杉国家公园建于 1890 年，是仅次于黄石国家公园的美国历史最悠久的国家公园。红杉国家公园以"谢尔曼将军树"这株世界上最大最古老的红杉而闻名于世,这株树高达83.03米,树龄长达3 500年,据说它最初生长于青铜时代,因而被称为"世界树王"。金斯峡谷国家公园风景特别秀丽,覆盖着大片的原始森林,美丽的金斯河从公园南部流过。公园内亦有许多古老的巨树,其中最大最有名的是"格兰特将军树",树高81.38米,据说这是世界第二大树,另一棵大树"李将军树"则在世界树王中名列第三。

3)大峡谷国家公园。位于亚利桑那州西北部,总面积0.27平方公里。于1919年被辟为国家公园。大峡谷景色之壮丽最为世人所称道。科罗拉多河流过该地区,强烈的下切形成了悬崖峭壁,其深度达1 500米。公园内有游览车、观景台和望远镜。园内有多种野生动物和植物,动物90余种,植物有仙人掌、罂粟、云杉、冷杉等。

4)尼亚加拉大瀑布。位于纽约州西部,由两个主流汇合而成。一个是美国境内300米宽的美国瀑布,另一个是横介于美国、加拿大边界的宽700米的"马蹄瀑布"。这两个瀑布交织在一起,从高达55~58米的峭壁倾泻下来,流入安大略湖,水流量为每秒6 000立方米。

5)麦金莱山。北美的最高峰,位于阿拉斯加州。在一片平坦的绿色苔原中,银装素裹的麦金莱山拔地而起,直插云霄。1917年,麦金莱山被辟为国家公园。顺着公园向北走400公里,就进入了北极圈。公园的西南角有一大片冰原,在阳光的照射下闪烁,格外秀美。每年6月至7月,麦金莱公园的野生动物大迁移的场面也蔚为壮观。

6)拉什莫尔峰。位于南达科他州巴登兰。峰高182.88米,山体上雕刻着美国四位著名总统的巨大头像,从左到右依次为华盛顿、杰斐逊、罗斯福和林肯。四尊巨人头像与山峰浑然一体,石像的面部高达18米,是世界上最大的人头石雕像。这部艺术杰作出自美国艺术家夏兹昂·波格隆之手,始建于1927年8月,完工于1941年年底。

2. 旅游业

旅游产业是美国经济的重要组成部分,已成为美国最大服务出口行业。美国旅游业历史比较悠久,旅游基础设施十分庞大,而且比较完善,接待旅游者的能力很强。据美国商务部数据显示,2011年,美国旅游业产值达1.2万亿美元,支持了760万个就业岗位,其中国际游客在旅游及其相关产业上的消费达到了创纪录的1 530亿美元。2012年来美旅游的国际游客人数将达到6 540万人次。2012年1月,美国总统奥巴马签署了促进旅游业发展的行政命令,并责令商务部长和内政部长牵头成立工作组,就促进旅游业制定战略规划。美国国务院宣布将简化部分赴美签证申请人办理签证的手续,并为符合条件的首次申请人提供免面签的待遇。美国计划到2021年吸引国际游客1亿人次以上。在美国,对许多州、区域和城市来说,旅游业已成为一种强大的经济力量,备受政府和各界重视。

在入境旅游方面,2014年,美国吸引了7 500万人次的国际游客,同比增长7%。长线游客人数(不含加拿大、墨西哥)为3 440万,也打破历史纪录,并比上年增长8%。其中来自中国的游客人数为218.8万,同比增长21%,为长线市场中增幅最大。中国已成为美国的第六大长线市场客源国。数据显示,每10名中国游客当中,就有4名会赴纽约旅行,同比增长 20.9%，并为纽约带去 23 亿美元的收入。据统计，美国的三大门户城市纽约、洛杉矶和迈阿密接待了 41% 的海外游客。根据美国商务部旅游与观光局的数据统计，纽约已成为中国游客首选的全美排名第一的旅游目的地城市。

在出境旅游方面，根据美国国家旅游办公室 2015 年公布的年度数据显示，2014 年美国居民出境游人次达 6 830 万，同比增长 10%，创造了新的纪录。由于地理位置、历史文化、语言等因素，赴墨西哥、加拿大的人数每年都在递增。2014 年 55% 的美国出境游的目的地是墨西哥和加拿大。2014 年前往这两个国家旅行的美国居民达 3 750 万人次，同比增长 14%。前往墨西哥的美国居民增长达 22%，远远超过加拿大。2014 年前往海外（非加拿大和墨西哥）目的地旅行的美国居民达 3 080 万人次，同比增长 6%。

5.2　加拿大

5.2.1　国名、国旗、国徽、国歌

1. 国名

国名"加拿大"的由来与法国航海探险家雅克·卡蒂埃有关。1534 年卡蒂埃经海上长期漂泊终于抵达北美大陆，第一个发现了加拿大，上岸后面对原始森林和莽莽草原，不知道自己身在何处，于是问当地的印第安人，印第安人说出了自己小镇的名字——"kanata"。在印第安语中"kanata"的意思是"村庄"和"集镇"。卡蒂埃回到欧洲后，宣布自己发现了一个新大陆，名叫"kanada"，由此这块土地被称为"Canada"。

2. 国旗

加拿大国旗呈横长方形，长与宽之比为 2∶1。旗面中间为白色正方形，内有一片 11 个角的红色枫树叶；两侧为两个相等的红色竖长方形。白色正方形代表加拿大辽阔的国土，加拿大很大面积的国土全年积雪期在 100 天以上，故用白色表示；两个红色竖长方形分别代表太平洋和大西洋，因为加拿大西濒太平洋、东临大西洋；红枫叶代表全体加拿大人民，加拿大素有"枫叶之国"的美誉，枫树是该国的国树，枫叶是加拿大民族的象征。

3. 国徽

1921 年制定，图案中间为盾形，盾面下部为一枝三片枫叶；上部的四组图案分别为三头金色的狮子、一头直立的红狮、一把竖琴和三朵百合花，分别象征加拿大在历史上与英格兰、苏格兰、爱尔兰和法国之间的联系。盾徽之上有一头狮子举着一片红枫叶，既是加拿大民族的象征，也表示对第一次世界大战期间加拿大牺牲者的悼念。狮子之上为一顶金色的王冠，象征英女王是加拿大的国家元首。盾形左侧的狮子举着一面联合王国的国旗，右侧的独角兽举着一面原法国的百合花旗。底端的绶带上用拉丁文写着"从海洋到海洋"，表示加拿大的地理位置——西濒太平洋，东临大西洋。

4. 国歌

加拿大的国歌由卡力沙·拉瓦雷作曲、阿多尔夫·贝西·卢提尔作词，1880年首次被演唱。国歌的歌词原先只有法文，1908年，罗伯特·斯坦利·维尔写了英文歌词。1980年7月1日加拿大政府宣布《啊，加拿大》为正式国歌，并在首都渥太华举行了国歌命名仪式。因此，加拿大的国歌有英、法两种歌词。

5. 其他

加拿大的国树为枫树，国鸟为白头雕，国石是斑彩宝石，货币是加拿大元。

5.2.2 地理位置、自然条件

加拿大为北美洲最北的国家，西抵太平洋，东迄大西洋，北至北冰洋，东北部和丹麦领地格陵兰岛相望，东部和法属圣皮埃尔和密克隆群岛相望，南方与美国本土接壤，西北方与美国阿拉斯加州为邻。大陆与沿海岛屿海岸线长24.4万公里，是世界上海岸线最长的国家。领土面积为998万平方千米，位居世界第二。

加拿大的地形格局与美国类似。西部是北美科迪勒拉山系的组成部分，南北伸延1 900公里，东西宽500～800公里，有许多高大的山峰。东面有阿巴拉契亚高地，它向东北一直延伸到纽芬兰岛，西南与美国的阿巴拉契亚地区连成一体。中间是大平原，大平原面积约占全国面积的1/5左右，南面与美国西部大平原相连接。

加拿大位于北半球高纬度地区，全国有1/5的地区在北极圈内，除北极地区为寒带苔原气候外，大部分地区为大陆性温带针叶林气候。各地气候有明显差异。西部沿海地区背靠大山，有阿拉斯加暖流经过，气候温和湿润。

5.2.3 人口状况、发展简史

1. 人口状况

加拿大人口共3 554万（截至2014年），主要为英、法等欧洲后裔，其余为亚洲、拉美、非洲裔等。华裔人口中25%的人是在加拿大本土出生的，其余大部分来自中国大陆、香港和台湾。现有华人约145万人。土著居民（印第安人、米提人和因纽特人）150万人。来自印度、巴基斯坦和斯里兰卡的南亚移民人口达到130万。英语和法语同为官方语言。居民中信奉天主教的占45%，信奉基督教新教的占36%。

2. 发展简史

加拿大最早的土著人是印第安人和因纽特人，15世纪至16世纪欧洲探险者陆续登上美洲大陆。1603年法国人在加拿大建立第一个居留地，后来又建立了魁北克城。在17世纪中叶以前，法国统治着加拿大。17世纪中叶英国人从北美大陆赶走了荷兰人，后又通过战争迫使法国放弃加拿大和密西西比河以东地区。1763年英国宣布建立魁北克省。1864年，英属北美殖民地通过《魁北克决议案》，决定建立北美洲不列颠领地联邦。1867年，英国议会通过《不列颠北美法案》，确立了加拿大自治领的建立，它后来成为加拿大的第一部宪法。根据这个法案，加拿大实行联邦制，英王兼任国王，总督为英王代表，议会设参、众二院，保证法裔加拿大人的民族权利等。19 世纪末 20 世纪初，加拿大完成了国家联合事业，英属北美成为统一的加拿大。1926 年，英"帝国议会"宣布加拿大享有与英国"平等地位"，加拿大取得外交上的独立。1931 年，加拿大成为英联邦成员国。1982 年 4 月 17 日，加拿大国会通过新宪法，并得到英国国会通过废止旧宪，加拿大把 7 月 1 日的自治领日改名为加拿大日，加拿大事实上从英国独立。联邦成立时，将新国家定名为加拿大。

5.2.4 资源状况、经济发展

加拿大是西方七大工业化国家之一，制造业和高科技产业较发达，资源工业、初级制造业和农业也是国民经济的主要支柱。加拿大以贸易立国，对外资、外贸依赖很大。加拿大地域辽阔，森林、矿藏、能源等资源丰富，镍、锌、铂、石棉的产量居世界首位，铀、金、镉、铋、石膏居世界第二位，铜、铁、铅、钾、硫黄、钴、铬、钼等产量丰富，已探明的原油储量约为 80 亿桶。森林覆盖面积达 440 万平方公里，产材林面积 286 万平方公里，分别占全国领土面积的 44%和 29%，每年出口大量木材、纤维板和新闻纸。

加拿大工业以石油、金属冶炼、造纸为主，农业以麦类种植为主，主要种植小麦、大麦、亚麻、燕麦、油菜、玉米等作物。可耕地面积约占全国土地面积的 16%，其中已耕地面积约 6 800 万公顷，占全国土地面积的 8%。加领土面积中有 89 万平方公里由淡水覆盖，淡水资源占世界的 9%。渔业很发达，75%的渔业产品出口，是世界上最大的渔业产品出口国。旅游业也十分发达，在世界旅游收入最高的国家中排名第九。2014 年，加拿大 GDP 总计为 1.79 万亿美元，人均 GDP 为 50 271 美元。

5.2.5 首都、行政区划

1．首都

首都渥太华，位于加拿大东南部，是世界上最寒冷的首都之一。每逢春季，色彩艳丽的郁金香开遍全市，故有"郁金香城"之称。渥太华于 1867 年被定为首都，首都地区（包括安大略省的渥太华市、魁北克省的赫尔市及其周围城镇）人口 132 万（2014 年），面积 4 662 平方公里，是加拿大重要的工业城市、交通枢纽和文化、科研中心。

2．行政区域

加拿大联邦自 1867 年成立后就不断有新成员加入。加拿大由十个省和三个地区组成。各省设有省政府和选举产生的省议会。

5.2.6 政治、外交、与中国关系

1．政治

加拿大至今没有一部完整的宪法，法律主要由在各个不同历史时期通过的宪法法案构

成，其中包括 1867 年在英国议会通过的《不列颠北美法案》、1867—1975 年通过的宪法修正案，以及 1982 年在加拿大议会通过的《1982 年宪法法案》。根据宪法，加拿大实行联邦议会制，国家元首为英国女王，国家实行"三权分立"，立法、行政、司法大权分别由议会、总理和法院行使。加拿大又实行联邦制，中央政府与省政府分享权力。

英国女王作为加拿大的国家元首和武装部队总司令只具有象征性，履行礼仪性的职责。同时由于女王很少前往加拿大，所以女王任命总督代表她常驻加拿大。总督由总理提名，女王任命，一般任期 5 年。联邦议会是国家最高权力和立法机构，由参议院和众议院组成，参众两院通过的法案由总督签署后成为法律。总督有权召集和解散议会。政府为内阁制，是执行机构。由众议院中占多数席位的政党组阁，其领袖任总理，领导内阁。

2．外交

加拿大把维护世界和平与国家安全、促进经济发展、在全球范围内推动民主和尊重人权、宣传加文化价值观置于其对外政策的首位。美国是加拿大的主要盟国，两国关系密切，加拿大历届政府都把对美关系摆在对外政策的优先地位。

3．与中国关系

中加两国人民的友谊源远流长。自 1970 年 10 月 13 日中加两国建交以来，双边关系发展顺利，友好交流频繁，经贸发展迅速。2003 年 10 月，加拿大总理克雷蒂安应邀对中国进行正式访问。2003 年 12 月，温家宝总理对加拿大进行正式访问。2005 年 1 月，加拿大总理马丁对中国进行正式访问，两国发表联合声明。2005 年 9 月，中国国家主席胡锦涛对加拿大进行国事访问，这是中国国家元首 8 年来首次访问加拿大。2009 年 12 月，哈珀总理对中国进行正式访问，双方发表了对两国关系发展具有重要指导意义的联合声明。2010 年 6 月，胡锦涛主席对加拿大进行国事访问。2012 年 2 月，哈珀总理对中国进行正式访问。2013 年 10 月，约翰斯顿总督对中国进行国事访问。中加始终保持高层交往，两国关系呈现良好发展势头，战略伙伴关系发展势头强劲。

5.2.7 文化传统、民俗风情

1．服饰

加拿大人的穿衣习惯与其他西方人相同。在正式的场合，都要穿着整齐，男子一般穿西装，女子一般为裙服。女子的服装一般比较考究，款式要新颖舒适、颜色要协调，但不太注重面料。在非正式场合，加拿大人穿着比较随便。

2．饮食

加拿大人的早餐最简单，食品通常是烤面包、鸡蛋、咸肉和饮料。午餐一般从家里带，或在快餐店、单位餐厅就餐。午餐食物也很简单，通常是三明治、饮料和水果。在工商企业或政府部门，除午餐时间外，上午 10 点和下午 3 点还有 15 分钟的休息时间，雇员可以喝些咖啡或茶，吃些点心。晚餐一般是一天中最丰盛的正餐，全家人团聚，共进晚餐。正规的晚餐主要有鸡、牛肉、鱼或猪排，加上土豆、胡萝卜、豆角等蔬菜和面包、牛奶、饮料等。

加拿大人忌食各种动物的内脏，也不爱吃肥肉。

3．节日

加拿大的节日十分丰富奇特。节日中有全国性节日和地区性节日，有西方国家共有的节日，也有加拿大民族自己的节日。全国性的节日主要有元旦、复活节、加拿大日、劳动日、感恩节、圣诞节、冬季狂欢节、枫糖节、母亲节、父亲节和情人节等。

（1）冬季狂欢节。加拿大民族的独特节日。每年2月上、中旬举行，为期10天。冬季狂欢节是魁北克省居民最盛大的节日。狂欢节前，人们把城市装饰一新，用雪筑起一座5层楼高的"城堡"。节日期间，人们头戴红缨小帽，腰扎魁北克特有的红、绿、白三色巾，载歌载舞。市民们每年都要推举一位"狂欢节之王"，他身穿白衣、头戴白帽，坐在彩车上，在人们的簇拥下游览全城。狂欢节期间，人们还要在圣劳伦斯河破冰，举行"冰河竞舟"，在城郊的滑雪场举行轮胎滑雪比赛，还有雪雕、冰雕、狗拉雪橇赛、越野滑雪赛、冰上赛马等各种活动。

（2）枫糖节。加拿大民族的传统节日。每年3月人们采集糖枫叶，熬制枫糖浆。生产枫糖的农场装扮一新，向国内外游人开放。一些农场还在周末为游人免费提供枫糖糕和太妃糖。人们热情地为游客们表演各种精彩的民间歌舞，请来宾欣赏繁茂、美丽的枫树林。

4．礼仪

加拿大人朴实、友善、随和，很易于接近，熟人见面直呼其名，握手拥抱。在正式的社交场合则十分注重礼节。交谈要选择大家共同感兴趣的话题，喜欢谈论天气和政治，忌讳涉及私人生活和隐私的话题。

加拿大人不随便送礼，但在遇到分别、朋友过生日或结婚时都要送礼，并附上一张签名的祝贺卡。礼品的包装很重要，一般都要用彩色礼品纸包好，并扎上彩带、彩花等装饰礼品。礼品一定要当面打开，不论礼品大小、贵贱，收礼者都应对送礼者表示感谢。

加拿大人十分注重公众场合的文明礼貌。在教堂做礼拜时，要穿着整齐，不可随便说话、吃东西、出入。在影剧院看戏、听音乐会时，要衣着整齐，同时还要在开演前入座。节目开始后，一般不准再入场，直到中间休息时才能入场。

5．禁忌

加拿大人中的英裔居民主要信奉基督教新教，法裔主要信奉罗马天主教，虽禁忌不完全相同，但大致一样。加拿大人信奉《圣经》、《旧约》中的"摩西十诫"，凡是关系到圣人、圣事的话题，都不能直呼其名，也不能说失礼的话。

在家中吃饭时，不能说使人悲伤的事，也不能谈与死亡有关的事。在家中不能吹口哨，不能呼唤死神，不能讲事故之类的事。尽量不要在梯子下面走，不要把玻璃制品打碎，不要把盐弄撒。孩子出生要施洗礼，长到11岁要举行向上帝宣誓的仪式。

加拿大人忌讳说"老"字,年纪大的人被称为"高龄公民",养老院被称为"保育院"。

加拿大人在送礼时,不送白色的百合花,因为白色百合花是追悼逝者所用的花。一般也不喜欢黑色和紫色。

5.2.8 旅游资源、旅游业

1. 旅游资源

加拿大具有十分丰富的旅游资源。全国有 20 多个国家公园、55 个国家历史公园和历史古迹,以及 700 多个游览点。

(1)旅游城市。加拿大的旅游城市很多,主要有渥太华、多伦多、蒙特利尔、魁北克和温哥华。

1)渥太华。渥太华位于加拿大的南部,是世界上最寒冷的首都之一,同时也是世界上最美丽的首都之一。城内有著名的国会大厦,还有加拿大皇家制币所、战争博物馆、国家美术馆、渥太华大学和国家艺术中心等旅游点。该市在绿化上很有成效,环绕大市区的"绿带"面积达 168 公里。城郊的加蒂诺公园,是主要的休憩胜地。在每年 5 月的最后两周,这里要举行盛大的郁金香花节,节日期间会举行彩车游行。

2)多伦多。多伦多是安大略省的省会,为加拿大第一大城市。"多伦多"是印第安语,意思是"相遇之地"。市内有座世界著名的建筑电视塔,为现代多伦多市的象征。其他还有多伦多第一银行塔、市政厅、商会大厦等著名建筑。该市还有多伦多大学、安大略科学中心、皇家博物馆、美术馆、图书馆、体育馆,以及奥基夫艺术中心、多伦多公园、展览公园、安大略游乐场等旅游点。

3)蒙特利尔。蒙特利尔是加拿大第二大城市,位于魁北克省南部。市区以圣劳伦斯大街为界分新老两部分。东北部的老市区,街道狭窄,有许多传统的法国式建筑物和历史悠久的教堂、广场和古堡。西南部新市区,街道宽阔,有许多现代化的建筑。市内有许多博物馆、美术馆、图书馆和公园,还有著名的蒙特利尔大学、艺术广场和面积 80 万平方米的地下城。

4)魁北克。魁北克是加拿大最古老的城市,不仅是全省的政治和行政中心,而且也是重要的旅游城市,以拥有众多具有法国文化特色的历史遗迹而著称。该市有多所教堂和修道院、博物馆、大剧院及豪华的商场和现代化的办公大楼,还分布着许多早期的狭窄街道,以及骑士旅馆、胜利教堂等古建筑。冬季,这里会举行一年一度的狂欢节。

5)温哥华。温哥华位于太平洋沿岸,是加拿大太平洋沿岸最大的城市,面积 1 386 平方公里,人口 138 万。它工业发达,是加拿大西岸最大的港口,同时也是一个旅游中心。气候温和湿润,四季如春,最吸引游人的是该市美丽的海港风光。西北角的斯坦利公园和东南部的伊丽莎白女王公园,游人络绎不绝。

(2)著名旅游名胜古迹。

1)锡格纳尔山。该国十分著名的古迹,位于东北部纽芬兰省的省城圣约翰斯。站在此山上,可饱览全市景色。

2）哈利法克斯城堡。位于新斯科舍省哈利法克斯的城堡山。由于这里地形险要，曾多次修建要塞。现存的城堡建于19世纪上半叶。城堡内有兵器军械博物馆。在城堡山麓，有雄伟的古钟楼建筑。

3）芬迪国家公园。位于新不伦瑞克省东南部的阿尔马镇附近，是观看世界最壮观潮汐的理想地点。明纳斯湾潮在加拿大十分著名，涨潮时，气势极为壮观，潮差可达15米。公园内还可开展游泳、垂钓、划船和游览等项活动或运动。

2. 旅游业

旅游业是加拿大经济的重要组成部分，也是其重要的收入来源。它是全国6大外汇来源之一。加拿大的旅游基础设施具有较高的水平，交通发达，旅行机构和旅馆饭店众多。

2014年加拿大旅游业发展势头很旺，来自海外的过夜游客达1 710万人次，创造了170.2亿元经济效益；整个旅游业为加拿大带来880.5亿元收入，提供了62.8万个直接工作岗位。

加拿大是于2010年6月获中国政府宣布为"指定旅游目的地"。自此，来自中国的旅客人数急增。2014年加拿大接待的入境游客中，中国游客增长了29%，比前年增加45万名游客；印度游客数增长19%，日本和韩国游客也分别增长15%和13%。同时受加币走低影响，美国游客到加拿大旅游、消费的人数也有增长，加拿大联邦表示，除继续力推亚太旅游市场外，美国也将成为重点开发对象。

5.3 墨西哥

5.3.1 国名、国旗、国徽、国歌

1. 国名

墨西哥合众国（United States of Mexico）的国名源于印第安语的"墨西特里"（亦译"墨西特耳"）。"墨西特里"是当地印第安人最大的一个部落——阿兹蒂克族战神的别名。阿兹蒂克人按照太阳神的旨意，从北向南转移。1325年，他们来到墨西哥谷地的特斯科科，在红、蓝两条河的交汇处，矗立着一块巨石，上有一株挺拔的仙人掌，一只雄鹰昂首兀立在仙人掌顶端，嘴里叼食着一条长蛇。这正是太阳神所预示的地方。阿兹蒂克人万分高兴，纷纷驾舟驶往巨石小岛，在岛上盖房筑屋，建立自己的都城，并为其起名为"特诺奇蒂特兰"城，印第安语意为"石头上的仙人掌"。阿兹蒂克人认为部落的兴旺都是太阳神惠齐洛波奇特利赐予的，为了得到太阳神的庇佑，便以其别名"墨西特里"作为国家的名称，去掉尾词"特里"，加上"哥"（意为"地方"）。

2. 国旗

呈长方形，长与宽之比为7∶4。从左至右由绿、白、红三个平行相等的竖长方形组成，白色部分中间绘有墨西哥国徽。绿色象征独立和希望，白色象征和平与宗教信仰，红色象征国家的统一。

3. 国徽

墨西哥国徽为一只展翅的雄鹰嘴里叼着一条蛇，鹰的一只爪抓着蛇身，另一只爪踩在从湖中的岩石上生长出的仙人掌上。这组图案描绘了墨西哥人的祖先阿兹蒂克人建国的历史。相传在很久以前，太阳神为了拯救四处流浪的墨西哥人祖先阿兹蒂克人，便托梦告诉他们，只要见到鹰叼着蛇站在仙人掌上，就在那地方定居下来。居住在墨西哥北部地区的阿兹蒂克人在太阳神的启示下，找到图案中所描绘的地方定居下来，建立了墨西哥城。仙人掌是墨西哥的国花，象征着墨西哥民族及其顽强的斗争精神。图案中下方为橡树和月桂树枝叶，象征力量、忠诚与和平。

4. 国歌

墨西哥国歌是《墨西哥合众国国歌》，弗朗西斯科·冈萨雷斯·博卡内格格拉作词，西班牙作曲家海梅·努诺作曲。

5. 其他

墨西哥的国花是仙人掌、大丽菊。国鸟是雄鹰。国石是黑曜石。墨西哥货币是比索。

5.3.2 地理位置、自然条件

墨西哥位于北美洲南部、拉丁美洲西北端，是南、北美洲陆路交通的必经之地，素有"陆上桥梁"之称。北与美国相邻，南接危地马拉和伯利兹，东濒墨西哥湾和加勒比海，西临太平洋和加利福尼亚湾。海岸线长 11 122 公里，有 300 万平方公里经济专属区和 35.8 万平方公里大陆架。

墨西哥全国面积的 5/6 左右为高原和山地。墨西哥高原居中，两侧为东西马德雷山，以南是新火山山脉和南马德雷山脉，东南为地势平坦的尤卡坦半岛，沿海多狭长平原。全国最高峰是奥里萨巴火山，海拔 5 700 米。主要河流有布拉沃河、巴尔萨斯河和亚基河。湖泊多分布在中部高原的山间盆地中，最大的是查帕拉湖，面积为 1 109 平方公里。

墨西哥气候复杂多样。沿海和东南部平原属热带气候，年平均气温为 25～27.7℃；墨西哥高原终年气候温和，山间盆地为 24℃，地势较高地区为 17℃左右；西北内陆为大陆性气候。大部分地区全年分旱、雨两季，雨季集中了全年 75% 的降水量。因墨境内多为高原地形，冬无严寒，夏无酷暑，四季万木常青，故该国又享有"高原明珠"的美称。

5.3.3 人口状况、发展简史

1. 人口状况

据墨西哥国家人口委员会最新统计，截至 2013 年年底墨西哥总人口达到 11 839 万，其中女性占 51%，约为 6 058 万，男性约为 5 781 万。在拉美仅次于巴西，居第二位，位居世界第十一位。其中印欧混血种人约占 60%，印第安人后裔约占 30%，欧洲人后裔约占 9%。官方语言为西班牙语，有 7.1% 的人讲印第安语。居民中 89% 信奉天主教，6% 信奉基督教新教，其余5%的人口信奉其他宗教，或没有宗教信仰。墨西哥的人口主要分布于墨西哥城及其周围的高原上。

2．发展简史

墨西哥是美洲大陆印第安人古老的文明中心之一，闻名于世的玛雅文化、托尔特克文化和阿兹蒂克文化均为墨西哥古印第安人所创造。公元前兴建于墨西哥城北的太阳金字塔和月亮金字塔是这一灿烂古老文化的代表。墨西哥古印第安人培育出了玉米，故墨西哥有"玉米的故乡"之称。墨西哥在不同历史时期还赢得了"仙人掌的国度"、"白银王国"、"浮在油海上的国家"等美誉。

1519年西班牙殖民者入侵墨西哥，1521年墨西哥沦为西班牙殖民地。1821年墨西哥宣布独立，1823年成立墨西哥共和国，1824年成立联邦共和国。1867年法、英、西班牙等入侵者被赶出墨西哥。1876年迪亚斯攫取政权，1911年被推翻。1914年、1916年美国曾派军入侵墨西哥，两国一度断交。1917年颁布资产阶级民主宪法，宣布国名为墨西哥合众国。

革命制度党从1929年起连续执政71年，直到20世纪末，于2000年实现了首次的政党轮替。2000年7月，国家行动党赢得大选，同年12月上台执政。2006年7月2日，墨西哥总统和议会选举开始投票。9月5日，墨西哥联邦选举法院正式宣布，墨西哥国家行动党总统候选人费利佩·卡尔德龙·伊诺霍萨在总统选举中获胜，当选墨西哥新总统。2012年7月1日，反对党革命制度党总统候选人恩里克·培尼亚·涅托参加总统选举，最终以38.21%的得票率赢得总统选举，第二次和平实现政党轮替，革命制度党历经12年在野后再次执政。

5.3.4 资源状况、经济发展

墨西哥是拉美经济大国，国内生产总值居拉美前两位。全国约197万平方公里的土地中，有5/6是高原和山地。矿业资源丰富，地下天然气、金、银、铜、铅、锌等15种矿产品的蕴藏量位居世界前列，其中白银的产量多年来居世界之首，素有"白银王国"之称。铋、镉、汞产量占世界第二位，重晶石、锑产量居世界第三位，碘、水银居第四位。墨西哥已探明的石油储量约为205亿桶，天然气储量约为700亿立方米，是拉美第一大石油生产国和出口国。森林覆盖面积为4 500万公顷，约占领土总面积的1/4。水力资源约1 000万千瓦。海产主要有对虾、金枪鱼、沙丁鱼、鲍鱼等，其中对虾和鲍鱼是传统的出口产品。墨西哥的工矿业门类比较齐全，但发展不平衡，石油产量保持在世界第四位。蜂蜜年产量居世界第四位，生产的蜂蜜90%用于出口。

全国有可耕地3 560万公顷，已耕地2 300万公顷。主要农作物有玉米、小麦、高粱、大豆、水稻、棉花、咖啡、可可等。墨西哥古印第安人培育出了玉米，所以该国享有"玉米的故乡"的美誉。有"绿色金子"别称的剑麻也是墨西哥独领世界风骚的农产品，其产量居世界前列。全国牧场占地7 900万公顷，主要饲养牛、猪、羊、马、鸡等，部分畜产品出口。悠久的历史文化、独特的高原风情和人文景观及漫长的海岸线为墨西哥发展旅游提供了得天独厚的有利条件,居拉美第一的旅游业已成为墨西哥的主要创汇来源之一。2014年,墨西哥GDP总计为1.28万亿美元,人均GDP为10 361美元。

5.3.5 首都、行政区划

1. 首都

墨西哥城是墨西哥合众国的首都,位于墨西哥中南部高原的山谷中,海拔2 240米,其与周围的卫星城市被独立划分为一个联邦行政区,称为墨西哥联邦区(Distrito Federal)。这些城镇行政上属墨西哥州,但在经济、社会、文化等方面与联邦区已连成一体,形成一个大都市区,包括墨西哥城和附近的17个城镇,面积约2 018平方公里。气候凉爽宜人,年平均气温在18℃左右,全年分为雨季和旱季,每年6月至10月初为雨季,全年75%~80%的降水集中在雨季。

2. 行政区划

全国分为31个州和1个联邦区(墨西哥城),州下设市(镇)和村。

5.3.6 政治、外交、与中国关系

1. 政治

根据宪法规定,国家为总统制的联邦共和体制,立法、行政和司法三权分立;总统由直接普选产生,任期6年,终身不得再任。总统是国家元首和政府首脑,执掌国家最高行政权。联邦议会是国家立法机构,由参众两院组成。内阁是政府行政机构,由总统直接领导。各州制定本州宪法,但州政府权力受国家根本法约束。

2. 外交

墨西哥奉行独立自主的外交政策,主张维护国家主权与独立,尊重民族自决权及对外关系多元化,不干涉内政,和平解决争端等。

3. 与中国关系

中国与墨西哥的友好交往源远流长。据《梁书》记载,早在5世纪,中国的佛教徒就曾到达墨西哥等拉美国家。1972年2月14日,墨西哥同中国建交。建交后,两国关系发展顺利。墨历任总统均在任内访华,中国国家主席、政府总理等领导人先后访墨。1997年,江泽民主席对墨西哥进行国事访问。2001年福克斯总统两度访问中国。2003年12月,温家宝总理对墨西哥进行正式访问。2005年5月全国政协主席贾庆林对墨西哥进行友好访问。2005年9月,国家主席胡锦涛对墨西哥进行国事访问。2013年6月4日至6日国家主席习近平对墨西哥进行国事访问。这是培尼亚总统就职以来接待的第一起国事访问。习近平主席和培尼亚总统同意就中墨战略伙伴关系提升为全面战略伙伴关系。

5.3.7 文化传统、民俗风情

1. 服饰

墨西哥人的穿着打扮,既具有强烈的现代气息,又具有浓厚的民族特色。在墨西哥人的传统服装之中,名气最大的是"恰鲁"和"支那波婆兰那"。前者是一种类似于骑士服的男装,看起来又帅又酷。后者则为一种裙式女装,穿起来让人显得又高贵,又大方。

墨西哥人非常讲究在公共场合着装的严谨与庄重。在他们看来,在大庭广众之前,男子穿短裤、女子穿长裤,都是不合适的。因此,在墨西哥出入公共场合时,男子一定要穿长裤,妇女则务必要穿长裙。

2. 饮食

墨西哥人的口味浓重,喜欢吃辛辣食品,菜式均以酸辣为主,辛辣味调料是墨西哥人餐桌上必不可少的。正宗的墨西哥菜,材料多以辣椒和番茄为主,味道有甜、辣和酸等,而酱汁 90% 以上是用辣椒和番茄调制而成的。墨西哥菜分前菜、汤类、主菜和甜品,其中汤类较为清淡,用以突出主菜的酸辣特色。墨西哥人不拘泥于餐桌礼仪,吃时可以用手,充分反映其民族爽朗豪气的特征。

粟米是墨西哥人的主粮之一,也是墨西哥菜不可缺少的材料之一,而以粟米制成的副食品举不胜举。墨西哥人对海产品加工深有研究,出产的罐头鲍鱼鲜嫩、肥硕,味美无比,驰名世界;沙丁鱼也深受欢迎。

3. 节日

墨西哥是一个节日和庆典颇多的国家,几乎每个月都会有节庆活动,宗教性的节日最为重要,如瓜达卢佩圣母节、亡灵节、圣船节等。

(1)瓜达卢佩圣母节。瓜达卢佩圣母节是墨西哥最重要的宗教节日。每年 12 月 12 日这一天,天主教会在特佩亚克山下的瓜达卢佩圣母大教堂举行盛大的宗教仪式,数百万信徒扶老携幼、长途跋涉,赶来参拜瓜达卢佩圣母原像。境内各地教堂也会举行宗教仪式。节日前后,印第安族教徒还要表演传统的民族舞蹈,按自己的方式祭祀圣母。庆祝活动要持续一个月左右。

(2)亡灵节。从 10 月 31 日起,墨西哥举国欢度"亡灵节"(也叫"死人节")。墨西哥的这一节日,与西方的"万圣节"既有相似之处,又不完全相同。表现了浓厚的印第安民族文化特色。

按照民间风俗,11 月 1 日是"幼灵节",人们应在这一天祭奠死去的孩子;11 月 2 日是"成灵节",祭奠死去的成年人。人们在墓地通往村庄或者小镇的路上撒上黄色的花瓣,让亡灵循着芬芳的小路归来。晚间,在家门口点上南瓜灯笼,为亡灵上门引路;在祭坛上摆着供品,让亡灵享用。"亡灵节"祭坛上的面包与平常食用的面包是不同的。不同形状的面包又有不同的含义。节日里,不论男女老幼,都可以戴着面具,穿上印着白骨的鬼怪衣服,在街上招摇过市,表示亡灵归来。人们还会在去世亲人的墓前摆放鲜花,以多种形式表达对逝去亲人的哀思。

(3) 圣船节。圣船节是地区性的民间宗教节日。主要流行于纳亚里特州的斯卡尔蒂坦岛。每年6月29日这一天,当地渔民举行象征性的"圣徒"划船比赛。晚上人们纷纷游行集会,庆祝载有圣彼得和圣保罗像的"圣船"比赛的胜利。

4. 礼仪

墨西哥人通常的问候方式是微笑和握手,在亲朋好友之间也施亲吻礼和拥抱礼,但却忌讳不熟悉的男女之间互相亲吻。墨西哥人的姓名一般由教名、父姓、母姓三部分组成。在一般场合可用略称形式,即只称教名和父姓;妇女婚后改为夫姓,夫姓之前须加一个"德"字表示从属关系。

墨西哥人认为在公共场所男子穿短裤、妇女穿长裤都是不适宜的。墨西哥人不但对骷髅不感到惧怕,而且认为它是公正的象征,"骷髅艺术"盛行全国。

5. 禁忌

墨西哥人忌讳数字"13"和"星期五",认为它们是不吉利的数字和日期。他们忌讳有人送给他们黄色和红色的花,认为黄色意味着死亡,红色花会给人带来晦气。他们忌讳蝙蝠及其图案和艺术造型,认为蝙蝠是一种吸血鬼,给人以凶恶、残暴的印象。他们忌讳紫色,认为紫色是一种不祥之色,因为只有棺材才涂这种颜色。

送礼忌送手帕和刀剪,因为手帕与眼泪联系在一起,刀剪是友谊破裂的象征。

交谈时,墨西哥人不喜欢听别人说他们受到美国的影响而取得进步,更不喜欢听到别人对墨西哥不平等和贫困的社会状况加以评论。

墨西哥人不喜欢外人用手势来比画小孩的身高,他们认为这种手势只适用于表示动物的高矮。在墨西哥市区,难以见到男女并排在街上走。他们的习俗是男子跟随在妻子后面。

5.3.8 旅游资源、旅游业

1. 旅游资源

作为拉丁美洲历史悠久的文明古国,墨西哥拥有极为丰富的文物古迹,国内到处都是古城遗址,特别是玛雅文化遗址,保存尚好又重要的达20多个,遍布全国。

(1) 旅游城市。目前,在一些城市中,具有保存完好的建筑物,政府已把它们定为国家纪念地。此外,墨西哥还保留有印第安文化和殖民文化遗址的城市。主要有首都墨西哥城、瓦哈卡等。

1) 墨西哥城。墨西哥城是世界最大的城市之一,也是具有很多文化遗址的旅游中心。市区内有古代阿兹蒂克文化遗迹,有西班牙殖民时期欧洲风格的宫殿和教堂,还有独立以后兴建的现代化高楼大厦。著名的起义者大道,长达50公里,街心和街道旁耸立着若干名人塑像。在市中心宪法广场周围,还有民族宫、市政府大厦、博物馆、大教堂等建筑物。墨西哥城东北39公里处,有世界著名的特奥蒂瓦坎古城遗址。

2）瓦哈卡。墨西哥南部大城市，瓦哈卡州的首府，也是重要的旅游胜地。城市建筑富有印第安和西班牙风格，有17世纪的天主教堂和著名的圣多明戈大教堂。这里有印第安萨波特克部族的首府和文化中心，以及古代萨波特克族的祭祀中心米特拉城。

3）洛斯卡沃斯。位于加利福尼亚半岛东边，濒临加利福尼亚湾，全长1 000多公里，东西宽百余公里，是世界上最狭长的半岛。每年12月初，世界珍稀动物灰鲸从遥远的白令海和楚科奇海游至这个温暖的海湾，进行交配和繁衍后代，翌年2月洄游。灰鲸的光临使洛斯卡沃斯成为独具特色的旅游景点和世界鲸类的自然保护区。太平洋拱门是洛斯卡沃斯标志性的旅游景点。

（2）著名旅游胜地。

1）哈拉帕。哈拉帕是墨西哥山地避暑及旅游胜地，位于该国中东部的东马德雷山脉科弗雷德佩罗特山麓。该城风光美丽，林木花草繁茂，故有"花城"之称。城内建有州立考古博物馆，收藏着许多古文物，其中包括著名的2世纪至5世纪属奥尔梅克文化的3尊巨大石雕像。

2）蒂华纳。蒂华纳是位于墨西哥西北部边境的新兴旅游城市，距美国边境步行只需10分钟。城内有许多酒吧及90多个夜总会，还有赌场和斗牛场，常常举行跑马赛和跑狗赛。这里是自由贸易区，有1.3万家商店，店内陈列着各国的商品。每年到此来度假、游览和购物的游客达1 500万人。

（3）名胜古迹。

1）尤卡坦半岛。古玛雅文化摇篮之一，位于墨西哥湾和加勒比海之间，大部分属墨西哥的尤卡坦州，半岛中南部和东南部分属危地马拉和伯利兹。半岛的海滩上棕榈、椰树成林，风光旖旎，为疗养、旅游胜地。

2）特奥蒂瓦坎。印第安人古城遗址，印第安语意为"神之地"，位于墨西哥城东北40公里处，建于1150年，为中美洲第一座城市。450年为该城全盛时期，兴建了著名的太阳金字塔和月亮金字塔等宏伟建筑，该城被联合国教科文组织列为世界文化遗产。

3）阿兹蒂克大庙。著名古迹，位于首都墨西哥市中心宪法广场东北角的古迹区，为古代阿兹蒂克人的首都特诺奇蒂特兰城最大的祭祀中心。

4）乌斯马尔。玛雅古城遗址，位于尤卡坦半岛北部、群山谷地中的圆形平原上。

2. 旅游业

悠久的历史文化、独特的高原风情和人文景观以及漫长的海岸线为墨西哥发展旅游提供了得天独厚的有利条件，居拉美第一的旅游业已成为墨西哥主要创汇来源之一。在国民经济中起极为重要的作用。旅游业也是继石油和加工工业之后成为墨西哥的第三大支柱产业和创汇行业，目前墨西哥已成为美国、加拿大之后美洲第三个重要旅游地。

2013年墨接待国际游客2 373万人，同比增长33.2万人，增长1.41%。入境旅游收入138.19亿美元，同比增长8.47%。2014年墨西哥旅游业创历史新高，在拉美地区是外国游客接待量最大的国家，据世界旅游组织数据显示，2014年墨西哥接待外国游客达2 900万人次，创外汇162.58亿美元，跻身世界前十大旅游接待国之列，到访游客年增长率为20.5%，远超过世界平均水平（4.7%），这一数字多于加拿大、巴西和阿根廷同期外国游客接待量的总和。

5.4 巴西

5.4.1 国名、国旗、国徽、国歌

1. 国名

全名为巴西联邦共和国（Federative Republic of Brazil）。巴西之名，源于当地的一种著名红木的名称。1500年4月22日，葡萄牙人德雷·阿尔瓦雷·卡布拉尔航海抵达南美时，发现了这块无名大陆，便竖起一块刻有葡萄牙王室徽章的十字架，并为其取名为"圣十字架地"，同时宣布它归葡萄牙所有。葡萄牙人在这里生活的过程中，发现了一种树，它的木材纹路细密、坚固耐用、色彩鲜艳，既可做家具，又可制染料，与东方红木类似，人们给它取名为"巴西"。在葡萄牙语中，该词为"红木"之意。从此，"巴西"一词便逐渐代替了"圣十字架地"这一名字，沿用下来成了国名。

2. 国旗

国旗形状为长方形，长宽之比为 10∶7。绿色旗面的中间有一个黄色菱形。位于菱形中间的蓝色天球仪上的白色五角星，代表巴西的 26 个州和 1 个联邦区，白色绶带上用葡萄牙文写着"秩序和进步"。绿色和黄色是巴西的国色。绿色象征巴西广大的丛林，黄色象征丰富的矿藏和资源。

3. 国徽

巴西国徽底部刻有"1889 年 11 月 15 日"，这是巴西联邦共和国建立的日子。国徽上的红边大五角星，标志独立和统一。金星内蓝色圆面正中的 5 颗白色星，则是闪烁在南半球上空耀眼的南十字星座，在星空下，环绕着代表巴西 26 个州和 1 个联邦区的 27 颗小五角星。大金星正下方，一把银剑举起尊严和勇敢。绿叶红果的咖啡树枝和烟草丛生，突出巴西的主要农作物。巴西国徽以金色光芒为背景，闪耀着巴西人民对于未来的信念和希望。

4. 国歌

巴西的国歌《听，伊皮兰加的呼声》由著名音乐家弗朗西斯科·达席尔瓦谱写，1909年由著名诗人奥里索·杜克·埃斯特拉达重新填词，经专家委员会审查，于1922年被定为巴西国歌。国歌回顾了 1822 年 9 月 7 日佩德罗一世在圣保罗郊外伊皮兰加河畔发出"不独立，毋宁死"呼声的情景，歌颂祖国获得了独立，充满巴西人民对祖国的爱恋之情。

5. 其他

巴西的国鸟是大嘴鸟，国花是毛蟹爪兰，货币是雷亚尔。

5.4.2 地理位置、自然条件

巴西位于南美洲东南部，同除智利和厄瓜多尔以外的所有南美洲国家接壤。北邻法属圭亚那、苏里南、圭亚那、委内瑞拉和哥伦比亚，西连秘鲁、玻利维亚，南接巴拉圭、阿根廷和乌拉圭，东濒大西洋。巴西是拉美最大的国家，国土面积约占南美洲总面积的46%，仅次于俄罗斯、加拿大、中国和美国，为世界第五大国。全境地形分为亚马孙平原、沿海平原、巴拉圭盆地、巴西高原和圭亚那高原五个部分，其中亚马孙平原约占全国总面积的1/3。有亚马孙、巴拉那和圣弗朗西斯科三大河系。海岸线长7 400多公里，领海宽度为12海里，领海外专属经济区188海里。

巴西国土的80%位于热带地区，最南端属亚热带气候。北部亚马孙平原属赤道气候，雨量居全国之冠，年平均气温27~29℃。中部高原属热带草原气候，分旱、雨季。南部地区年平均气温16~19℃。圣保罗、里约热内卢等高原城市，平均气温约19℃，气候宜人。6月至8月是冬季，但最冷的区域也只限于里约热内卢以南，那里的冬季平均温度约为13~18℃，偶尔会下雪。

5.4.3 人口状况、发展简史

1. 人口状况

截至2014年7月，巴西人口达2.028亿，较2013年增长0.86%，增加了近170万人口。圣保罗市依然为巴西人口最多的城市，约有1 189万人，排在第二名和第三名的分别为里约热内卢市（645万）和萨尔瓦多市（290万）。在总人口中，白种人占53.74%，黑白混血种人占38.45%，黑种人占6.21%，黄种人和印第安人等占1.6%。印第安人是巴西土著民族，分属227个族，讲175种不同的语言，生活在国家设立的561个印第安人保护区内。葡萄牙语为官方语言。巴西是世界上天主教徒最多的国家之一，83%的居民信奉天主教，少数居民信奉新教和犹太教。

2. 发展简史

古代巴西为印第安人居住地。1500年4月22日葡萄牙航海家卡布拉尔到达巴西。巴西于16世纪沦为葡萄牙殖民地。1822年脱离葡萄牙统治后，建立巴西帝国。1889年11月15日，丰塞卡将军发动政变废除帝制，成立联邦共和国。1891年通过第一部共和国宪法，改称为巴西合众国。1967年10月30日宣布为巴西联邦共和国。经过近20年的发展，巴西代议制民主政体基本稳固。2002年10月26日，最大的左翼政党劳工党领导人卢拉赢得大选，并于2003年1月1日宣誓就任巴西第40任总统，这是巴西历史上首位民选左派总统。2006年10月，卢拉战胜社会民主党候选人阿尔克敏，获得连任。2010年10月迪尔玛·罗塞芙作为劳工党候选人赢得大选。成为巴西历史上首位女总统，并于2011年1月1日就职。2014年10月连任，开始其第二个任期。目前，巴西政局总体稳定。

5.4.4 资源状况、经济发展

巴西地大物博。它是拉美最大的国家，其经济实力居世界前十位，居拉美之首。巴西矿物资源丰富，是世界铁矿石生产和出口额最大的国家之一，位于米纳斯吉拉斯州的伊塔比拉"铁山"是世界储量最大的优质铁矿之一。巴西是世界四大产锰国之一，锰矿、铀矿、铝矾土储量均居世界第三位。此外还有较丰富的铌矿、铬矿、镍矿、黄金矿和石棉矿。煤矿储量 230 亿吨，但品位很低。石油、天然气储量也较为丰富。森林面积约占全国面积的 52%，居世界第二，盛产红木等木材。水力资源丰富，水电占全国供电量的 86.5% 左右。

巴西的咖啡、甘蔗、柑橘产量居世界第一，可可生产居世界第二。大豆产量居世界第二，玉米居世界第三，烟草生产居世界第四，棉花生产居世界第六。除小麦部分尚需进口外，粮食基本自给。由于气候的多样化，巴西水果生产丰富多样。畜牧业较发达，可耕地面积约 4 亿公顷，牛肉生产量居世界第四位，其出口量居世界第五位。

巴西拥有较完整的工业体系，实力和工艺均居拉美首位。工业基础较雄厚，工业部门齐全，特别是核电、通信、电子、飞机制造、信息、军工等已跨入世界先进国家行列。巴西是世界第六大产钢国，汽车产量居世界第十位。

20 世纪初，巴西开始工业化进程。从 50 年代起，巴西实现了经济腾飞，1967—1974 年经济年均增长速度达到 10.1%，创造了"巴西奇迹"。其后，巴西的经济发展速度有所减缓。

1994 年 7 月 1 日巴西废除原货币名称克鲁赛罗雷亚尔（废除时 1 美元兑 2 750 克鲁赛罗雷亚尔），同时命名新货币名称为雷亚尔（1 美元兑 1 雷亚尔）。2013 年 9 月 29 日汇率 1 美元兑 2.209 5 雷亚尔。2014 年，巴西的 GDP 总计为 2.35 万亿美元，人均 GDP 达 11 612 美元。

5.4.5 首都、行政区划

1. 首都

首都巴西利亚是 20 世纪 50 年代末在巴西内地戈亚斯州境内海拔 1 200 多米的高原上兴建的，是世界上海拔最高的首都之一。人口约 245.5 万（2010 年），年平均气温 19℃。区内融会了世界古今建筑艺术的精华，有"世界建筑博览会"之称。城市建造在人工湖旁，以三权广场为核心，形状像一架头朝东方的巨型飞机。1960 年 4 月 21 日，首都正式由旧都里约热内卢迁移至此，巴西利亚是南美洲建都时间最短的城市。1987 年 12 月 17 日，联合国科教文组织批准该城为"世界文化遗产"。巴西利亚是全世界最大的 20 世纪以后建成的城市。

2. 行政区划

全国分为 26 个州和 1 个联邦区（巴西利亚联邦区），州下设市，全国共有 5 507 个市，其中 100 万人口以上的有 13 个（2010 年），约占全国总人口的 20%。各州名称如下：阿克里、阿拉戈斯、亚马孙、阿马帕、巴伊亚、塞阿拉、圣埃斯皮里图、戈亚斯、马拉尼昂、马托格罗索、南马托格罗索、米纳斯吉拉斯、帕拉、帕拉伊巴、巴拉那、伯南布哥、皮奥伊、北里奥格兰德、南里奥格兰德、里约热内卢、朗多尼亚、罗赖马、圣卡塔琳、圣保罗、塞尔希培、托坎廷斯。

5.4.6 政治、外交、与中国关系

1. 政治

巴西宪法规定，总统是国家元首和政府首脑，兼任武装部队总司令，总统由直接选举产生，没有直接颁布法令的权力。国民议会由联邦参议院和众议院组成，行使立法权，为国家最高权力机关。内阁为政府行政机构，内阁成员由总统任命。

2. 外交

巴西奉行独立自主、不干涉别国内政的外交政策。提出外交政策的重点是为经济服务，同时注意加强同第三世界国家的关系。

巴西是里约集团创始国，南方共同市场、七十七国集团、十五国集团成员国和不结盟运动观察员。现与158个国家建有外交关系。

3. 与中国关系

1974年8月15日，中国与巴西建立外交关系。1993年，两国建立战略伙伴关系。2004年5月，卢拉总统对中国进行国事访问，双方签署联合公报。2004年11月，胡锦涛主席对巴西进行国事访问。两国政府为建立长期、稳定、互利的战略伙伴关系做出了不懈努力。目前，巴西是中国在拉美最大的贸易伙伴，中国是巴西的第四大贸易伙伴和第三大出口市场。2012年，两国关系提升为全面战略伙伴关系。在2014年7月，习近平主席在访问巴西期间更是提出了构建中巴"命运共同体"的主张。双边关系水平的不断提升体现了两国政府政治互信程度的深化。

5.4.7 文化传统、民俗风情

1. 服饰

巴西人的穿着十分考究。他们不仅讲究穿戴整齐，而且主张在不同的场合里，人们的着装应当有所区别。在重要的政务、商务活动中，巴西人主张一定要穿西装或套裙。在一般的公共场合，男人至少要穿短袖衬衫、长裤，女士则最好穿高领带袖的长裙。商务访问时，宜穿保守式样的深色西装。

2. 饮食

在饮食方面，巴西因为是欧、亚、非移民会集之地，饮食习惯深受移民国影响，所以各地习惯不一，极具地方特点。巴西人以大米为主食，喜欢在油炒饭上撒上类似马铃薯粉的蕃芋粉，再加上豆子一起食用。

巴西有名的菜肴有豆子炖肉，烤肉是极为常见的风味菜。他们的食物中肉类较多，喜欢烧烤。巴西人的社交活动离不开酒，巴西也是世界上最大的咖啡消费国之一，还有一些人爱喝马黛茶。

3. 节日

巴西是世界上节庆日最多的国家之一，主要有狂欢节、海神节、圣灵节、敬牛节等。

（1）狂欢节。巴西狂欢节被称为世界上最大的狂欢节，有"地球上最伟大的表演"之称。每年2月的中旬或下旬举行三天。在巴西的狂欢节上，每个人都不愿表现自我，而是想"成全别人"。狂欢节中常常出现"易装癖"，这是历史的产物。在巴西的狂欢节中，里约热内卢狂欢节是世界上最著名、最令人神往的盛会。

（2）海神节。每年的1月1日举行，这是一个辞旧迎新、供奉海神、祈祷家人来年平安的节日，至今已有200多年的历史。最隆重的庆祝活动属东部的萨尔瓦多市。

（3）圣灵节。每年6月初开始，历时10天，是起源于葡萄牙的一种民间节日。1819年首次在巴西举行。节日期间，人们身穿盛装，头戴以牛、鬼、小丑、海盗为主的面具，互祝幸福，年轻人则谈情说爱。圣灵节最热闹的时候是最后三天，届时，骑马表演和少女的巡游仪式及歌咏表演将把节日气氛推向高潮。

（4）敬牛节。每年的6月下旬举行，是巴西东北部的传统节日。它从非洲黑人的牛复活节演变而来，现已成为葡萄牙人、黑人和土著印第安人的共同节日。庆祝活动以游行演出为主要形式，节目的内容丰富多彩，多是通过表现牛的遭遇来抒发对当今社会的爱与恨，倾诉人们的苦与乐，或表达人们敬牛、爱牛的风俗。节日的高潮是举行有浓厚宗教色彩的游行。

4. 礼仪

在巴西，熟人相见时，男士之间互相拥抱、相互拍打后背，以示关系非同一般；女士之间，或女士遇到熟识的男士，则要亲吻面颊，表示亲热。在一些社交场合，身份高贵的女士经常伸出手让人亲吻。在巴西也有握手的礼节，这一般用在初次见面或不太熟识的人之间。

巴西人赠送礼物时，接受礼品的人要当面打开包装，不管喜欢或不喜欢，都要向送礼者表示谢意。巴西人招待普通朋友，一般是到餐馆请客。巴西人喜欢饮酒，但一般不劝酒，也不灌酒。

5. 禁忌

巴西人普遍忌讳数字"13"，认为"13"为不祥之数，可能给人带来厄运和灾难，因此，他们既不愿意见到也不愿意听到"13"。巴西人对颜色具有十分强烈的偏好与各种不同的感情。他们认为紫色表示悲伤，黄色表示绝望。两种颜色配在一起则会引起恶兆。暗茶色代表将遭到不幸。他们把人死喻为黄叶落下，因此，棕黄色就成了凶丧之色，很为人们所忌讳。他们最喜欢的色彩是红色，认为红色象征热情和向上的精神。

巴西人忌讳绛紫红花,也讨厌商品上出现这种花的图案,因为这种花主要用于葬礼。他们喜爱兰花和蝴蝶,商品的包装设计如果采用兰花和蝴蝶图案会受到他们的欢迎,因为兰花被他们视为国花,象征着巴西民族一切可贵的品德;蝴蝶被他们视为吉祥之物。

与巴西人打交道,不宜向其赠送手帕或刀子。英美人所采用的表示"OK"的手势,在巴西人看来是非常下流的。

5.4.8 旅游资源、旅游业

1. 旅游资源

巴西对旅游者有吸引力的主要是城市旅游景观和自然风光。前者主要有巴西利亚、圣保罗和里约热内卢等,后者有伊瓜苏瀑布、石头城、桑塔那水上村庄等。

(1)旅游城市。巴西主要的旅游城市有巴西利亚、圣保罗、里约热内卢和萨尔瓦多等。

1)巴西利亚。巴西利亚是巴西的首都,位于巴西高原上,海拔约1 100米,其外围有8个卫星城镇,面积将近6 000平方公里,人口约260万(截至2009年)。该市的建设有三个特点:一是建筑物风格多样,二是绿化水平高,三是城市造型和结构十分独特。巴西利亚不仅是全国政治、经济中心,还是文化中心。

2)圣保罗。圣保罗是巴西乃至南半球最大的都市。据2011年数据,包含近郊全城人口达2 039万,在都会区人口上居世界第八位、南半球第一位。2012年,美国的SinkTank公开发表按照产业·人才·文化·政治等对象来综合的世界都市排名,圣保罗是居世界33位的都市,特别是另有机构更是给予世界12位的高评价。而同国的里约热内卢则仅次之。

圣保罗为南美洲最富裕的城市,如同伦敦、纽约等世界大城市一样,各式商品应有尽有,但贫富悬殊及治安等城市问题亦相对严重。

圣保罗除为巴西最大的经济城市,亦为南北物流重镇,道路四通八达。同时圣保罗为仅次于纽约及东京之直升机运输量第三大城市。该市有著名的圣保罗植物园。

3)里约热内卢。里约热内卢位于巴西东南部,南面濒临大西洋,是巴西第二大城市和最大的进口港,也是世界著名的旅游城市,现为里约热内卢州首府。该市倚山面海,林木繁茂,有山脉、丘陵、平原、海滩、沼泽等各种地貌形态。南部大西洋沿岸有风光迷人的海滨旅游胜地科帕卡瓦纳海滩和海滨游乐场所,旅游设施相当完备。有世界最大的马拉卡纳体育场,为南美洲著名旅游胜地。每年3月在此举行的群众性狂欢节,吸引了大批的游客。2009年10月2日,里约热内卢获得2016年第31届夏季奥林匹克运动会举办权。2014年7月14日,世界杯总决赛在里约热内卢的马拉卡纳球场举行。

4)萨尔瓦多。萨尔瓦多位于巴西的东部,是巴伊亚州首府,也是巴西重要的旅游城市和港口。该城历史悠久,是葡萄牙殖民者在巴西建造的第一座城市,曾长期是巴西的首都。该城以美丽的热带风光和众多的名胜古迹著称于世。

(2)旅游名胜。

1)伊瓜苏大瀑布。位于巴西与阿根廷边境地区的伊瓜苏河上,距伊瓜苏河和巴拉那河交汇点23公里。它是南美洲最大的瀑布,也是世界五大著名瀑布之一。

2）石头城。位于巴拉那州首府库里蒂巴西北面 80 多公里处，这里有大片造型怪异、形象生动的山石，因而被称为石头城。此地附近有一些深井，其中有一井深 113 米，游客可乘电缆车深入井底，体味被"打入地狱"的感受。

3）桑塔那水上村庄。地处距马瑙斯不远的亚马孙河上，由河面上的许多茅草房屋构成。这些房屋由附近森林出产的木材和棕榈叶制成，各房屋之间有木质小桥相连。村庄内有若干货船组成的水上市场，顾客乘坐小舟穿行于货船之间进行交易，别有一番情趣。

2. 旅游业

巴西的旅游业至今已有 70 多年的历史，近年来发展迅速，在国民经济中占有较重要地位。早在 20 世纪 60 年代，为了加强对旅游的管理，政府就设立了旅游委员会和巴西旅游公司。各州也设立了各种旅游机构，积极组织和吸引游客。

巴西的旅游基础设施也相当完善，国内交通运输系统有较高的水平，航空交通也比较发达。旅游设施具有较高水平，各著名旅游点都建有不同等级的旅馆。

2013 年接待外国游客逾 600 万人次，同比增长 5%，创汇 66 亿美元，其中中国游客首站赴巴 5.3 万人次，巴西游客来华 9.6 万人次，同比分别增长 9.9% 和 -3.7%。

巴西的旅游者主要来自邻近的国家，来自阿根廷和乌拉圭的国际旅游者大约占 44%。因为旅行距离比较远，所以从其他大洲来的旅游者较少。

北京时间 2009 年 10 月 3 日凌晨，国际奥委会第 121 次全会在丹麦哥本哈根进行，在 2016 年夏季奥运会主办地票选中，巴西里约热内卢通过三轮投票击败西班牙马德里，获得 2016 年第 31 届夏季奥林匹克运动会的举办权，这也是奥运会首次登陆南美大陆。相信此次奥运会的举办，将对巴西旅游业的发展起到更加强劲的促进作用。

本章小结

本章主要介绍了美洲主要客源国家美国、加拿大、墨西哥与巴西的概况。美国位于北美洲南半部，面积位居世界第四，人口名列世界第三，民族众多，人口主要是欧洲移民的后代，文化和生活受欧洲的影响较深，自然资源丰富，现为世界头号经济强国；拥有众多的旅游资源，其旅游业规模、设施、经济总量和国际竞争力均列世界首位。加拿大位于北美洲的北半部，面积居世界第二位，地广人稀，资源丰富，是西方最发达的国家之一，出境旅游人口所占比例较高。

墨西哥位于北美洲南部、拉丁美洲西北端，历史悠久，文化灿烂，享有"高原明珠"的美称，人口位居世界第八位，主要信奉天主教，国内生产总值居拉美第一位，旅游业多项指标位居拉美首位。巴西位于南美洲东南部，面积位居世界第五，人口居拉美首位。巴西地大物博，其经济实力居拉美之首，自然资源丰富，其咖啡、甘蔗、柑橘产量居世界第一，生活各方面受移民国影响很大，旅游业发展水平较高。

复习思考题

1. 在旅游接待服务中，对美国客人应注意哪些风俗习惯？
2. 在旅游接待服务中，对加拿大客人应注意哪些风俗习惯？
3. 墨西哥的民俗风情有何独特之处？
4. 巴西的民俗风情有何独特之处？

案例分析：礼品赠送的风波

国内某专门接待外国游客的旅行社，有一次准备在接待来华的墨西哥游客时送每人一件小礼品。于是，该旅行社订购制作了一批纯丝手帕，是杭州制作的，还是名家名厂，每盒手帕的颜色各不相同，手帕上还绣着花草图案，十分美观大方。手帕装在特制的纸盒内，盒上又有旅行社社徽，是很像样的小礼品。中国丝织品闻名于世，料想会受到客人的喜欢。

旅游接待人员带着盒装的纯丝手帕，到机场迎接来自墨西哥的游客。在车上，他代表旅行社赠送给每位游客两盒包装好的手帕作为礼品。

没想到车上一片哗然，议论纷纷，游客显出很不高兴的样子。特别是一位夫人，大声叫喊，表现得极为气愤，还有些伤感。旅游接待人员心慌了，好心好意送人家礼物，不但得不到感谢，还出现这般景象。中国人总以为礼多人不怪，这些外国人为什么怪起来了呢？

思考题

为什么赠送礼品会引发这场风波？

第 6 章 中国港澳台客源地区

引 言

港澳台作为中国的三个特殊地区，自古以来就是中国的领土，由于历史和政治原因曾经或仍然与大陆分离，由此形成了三地各自不同的政治、经济、文化特点。香港、澳门成为中西文化交汇地区，其中香港的英国文化特质明显，澳门的葡萄牙文化特质明显。台湾则由于历史原因形成了与大陆、港澳均不同的社会文化、政治、经济体制。"一国两制"已在港澳地区成功地实施，这使原本就与内地关系极为密切的港澳地区与内地的关系更趋密切。台湾虽然仍与大陆分离，但是在经济文化领域，两地关系已很密切。

本章学习目标

➢ 熟悉中国港澳台地区的地理、人口、历史、资源和经济发展状况。
➢ 了解中国港澳台地区的政治架构与行政区划。
➢ 掌握中国港澳台地区的文化传统、民俗风情、旅游资源和旅游产业发展状况。

6.1 香港

6.1.1 地名、区旗、区徽

1. 地名

"香港"（HongKong）一词意为出口香料的港口。因此地产沉香，故又称香江、香海。历史上东莞的莞香树受虫蛀或被人为砍伤后，会分泌出并沉积形成有特别香气的物质，这就是"沉香"，它既可作中药，又是制作多种香的主要原料。东莞一带所产的这种香料最有名，故又称"莞香"。香港的新界沙田、大屿山等地，古属东莞，亦产莞香。当时莞香多数先运到石排湾、香港仔一带，再转运广州，行销北方，远至京师。"香港"原指石排湾、香港仔，后推而广之，扩大成为香港全岛乃至九龙、新界的总称，而香港仔则独留其原有之名。至于莞香生产，自清康熙年间海禁迁界之后，已经衰落，现在，香港地区只剩下少量的野生香木。

2. 区旗

香港特别行政区区旗的旗面为红色，旗面呈长方形，正中绘有一朵白色动态五瓣紫荆花，各花瓣围绕旗面中心，均有一颗红色五角星及一条红色蕊。红旗代表祖国，紫荆花代表香港，寓意香港是中国不可分离的一部分，在祖国的怀抱中兴旺发达。花蕊上的五颗星象征着香港同胞心中热爱祖国，红、白两色体现了"一国两制"的精神。

3. 区徽

香港特别行政区的区徽呈圆形，徽面由红色环形窄边、文字区外圈、红色内圆及五星花蕊动态紫荆花图案组成。其外圈上写有"中华人民共和国香港特别行政区"和英文"香港"字样，中间的五星动态紫荆花图案的象征意义与区旗相同，也是以红、白两色，体现"一国两制"的精神。

在香港特别行政区，凡国旗与区旗、国徽与区徽同时悬挂时，应当将国旗或国徽置于较突出的位置。列队举持国旗和区旗行进时，国旗应在区旗之前。平列悬挂国旗和区旗时，国旗在右，区旗在左。

6.1.2 地理位置、自然条件

1. 位置

香港位于南海之滨、广东省东南海岸、珠江口东侧，地处亚太区中心，拥有天然良港，地理位置、地理条件相当优越。香港西北距广州市约 150 公里，北以深圳河为界与深圳经济特区相邻，最东伸向大鹏湾，最南是蒲台岛，最西是大濠岛，与澳门隔海相望。位于香港岛与九龙半岛之间的维多利亚港，水深港阔，是世界三大天然良港之一。世界各地与东亚之间的贸易都经过香港或以香港为中转站，它是世界航道的要冲，并扼中国华南门户。香港包括香港岛（约 80 平方公里）、九龙半岛（约 50 平方公里）和新界（连 235 个离岛，共约 973 平方公里），总面积约 1 101 平方公里。

2. 地形

香港是典型的滨海丘陵地，陆地部分呈菱形，凸于广东省宝安县城之南，从大陆伸入南中国海。香港境内山岭丘陵众多，平地很少，主要平地仅九龙半岛（其间仍多矮丘陵）、元朗、石湖圩等；香港岛内只有极狭长的沿海平地，不少建筑物依山坡而建，陡斜街道及盘山道众多是其特色。大部分沿海平地都是近百年填海的成果。

香港地形主要由两条平行的东北到西南走向的山脉构成。一条是以大帽山为中心的山脉，高峰海拔 957 米，为全港最高处。此山脉伸出海便是大屿山岛，岛内凤凰山高 934 米，为全港第二高峰。另一条起自马鞍山，经狮子山而抵笔架山。马鞍山海拔 700 米，往西渐低，中部分出向南支脉飞鹅岭，经调景岭入海，再往西走便为香港岛连绵山脉，最高峰扯旗山（太平山）海拔 552 米。

滨海的丘陵地带使得海岸线曲折，形势险要。湾深港浚，为香港提供了优良的港口条件，维多利亚港为极佳之军港。峡湾、沙滩不少，背山面水，也提供了不少优美的游乐场所。

3. 气候

香港属亚热带季风区，气候温暖湿润，全年平均气温为22℃左右，雨量充沛，平均降雨量为2 200多毫米。夏天炎热且潮湿，温度约在26～30℃，最热可超过35℃；冬天凉爽而干燥，最冷可至0℃，但很少会降至5℃以下。5月至9月多雨，有时雨势颇大。夏秋之间，时有台风吹袭。

6.1.3 人口状况、发展简史

1. 人口状况

香港人口724万（2014年），是世界上人口最稠密的城市之一。中国人占95%以上，在港华人中大部分原籍广东，以汉族为主。外籍人口主要有菲律宾人、印度尼西亚人、英国人、印度人、泰国人、日本人、尼泊尔人和巴基斯坦人。香港的居民和游客，法律规定都必须携带身份证明文件。

香港通行多种语言，官方语言是粤语（广东话）和英语。广东话是华南地区的方言，也是香港最普遍的口语，香港有95%的人懂广东话。不少人也能听、讲英语，而本港的政府部门及法庭也使用英语。有部分人能讲普通话（中国内地的官方语言），一般人都能听懂普通话。此外，另有部分人士使用中国其他方言，他们多属从华南地区及沿海省市来港的居民。

世界各大宗教在香港几乎都有人信奉。华人主要信仰佛教、道教。香港寺院共有360多间，公共庙宇有40座。

2. 发展简史

香港自古以来就是中国的神圣领土。考古发掘材料证明，早在公元前4 000年左右，就有使用新石器和陶器的中国居民在香港居住。从唐代开始，中国就有军队驻守香港并在海上巡逻。清政府统治时期，香港归广东省新安县（今深圳市）管辖。1842年8月，清政府被迫签订《南京条约》，英国正式占领香港岛。1860年9月，英法联军攻占北京，迫使清政府签订《北京条约》，将南九龙租借改为割让。1898年6月，《展拓香港界址专条》在北京签署，英国强租"新界"，为期99年，到1997年期满。至此，英国通过三个不平等条约占去整个香港地区。

新中国成立后，中国政府声明香港是中国领土的一部分，不受过去英国政府同中国清政府签订的不平等条约的约束，在条件成熟的时候，将恢复行使对整个香港地区的主权。1984年11月19日，中英双方正式签署关于香港问题的联合声明。1985年5月27日，中英两国交换关于香港问题《联合声明》批准书。

1997年6月30日午夜，中英两国政府在香港举行香港交接仪式。1997年7月1日零时，中国国旗和香港特别行政区区旗在香港庄严升起，宣告中国政府对香港恢复行使主权，香港特别行政区正式成立。香港结束了150多年的英国统治，回到祖国怀抱。

6.1.4 资源状况、经济发展

1. 资源状况

香港的自然资源贫乏。由于缺乏大河流和湖泊，加上地下水不多，香港60%以上的食用淡水依靠广东省供给。矿藏有少量铁、铝、锌、钨、绿柱石、石墨等。香港附近的洋面广阔、岛屿众多，拥有得天独厚的渔业生产的地理环境，有超过150种具有商业价值的海鱼。香港土地资源有限，林地占总面积的20.5%，草地和灌木地占49.8%，荒地占4.1%，耕地占6.7%，农业主要经营少量的蔬菜、花卉、水果和水稻，饲养猪、牛、家禽及淡水鱼，农副产品近半数需内地供应。

2. 经济发展

20世纪70年代以来，香港经济迅速发展，逐步形成了一个以加工工业为基础、以对外贸易为主导、以多种经营为特点的现代化国际工商业城市。香港现代经济的发展基础是制造业，以纺织、制衣、电子、钟表、塑胶和电器业为主，房地产及建筑业是香港经济的重要支柱之一。

香港是一个举世闻名的国际大都市，是全球最自由的经济体。由于优越的地理位置和国际资本的不断注入，香港已发展成为世界金融、贸易和航运中心，也是世界上重要的旅游、信息和通信中心，其黄金外汇市场、深水自由港、转口贸易等已成为国际商业的重要组成部分，是亚洲经济重要的增长点，被誉为"东方之珠"、"动感之都"。

香港的人均对外贸易值居世界第二，转口贸易为世界第一，是全球第三大金融中心、第三大黄金市场、第七大外汇市场、第十大银行中心、第十大股票市场。香港还是全球第二大手表出口地、第二大成衣出口地、第三大玩具出口地、第十大服务出口地、世界第七大港和世界第三大空运中心。2014年，香港地区生产总值达2 909亿美元，人均生产总值达40 170美元。

6.1.5 政治与行政区划

1. 政治架构

香港特别行政区实行"行政主导"的政治架构。行政长官是香港特别行政区的首长，对中央政府和香港特别行政区负责。行政长官任期5年，可连任一次。

行政会议是协助行政长官决策的机构，每周举行一次会议，由行政长官主持。行政长官在做出重要决策、向立法会提交法案、制定附属立法和解散立法会前，需征询行政会议意见，但人事任免、纪律制裁和紧急情况下采取的措施除外。

行政机关是香港特别行政区政府，首长为行政长官，下设政务司、财政司、律政司和各局、处、署。政务司司长是可以临时代理行政长官职务的三名司长中最高级的一位。

立法机关是香港特别行政区立法会。立法会由选举产生，其产生办法根据香港特别行政区的实际情况和循序渐进的原则而规定，最终达至全部议员由普选产生的目标。立法会除第一届任期为2年外，每届任期4年。

司法机关为香港特别行政区各级法院，负责执行司法工作，并解释由立法机关制定的法律，行使香港特别行政区的审判权。香港特别行政区的终审权属于香港特别行政区终审法院。

香港拥有一个架构精简而效率极高的政府，素以效率出众、透明度高和处事公正而闻名。

2. 行政区划

行政上分19个区，其中香港岛4个区，即中西区、湾仔区、东区、南区；九龙6个区，即油麻地区、旺角区、九龙城区、观塘区、深水埗区、黄大仙区；新界8个区，即荃湾区、沙田区、葵青区、屯门区、元朗区、大埔区、北区、西贡区；离岛自成一区，即离岛区。

6.1.6 对外事务

自回归以来，在中央人民政府的支持和协助下，香港特别行政区在对外事务方面不断取得新的进展。

香港特别行政区政府派代表以中国代表团成员或以中央政府与有关国际组织允许的身份，参加了24个以国家为单位的国际组织的活动。此外，香港特别行政区政府还以"中国香港"的名义单独参加了30个不以国家为单位的国际组织的活动。

香港特别行政区政府经中央政府授权，与48个国家签署了民航协定；与14个国家签署了投资保护协定；与7个国家签署了移交被判刑人协定；与13个国家签署了移交逃犯协定；与14个国家签署了刑事司法协助协定（截至2003年5月底）。有200多项国际公约适用于香港特别行政区，其中有80多项国际公约目前尚不适用于内地。

截至2015年，有156个国家和地区给予香港特别行政区护照持有人免签证或落地签证的入境待遇。

此外，香港特别行政区政府还与欧洲共同体签署了海关合作及相互行政协助协定；与以色列政府签署了资讯科技及通信合作事宜协定；与英国、荷兰、德国、美国等国政府签署了避免双重征税协定。

6.1.7 文化传统、民俗风情

1. 住房

香港地少人多，寸土寸金，由于人口稠密，住房比较紧张，绝大多数人住房面积小于50平方米，每平方米住宅均价在 50 000～60 000 元人民币。香港政府通过推行公共房屋计划，为中低收入居民提供适当的房屋，使中低收入居民的居住条件取得了很大的改善。

2. 饮食

香港人对西餐、中餐均能适应，但对中餐格外偏爱。他们中绝大多数人都使用筷子，个别人也使用刀叉进餐。香港人在饮食嗜好上有如下特点。

讲究菜肴鲜、嫩、爽、滑，注重菜肴的营养价值。一般口味喜清淡，偏爱甜味。主食以米饭为主，也喜欢吃面食。副食爱吃鱼、虾、蟹等海鲜及鸡、鸭、蛋类、猪肉、牛肉、羊肉等；喜欢茭白、油菜、西红柿、黄瓜、柿子椒等新鲜蔬菜；调料爱用胡椒、花椒、料酒、葱、姜、糖、味精等。对各种烹调技法烹制的菜肴均能适应，偏爱煎、烧、烩、炸等烹调方法制作的菜肴。对中餐各种风味的菜肴均不陌生，最喜爱粤菜、闽菜。喜欢鸡尾酒、啤酒、果酒等，饮料爱喝矿泉水、可乐、可可、咖啡等，也喜欢乌龙茶、龙井茶等。果品爱吃香蕉、菠萝、西瓜、柑橘、洋桃、荔枝、龙眼等水果；干果爱吃腰果等。

3. 节日

香港全年的节日共17天，分别是：元旦，春节（3天），清明节，复活节（3天），劳动节（5月1日），佛诞节（农历四月初八），端午节，特区成立日（7月1日），中秋节，国庆节（10月1日），重阳节，圣诞节（2天）。

传统节日如春节、清明、端午、中秋、重阳，均为法定假期。香港人的节日风俗和活动与内地基本无异。清明、重阳之日，拜山（扫墓）者多阖家而往，政府特别安排交通，派警察维持秩序，故虽拥挤但仍井然有序。冬至这天则工厂多放假。此外如烧衣（盂兰节）、七姐（七夕）、观音诞、师傅诞、天后诞等，都有传统敬神活动。农历三月二十三日为天后诞，元朗举行会景巡游，参加者达数万人。农历四月十五日、十六日，长洲举行太平清醮，大事祭祀活动，观者如潮，十分热闹。这些都是旅游盛大节目。

4. 礼仪

在香港，一般的公务拜访都需先用电话预约时间，正式的会议或会面还会以书面确定时间地点。至于私人会面，一般也先用电话联络，到人家里做客可带水果饼食等作礼物。

香港人在社交场合与客人相见时，一般以握手为礼。亲朋好友相见时，也有行拥抱礼和贴面颊式的亲吻礼的。香港人在接受别人斟酒或倒茶时，喜欢用指头在桌上轻轻叩打表达谢意。香港人一般没有喝酒、抽烟的习惯，在公私宴会或见面时，不宜多喝酒，抽烟宜先礼貌地征得主人同意。

香港是中文及英文都通用的地方，所以称呼时既有方言习惯又夹杂有英语的词汇。对陌生男士一般称"先生"，对女士称"小姐"、"太太"，称中等年纪的妇女为"小姐"也无妨（年纪大的下层市民称"师奶"、"阿婶"更显亲切）。在非正规场合，对中年以上的男人可称"阿叔"、"阿伯"，对年轻男女可称"哥哥"、"姐姐"，香港人除极相熟外，不宜在姓氏前冠以"老"字。对政府机关工作人员、警察等可称"阿Sir"，女性称"Miss"、"Madam"。工人、工匠、服务员等称"师傅"。男侍应、售货员可称"伙计"，女侍应仍称"小姐"。

香港以职衔称人为"某经理"、"某董事"者少见，多数称"某先生"，介绍时则说："这是……（职衔）某先生"，唯对教育界人士以职衔相称（如"某校长"、"某主任"），以示尊重。对上司或官员常称"某（姓氏）Sir"。

遇上婚礼、添丁、祝寿、乔迁之类喜庆，亲属好友要"做人情"（送贺礼）。中秋、春节等佳节，他们常向尊长赠礼。春节拜年，需带礼品，如酒、饼、糖果之类。长辈需向后辈派红包，俗称"利是"。

5. 喜忌

由于香港人说话办事讲究有个好兆头，所以他们平时喜欢使用与粤语同音或谐音的吉祥词语和字眼。比如，"3"、"8"与"升"、"发"谐音，"6"、"9"与"禄"、"久"同音，故这几个数字最受欢迎也最常使用；又如"鱼"与"余"谐音，所以逢年过节、寿辰喜庆乃至平时，人们都要吃鱼菜，以示喜庆有余。许多人家里喜欢养金鱼，也因为它表示"有金有余"，所以每逢春节期间，金鱼售价特别昂贵，但许多人仍照买不误。香港人过节时，常相互祝愿"恭喜发财"。

正因为香港人说话办事讲究好兆头，所以对某些字眼词语有所禁忌。如他们对"节日快乐"之语很不愿意接受，因为"快乐"与"快落"谐音，是很不吉利的。他们忌讳"4"，因为"4"与"死"谐音，因此，人们避免用"4"来做标志，有些房屋没有带"4"的编号，人们送礼也避开"4"这个数，非说不可的情况下常用"两双"或"两个二"来代替。在香港，酒家的伙计最忌讳首名顾客用餐选"炒饭"，因为"炒"在香港话中是"解雇"的意思。向别人介绍配偶不说是自己的"爱人"，因为"爱人"等同于"情人"。由于"书"与"输"同音，所以有些人，尤其是商人一般不太进书店、不买书，甚至不看书，别人也不要随便给他们送书。每年出版的"通书"，也常常被人称为"通胜"。因为"剑兰"与"见难"谐音、"茉莉"与"末利"谐音，而梅花的"梅"字与"霉"同音，故一般向别人（尤其是生病的人）送花时，皆不宜赠送剑兰、茉莉、梅花等。送礼物忌讳"送钟"，尤其是乔迁新居和祝寿时，忌讳送钟，即使送钟也不说送钟，而说送"计时器"，因为"送钟"与"送终"同音。香港人忌讳"分梨"吃，尤其是恋人和新婚家庭，因为"分梨"与"分离"同音。

香港人忌讳别人打听自己的家庭地址。因为他们不欢迎别人去自己家里做客，一般会面都乐于到茶楼或公共场所。忌讳询问个人的工资收入、年龄状况等情况，认为个人的私事不需要他人过问。

6. 信仰

香港的华人，大部分因袭传统的宗教信仰和风俗习惯，"信神"者最多，人们多信佛、道之教，但却没有教徒意识与概念。人们普遍敬祖先神位、门口土地，初一、十五必上香或点"蜡烛灯"，逢喜事及传统节日需拜祭一番，供鸡、烧肉、酒。遇天后诞、观音诞，到庙宇拜祭天神者甚众，平时参拜以求转运或求签者也不绝于道。

香港有庙宇道观360余间，新旧简繁不一，供奉各种神尊。供奉最多的是天后，其他还有观音、北帝、关帝等。香港很多商店，设有关帝神位，以求保佑，据说警察局也不例外。

除参神求签外,香港人还颇多迷信,风水掌相之说盛行。公司择地布置,殷实人家买楼、布局,都要"睇风水"。嫁娶、开张,势必择日;动工、行事,先得还神。诸事不顺,谓曰"当黑"。谁家有丧事,月内忌人前往造访;"送衰"回来,烧元宝以入门。

6.1.8 旅游资源、旅游业

香港是一个美丽的港口城市,素以"东方之珠"的美誉闻名于世,这里气候宜人,又是世界上少有的基本无关税的自由港。各国商旅可以自由往来,各种货币可以自由兑换,出入境手续简单、方便,是全世界"最自由的自由港"。

同时,香港是一个以华人为主的多人种、多国籍人士长期共处的特殊社会,是荟萃中西文化最典型的国际都市,中、英文通行,各种信仰并存,既充满浓厚的传统色彩,又具有现代化国际大都会的风范。

这些特有的天然资源是周边国家和地区所不可比拟的,因此各地游客深感香港是一个迷人而又充满魅力的旅游胜地。

1. 旅游资源

在旅游资源的开发和利用过程中,香港既坚持了传统的特色,又有现代化的设施和活动内容,充满时代气息和活力。香港比较著名的旅游景点如下。

(1)中环及太平山。中环是香港历史最悠久、最富传统特色的地区之一,为香港的商业、旅游及金融中心,特区政府总部及立法会大楼均坐落于此。中环也是一个最著名的旅游及购物中心,众多中外名牌旗舰店林立。云咸街及安兰街一带开设了一些新兴而又富有特色的时装商店,而售卖古董的荷李活道被选为世界十大购物街之一。

太平山俗称山顶,雄居香港岛的西部,海拔554米,是港岛最高的山峰。太平山是观赏香港这颗"东方之珠"美妙夜景的最佳去处,跟日本函馆和意大利那不勒斯(拿坡里)并列为世界三大夜景之一。

(2)湾仔及会议展览中心。湾仔保存了很多独特的历史建筑物,包括香港最古老的邮政局——湾仔旧邮政局和洪圣古庙等。同时,湾仔拥有多座世界级的摩天大楼与现代建筑物,包括香港会议展览中心及中环广场。此外,金紫荆广场已成为香港自助游的重要景点。

位于湾仔海旁的香港会议展览中心外貌雄伟,由两座建筑物组成。旧翼于1988年落成,新翼则于1997年扩建而成。新翼外形以流线型上盖为设计重心,犹如大鹏展翅,成了湾仔海旁的标记。香港会议展览中心是国际大型会议及展览会的首选场地。1997年香港回归祖国,中英两国移交主权仪式的地点即在此。

(3)铜锣湾。很多人会将铜锣湾比成日本的新宿,因为这里是香港著名购物、娱乐、美食中心,也是白领丽人的逛街热点。如有兴趣了解香港人的潮流喜好,不妨到此一游,尤其是崇光百货公司或时代广场一带。铜锣湾海旁有一个避风塘,内有特别的"舢板餐厅"。

(4)海洋公园。海洋公园是东南亚最大的海洋主题休闲中心,集海洋奇观与游乐设施于一体,是香港居民的最佳休闲去处,更是大陆及国外游客旅游香港的必到之地。海洋剧场有海豚及海狮的天才表演，令游客赞不绝口。此外，游人还可观看海豹和企鹅，走访百鸟居、金鱼大观园、鲨鱼馆和蝴蝶屋。刺激有趣的娱乐项目有疯狂过山车、摩天巨轮及滑浪飞船。小孩可到儿童游乐场玩耍。以珊瑚礁为主题的海洋馆，也是游客必到之处。

（5）浅水湾沙滩。浅水湾位于港岛南部，是香港最具代表性的泳滩。浅水湾水清沙细，海滩绵长，滩床宽阔，而且波平浪静。夏季是浅水湾最热闹的时候，大批泳客蜂拥而至进行日光浴或畅游水中，沙滩上人山人海，各式各样的泳装组成了一幅色彩斑斓的图画。浅水湾的秀丽景色，使它成为港岛著名的高档住宅区之一，区内遍布豪华住宅，构成了浅水湾独特的景区。

（6）尖沙咀及旺角。尖沙咀位于九龙半岛南端，是九龙区内最重要的商业中心、旅游区和购物天堂。除此之外，区内设有多个文化和教育中心。尖沙咀最著名的景点包括星光大道和尖沙咀海滨。此外，尖沙咀地区国际名店最为集中，也是游客必定到访的购物区。

旺角位于九龙中部，是香港最繁华的地区之一。旺角得名于"芒角"村，在20世纪30年代，"芒角"被改称为"旺角"，取其兴旺之意，并沿用至今。由于区内有多条著名的购物街，如西洋菜街、女人街、波鞋街、花园街等，所以是游客去香港购物消费必到的地方。

（7）黄大仙祠。黄大仙祠始建于1921年，是香港著名庙宇之一，寺庙设计色彩丰富、建筑雄伟、金碧辉煌，极富中国传统寺庙建筑的特色。黄大仙祠占地18 000多平方米，除主殿大雄宝殿外，祠旁还设有小园林、三圣堂、从心苑，以及供善男信女们购买香火及平安符等的小摊位。祠内的九龙壁仿照北京故宫九龙壁而建，更增添了黄大仙祠的中国传统特色。

（8）大屿山宝莲禅寺。宝莲禅寺前的广场附近有一座庄严雄伟的佛像，为"天坛大佛"。大佛由200块青铜铸件组成，高23米，重达250吨，是全球最大的户外青铜坐佛。

（9）青马大桥。连接青衣岛与马湾的青马大桥，是配合香港国际机场发展而兴建的世界级建筑。青马大桥不单是香港一个主要的建筑标志，更是现在全世界最长的行车、铁路两用吊桥。

（10）迪士尼乐园。位于大屿山竹篙湾的香港迪士尼乐园于2005年9月开幕。香港迪士尼乐园占地126公顷，背靠大屿山、面向竹篙湾，是全球第十一个迪士尼主题乐园、中国第一个迪士尼主题乐园。香港迪士尼乐园包括美国小镇大街、明日世界、探险世界和幻想世界。

2．旅游业

香港的旅游业是伴随社会及经济的发展而成长发展的，香港现已成为亚洲、太平洋地区的旅游中心之一。旅游业的发展，不仅直接抵消了有形贸易逆差，维持了港元的相对稳定，而且增加了港人的经济收益，扩大了政府的财政收入，推动了服务行业的发展，创造了更多就业机会，在香港经济转型中也扮演着重要的角色。

香港旅游业经过几十年的发展，已具有相当的行业规模，并已成为香港经济和社会发展中的一个重要组成部分。根据香港旅游发展局公布的数据，2015年访港旅客达5 930万人次，比 2014 年下跌 2.5%；其中内地旅客为 4 584 万人次，相比 2014 年下跌 3%，内地过夜旅客人次则下跌 5.7%至 1 799 万。下跌的部分原因，可能是受到香港市民与内地游客旅游冲突的影响。此前，内地访港游客数量 2003—2013 年每年增幅在 10.1%～34.5%，平均每年增长 23.6%。内地、台湾、韩国分别占据香港入境旅游客源来源的前三位。

现阶段香港旅游业的特点是：访港游客来自全世界 200 多个国家和地区，既广泛又在不同时期有所集中；香港素有"购物天堂"、"美食之都"的美誉，并有世界一流的酒店设施和服务，访港游客的消费水平较高，远超过世界各国的平均水平；中国内地访港游客的增长，对香港旅游业的发展也起了积极的作用。

6.2 澳门

6.2.1 地名、区旗、区徽

1. 地名

在葡萄牙语中，澳门被称为"MACAO"，这不是它本来的名字。这个烙着屈辱的名字与葡萄牙人的入侵有着不可分割的联系。400 多年前，葡萄牙人首次进入澳门时，向当地居民询问这个地方的名字，当地土人以为他们问的是妈祖庙，于是回答"A—MA—GE"。从此，葡萄牙人即把澳门称为"MACAO"，这个名字一用就是数百年。

澳门的名称与澳门的地理有关。从凼仔岛眺望澳门半岛，它的左右各有一座山，远远望去像两扇开启的"门"；半岛周围环绕着海水，人称此种地形为"澳"。那么，连在一起，这方土地便被称为"澳门"。澳门半岛貌如一只长形小瓜，伸向西南，妈阁为其尖端，旧时文人以"莲花"、"莲茎"来形容它，故昔日的澳门又有"莲山"、"莲岛"之称。过去，澳门北湾、南湾、西湾环抱海湾，如半边圆镜，故别名中又多见"镜"字。而今日，这优美的旧时风光已成追忆。

2. 区旗

澳门特别行政区的区旗是绘有五星、莲花、大桥、海水图案的绿色旗帜。其中五星代表统一的中国；三朵含苞待放的白莲花象征澳门特区是由三个岛组成的吉祥之地；绿色代表祖国大地。

3. 区徽

澳门特别行政区的区徽，中间是五星、莲花、大桥、海水，周围写有"中华人民共和国澳门特别行政区"和葡文"澳门"。其图案的含义与区旗相同。

6.2.2 地理位置、自然条件

1. 位置

澳门位于中国东南沿海珠江口的西岸，与香港、广州鼎足分立于珠江三角洲的外缘。

它北以关闸为界与珠海经济特区的拱北相连；东隔伶仃洋与香港相望，距离仅约40海里；南面则濒临浩瀚的南海。澳门东北离日本东京约2 800公里，西南距新加坡2 600公里，东南距菲律宾马尼拉只有1 200公里，位居东南亚航路的中继点，曾经是16世纪、17世纪东西方贸易的重要港口。

2. 地形

澳门过去是广东省中山市（古称香山县）南端的一个小岛，屹立海中，与今日的离岸岛屿无异。其后，由于西江的泥沙冲积，在澳门与内地之间由于海水对流关系冲积成一道沙堤（莲花茎，今关闸马路），澳门才与内地相连接，成为一个半岛。

经过百余年的不断填海拓地，澳门的陆地面积逐渐增大。19世纪时澳门半岛的面积还不超过3平方公里，时至今日已扩展到28.2平方公里，面积约是香港的1/40、新加坡的1/23。澳门半岛与凼仔岛之间已于1974年建成一条长约2 570米的跨海大桥，其东面又于1994年修建成一条长达4 380米的友谊大桥。凼仔岛与路环岛则于1969年填海筑成一条约2 225米长的连贯公路相连。原来隔海相望的半岛与两个离岛已经连成一体。全境南北距离约11.9公里，东西距离约7公里，海岸线长达937.5公里。

在澳门半岛、凼仔岛和路环岛上有众多山体，山岩性质以花岗岩与火山岩为主。在澳门半岛，平地面积较大，占80%以上；凼仔岛和路环岛，丘陵面积较多，凼仔占45%，路环则近80%。

3. 气候

澳门地处北回归线以南，受海洋和季风影响很大，属亚热带海洋性气候，冬暖夏热，湿润多雨，全年温差较大。全年平均气温22℃左右，湿度73%～90%。秋季是全年最好的季节，阳光充足，气候温和而且湿度较低。冬季寒冷，但大部分时间天气晴朗。4月至9月，湿度和温度逐渐升高，这期间雨水较多，而且会有台风。

6.2.3 人口状况、发展简史

1. 人口状况

2014年，澳门居住人口约为63.62万，人口密度每平方公里超过18 000人，澳门半岛北区更是世界人口密度最高的城区之一。澳门人口的流动性相当大，全年人口流动量高达2 500万人次。澳门常住人口中，中国籍居民约占95%，葡萄牙籍约占2%，菲律宾籍约占1%。

澳门的官方语言分别是中文及葡文。澳门以中文为日常用语的居住人口超过97%，而使用葡萄牙语的人口则为0.7%，其余人口使用英语、菲律宾语及其他语言。

2. 发展简史

澳门历来是中国领土，从公元前3世纪秦始皇统一中国开始，澳门就被正式纳入中国版图，成为南海郡番禺县的一部分，后来又划归香山县（今中山市）管辖。1887年葡萄牙迫使清政府签订《中葡会议草约》和《北京条约》，加进了"永驻管理澳门"的条款。此后，葡萄牙一直占领澳门并把澳门划为葡萄牙领土。

中华人民共和国成立后，中国政府曾多次阐明对澳门问题的立场：澳门是中国领土的一部分，澳门问题属历史遗留下来的问题。中国政府主张在条件成熟时，通过谈判解决。中葡两国政府于1987年3月26日草签了《中华人民共和国政府和葡萄牙共和国政府关于澳门问题的联合声明》，以及《中华人民共和国政府对澳门的基本政策的具体说明》《关于过渡时期的安排》两个附件，并于1988年1月15日生效。中葡联合声明规定，中华人民共和国政府于1999年12月20日对澳门恢复行使主权。

1999年12月19日午夜，中葡双方在澳门文化中心花园馆成功举行澳门政权交接仪式。20日零点，中国政府对澳门恢复行使主权，澳门特别行政区宣告成立，澳门顺利回归祖国。

6.2.4 资源状况、经济发展

澳门是个自由港，货物、资金、外汇、人员进出自由，属于微型海岛经济，过去只有鞭炮、火柴、神香等手工业，经济长期以来以博彩业为主。20世纪60年代中期至80年代中期，出口加工业带动澳门经济迅速增长，纺织制衣、玩具、电子和人造丝花等工业蓬勃发展。澳门经济自80年代开始呈现高速增长，逐渐形成四大产业，分别为旅游博彩业、出口加工业、金融保险业和建筑地产业，这四大产业对澳门经济起着举足轻重的作用。进入90年代，澳门受到欧美两大出口市场经济疲软、本地工资上涨的影响，加上新兴工业国家在产品价格上的竞争，制造业发展的步伐明显放缓，澳门经济转入调整期。回归以来，经济逐渐走出谷底，呈现回升态势。

旅游博彩业是澳门主要的经济动力之一，其他如酒店、饮食、零售等行业，均对推动澳门经济的发展相当重要。迅速发展的旅游业及服务业是澳门最重要的外汇来源，20世纪90年代以来，澳门旅游业进入蓬勃发展的阶段，自1992年起，旅游业的收入已经超过出口产值。特区政府成立后，旅游业发展步伐更为迅速。2014年澳门地区GDP为555亿美元，人均GDP为96 444美元，是中国最为富裕的地区。

澳门货币被称为帕塔卡（PATACA），俗称澳币。钞票面额有10元、50元、100元、500元和1 000元，硬币有1毫、2毫、5毫及1元、5元五种。各种货币可自由出入境，不受任何限制。

澳门与香港之间有快速运输船队，每隔15~30分钟来往一班船，航程大约60分钟。从澳门还可以乘直升机到香港，只需20分钟。澳门国际机场自1995年11月建成启用后，每天有大约60班飞机，飞往十多个国家及中国内地十多个城市。

6.2.5 政治与行政区划

中华人民共和国1999年12月20日对澳门恢复行使主权，根据《中华人民共和国宪法》第31条的规定，设立澳门特别行政区，并按照"一个国家，两种制度"的方针，保持原有的资本主义制度和生活方式，50年不变，即"澳人治澳，高度自治"。

1. 政治架构

行政长官是澳门特别行政区的首长，对中央人民政府和澳门特别行政区负责。行政长官任期为5年，可连任一次。

澳门特别行政区政府是澳门的行政机关，政府首长是行政长官。澳门特别行政区政府设司、局、厅、处。行政法务司司长、经济财政司司长、保安司司长、社会文化司司长、运输工务司司长、廉政公署廉政专员、审计署审计长、警察总局局长和海关关长为特区政府主要官员。

澳门特别行政区行政会是协助行政长官决策的机构，每月至少举行一次会议，由行政长官主持。行政会委员由在外国无居留权的澳门特别行政区永久性居民中的中国公民担任，由行政长官从政府主要官员、立法会议员和社会人士中委任。行政会委员的人数为7~11人，目前共有10名委员。

澳门特别行政区的立法权属澳门特别行政区立法会。立法会除第一届另有规定外，每届任期为4年。立法会行使《基本法》第71条规定的职权。

澳门特别行政区的审判权属澳门特别行政区法院。澳门特别行政区设立初级法院、中级法院和终审法院。终审权属于澳门特别行政区终审法院。

2. 行政区划

澳门地区行政事务均直接由澳门政府管辖，仅设澳门市政厅和海岛市政厅，分别管理澳门半岛和氹仔、路环两个离岛的市政事务。半岛又分为5个区，亦无区行政管理机关，只是地域上的划分，各区以区内主要教堂命名（它们实际上是原来天主教会的堂区）。

6.2.6 对外事务

澳门特别行政区是一个区域性的非主权实体，与世界各国、各地区建立了广泛和密切的关系。根据《基本法》的规定，澳门可在经济、贸易、金融、航运、通信、旅游、文化、科技、体育等适当领域以"中国澳门"的名义，单独地与世界各国、各地区及有关国际组织保持和发展关系，签订和履行有关协议。

自回归以来，在中央人民政府的支持和协助下，澳门特别行政区在对外事务方面取得了新的进展。澳门特别行政区以中央政府与有关国际组织允许的身份参加了11个政府间国际组织活动，以"中国澳门"的名义单独参加了29个非政府间国际组织。

截至2015年，同意给予澳门特别行政区护照免签证或落地签证待遇的国家和地区达114个。

6.2.7 文化传统、民俗风情

澳门居民95%以上是中国人，其中大部分是广东籍人，生活习惯与珠江三角洲一带的居民差别不大。不过澳门长期以来华洋杂处，其社会生活习俗免不了也是中西混合型的。

1. 服饰

从衣着方面来看，澳门人服装的款式和档次多种多样。老年人的服装讲究面料而式样比较朴实，中年人讲求实用并视场合穿衣，年轻人则花样百出，追逐潮流。

2. 饮食

与中西和谐交融的文化背景相配合，澳门的饮食也呈现出五味杂陈、中西混合的特点。澳门的中国菜主要以粤菜为主，此外还有川菜、京菜、沪菜等。澳门作为葡萄牙的殖民地时间长达 400 多年，最为出名的是风味独特的葡国餐，又可分为正宗葡国餐与澳门葡国餐两种。数百年前，葡萄牙殖民者初到澳门后，渴望吃到家乡菜，这在当时保鲜技术落后的条件下是做不到的。于是厨师巧用替代品，用椰子汁代替新鲜牛奶，用土产香肠代替葡萄牙香肠，结合葡萄牙、印度、马来西亚及中国广东菜系烹饪技术中的精华，创制出独特的澳门葡国餐，经过代代相传，如今澳门经营葡国菜的餐馆大多均烹调澳门葡国菜。

3. 节日

澳门的节日多种多样，具有中西合璧、华洋交会的特点，无论中西节日都有庆祝活动，是世界上节日最多的地区之一。其中有中国民间节日，如春节、清明节、端午节、中秋节、重阳节、冬至等；有葡萄牙的节日，如自由日、葡国日、贾梅士日、葡侨日、葡萄牙共和国成立日等；有宗教的复活节、圣诞节、追思节等；有澳门自己的节日——城市日；有世界性节日，如五一节、三八妇女节、六一节；也有中国重大节日，如中华人民共和国国庆节。除此之外，各行各业（如银行业、屠宰业、饮食业、木工业等）都有行业自己的节日公假。

4. 礼仪

澳门的日常礼仪与香港的基本相同，不在此赘述。

5. 禁忌

澳门的生活禁忌也与香港基本相同，不在此赘述。

6.2.8 旅游资源、旅游业

澳门是著名的旅游城市，虽然地方不大，没有名山大川，却是个很有魅力的、东西方文化交会的城市。它不仅有优美的自然风光，还有不少闻名遐迩的名胜古迹，以及各具特点的地方美食、五光十色的娱乐和博彩，每年还会举办形形色色的艺术节、龙舟赛等活动，对游客有很大的吸引力。

1. 旅游资源

澳门的旅游资源十分丰富，自然风景和人文景观兼备，华洋杂处，今古并存。众多的旅游点虽然分散各处，不过仍然可以分成澳门半岛中部、半岛南部、半岛东部、半岛北部、凼仔和路环等几个旅游区。

（1）半岛中部旅游区。以著名的大三巴牌坊、大炮台（1998年在那里建成了澳门博物馆）和白鸽巢公园为主。大三巴牌坊已经成了澳门的标志。大三巴牌坊其实是圣保罗教堂的前壁，已有300多年历史，1835年一场大火焚毁了教堂，其前壁却逃过一劫、残存至今。大炮台也有300多年历史，以前一直是军事禁区，20多年前才辟为旅游区，澳门气象台于1966年也迁至此。白鸽巢公园在澳门的公园中以占地广、树木繁茂见称。此外，本区还有风格各异的大堂、板樟堂、花王堂、望德堂等古老教堂。

（2）半岛南部旅游区。以妈祖阁和西望洋山（主教山）为主，是澳门风景秀丽的游览区。妈祖阁在西望洋山西麓，已有500多年历史，是澳门最古老的庙宇。西望洋山有圣母堂，堂后为主教府，故俗称主教山。此外，本区还有澳门最古老的教堂风顺堂、有200多年历史的圣约瑟修道院、澳门海事博物馆、山顶剧院、融和门和高300多米的澳门观光塔。

（3）半岛东部旅游区。主要有东望洋山（松山）及山上的炮台、圣母雪地殿和东望洋灯塔。东望洋灯塔建于1865年，塔高13米，分四层，是远东最古老的灯塔。此外，本区还有孙中山纪念馆、澳门文化中心、卢廉若公园、二龙喉公园、南湾花园、何贤公园、宋玉生公园、观音雕像等，葡京酒店和回力游乐场等则是著名的娱乐博彩场所，一年一度的澳门格兰披治大赛车的中心看台和赛道也在该区。

（4）半岛北部旅游区。主要旅游点有观音堂（普济禅院）、莲峰庙、关闸、望厦古炮台（已改建成望厦山市政公园）、纪念孙中山市政公园等，还有逸园跑狗场、螺丝山公园、海角游云等。观音堂、莲峰庙与妈祖阁并列为澳门"三大古刹"，而且观音堂中有中美第一个不平等条约《望厦条约》签订处的遗址。

（5）凼仔旅游区。主要有住宅博物馆、菩提园、小凼山北麓的大型浮雕、赛马场、湖畔公园、海洋世界乐园等。

（6）路环旅游区。旅游景点比凼仔多，如著名的竹湾海滩和黑沙海滩、谭公庙、石排湾公园、黑沙公园、路环山顶公园、路环步行径公园、高尔夫球场、小型赛车场等，还有1998年10月落成于塔石塘山、海拔171米的妈祖（天后）雕像。

1992年澳门一些团体组织评选出新的"澳门八景"："镜海长虹"（两条跨海大桥）、"妈阁紫烟"（妈阁庙）、"三巴圣迹"（大三巴牌坊）、"普济寻幽"（普济禅院，即观音堂）、"灯塔松涛"（东望洋灯塔）、"卢园探胜"（卢廉若公园）、"龙环葡韵"（凼仔住宅博物馆）、"黑沙踏浪"（路环的黑沙海滩）。

2. 旅游业

长期以来，优越的地理位置，秀丽的自然风光，舒适宜人的气候，独特的、中西结合的文化史迹和市井风情，种类齐全、内容丰富的博彩旅游，人员和货币出入自由、方便快捷的管理制度，以及背靠美丽富饶的珠江三角洲等有利条件，使澳门吸引着众多的海内外游客前来游览、观光、娱乐。澳门也由此而名扬中外，在亚洲乃至世界旅游市场上都占有一席之地。

澳门旅游业从20世纪60年代开始全面兴起，经过30多年的发展，已成为澳门经济的重要支柱之一。目前，澳门人口虽仅有63万，但每年接待逾1 500万旅客，旅游业是这个城市最重要的经济支柱。澳门特区政府明确制定以博彩旅游业为龙头、以服务业为主体，其他行业协调发展的经济政策，巩固了澳门在区域经济中的独特角色。

2014年澳门的入境旅客人数达3 150多万人次，较2013年同期上升7.5%。其中，内地、香港和台湾仍然为三大客源地。内地游客达2 100多万人次，增长14.1%，其中，42%的内地旅客来自广东省。国际旅游方面，赴澳旅游人数微跌1.1%，不过全年韩国旅客人数超过55万人次，增幅达16.9%。外国游客主要来自日本、韩国、马来西亚、新加坡、葡萄牙、美国、泰国、英国和澳大利亚。

3. 博彩业

博彩业在澳门历史悠久，最早可追溯至19世纪中叶。进入20世纪，博彩业与旅游业相结合，成为澳门经济支柱之一，更为澳门带来"东方蒙地卡罗"的称号，有赌城、赌埠之称，与摩纳哥蒙特卡洛、美国拉斯维加斯、美国大西洋城合称为"世界四大赌城"。作为国内唯一合法赌博之地，已成为博彩收入七倍于拉斯维加斯的赌博圣地。这座面积28平方公里、人口60来万的小城，由于博彩收入大幅飙升，人均财富已于2002年超过瑞士。

澳门特区政府在2001年宣布开放博彩业，并于2002年年初向三家在不同形式的博彩旅游活动中具有丰富经验的公司下发博彩经营准照，推动博彩业迈向多元化，以娱乐度假及会议旅游等不同特色招徕旅客，使博彩娱乐成为一项具吸引力的旅游项目。特区成立后，治安稳定，博彩业亦实现稳定的增长。近两年，受内地经济放缓及反腐力度加强等因素影响，澳门博彩业收入有所下滑。

6.3 台湾

6.3.1 地名

台湾简称"台"，是中国最大的海岛。古时候人们称之为"夷州"或"琉球"。因为台南一带有个叫"台窝湾"的土著民族，后被人们转叫成"大员"、"大湾"、"台员"，以后人们就逐渐把全岛统称为"台湾"了。

在远古的时候，台湾岛和祖国大陆是连接在一起的，是大陆的一部分。后来，由于地壳运动，海平面时升时降，台湾岛也时沉时浮。直到大约1万年前，相连接的部分下沉为海峡，台湾于是成了祖国东海中的一个四面环海的大陆岛。这从台湾海峡海底的地形可以得到证明。台湾海峡的海底就像一条河谷，有向南和向北两大河系，这是当它还是陆地时，被河水冲击侵蚀而形成的，最深处不过100米，大多数地方的深度只有50米，而在1.5万年以前，东海海面比现在低130米左右，这在地质上说明两岸原来是一个板块，台湾、澎湖等岛屿就在祖国东南沿海的大陆架上，与福建省相连接。现代科学还证明，台湾不仅是东海大陆架的一部分，而且台湾的基本地形与大陆的地块相同，在地质成分上是与福建、浙江两省相同的酸性火成岩体。所以，后来有人送给台湾一个雅号——"浮福建"，意思是说，台湾是福建省漂浮在海上的部分。

6.3.2 地理位置、自然条件

1. 位置

台湾省位于祖国大陆架的东南海面上，西隔台湾海峡与福建和广东两省相望，介于日本和菲律宾之间，太平洋西岸，正居于东亚岛弧的中央位置。台湾海峡呈东北—西南走向，北通东海、南通南海，长约200海里，宽约70海里，平均宽度约108海里，水深一般不超过80米，是大陆基础的一部分，在中国及东南亚海疆形势上至为重要，是中国南北海运的走廊，也是亚太地区的海上交通要道。

台湾省除台湾本岛外，还包括澎湖列岛、钓鱼岛、赤尾屿、澎佳屿、兰屿、火烧岛等86座岛屿，陆地总面积约为3.6万平方公里，其中台湾本岛约3.58万平方公里，为中国第一大岛。

2. 地形

台湾省的地形南北长、东西窄，山地、丘陵占总面积的2/3，平原占1/3。主要山脉皆为南北走向，海岸山脉（又称台东山脉、台湾山脉）、中央山脉、雪山山脉、玉山山脉和阿里山脉五大山脉被誉为"五条巨龙"，其中海岸山脉为全岛主要分水岭。台湾省高度在海拔3 500米以上的山峰有22座，海拔在3 000米以上的有62座，大都集中在海岸山脉和玉山山脉。它们拦截了东西的水气，形成了丰富的降雨。丰富的降雨带来了繁茂的植被，因此自然景观密集度很高。

台湾省最高的山脉是玉山，主峰海拔3 952米，为中国东部最高的山，也是太平洋西岸诸岛上的第一座高山。岛的西部为平原，由各河下游冲积平原和三角洲组成。主要有台南平原、屏东平原、台东花莲纵谷平原和宜兰平原等，是台湾主要农业区。山地平原间为丘陵地区。主要丘陵有基隆竹南丘陵、嘉义丘陵、丰原丘陵、恒春丘陵。山间盆地中，面积较大的是台北盆地、台中盆地及埔里盆地。

除上述五大山脉外，台湾还是一个多火山、温泉、地震频繁的地区。独立于台湾北端的大屯山群，海拔1 000多米，由几座火山组成，至今还残留有一些火山遗迹和温泉。大屯山顶的火山喷火口深60米，直径360米，雨季积水成湖，被称为"天池"，是台湾著名的风景区。温泉多分布在台湾南北各地，同台湾山地的断层分布有密切关系。最著名的温泉，北部有北投、阳明山温泉，南部有关子岭、四重溪温泉等。地震比较频繁的地区，主要集中在西部、东部和东北部。西部地震次数虽少，但震源浅、人口密集，往往造成较大的灾害。东部和东北部地震次数频繁，但震源深，又多发生在海里，因此造成的灾害较轻。

高山的形成和存在，也造成了很多的河流。河流总共有150多条，其特点是河床坡陡、流量大，瀑布、险滩多，为水力发电创造了良好的条件。第一大河是浊水河，长170多公里。

3. 气候

中国唯一的"北回归线标"在台湾省嘉义县南面的铁路线附近。因此，台湾的气候北部属亚热带气候，南部属热带气候，中部则为两气候型间的过渡气候。温度高、降雨多和季风性是它的三个特点。

温度高：全年平均气温20~25℃。最热的7月，平均气温约27~28℃。2月最冷，平均气温15℃左右。山区与平原地区气温则有很大差异。

降雨多：北部地区全年降雨比较均匀，东北部地区冬雨较多，中部和南部地区夏雨较多。西南平原地区降雨时间多集中在夏秋两季，冬春季节雨量稀少。北端的基隆港全年有245天降雨，年平均降雨量2910毫米，素有"雨港"之称。

季风性：冬季多刮东北风，到了夏季就改为吹西南风。台湾多雨的现象，就是在这种季风变化之下形成的。对台湾有影响的季风主要是东北季风、东南季风和西南季风。

另外，台湾是中国受台风影响最严重的省份之一。每年6月至10月为台风季节，其中7月、8月、9月三个月台风最多。每逢台风侵袭时，就带来暴雨，日降雨量一般在200毫米左右。暴雨造成的洪水，常常夹带大量的巨石，摧毁水坝和房屋，切断公路和铁路交通。台湾岛的东北部是台风过境最多的地方，因此受害也最严重。

6.3.3 人口状况、发展简史

1. 人口状况

台湾人口约2349万（2015年），汉族人占98%以上。现在的台湾居民多为来自中国大陆各省的移民后裔，其中以东南沿海的福建、广东移民为最多，由于族群融合的情形相当普遍，原本承袭自中国的省籍界线在今日的台湾已逐渐消逝。

此外，现今在台湾为数约36万人的原住民，是最早定居在此地的族群。目前可分为：赛夏族、泰雅族、阿美族、布农族、卑南族、鲁凯族、排湾族、雅美族、曹族、邵族、噶玛兰族、太鲁阁族12族。

1949年迁徙来台的新移民，籍属各省区，语种复杂，但大体都能以"官话"沟通，在台湾称"国语"，在海外称"华语"。随着教育的普及，"官话"已成为台湾各族群的共通语。台湾方言除高山族土语外，主要是闽南话和客家话两种。闽南话被称为"台湾话"，是客家人居住地区的日常用语。

2. 发展简史

台湾的原始氏族文化与祖国大陆的中原文化属同一系统。台湾是由当地的少数民族——高山族人民和大陆迁去的汉族人民共同开发的。台湾自古以来就是中国领土的一部分。

从16世纪开始，台湾便成为西方殖民主义者诸如西班牙、葡萄牙、荷兰及英、法、日、美对外扩张掠夺的目标。1662年，郑成功收复台湾，结束了荷兰在台湾38年的统治。1683年，清政府收复台湾，由福建省管辖。1885年台湾省建立。

1874年，日本开始进犯台湾。由于台湾人民的反抗和国际舆论的谴责，日本被迫退出。1894年日本发动甲午战争。翌年，腐败的清政府与日本国签订了不平等的《马关条约》，台湾省被日本帝国主义强行霸占，进入了日治时期。

1945年，抗日战争的胜利结束了日本对台湾50年的统治。根据《开罗宣言》和《波茨坦公告》的规定，1945年10月25日，台湾重新回归祖国，这一天被命名为"台湾光复日"。

1949年10月1日，全国人民在中国共产党的领导下，推翻了国民党政府，新中国宣告诞生。中国历史从此进入了一个新纪元。在祖国大陆解放的前夕，蒋介石及国民党的部分军政人员逃到了台湾，他们依靠美国的庇护与支持，使台湾与祖国大陆再度处于分裂状态之中。

6.3.4 资源状况、经济发展

1. 资源状况

台湾是个美丽的宝岛，也是个富饶的宝岛。宜人的气候、肥沃的土地，以及丰富的资源，造就了台湾这一"山海秀结之区，丰衍膏腴之地"。人们为此给予了她"米仓"、"东方糖库"、"水果之乡"、"森林之海"、"东南盐库"、"兰花王国"、"蝴蝶王国"、"珊瑚王国"、"鱼仓"等美誉。

在台湾，不管是峰峦起伏的高山、风景秀丽的平原，还是茫茫无际的大海，物产都很丰富。这主要表现在农产、林产、水产和矿产四个方面。

（1）农产。农产是台湾经济的重要组成部分，其中的水稻、甘蔗和茶叶，在农副产品中名列前三名，也叫"台湾三宝"。水果品种多、质量好，有香蕉、菠萝、柑橘、荔枝、龙眼、椰子、木瓜、枇杷、橄榄、苹果、槟榔、桃子、梨子、柿子等80多个品种。

（2）林产。台湾的森林面积占全岛总面积的一半以上。树木类型达4 000多种，相当于整个欧洲大陆木本植物种数的2/3。木材蓄积量约有2亿立方米。比较名贵的木材有：扁柏、樟树、铁杉、油杉、香杉、峦大杉、台湾杉和黄桧、红桧等。

（3）水产。在台湾四周的浅海中，大约有500种鱼，常见的有鲷鱼、鲣鱼、鲔鱼、温鱼等，比较名贵的有鳗鱼、鲨鱼等。远洋渔业也较发达。除此，还有珍珠、珊瑚和海盐等特产；台湾有"东南盐库"之称，年产海盐四五十万吨。

（4）矿产。除了石油和铁矿不足外，其他资源都比较丰富，已发现的有110多种。其中金、银、铜、煤、硫黄等已开采。煤的储藏量最丰富，估计有7亿吨。金矿也很出名，是中国产量最多的省份之一。

2. 经济发展

台湾是中华经济区内经济现代化发展相对较早的地区，也是经济发展较为成功的地区。台湾经济从20世纪60年代开始，搭上了高速发展的快车。到20世纪80年代末，已建立起了以轻纺、家电等为核心的支柱产业。1979年，台湾与香港、韩国、新加坡被经合组织列入新兴工业化社会，被称为"亚洲四小龙"。1993—2000年，省内生产总值由58 194亿元（新台币）一路攀升到96 634亿元（新台币），人均省内生产总值12 941美元。台湾已结束工业化阶段，进入到"后工业化社会时期"。农业产值占经济总量的比例不足 2%，工业产值所占比例不足 25%，而第三产业产值比例近 74%，呈现出较为典型的"发达社会"的经济特征。台湾货币为"新台币"。2014 年，台湾地区 GDP 总计为 5 295.5 亿美元，人均 GDP 为 22 598 美元。

6.3.5 政治与行政区划

1. 政治架构

从 1986 年的所谓"政治革新"起，台湾开始了植入西方式民主政治的过程，到 21 世纪初，经过 10 多年的演变，台湾的政治形态发生了很大的变化，多党竞争取代了一党专权，各个层面的公职由选举产生，政党轮替已成为现实。但是西方式民主的仓促移植和台湾政治新体制发展的生涩，也给台湾政治和社会生活带来了诸多弊端，如普通民众并没有从政治变迁中得到多少实惠、"黑金政治"未见好转、各政党恶斗不断、影响经济发展的"非经济因素"有增无减等。特别是岛内的分离主义势力，以"台独"作为政治诉求，不断进行煽动，使分离主义情绪高涨，加剧了族群对立，造成了政治认同的混乱，由此引发的矛盾和纷争持续不断，台湾政坛也因此呈现出乱象丛生的局面。

根据台湾当局所谓"宪法"的规定，所谓"总统"拥有统率海陆空三军、公布法律、发布命令、任免文武官员、授予荣典、颁布紧急命令、召集"国民大会"等大权。所谓的"行政院"为最高行政机关，所以所有行政机关皆直接或间接隶属于"行政院"，受其指挥监督。所谓"立法院"为台湾当局的"最高立法机构"，有"议决法律案、预算案、戒严案、大赦案、宣战案、媾和案、条约案及国家其他重要事项之权"。所谓"监察院"为台湾当局的"最高监察机关"，其设置取法于中国古代的"御史制度"，其监督功能类似于西方国家的国会，但又与西方国家的国会不尽相同。所谓"司法院"为"最高司法机关"，掌握"民事、刑事、行政诉讼之审判，及公务员之惩戒"，有"解释宪法，并有统一解释法律及命令之权"。所谓"考试院"为台湾当局的最高考试机关，管理"考试、任用、铨叙、考绩、级俸、升迁、保障、褒奖、抚恤、退休、养老等事项"。

2. 行政区划

在行政区划上，台湾设有 2 个"直辖市"（台北市、高雄市），5 个"省辖市"（基隆市、台中市、新竹市、台南市、嘉义市），16 个"县"（台北县、台东县、澎湖县、花莲县、屏东县、高雄县、台南县、嘉义县、云林县、南投县、彰化县、台中县、苗栗县、桃园县、宜兰县、新竹县），2 个所谓的"福建省政府辖县"（马祖县、金门县）。

6.3.6 对外事务

长期以来，台湾当局一直通过大量的金钱注入，在中南美洲、非洲及南太平洋地区维系着 20 多个所谓的"邦交国"（都是发展中国家和最不发达的穷国和小国，有的还不是联合国会员国），以保证其在国际上有些许活动空间，并企图借此证明台湾的"国际存在"。

但是，在中国大陆综合实力不断提升、一个中国的国际框架日益稳固的大背景下，台湾的所谓"邦交国"不断减少已成为必然。

台湾当局开展所谓"对外关系"，其实质在于制造"两个中国"、"一中一台"，最终目的是企图争取国际社会承认"中华民国在台湾是一个主权独立的国家"，将台湾问题国际化，以谋求"独立政治实体"和"独立主权国家"的地位，使海峡两岸的分裂现状合法化，并以此作为与祖国大陆抗衡的筹码，最终达到把台湾从祖国分裂出去的目的。

但是，台湾当局的这种"对外关系"存在着许多难以克服的矛盾：一是与两岸关系的矛盾，遭到包括台湾人民在内的13亿全体中国人民的坚决反对；二是投入与产出的矛盾，台湾的"外交"都是以金钱买来的，投入越来越大，且成效甚微，因而遭到岛内广大民众的强烈反对；三是屡屡在世界上制造麻烦，挑起与祖国大陆的矛盾，破坏地区的安定，遭到国际社会越来越多的反对。这些矛盾必然造成台湾的"对外关系"在国际上四处碰壁。

6.3.7 文化传统、民俗风情

台湾的生活习俗与祖国大陆特别是南方地区基本一致，而且保留着更多的闽粤古风。

1. 服饰

台湾同胞以往多着传统的汉服和西装。老年人喜青黑色、香纹衫，妇女爱佩戴金银首饰。现在男装仍多为西装或港衫、西裤，女装多为洋装，也有穿旗袍的。在客家村落里，仍保持有明朝服饰遗风，普通称为"唐装"，客家人俗称为"衫裤"，即男女均着上下装，上面为衫、下身为裤。山地同胞有些仍穿着本民族的服装。

不过，由于社会的变革、欧美的影响，青年人在穿着方面也开始追赶新潮流。部分崇尚时髦的女性，多喜欢穿迷你裙、热裤和露背装，男士在炎热季节则穿着"青年装"。台湾的高山族人，不论男女大都喜欢穿着手织的窄幅麻布裁制的无袖衣衫，长到膝头的叫"鲁靠斯"，短到肚脐的叫"拉当"。高山族人还都喜欢赤足，爱佩戴多彩多姿的头饰、耳饰、手镯、脚环、项链等。

2. 饮食

称台湾为"美食岛"，或者说"食在台湾"，都不过分。台湾物产丰富，粮食充裕，菜果极多，禽畜甚众，渔产亦多。因此，台湾民间讲究饮食之风极盛。总体说来，台湾的饮食传统源于闽粤，又受到日本料理的影响，不论蒸、煮、炒、炸，都别具台湾地方风味。台湾的风味小吃特别多，大陆各省有的台湾无不具备，而且还有许多独具台湾乡土特色的小吃。台湾食品中以米制品居多，且以甜为特色。

台湾人在饮食嗜好上有如下特点：讲究菜肴的丰盛，注重菜肴的鲜、嫩、滑、爽。一般人口味喜清淡，爱微甜味道。一般以米为主食，也很喜欢各种面食。爱吃鱼类、海产品、鸡、鸭、猪肉、牛肉、羊肉及各种野味品；蔬菜爱吃黄瓜、西红柿、茄子、菜花、竹笋等；调味品喜用胡椒、花椒、丁香、味精、盐、醋、料酒、酱油等。对国内各种烹调技法烹制的菜肴均能适应，更偏爱煎、干炸、爆炒、烧、烩等烹调方法制作的菜肴。对大陆各种风味的菜肴都很喜欢，对闽菜、粤菜尤甚。爱喝鸡尾酒、葡萄酒、啤酒，饮料喜欢矿泉水、咖啡、橘子汁、果汁等，茶类尤其喜欢乌龙茶。

台湾人吃饭宴客时饭菜极其丰盛，一顿饭可能有20道菜。祝酒是常见的，"干杯"的意思是一饮而尽、杯底朝天。筷子与瓷调羹是台湾人常用的餐具。

3. 住房

台湾民间住房属于中国住宅建筑的系统。承传闽南泉州和漳州一带的房屋式样，一般的平房分为一条龙、辘辘把、三合院、四合院、三落大厝、五落大厝等。房屋的造型也很别致，如飞跃的燕尾、古朴的马背造型等，屋脊形成单纯而有力的曲线，别具飘逸美感，呈现出独特的风格。台湾北部多散居形农村，南部多集居形农村，澎湖村落亦属于集居形，多建于避风之处。在城市中，人们的住房有两种类型，一是"透天楼"，二是"公寓房"。"透天楼"类似于自建私宅，"公寓房"类似于单元房。

4. 节日

台湾的节庆活动可分为中华传统节庆、地方民俗庆典与原住民祭典等种类。中华传统节庆有除夕、春节、元宵节、清明节、端午节、七夕节、七月半（中元节）、中秋节、重阳节、十月半（下元节）、冬至、送灶、除夕等，其中春节、端午节及中秋节为三大主要传统节庆，过节形式也和大陆相仿，如春节有走亲访友的拜年习俗，元宵节吃元宵、赛花灯、猜灯谜，端午节吃粽子、赛龙舟，中秋节赏月、吃月饼，重阳节登高远足，除夕阖家团圆等。

台湾各地由宗教活动或习俗所形成的民俗庆典，有东港王船祭、大甲妈祖祭、台南盐水蜂炮、平溪十分村的放天炮和澎湖的乞龟等，也极富地方信仰及文化特色。虽然每个节庆的发展历史有所不同，但大多含有祈福、消灾和团圆的寓意，且各项节庆的活动内容五花八门，除了敬神、祭祖仪式之外，大多还加入了抬轿、踩高跷、八家将、车鼓阵、舞龙舞狮等民俗表演，使得节庆活动相当热闹精彩。

台南盐水镇在元宵节最知名的活动是燃放"蜂炮"，即由数万只冲天炮制作而成的鞭炮，每一个冲天炮的炮芯连接在一起，一炮点燃，万炮连响，火花四射，声光齐作，震耳欲聋，蔚为壮观。"蜂炮"已经成为台湾的一个旅游特色节目。

放天灯是在纸糊的球状灯体下部点火，利用热空气上升的原理将其送上夜空。因此灯形状像一顶孔明帽，故又称"孔明灯"。相传这一活动在台湾已有200多年的历史。其早期的一个重要功能是互报平安的信号，现在已成为一种娱乐与祈福的活动。

澎湖元宵节的"乞龟"习俗有趣而神秘。每年元宵节一到，澎湖大小庙宇的供桌上，就会摆放上各种各样的"龟"，民众纷纷前来祭拜。在通过祈祷获得神灵的默许后，"乞龟"人向庙方执事报账、插香，索得所乞之"龟"，以求得神灵的保佑与恩赐。

除了地方节庆外，居于山林海滨的台湾原住民，为祈求农作物和渔猎的丰收，也经常举办各项祭典，如丰年祭、祖灵祭、狩猎祭等，以此来表达虔诚的敬仰。

5. 礼仪

台湾人在与熟人或亲密朋友见面时，习惯以握手为礼。初次见面时只需点头打招呼、微微弯腰鞠躬，可表示敬意但不要过分。台湾的高山族雅美人在迎客时，一般习惯施吻鼻礼（用自己的鼻子轻轻地擦吻来宾的鼻尖），以示最崇高的敬意。

台湾人探亲访友总习惯把礼物用红纸包起来送人。登门访问时，喜欢带一样小礼品，如水果、糖果或点心。递送礼品或其他物品时须用双手奉上。

他们很喜欢数字"6"，有"六六顺"之说。因为"6"与"禄"同音，又是有钱财、有福气的吉祥表示。

6. 禁忌

关于民间忌讳，台湾一般与闽粤地区相同，与大陆大部分地区类似。如到别人家去，不能随便进卧房和厨房，不能站或坐在门槛上，进屋也不能踏着门槛。吃饭时不能说"吃白饭"，也不能把筷子插在饭上。吃鸡、鸭、鹅时不能吃头尾、翅膀、脚爪。在渔民家吃饭不能翻碗，吃鱼也不要把鱼翻身。他们忌讳以扇子赠人，因为他们有"送扇无相见"之说。他们忌讳数字"4"，因其与"死"音近似，所以人们极为反感。他们平时无论干什么都要设法避开"4"，或改说"4"为"两双"。他们忌以手巾送人，因为在台湾手巾是给吊丧者的留念品，意为吊丧者与死者断绝来往，有"送巾断根"之意。他们忌讳把刀、剪送人，因其有"一刀两断"之意，送这种物品会让人有一种威胁之感。他们忌讳以雨伞作为礼物送人，因为台湾用的方言中，"伞"与"散"谐音，"雨"与"给"谐音，"雨伞"与"给散"谐音，这样难免引起对方的误解。他们忌以甜果为礼送人，因为逢年过节人们常以甜果祭祖拜神，以甜果赠人容易使对方感到有不祥之兆。他们还忌讳把粽子当作礼品送人。台湾的阿美人十分忌讳打喷嚏，一天之中若碰上有人打喷嚏，他们就会认为遇到了很不吉利的事情。忌讳送茉莉花和梅花给商人，因为"茉莉花"与"没利"谐音，"梅"与"霉"同音。

6.3.8 旅游资源、旅游业

1. 旅游资源

（1）旅游城市。

1）台北。台北市位于台北盆地中央、淡水河右岸，是全省的政治、经济、文化和教育中心，为台湾第一大城市。

台北市是台湾北部的游览中心，除阳明山、北投风景区外，还有本省最大、建成最早、占地8.9万平方米的台北公园和本省规模最大的木栅动物园。此外，由私人经营的荣星花园规模也相当可观。剑潭、北安、福寿、双溪等公园，也都是游览的好地方。台北市名胜古迹颇多，其中台北城门、龙山寺、保安宫、孔庙、指南宫、圆山文化遗址等处，均为风景优美、适宜游览的地方。

2）高雄。高雄位于台湾岛的西南，地处嘉南平原与屏东平原之间，面临台湾海峡南口。

高雄市是台湾主要的工业基地和渔业生产中心,海陆空交通发达。高雄是台湾最大的港口城市,也是仅次于台北市的第二大城市。高雄是座美丽的城市,全年长夏无冬,一派热带风光。西子湾、旗津、茂林、佛光山、爱河、大世界国际村是高雄市的主要游览区。

3)台中。昔称"东大墩",位于台湾岛西部的台中盆地中央,是台湾省中部的经济、交通、文化中心,也是台湾第三大城市。市内街道整洁幽雅,被称为台湾最整洁的城市,有"宁静之都"的美称。台中市气候温和,平均气温为22℃左右,是台湾最适于居住的城市。市区有中山公园、宝觉寺、孔庙等游览处,为台湾佛教文化中心。台中市的高等院校数量仅次于台北市,素有文化城之称。

台中市的旅游资源以艺术人文为主,如自然科学博物馆、台湾美术馆、台中市立文化中心、台中民俗公园、丰乐雕塑公园等;欣赏自然风光或享受娱乐游憩,则可到东北郊的大坑风景区一带,当地以亚哥花园、东山乐园最具知名度。

4)台南。台南市旧名"赤崁",位于台湾西南海岸,嘉南平原南端。面积176平方公里,人口63万,是台湾第四大城市。全区地势平坦,地形北阔南尖,曾文、鹿耳门、盐水、二仁四溪流贯其境,形成平原与沼地交错的低缓地带。

台南开发较早,随着移民的到来,台南市街面貌才逐渐形成。"一府、二鹿、三艋岬"的盛景应运而生。台南市是著名的历史古城,明清时为台湾首府,至今仍保留着众多的文物古迹,有"五步一神"、"三步一庙"之喻。台南的主要旅游景点有:赤崁楼、孔庙、延平郡王祠、安平老街等。

(2)旅游景观。在台湾的诸多旅游景观中,流传有"台湾八景"一说。从清初到现在,"台湾八景"均有不同说法。现以1953年的"台湾八景"为例,简要介绍如下。

1)玉山积雪。玉山位于南投县境之南端,海拔3 952米,是台湾最高的山峰。山势雄伟,颇具王者之尊。每届寒冬,群峰积雪,洁白如玉。玉山具有三大特点——高、雪和险。玉山有三大奇景——奇峰、云瀑、林涛。玉山面积广袤,达10万多公顷,生态完整,植物随海拔而异,野生动物活跃其中,现已被列为"国家"公园。

2)双潭秋月。日月潭位于台湾中部南投县的丛山中,周长30公里,面积7.7平方公里,为全省最大的天然湖泊。潭中有一珠仔屿,亦称光华岛。岛北部分面积较大,形似日轮;岛南部分面积较小,形似弯月,故称日月潭。潭周翠峰环抱,林木扶疏,朝霞暮霭,风光秀丽。水平如镜、幽雅宁静。山腰湖畔寺庙楼宇甚多,有文武庙、玄光寺、涵碧楼、慈恩塔、孔雀园等,为台湾著名的旅游避暑佳地。

3)阿里云海。阿里山位于嘉义县东北,为全台湾最佳避暑胜地。阿里山有"亚洲天然植物园"的美誉,红桧、扁柏、亚杉、铁杉和姬松被称为著名的"阿里山五木"。山中还有几株生长了3 000多年的红桧,树高50多米,被当地人称为"神木",可惜近年受损。另有一棵"眠月大神木",也是红桧,高48米,有4 100多年的树龄。最稀罕的为"三代木",树中有树,三代同堂。阿里山有著名的四大景观——云海壮观、擎天神木、日出奇景、艳红樱花。此外在阿里山还有慈云寺、高山植物园、高山博物馆、姐妹潭等景点。

4)清水断崖。清水断崖位于台湾东部海岸、花莲县城东北、苏(澳)花(莲)公路上、立雾溪口至大清水溪口之间，长21公里，高达700米，是世界上的第二大断崖。公路在断崖腰部蜿蜒盘旋。上为摩天峰壁，下为无底陡崖，险峰雄伟，夺人心魄。

5）鲁阁幽峡。大鲁阁峡在花莲县北境立雾溪谷内。自天祥经九曲洞、大断崖、燕子口、长春祠至大鲁阁，长19公里。峡内有清泉溪流、茂林修竹，尤以春日樱花、深秋红叶为胜。春秋佳日，游人如织。

6）大屯春色。大屯火山群位于台北市北郊。其地多硫气孔与温泉。南麓之阳明山是台湾最大的郊野公园。每年2月下旬至4月上旬为"花季"。樱花盛开，灿若锦霞，配以梅、桃、李、杏、茶花、杜鹃，万紫千红，如诗如画。

7）安平夕照。安平古堡位于台南市西郊安平镇西南。古堡原为荷兰人侵占台湾期间所筑，后由郑成功收复。我驻守安平大炮台之守军刘永福部曾向来犯之日舰发炮并击中敌舰，此炮现置于城垣之上。南城墙上多百年古榕，气根盘结、古意盎然，象征着华夏民族之坚贞。

8）澎湖渔火。澎湖群岛水域水产资源丰富，为中国主要渔场之一。入夜，岸边及船上灯火闪烁，与夜空繁星交相辉映。核心三岛中之澎湖与白沙二岛之间，白沙与渔翁二岛之间，各有长桥卧波，似两条海上长虹，夜间车灯明灭，益发增添无限情趣。

2．旅游业

据统计，2015年访台旅客已突破1 000万人次，其中大陆游客约415万人次。每名大陆游客每天平均在台湾花费232美元，大于日本游客在台消费，在各国和地区的旅客中占据首位。台湾的主要客源地为大陆、日本、港澳、韩国、美国，旅游目的主要为观光、业务、探亲。自2011年台湾开放大陆游客自由行以来，大陆游客自由行试点城市已从最初的3个增加至现今的47个，两岸双向旅游市场发展迅猛，两岸游客往来规模日益扩大。

本章小结

香港的地理位置条件相当优越，属典型的滨海丘陵地和亚热带季风区，是世界上人口最稠密的城市之一，通行多种语言，信奉多种宗教，自然资源贫乏，但经济发展水平很高，是世界金融、贸易和航运中心之一，也是世界上重要的旅游、信息和通信中心，既充满浓厚的传统色彩，又具有现代化国际大都会风范，是亚太地区的旅游中心之一。

澳门位于中国珠江口的西岸，属亚热带海洋性气候，为世界人口密度最高的城区之一，受到大陆及葡萄牙文化的影响，经济长期以博彩业为主，其社会文化东西交汇，生活习俗中西混合，对游客有很大的吸引力。

台湾是中国最大的海岛，气候宜人，土地肥沃，物产丰富，是经济发展较早的地区，居民多为中国大陆各省移民的后裔，生活习俗与祖国大陆特别是南方地区基本一致，而且保留着更多的闽粤古风。台湾的旅游资源较为丰富，旅游业发展潜力很大。台湾地区与大陆仍处于分离状态，但经济交流和人员往来有所加强，祖国统一大业的洪流不可阻挡。

复习思考题

1. 简述香港与大陆分离并最终回归祖国的历程。
2. 为何说台湾自古以来就是中国的领土?
3. 澳门经济有何特点?
4. "两岸三通"对台湾旅游将会带来什么影响?

案例分析:好事变成了坏事

浙江某台资企业接待其台湾母公司赴大陆的投资考察团,由于单位上上下下对此次接待都很重视,因此整个接待过程还算顺利。但没想到,在临近接待尾声的时候,却还是出现了差错。差错主要出在赠礼环节上:接待方认为,自己企业地处杭州,必须挑选最具杭州特色的礼品回赠母公司的领导,于是选取了丝绸手帕、天堂伞、张小泉剪刀和都锦生织锦画四种特产作为礼品,每人赠送一份。没想到,当场就有些客人拒绝接受,而勉强接受礼物的客人,脸上也明显地流露出不高兴。

思考题

1. 客人为何不愿接受礼物?
2. 向台湾客人赠送礼品时应注意哪些问题?

参考文献

[1] 王兴斌. 中国旅游客源国概况[M]. 北京：旅游教育出版社，2003.

[2] 王昆欣. 中国旅游客源地和目的地概况[M]. 北京：高等教育出版社，2005.

[3] 陈福义，吴永江. 世界旅游地理[M]. 长沙：湖南大学出版社，2005.

[4] 中国旅游年鉴编辑委员会. 2006中国旅游统计年鉴[M]. 北京：中国旅游出版社，2006.

[5] 于向东. 中国旅游海外客源市场概况[M]. 大连：东北财经大学出版社，1999.

[6] 孙宝玉. 世界旅游名胜词典[M]. 北京：中国旅游出版社，1999.

[7] 韩杰. 现代世界旅游地理学[M]. 青岛：青岛出版社，1997.

[8] 丁登山，刘奕频. 环球风光旅游：外国旅游地理[M]. 北京：高等教育出版社，1996.